北沢夏音
Kitazawa Natsuo

Get back, SUB!

あるリトル・マガジンの魂　*The Soul of A Little Magazine*

本の雑誌社

目次

ブックデザイン　戸塚泰雄

Where have all the flowers Gone?

ディーンが死んだ　かいてきな死臭を発するちっちゃなGO＝CARのまわりに　ハリウッの店からおくられた花花が　次ぎからつぎへと供えられる　テキサスからシカゴから　ニューヨークから　ディトロイト　ボストンからも　はこばれてきた　ロング・ビーチの石油田を走りぬけて　砂ぼこりにまみれた　白い花輪が　移り香を《若きヒーロー》におくる　聖なる森のまちは　花の洪水と化し　静かにディーンはうづくまっている　無造作に花花をくっつけて　GO＝CARとディーンは墓地のある教会まで　デェキシー・ランド・ジャスみたいに　陽気な顔つきをして　つれていかれた　群がる人たちは《若い青春のヒーロー》に沈黙し　祈るだけで　語ることをしない　CABを走らせ　静かな情景を　心のなかに写しはじめると《フッ》と思い出したように涙を流し　語った

白い花花がどんどん遠くに行ってしまう
人びとは無限に投げかけられる花束のなかで泣いた
寒い風が吹きぬける

ディーンは死んだんだ

1. 三十年後

その雑誌といつどこで出会ったのか、今となっては判然としない。自分でも雑誌を創ったり、イヴェントをオーガナイズし始めるひとつのきっかけになっているというのに！　おそらく、一九九〇年か九一年あたりだったはずだ。いずれにせよ、何の知識も事前情報もなく、ふらっと入った古本屋で見つけた。

それは、『ユリイカ』や『現代詩手帖』のバック・ナンバーが並んだ棚に、一部だけ無造作に差し込まれていた。「季刊サブ 特集＝ヒッピー・ラディカル・エレガンス〈花と革命〉1970創刊号」という背表紙の文字にハッと目を奪われた、その瞬間の衝撃だけを、今でも鮮明に記憶している。

ヒッピー、ラディカル、エレガンス。「ヒッピー」と「ラディカル」をつなげても、コード進行はまだ想像の範囲内だ。ところが、そこに「エレガンス」が加わると、「ヒッピー」というトライバルな俗語が「ヒップ」に変換され、サイケデリックなギターのフィードバックの後にソフトロックなオープン・ハーモニーのコーラスが飛び込んできたような、予想もつかない展開が生まれる。コード・チェンジの魔法にかるくとばされた時の目の覚めるような感覚！　言葉が響き合うことで、意味が、景色が、変わるのだ。それに続く〈花と革命〉というサブ・タイトルと「1970」という年代は、まさにだめ押しだった。

ものごころがついたのが、カウンター・カルチュア華やかなりし昭和四十年代と重なる所為か、その時代——世界的に〝The Psychedelic Era〟と呼ばれる一九六五年から六九年、そして燃えさかった熱が静かに引いていった七二、三年まで——の混沌と、若さと、反逆精神に、ぼくは惹かれ続けてきた。単なる郷愁でも懐古趣味でもなく、どこか根元的な理由から、自分がどこで生まれ、どこから来たのかを知らなければ、どこへ行くのかもわからないはずだという直感に駆られて、それこそものごころがついてからずっと、同時代の空気を呼吸するのと同じぐらい〈あたりまえのこと〉として、時間線を繰り返し遡ってきた。よく間違える人がいるけれど、有名なゲイ・マガジンとはまったくの別物である、この『SUB』という雑誌と初めて遭遇した九〇年代初頭は、その熱が、ぼくの内部で、最初の沸点に達した時期だったのだ。

〝ラディカル・エレガンス〟——なんて核心的なフレーズだろう。自分たちに向けられた銃口に花を挿すことで応えたフラワー・チルドレンの本質をこれほど的確に表したキーワードを、ぼくは知らない。ラディカルなだけでなく、エレガンスに裏打ちされていたからこそ、「1970」年前後に花開いたカウンター・カルチュア／サブ・カルチュアは、それを体験できなかった後続の世代を永遠に魅了してやまないのではないか？

特集のタイトルを目にしただけで、天啓にうたれたような気持ちになり、ぼくは棚からその号を抜いて、しばらく読み耽った。写真もイラストも使っていない、白地に文字だけでデザインされたシンプルな表紙。菊判サイズの中央に大きく打たれた〝YEAR ONE-AP〟という英文字にどんな意味があるのか、その時すぐにはわからなかった。

ページをめくると、目次の前に、無署名の詩のような文章が載った見開きがあった。縦組ではなく横組だったので、左に九十度回さないと読めなかったけれど、《ディーンは死んだんだ》という最後の一節から零れた透明な感傷に触れた時、自分に似た誰かが書いたもののような気がした。

おしまいの方の「おわびとおしらせ」というページに、創刊に至る経緯が記されていた。それによると、『SUB』の創刊号は、実は前身である神戸の書評誌『ぶっく・れびゅう』の第三号になるはずだった。九月下旬刊行予定で、原稿もほとんど揃っていたのが、発行元の日本書評センターから突然休刊を告げられ、《一ッの文化的・社会的責任の問題として　また雑誌刊行がそのように無計画なものでいいのか　どうかについて　長時間にわたる話し合いを進めてみましたが　発行者側の経営的欠陥の理由から　この話し合いは　決裂のかたちに終り　事実上　小島素治単独編集による『ぶっく・れびゅう』は創刊号（特集＝ジョン・レノンと小野洋子）　第二号（特集＝チャーリー・ブラウンとスヌーピー）の刊行をもって断念せざるを得なくなりました（中略）以前のイメイジを守りながら　季刊雑誌として　『サブ』を創刊する決意を　ここに固めた次第です》というわけで、誌名を改め、独力で再出発に踏み切って、十二月初旬、ようやく発刊にこぎつけたのだという。

表紙の謎は、編集後記のなかに見つけた《1970　YEAR ONE–AP　平和志向への紀元元年の広告に刺激されて》という一行から解けた。創刊号の表紙は、前年の六九年、ジョン・レノンと小野洋子がカナダのトロントを起点に展開した、「新年を1970 ADではなくYEAR ONE–AP（After Peace 平和元年）と呼ぼう」というピース・キャンペーンに対する、編集部からのストレートなリアクションだったのだ。そして、《次号では（中略）特集　Beatles 4–ever を予定しています　御期待下さい》という意気軒昂な予告――。

一九七〇年四月十日、『SUB』が創刊された十二月五日に先立つこと約八ヵ月、ポール・マッカートニーの脱退をもって、ビートルズは事実上解散した。二〇〇〇年に刊行された原著改訂に基づく改訳決定版『レノン・リメンバーズ』(片岡義男訳/草思社)の序文で、小野洋子はこう言っている。《一九七〇年には、仲間から始まってついには世界ぜんたいが、ジョンの敵だった。私たちは結婚してすでに一年以上たっていたが、メディアはまだ私たちを餌食にしていた。》

後に知ることになるのだけれど、『ぶっく・れびゅう』創刊号の特集「ジョン・レノンと小野洋子」は、アヴァンギャルド芸術の守護天使であり「精神上の父」(秋山邦晴)である、瀧口修造(註:一九〇三―七九/詩人・美術評論家。戦前より日本を代表するシュルレアリストとして国際的に活動、若い作家たちの個展を無償でプロデュース、六五年の赤瀬川原平千円札裁判では特別弁護人となる等、前衛芸術の精神的支柱として敬愛された)の全面的な協力を得て、それまでまともに知られていないばかりか、スキャンダルに貶められてきた二人のアーティストの本質を、日本で初めて誠実に伝えようとする壮挙だった。当時病床にあった瀧口修造は、六四年に五百部限定の私家版として刊行されたまま幻となっていた小野洋子の詩集『グレープフルーツ』からの抜粋を再録するようにはからい、《今や洋子とともにジョンも私の友だちになった。それで友情のしるしに別紙のような英語の詩を二人にあげる。》として、彼らの名前の頭文字を詠み込んだルイス・キャロル譲りの英語のアクロスティック(遊戯詩)を書き下ろし、《彼女の存在、それは彼女にとって主張すべきものだった、そのものが、たとえば私の手や足のさきまで伝わるものとして、(中略)私は大切にもっていた。》《詩とか芸術という美名のもとに怠惰と虚栄のなかで失われている何ものかを確実にもっている。》と真心のこもった励ましの言葉をおくった。

「われわれが、過去から遺産としてうけついだ数多くの不愉快なもののなかには、最も偉大な精神の自由もまた、われわれに残されたことを充分に認識すべきである。ところが、この精神の自由を、あまり濫用せずにいるのはわれわれ自身なのだ。想像力を奴隷状態におしこめておくことは、大ざっぱに幸福とよばれるものが問題になる場合でさえ、自己の奥底にある最も正しいものをすべて見すてることになるのだ」（アンドレ・ブルトン／一九二四年）

生涯にわたる親交を結んだブルトンの「シュルレアリスム宣言」に象徴されるフランスの超現実主義運動から、生を変えられてしまうほどの啓示を受けた瀧口にとって、〈詩〉とは文学の一ジャンルでは決してなかった。それは現実からの逃避ではなく、想像の力で世界を変えることを意味した。

《超現実と現実とを人間の解放に絶えず結びつける思想、このいかにも抽象的にしか聞きとれない概念、永遠の革命にしか通じないように見える理念の具現こそが問題なのである。（中略）私はこういう普遍的な一種の弁証法の源泉になるもの、たえず新らたな相貌を人生につくりだし、問題を投げていくものの原動力をやはり詩というものにもとめるほかはないだろうと思う。》（「超現実主義と私の詩的実験」／『ユリイカ』六〇年六月号）

当然のごとく瀧口は、「詩とは行為である」という、一九二〇年代以来の彼自身の詩観を純粋にポップ化したものが、ジョンとヨーコの作品すなわち行為であると、はじめから理解していたにちがいない。そして、小島素治《もとはる》生誕の年でもある一九四一（昭和十六）年に検挙され、約九ヵ月間拘留されてもシュルレアリストの節を曲げることのなかった彼にしてみれば、二人に対する世間の攻撃は、他人事ではなかったはずだ。

ジョン・レノンと小野洋子、瀧口修造と小島素治。四人の運命的な邂逅が生んだ、六〇年代最後のハプニング。あらためて見直してみても圧巻の特集である。瀧口修造の特別寄稿の次に「レノン＝マクルーハン」の一期一会の対談（米国版『ローリング・ストーン』からの転載）を置いたのは、小島氏が両者から受け取ったものの大きさの表れだろう（訳がまずいのが惜しいが、例えばこんな感じの対話だ。——マクルーハン「言語は系統立てられた口ごもりの形だ。〔中略〕歌を歌う時はどもらない。〔中略〕あなたは歌の中の言語についてどう思いますか？」レノン「ことばと歌は僕にとっては、純粋の震動であることは別として、ちょうど夢を描写しようとしているようなものです。我々はテレパシーとか、とにかくそんなものを持っていないので、我々の知るもの、お互の中にあると信じているものを、お互に確証するために、お互にその夢を描写しようとするのです。それだから口ごもるというのは正しいのです。〔中略〕どのように言ってみても、それは決して言いたいと思っていることにはならない」）。

さらにマザーグース直系のナンセンスと残酷さが入り混じるジョンの画文集から傑作三篇を植草甚一選・訳で（！）、ジョンの画文の線描と詩法を読み解き、底に流れる〝やりきれない時代の殺意〟を看取する草森紳一ならではの名人芸「なんて幸せな御時世だ」と続いて、『グレープフルーツ』からの一部抜粋を挟み、小野洋子が〝反芸術〟の代表的グループ〈フルクサス〉の一員となる前から、ネオ・ダダなどのニューヨーク・アート・シーンにおける影の殊勲者であったにもかかわらず、作家として正当な評価を得られずにいる状況に対し一石を投じるべく、〈フルクサス〉の同志、作曲家・映像作家の白南準《ナム・ジュン・パイク》が瀧口修造に宛てて自発的に日本語で書き送ったインティメイトなヨーコ論「小野洋子対《コントラ》ヨーコ・オノ」が来るといった具合に、一つ一つが眼目となるような貴重なテクストが目白押しだ。おまけに、六七年に米軍から返還された広島・長崎の原爆記録映画の国外でのノーカット上映の許可を申請する、ジョンとヨーコの後姿のヌード写真付き公開状「日本の首相へ」、六九年九月にカナダのトロントで開催されたロックンロール・リヴァイヴァル・ショウにプラスティック・オノ・バンドとして出演後に行った記者会見のドキュメント等々、エポックメイキングな企画の数々――ここまで豪華で的確なラインナップを、二十八歳の無名の若者がよくぞ揃えたと讃えたくなる。

かと思えば二号目の特集に「チャーリー・ブラウンとスヌーピー」を持ってくるという、『リラックス』（註：一九九六―二〇〇六年、マガジンハウス刊の月刊誌。創刊後しばらくはコンセプトが定まらず迷走。九八年、渋谷系文化の影のキーパーソンの一人、岡本仁氏が新編集長に就任し、リニューアルを図るも九九年に一旦休刊。二〇〇〇年にフリーソウル関連のジャケット・デザインで知られる小野英作氏をADに迎えて新創刊、ポスト渋谷系の「本流」として趣味性に徹したスタイルを貫くが、〇四年秋にスタッフが交代し、静かに歴史的役割を終える）も真っ青のせまりかた！　カウンター・カルチュアとサブ・カルチュアが同義語だったスリリングな時代の産物とはいえ、ここまでバランスよく両方の要素を併せ持つ雑誌は、めったにない。『ぶっく・れびゅう』＝『SUB』は、アティテュードをもったインディペンデントのパイオニアとして、新しい世代に発見されるべきサブ・カルチュアの〈ミッシング・リンク〉なのだ。

今となっては〝歴史的〟価値しかない、と言う人だって、いるかもしれない。ぼく自身、表紙のデザインも本文のレイアウトも素人っぽい『SUB』創刊号の中身そのものは、あまり記憶に残っていない。けれども、ぼくが『SUB』と出会って間もなく九二年に亡くなる、詩人・翻訳家の諏訪優が巻頭に寄せたエッセイ「宇宙は新しい花である」（『この大陸は種子なのだ―アメリカ文明のゆくえ―』七三年／研究社に収録）は繰り返し読んだ。そして、その後手に入れた『別冊太陽　Get Back！60's［ビートルズとわれらの時代］』（八二年／平凡社）の巻頭アンケートのなかで、《いつだったか、神戸で、雑誌「サブ」の名編集者、小島素治の主催で〝ビートルズの全映画〟を観る会があり、女どもの作ってくれたオニギリを食べながら、狂いそうな感激を憶えたことがあります。あの情熱がいまのわたしと日本に、あるかないか？》と問いかける諏訪優の熱い想いに触れて、その場に居合わせたわけでもないのに、「狂いそうな感激」で胸がいっぱいになった。それからだ——本気で追いかけようと思ったのは。

ぼくはspirit——精神、霊魂、気分、生気、時代精神、そして〝強い酒〟をも意味する——に呼ばれたのだ。『SUB』という一陣の風が飛ばしたイメージの種子は、今も、ぼくの宇宙のなかで星雲のように渦巻いている。

雑誌にとって一番大切なのはスピリットだと、ぼくは信じる。クォリティを保ちながら出し続けることはもちろん重要だが、スピリットのない雑誌にいったい何の価値があるだろう？　続いているだけで〝クール〟なんだとうそぶく輩もいるけれど——その意見には同意できない。何年もかかって一号一号、バック・ナンバーを集めていく過程で、わずか六号で終刊したことを知ったのは悲しかったけれど、ただの一号たりともスピリットを切らさなかった事実を知ることができたのはやはり嬉しい。

二冊の『ぶっく・れびゅう』を『SUB』のプレ創刊号として数えると、計八冊。いずれも見ごたえがあるけれど、突出してクールなのは四号と六号、全面的に判型を変えてしまった号だ。

四号の特集は「情報のカタログ　メッセージはメディアである」。寺山修司がダリ、ゴダール、ルイ・マル、ル・クレジオ、アダモの五人に対して、「音と言葉」をテーマにコンセプチュアルなインタヴューを行っているのが目を引くが（寺山自身が五人の取材の舞台裏を語る、小島氏との対話も閃きに充ちている。元々は東芝の新聞広告として使うための企画だが、「脱広告」の一つの試みでもあり、寺山曰く、《ある意味では「事件」だったと思ってる。》アダモよりジョルジュ・ブラッサンスの方がよかったのに、と言いたげな小島氏の疑問に対する寺山の答えは、《歌手は東芝でないと使えなかったんだな。》）、他にもビートルズのサイケデリックなアニメーション『イエロー・サブマリン』のシナリオ邦訳（監修・鳥居幹雄）や、〝ウッドストック・ネイション〟の若者たちは旧来の意識Ⅰ、意識Ⅱを超える意識Ⅲの出現であると解く『緑色革命』（チャールズ・A・ライク／早川書房）の書評コレクションなど、内容的にも充実している（淺井愼平と湯村輝彦が洒落っ気を競い合う、遊び心に満ちた記念碑的セッション「WHAT ARE YOU DOING THIS WEEKEND?」は、ページの間から風が吹いてくるような心地よさ。リストアップされている四十五枚のレコードが、ロック〜ジャズ／フュージョン〜甘茶ソウルと見事につながれていくのが見もの）。いつもよりグッと小さくなった判型は、六七年の初版刊行（日本版は六八年／河出書房）以来、革命的なヴィジュアル・ブックとして一世を風靡したマーシャル・マクルーハン『メディアはマッサージである』のオリジナル・ペーパーバック・サイズとまったく同じ新書判変型。『SUB』四号をリアルタイムで買ったという小西康陽のディレクションで〇三年五月に出た『レディメイド・マガジン』創刊号が、やはり同じ判型だった。

だけど「今の気分」で選ぶなら、ぼくはA3判（！）の六号を採る。特集は「朝日のようにさわやかにWESTCOAST '73」。全てのヴィジュアルとテクストにジャズのスタンダード・ナンバーのタイトルがつけられ、全体のトーンをソフトリーに統一。吉田大朋、淺井愼平、鋤田正義の三人の写真集のような体裁に仕立てたうえで、河村要助、矢吹申彦、湯村輝彦のトリオ〈100%スタジオ〉が揃い踏みでイラストを競作。ジャズ・エッセイを清水俊彦、草森紳一、磯田光一、鍵谷幸信、ポエトリーを谷川俊太郎、諏訪優（後者は評論も）が寄稿。インタヴュー・ゲストにはかまやつひろし、南里文雄。日本デキシーランド・ジャズ界の草分け的な伝説のトランペット奏者、『上海バンスキング』のモデルとも言われる南里文雄との対談の冒頭で、「何かさわやかなことをやろうというのが、今回の意図なんです」

と、小島氏は言う。――イヤなことばかりだからソフトリーにやろう、と（註：後述の『神戸青春街図』に所収のインタヴューより）。

初めてこの号を目にした時感じたフレッシュなショックは、ちょっと忘れられない。気持ちよくつきぬけた空間が、目の前をどこまでも広がっていくような感覚。淡いブルーの翳をおとすモノクロームの写真と絵と言葉とが、白い紙の上で溶け合って音楽と交わり、大判を生かして贅沢にレイアウトされた余白が、一種の浄化作用をともなって、現実の生活で降り積もった屈託をきれいに洗い流してくれる。「Coffee Break: 28Hours」と題してレコード・ジャケットだけをギャラリーのように並べたページなど、二十年も前に『サバービア・スイート』（註：九〇年代を通して、主に洋楽におけるソフィスティケイションの解釈を組み換え、一種の感覚的潮流を形成したクラブ発のディスクガイドの嚆矢）を先取りしていて驚いてしまうけど、クレジットはアルバムやシングル盤のタイトル、レコード番号、アーティスト名だけで、解説の類は一切載せず、代わりにかけたい曲のタイトルをアーティスト名の前にさりげなく記すあたりは心憎いほどジェントリーで、ある意味、サバービア以上に洗練されているとも言える。『リラックス』の〈地平〉はこの号にあると言ったら言い過ぎだろうか？

2.

古本屋巡りをしていて、見つけたら買うようにしている本のなかに、大阪の名物タウン誌だったプレイガイドジャーナル編著、有文社刊による「青春街図」というガイドブック・シリーズがある。そのなかの一巻である『神戸青春街図』に、「季刊サブをめぐって」と題する小島氏のインタヴューが収録されている。同書の初版発行が七五年一月十六日だから、この時点で『SUB』は既に終わっている。しかし、それでも取材しているということは、神戸の文化情況を記録する上で、『SUB』は欠かすことができないという見方があるからだろう。以下はそこから抜粋した、テープ起こしを未編集のまま載せたんじゃないかと思えるほどライヴな肉声だ。

＊

《サブをやりだしたということの中には、ひとつには負わされた責任みたいなものがあって、それを遂行するという、まあそれまでは写真をとったわけ、それで雑誌をやりだしてのってきたわけよね、すごく。(中略)世の情況としてファッションっていう概念とね、ロックの概念みたいなものが言葉の上でもやっぱり出だしてきたところでさ、その底辺ではすでに解体していて若者はすでに吸収している部分ってのがあったよ。そこで従来通りの言葉、論理、概念だとかでつながりを持とうとすること自体が無理なわけでね、写真だけでは、イラストだけでは説明しようのない、もうひとつ別の次元の表現との関わりみたいなものが非常に要求されてきたみたいなね、それを日本の雑誌でやるということは非常に難しいことだけれどさ。いわば、フランスでダダからシュールに移行する時点でアーチストというか大人たちがね、リトルマガジンを作り出したみたいなね。それは、美術上の一表現を救うという形で出てきたわけだけれども、そういうある形の表現を取らざるを得ないんじゃないかというね、それは別に頭から考えてたわけじゃなくて、そういう情況じゃないかって踏んだわけ。そこでこっちものってるしね、や

ろうということになって四人で始めたわけ。》
《神戸を選んだわけというのは、シスコにファリンゲッティ（註：ビート発祥の聖地であり、今もその精神的支柱で在り続ける米サンフランシスコの書店・出版社〈シティ・ライツ・ブックス〉の創設者）という詩人がいるのね、その人がミニコミを売ってたわけよ、それがだんだん売れてきちゃってね、何というか大きなものになったわけね。彼自身何をやってるかというと、犬といつもねタイプライターを前にしてさ、詩ばっかり書いていたわけ、こういう太陽と人間とが日常から結びついた時点でね、優雅とはいわないまでも勇気ある形でね仕事が進められるというのは非常にいいことじゃない。俺もそういうことやれればという夢はあったわけ。それでね、少くとも神戸はね関西というよりはウエストコーストなわけ、カリフォルニアの雰囲気があるわけじゃないけれど、時々間違って気流の中にそういう雰囲気を感じるのね。これはきっとアメリカで生活してた時の甘えみたいなものでさ、それが何かで還元できればさ、生活の中で非常にいい匂いなんてするじゃない。関西がいいとか関東がどうだってことじゃなくて、もっと個人的なメディアを持つべきだし、雑誌でいえばリトルマガジンだろうしね。俺がサブを定期的に季刊で出すなんていってても、全然出さずに、でもなんだかんだ言いながら何年かかってね、いろいろ出てきてるけれどもあまり不満足なものはないし、人から時代を少し先走ってたんじゃないかなんて言われるけれども、結局皆がもっとゆっくりした生活をちゃんとしてればね、時代と関係なくさ、そういうふうなことをやっぱりやるべきだと思うわけね。確かに今若い人がお金持ってるわけがないけどね、そういう形でどんどんやってかないとダメじゃないかなという気がするわけ。》
《六号までやってきて納得いってるから、休んでいるわけ。またやろうと思ってるけど、ひょっとするとサブという散髪屋をやってるかもしれないし、お菓子屋をつくるかもしれないしさ、いずれにせよ俺

なりに六号まで出した段階でふっ切れているからね、何かそういうふうなところに進んでいけると思っているわけです。》

＊

「日々の生活を大事にしながら、個人的なメディアをつくる」——小島氏の雑誌づくりに対するそうした姿勢に、ぼくは深く共感する。そして、日常生活とクリエイティヴな行為を乖離させまいとする小島氏のライフスタイルに、「芸術の生活化」というヴィジョンを連想する。

「生活の芸術化」ではなく、「芸術の生活化」を提唱する詩人・美術評論家、岡田隆彦の定義するところによれば、「芸術」とは、《人間が、現実から出発しながらも、想像力のいとなみと感性の自由な発現を活かしつつ、根源的な感覚に働きかける普遍的なかたちを創り出すことで、新しい現実を発見し、絶えず自己を更新することとなるような意識的な表現およびそうした行為》である（『芸術の生活化　モリス、ブレイク、かたちの可能性』九三年／小沢書店）。

それにしても——。

小島さん、あなたはこの後、どんなふうに生きてこられたのでしょう。もしかして本当にお店でも開いたのか。それとも、また雑誌をやりたくなって、新しい雑誌を立ち上げたのか。ぼくは今、あなたにお会いして聞きたいことが、とてもたくさんあるのです。あなたがどこにいらっしゃるのか、手がかりはほとんどないのですが……。

3.

きっかけは、インターネットだった。今年（〇三年）に入って、ひょんなことから、小島氏の消息が判明したのだ。しかし、検索を繰り返すうちに辿り着いた、とあるホームページの日記の過去ログに記されていたのは、あまりにもショックな近況だった。

＊

《2002年9月9日

60円の切手が左上に印刷されている「郵便書簡」という、ハガキとも封書ともつかぬ郵便物をご存じだろうか。天地の点線部分を切ると、紙が三つ折に開いて中身を読むことができる。ここ2年ばかり、月に一度ぐらいの割りで我が家の郵便ポストにそれが入ってくる。

「へえ〜　かわった郵便だ……」

最初に受け取ったのは、おととしの夏のはじめのごろのことだった。珍しい郵便物なのですぐに目につき、さっそく天地を切り、ゆっくりと紙を広げた。開くと、ページの下のほうに小さな桜印のゴム印が打ってある。差出人は小島素治、当年とって62歳ぐらいのはずである。

伏見拘置所（京都）から届いた手紙の第一号だった。

内容は、いま自分が拘置所に収容されていること、そして今年の夏がむし暑いので苦労していることなど、とりとめのない内容だった。しかし何故いま自分が収監されているかについてはなにも書かれていなかった。私はさっそく短い返事をハガキで書いて、特別に事情を問い合わせるようなことはしなかった。（中略）するとまた手紙がくる。やっぱり簡易書簡で、検閲のしるしである桜のゴム印も相変わらず入っていた。そうこうするうちに約二年が経過し、届いた便りは優に20通を超えていた。達筆の細かい文字でびっしりと、拘置所内での日常や心境などが毎回几帳面に記されていた。その間わたしは一度も収監の理由はたずねずに、その都度ただ短い文面のハガキを返した。そして去年のクリスマスの三日前に届いた手紙には、とうとうカネの無心がでてきた。年を越すためには拘置所といえども多少のカネがかかるので、少し用立ててほしい旨の用件である。しかし、どうして拘置所暮らしの人間にカネがかかるのかが理解できず、（中略）なにも返事を書かなかった。すると伏見からの手紙はしばらく途絶え、春になり、やがてまた夏が訪れようとしていた。こうなると多少は心配になるのが人情で、拙著一冊に短い文面を添えた近況伺いの便りを、今度はこちらから出してみた。すると彼は、いつのまにか大阪に移送されていたらしく、こんどは大阪・友淵町という住所からの返事が届いた。なにしろ塀の中からの差出人アドレスには、施設の名称は一切記入されておらず、ただ町名と番地のみである。そこが拘置所なのか刑務所なのかは判別ができない。

ちょっと長くなるが、なかなかの名文なので、このとき（今年の7月18日付け消印で）彼から届いた手紙の全文を紹介することにする。

——以下、小島文。

「私です」。梅雨月を跨ぐとお七夜の文月です。絵葉書と図書一冊が届いているとの連絡を受けたのは七月四日の夕刻でした。

雨上がる。

一階のこの部屋からは格子越しに多少広めの内庭を望むことが出来ます。内庭には石榴《ざくろ》の木が植樹されていて薄紅色の花を咲かせています。真夏日にはまだ少し弱いやわらかな陽の光を受けて、青空の下で映え移ります。荒削りの鑿《のみ》の跡のような実を付けるのは、この先でしょう。

三月十九日、京都裁判所で有罪の判決がありました。逮捕から公判終了までの終始を全て不服として、現在は大阪高等裁判所に二審請求の訴訟中です。と言う訳で、君からの六月二十八日付けの差し入れは京都から転送され、七月四日に手元に届きました。所内での手続きなどがあり、図書の方はまだ拝読しておりません。読後感は後日ということで、無礼の段はお許しの程。

まあ、生意気を通した結果がえらく時間の掛かることとは知らず「ちょっと覗いてみるか……」と、冗談も言ってられない羽目になり、多少は弱っております。のんびりと行くしかないでしょう。いずれにしろ日本の法曹界は旧態依然たる構造で法の解釈に対する進展や創造性を求めるのは無理だと痛感しています。裁きの取り扱い人である判事、検事、弁護人までを含めて知性の欠片《かけら》も感じることが出来ず、国を憂うる心情は募るばかりです。

ここ大阪拘置所の上空を伊丹空港に帰る着便が朝から夜の九時頃まで頻繁に飛び往き、轟音を響かせています。朝の一番機の飛行音で目を覚まします。七時三十分。ブ〜ンという音を聞いていると、あの「カサブランカ」でバーグマンとボガードが「駅で逢おう」と轟音の中で約束するシーンを思い出したりして、「ふっ」と、独り皮肉な笑いを内に向けたりしています。独り遊びや孤立した状態で時間を過ごすのは結構気分よくはやっているものの、外界の新しい感性に反応する素材や機会に恵まれる事が少ないのは、やはり物足りなさが残ります。大学時代に専攻をサボッていたので、少し「精神医学」の分野を学んでみようと、まずは今流行もののＰＴＳＤ（外的心憂後ストレス障害）の問題について取り組んでいるところです。中井久夫という甲南大学の偉い先生とも連絡が取れたものの、先生はどうやら癌らしく、密なやり取りが出来ないのが残念です。もしも中井教授の学究の理論を踏襲して民間レベルで伝承して行ければと、時間もあるので、日々、学の徒をやっています。二審が終われば上告、最高裁判所まで争うつもりです。ＰＫ戦まで行くか、元気で、いずれ……。

小島氏は現在独身だが、娘がひとりいる。もう三十才に手が届く年齢になっているはずだが、連絡はまったくとれていない様子である。両親もスデに他界しているので、天涯孤独に近い境遇といってよい。若い頃は広告の仕事や雑誌のエディターなどをやっていて、自分でも数種類の前衛的な雑誌を出版していたこともある。

しかし彼は、この手紙を書いたあとで体調を崩したようだ。急に目の具合が悪くなり、治療を申し出たところ顔面に腫瘍が発見され、それが癌と判明されたらしい。手術が成功する確率は低く、ただいまは放射線治療による処置を受けているようだ。急転直下死の危機に瀕してしまったのだ。（中略）。

私が20代の頃、彼は神戸港を一望に見晴らせる洋館に住んでいて、彼とはそこで毎週末にポーカーをやった。酒好きな陽気な男で、いつもバーボンを抱えてラッパ飲みしていた。そのうち出所祝いは神戸あたりでと考えていたのだが（中略）。

パタッと便りが途絶えてから、約一ヶ月になる。》

ホームページの主は、『昭和初期の真岡駅』（栃木県真岡市真岡線同駅コンコース陳列）や『トキワ荘』（宮城県石巻市「石ノ森萬画館」陳列）の精巧なミニチュア制作で知られる立体画家・芳賀一洋氏。小島氏に、いったい何が起こったのか？　刑務所ではなく拘置所なのがわずかに救いだが、裁判を闘っている途中の癌告知とは、なんという運命の過酷！

続報を求めて芳賀氏の日記をむさぼるように読み進めていくと、〇三年一月十八日、大阪拘置所から届いたという小島氏の手紙が紹介されているのを見つけた。

＊

《前略。一月十七日。神戸の方に向かって手を合わせる。

あなた変わりはないですか
日ごとに寒さが募ります――

――はるみ節だとこう成ります。

その後、調子はどうですか。個展は盛況でしたか、次なる作品のテーマは何ですか。

「わたくし」此方は相変わらずの日常です。

深作欣二監督がお亡くなりになりましたね。深作欣二さんは世間で言うほどの巨匠ではありませんでしたが、映画界にひとつの疾風迅電《エンターテイメント》を興した存在であったと私は思います。彼が求めたものは、アーサー・ペンとサム・ペキンパーについて、だった筈です。

先の便りでは写真家ロバート・メイプルソープの伝記を書いているパトリシア・モリズロー嬢の文

章の一部を書き送りました。突然に「何だコリャッ！」と思ったでしょ。あの中で「歩道には麻薬中毒者が……　わたしは男をまたがねばならなかった……」といった個所がありました。「跨ぐ」の言葉（単語）には以前から凝っていました。こうです。【edge(n) エッジ・境界】。「跨ぐ」は step over (across) で、境界は boundary か border ですが、わたしは「edge」と書き、視覚的な意味も含めて（記号感覚で）私流に訳しています。即ち私流の感性の源である哲学・美学の「跨ぐ」の翻訳用語で、「エッジ」は「境界」となるのです。言葉や思想の発端にも、日常性の中にも「殺気」は含まれているということです。理屈っぽくなりました。

外界から遮断され、閉ざされた独居房にながく居座っていると、閃きとか瞬発力が衰えて、反応も鈍くなったりします。困ったものです。シャーロック・ホームズの天才的閃きを失ってはいけません。Haga'sライブラリーにアーサー・コナンドイルの小説があるようでしたら送って下さい。先にお願いした書籍の諸々を含めて、こちらの追加注文のほうも宜しく頼みます。

追伸、

君の葉書にもありましたが、この癌という病は、確かに痛みが伴います。短い槍を持った小さな悪魔が左顔面を暴れ回って夜も眠れないことが繁々です。コノ野郎！です。痛み止めにモルヒネ同様に効くという強力な投薬で我慢もしていますが、上唇は腫れ爛れた状態で、味覚障害と耳の難聴も始まり、不快な日々が続いております。味覚の障害から食欲は殆ど無く、最近では小倉あん（あづき）とか飴ダマやチョコレートでやっと甘味が判るくらいのもので、年より臭くて色気もなく、何ともイケネーや。と、いったところです。

越冬をサヴァイバルかよチョコレート

こころ静かに春陽を待つ》

——小島氏の短歌と、芳賀氏のコメントの最後の一行が胸に染みた。そして、決定的な情報が、その後に待っていた。

＊

《2003年2月28日

今回はハガキ一枚が到着。
消印は2003年2月26日。

以下文面——。

時間が無くなってしまった。
敗訴です。
頼んでいた図書の件、間に合うように送ってくれると助かるのです。
今後の通信は親族だけとなります。これが最後になるかも知れません。
A・ヘミングウェイも頼む！
2／28日までに！

――小島素治

官製はがきのアドレス面にのみ、上の書き込みがあり、記入面には「失敗した葉書で失礼する、ゴメン!」とのことで、別人宛ての「失敗文面」だけなので、今回のコンテンツは事実上うえの文面だけである。

かなりあわただしい雰囲気が伝わってくる。

スデに数日前、宅急便で5~6冊の書籍は送ってある。所内の手続きに若干の時間が掛かるだろうが、間違いなく彼の手元には届くはずである。しかし懲役となると相部屋であろうし、過酷な労働もあるのだろうから、のんびりと読書もしてられまい。

生還を祈る!》

長いお別れPART1

4.

「小島氏はねえ、今、大阪の病院に入院してます」

二〇〇三年七月、山手線のとある駅前の喫茶店で、初対面の挨拶を交わしたばかりの立体画家・芳賀一洋氏の意外な言葉に、ぼくと『クイック・ジャパン』(以下、QJ)編集部・森山は絶句した。

一九七〇年代初頭の伝説的なリトル・マガジン『SUB』の再検証を進めていたぼくらは、同誌編集長・小島素治氏が、二年前の〇一年に京都で逮捕、起訴され、無罪を主張し二審まで争うも敗訴、しかも拘留中に癌告知を受けるという衝撃的な近況を、小島氏の旧友である芳賀氏のウェブサイト(http://www.ichiyoh-haga.com/jp/information/)の日記で知り、歯がみしていたところだった。検閲こそあるものの外部との通信は許される拘置所と、親族以外は面会も通信も許されない刑務所では天地の差がある。刑務所に身柄が移されると、手紙のやりとりで小島氏となんとか連絡を取ろうと企んでいた計画が根底から覆ってしまう。

有罪判決が下った二月末から、既に四ヵ月以上が経過していた。病気が病気だけに焦燥は募る。芳賀氏の日記によれば、現在独身の小島氏には、既に成人して自活している娘さんが一人いる、しかし連絡先はわからないという。なんとか取材に協力していただくことはできないかお願いするため、行方を探そうとしていた矢先の、思いもよらぬ「朗報」だった。芳賀さんが見せてくれたハガキにはこう書かれていた。

《芳賀一洋　様
目が覚めたら、部屋の様子が違っていた。旅の途中かと思った。
二月二十八日、医務部長から申し渡しが有り、病院に移ることに成りました。最高裁とのマッチレースの次は、病気とのデッドヒートです。刑の執行は暫くのあいだおあづけです。連絡先　明生病院三〇二号
元気で、いずれ。――小島素治》

＊

一九四八年生まれ、現在五十五歳の芳賀氏は、七歳年上の小島氏とは「完全に商売抜きの」間柄で、「神戸時代、東京時代、ルンペン時代とトータルでまあまあ状況を把握してるのは、もしかすると私だけかもしれない」と言う。巨躯を折り曲げるようにして、テーブルに並んだバックナンバーのなかからペーパーバック・サイズの第四号を手に取り、「私は当時神戸で見たきり、それ以後手に取って見るのは初めてです。この号が一番読みでがあった」とページをめくる。
「私は七二、三年頃、仕事の関係で関西にいたことがあるんです。当時小島さんは、神戸北野町のサッスン・アパートという外人がオーナーの豪勢な洋館に居て、そこで『ＳＵＢ』も編集してた。かなり本

格的な中庭があって、たまたま友達がそこの一階に住んでたから、私もよく泊まりに行ってたんだけど、小島さんは中庭を挟んだ向かい側の二階に住んでいて、なんとなく仲良くなった。週末になると遊びに行って、酒を飲んだり、ポーカーをやったりしてたんです。ちょうどその頃子供が生まれたから、彼にしてみれば一番良い頃じゃないですか。

仲良くなったきっかけは、例えば音楽でも映画でも、小島さんの話はだいたいわかるから。わかる人がいるのが珍しいってことと、好みが比較的似てるんですよ。二人とも古いアメリカ映画が好きで、『西部の男パラディン』（註：六〇年四月から六二年三月にかけてNHKとTBSで放映された、一八七〇年代のサンフランシスコを舞台にした三十分のモノクロ西部劇。他人のトラブルを引き受けては素早い拳銃さばきで悪を倒す全身黒づくめの主人公にリチャード・ブーンが扮した。NHK放映時の邦題は『西部のパラディン』。原題Have Gun, Will Travel）とか、よっぽどの人じゃないと観ないようなアメリカ製の渋いTVドラマをみんな観て知ってるから、『なんでそんなの知ってんの？』って話になるわけ。例えば、パラディンが朝一番でロンドンから取り寄せた新聞を読んでるとか、ちょっと気取ったところが好きみたいで、サッスン・アパートの扉に〝SUB gun will travel〟って金文字で貼りつけてた。そういう細かいネタがだいたいわかるから、話が合うんでしょうね。

小島さんの特技はねえ、とにかく競馬。それから麻雀がめちゃくちゃ強い。ギャンブルと酒が大好物。あとは字が上手いのと、一番の美点は声が良いところじゃないですか。気に入った人物を惹きつける力がある。だから、当時のキラ星みたいな人が彼の周りに集まった。横尾忠則さんなんか案外遅くまで仲良かったんじゃないかな。評論家の草森紳一さんとも当時は実に仲が良かった。わざわざサッスン・アパートのちょっと上手にアパートを借りて引っ越してきたぐらいだから。よく草森さんのアパートに、夫婦で酒飲みに行ってましたよ」

芳賀氏のサイトには、小島氏からの便りと共に、『DRESSAGE』という一度も見たことのない雑誌の表紙がアップされていた。八〇年頃小島氏が編集していたものだという。洋雑誌と見紛うような洒落たデザイン。表紙に載っている日本語は「季刊ドレッサージ」「創刊7号」と、ただそれだけ。あとは全部英語で〝DAVID HAMILTON / WOMAN'S EYE / BEVERLY HILLS / JEAN C. FIGOZZI / EDITORIAL MIND〟――中身の方も相当面白そうだ。ノスタルジックなセピアカラーの表紙は女優グレタ・ガルボ。タイトルロゴの下には〝COVER FOR SALE $10,000〟と謳われている。本当に表紙を一万ドルで売っていたのだろうか？　いかに商業雑誌とはいえ、表1まで広告スペースにする例はめったにない。かなり大胆な発想の転換があったのかもしれない。とにかく小島氏は、『SUB』の後にも新しい雑誌を創っていたのだ。

「『ドレッサージ』を創刊するちょっと前に、小島さん、東京に出てきたんですよ。青山に事務所を開いて、社員も二、三人雇って、かれこれ十数年、〈スタディアム〉という名前の法人で広告の仕事とかいろいろやりながら、雑誌も出してました。『ドレッサージ』は、最初の頃デルモンテとか煙草のマルボロが表紙だった。つまり表紙が広告なの。グレタ・ガルボが表紙の号は、たまたま三年か四年前に十年ぶりぐらいで彼に会って、その時手土産に持ってきたんです。でも、『SUB』の方が内容的には濃いんじゃないかな。彼もたぶん一冊も持ってないと思うから、持っていって見せると喜びますよ。荷物は鞄ひとつしか持たない人だから」

それにしても――青山に事務所まで持って颯爽と仕事をしていた人が、どうして こんな窮地に陥ってしまったのか。芳賀さん曰く、最後に会った時には「家はない、家族もいない、仕事は何もしてない、とにかくヨボヨボでやっと歩けるくらい、おまけに年金が下りない歳だった」というから、その窮状は察するに余りある。

「詳しいことは知りませんけど、彼が五十歳になった頃に、相当大きな不渡り手形をもらったか何かで倒産しちゃったんだと思います。私が久しぶりに会った時には、恵比寿にいる知り合いのカメラマンのマンションに居候していた。ところが長いこと居るといろいろあって、小島氏は酒さえあればいい人だから、昼間からバーボン飲んでひっくり返って、レコードやら何やら聴いてる。電話は主がいない間にバンバン使うし、電話だけ聞いてたらピンピンしてるとしか思えない。そのカメラマンは今は独身なんだけど、ニューヨークに住んでる子供が帰ってくるから困っちゃってね。あちこちに電話しまくって次の引き取り先を探したんだけど、みんな断る。二度と電話に出ない。そういう対応なんです。それでとうとう私に電話をかけてきた。みんな逃げてるのがわかってるから、しょうがない。駒込に、自分が持ってるおんぼろアパートがある。一部屋だけ一瞬空いてるから、そこへ一旦入れようと。それが金曜日だったかな？　でも月曜日に新しい入居者が来ることになってて、悪いけど二晩しか泊めてあげられない、日曜日の夕方までに次の行き先を探してくれないか、と言って入れてあげたの。布団一式、競馬好きだからスポーツ新聞も差し入れてね。

ところが日曜日の夜六時頃に様子を見に行くと、何のあてもないと言うから。あいにくその日はどしゃ降りの雨で、次の行き場も決まらないのに雨のなかを放り出すわけにもいかない。なんとか近所に住んでる外国人の知り合いに頼んで、一晩泊めてもらうことにした。明けて次の日は快晴で、電話したら、もう出たと。それから一年か二年は何の音信もなくて、気懸かりだったところに届いたのが、拘置所からの手紙。

要は、勝新太郎みたいなタイプなんですよ。お金がある時はバーっとばらまいちゃうし、朝から晩まで酒飲んでるしね。最後に会った時も、三畳間に立って、ウィスキーの一升瓶を握りしめてた。健康に気を遣ってるふしはまったくないからね。そうやって生きてきちゃったんだからしょうがない。人間的には非常に興味深いキャラだから、雑誌よりそういう側面の方が面白いですよ、本当は。

最近来た手紙に、不良外出で祇園まで出かけて、炎天下のなか、よろよろっと京都競馬場まで歩いて馬券を買ったら、九・四倍に化けて、昔の女に逢うことにした、なんて書いてあったから、私も『それからどうしたの？』って返事を書いたけどね。拘置所から出てきたオヤジが、炎天下のなか、京都の街を久しぶりにシャバの空気を吸いながらフラフラ歩いてね、思い出の競馬場で二年ぶりに馬券を買ったら当たった。その後、昔の女のところへ行く――というのがもう、一つの文学ですよ。力が入ってるんだ、文章に。

手紙を出すと、向こうはヒマだから、すぐ返事が来るんじゃないですか。芳賀に聞いたということで取材に行きたいって言ったら、喜んで話をすると思う。病院に訊いてみないとわからないけど、面会謝絶じゃないと思いますよ」

5.

もう会えないと一度は諦めたのに、これは天の配剤ではないか――！

「時代の証言者として、伝えるべきことは伝えたい。いつでも会いに来てください」という嬉しい返事をもらったぼくらは（心を込めた手紙を送った後、なぜか返事が来なかった為、意を決して何度か病院に電話をかけ、ついにハードな治療の合間をぬって直接話すことができたのだ）、九月十一日、さすがにバーボンはまずいだろうと選んだ冷たいゼリーを手土産に、大阪市京橋駅に降り立つと、執拗に纏わりついてくる季節外れの熱波を振り切って、ほどなく目的地に辿り着いた。エレヴェイターの扉が開くと同時に、胸の鼓動が高鳴り始める。三〇二号室に辿り着いた時、目に飛び込んできたのは、左頬を半分ガーゼに覆われた長身痩躯の男性が、身じろぎもせずベッドに腰掛けている姿だった。ほとんど放心状態の様子に胸騒ぎを覚え、思わず大声で名前を呼ぶと、ハッとした表情でこちらを向いた。

「はじめまして……とうとうお会いできました」と言ったきり、立ち尽くしているぼくらを招き入れてくれながら、「ご覧の通り、足が悪くて外に出られないから、ここで話をするしかなくてね。本当は近くのホテルでやりたいところなんやけど…」と言う小島氏の声色自体はしっかりしていたが、発音はやはり聞き取りにくい。なにしろ顔面を悪性の腫瘍が食い破っているのだ。

三畳ほどの個室には、ジョン・レノンの写真が飾ってあった。そんな状態でも、芳賀一洋氏の贈り物という明るい焦げ茶色のTシャツのさりげない着こなしを見ると、やはりおしゃれとしか言いようがない。

「お辛いようでしたら、いつでもインタヴューは休止しますから、おっしゃってください。何日かに分けてもいいですし」

そう言うと、「かまへん。しゃべってたらいいんかな？」と開始を促され、それに力を得たぼくらは、ベッドの横に、持参した『SUB』とその前身『ぶっく・れびゅう』のバック・ナンバーを並べ始めた。

＊

「懐かしいね」

しばし沈黙した後、小島さんは、ポツリとそう呟いた。

「ご覧になるのは何年ぶりですか？」

「そうやねえ……。一号一号話していく？」

「お願いします」

「昔のことは端から忘れていくような性格やったから、メモなんかとっておりゃせんのです。まあ、だいたい覚えてますけどね……聞いてください。全てのはじまりは、一九六七年、モントリオールで開かれた万国博覧会の取材で、カナダとアメリカを廻ったことなんです。その時広告の仕事をしてたから、建築会社とかいろんなスポンサーから、軒並み仕事を受けて、取材に行って、写真を撮ったの。その時、いろんなことがいっぺんに起こりまして。とにかくマーシャル・マクルーハン（註：一九一一―八〇／カナダの英文学者・文明批評家。六〇年代に〈地球村《グローバル・ヴィレッジ》〉という概念を提唱、「メディアはメッセージそのものであり、新しい電気テクノロジーがもたらした相互依存関係が地球全体をひとつの村に作り変える」と説き、TV時代を象徴する予言者として一世を風靡した。インターネット環境の予見者として近年再評価されている）の話が向こうでものすごいセンセーショナルやった。特に『メディアはマッサージである』（註：マクルーハン理論の総集編として六七年に発表され、全編にちりばめられたキャッチーなキーワードと大量の図版をポップ・アート風に組み合わせたクエンティン・フィオーレの斬新なレイアウトと相まって大ベストセラーになった。河出書房新社より復刻された新版は判型が異なり、オリジナルの味を伝え切れていない）は、情報の世界で今のデジタル革命が起こる前に出た、画期的な本やと思うんですわ。これ（第四号）はね、ハッキリ言うよ、わりと気に入ってるんですよ」

「判型が『メディアは〜』と同じ新書判ですね」

「うん。これはもう、これでいこ、言うて。ペーパーバックと同じように小口も黄色く塗ったろうか言うてたんやけど、そこまではやらんかった。これはね、今でも面白がってんの」

「モントリオール万博には、お一人で行かれたんですか？」

「取材は三人で行ったんですよ。三ヵ月ぐらいかけて、ロッキー山脈の風景写真を撮ったり、街を取材してる間に、ビートルズが『オール・ユー・ニード・イズ・ラヴ』の世界同時中継をやったり、スコット・マッケンジーの『花のサンフランシスコ』（註：六七年、いわゆる〈サマー・オブ・ラヴ〉を象徴する祭典となったモンタレー・ポップ・フェスティヴァルのテーマ曲として大ヒットしたフォークロックのヒッピー賛歌。スコット・マッケンジーは同曲の作者ジョン・フィリップスの旧友）がそれを抜いて全米チャートの一位になったり、新しい音楽がものすごい勢いで出てきてね、僕も音楽好きやから、そこら辺全部ダーッと聴いて。あとはそのちょっと前から、フランスではヌーヴェル・ヴァーグ（註：ジャン＝リュック・ゴダール、フランソワ・トリュフォーら撮影所経験が無い批評家出身の若い映画作家たちを中心に、五〇年代後半フランスで起こった〈新しい波〉を意味する前衛的な映画運動）とかヌーヴォー・ロマン（註：五〇年代のフランスで、伝統的な小説形式への懐疑から、物語性の放棄、登場人物の性格の消失、政治的姿勢の意識的排除等を試みたアラン・ロブ＝グリエらの実験小説を指す）、イギリスではアングリー・ヤングメン（註：アラン・シリトー、ジョン・オズボーン、コリン・ウィルソンら〈怒れる若者たち〉と称された若手作家による六〇年前後の文学運動）とか、そういう若者の文化がどんどん伸びてきて、その辺からリアルタイムで出会うとるわけです。日本はまだまだ向こうとはズレてたんですよ、音楽も文化も。それで勢いに任せて『ぶっく・れびゅう』という雑誌を創って、これで瀧口修造さんと僕は出会うてるわけです」

「創刊号の巻頭に載った瀧口さんの『ヨーコとジョンにおくる歌』という詩は、小島さんと瀧口さんの出会いから生まれたものですか?」

「そうです、はい」

職業としての「書く」という労働に深い矛盾を感じ、新聞雑誌からの評論執筆依頼をつとめて避け、内外の友人に贈る言葉や個展への序文を書く以外、公に執筆することを控えていた晩年の瀧口修造のもとを、創刊準備中の小島氏がどんな思いで訪ねたのか想像した。作家の責任編集が売り物だった『面白半分』七三年八月号での五木寛之との対談で、小島氏は「今から四年前の瀧口修造さんとの出会いは非常に印象的で、あの先生と出会わなかったら、僕は雑誌の仕事なんかやらなかっただろうと思うんです」と発言している。いわば彼の人生を決定した出会いなのだ。

「その前から瀧口さんの芸術文化論は読んでいたんです。シュルレアリスム好きやったなあ! これは変な話なんやけど、僕は立命館大学の心理学部に行ってて。そこの助教授だった梅原猛が美学の担当で、講義で瀧口さんのこと、あまり良い風に言いよらへんのよ。僕も気分悪かったしね、今は偉い人になってるらしいけど、それに口挟んだの。僕は時々、カッとなったら見境なしに喧嘩するねん。そんなことがあってね……『ぶっく・れびゅう』で〈ジョン・レノンと小野洋子〉というテーマを出して、瀧口さんを訪ねて行ったんです」

「三篇掲載されているジョン・レノンの戯文(『イン・ヒズ・オウン・ライト』と『ア・スパニヤード・イン・ザ・ワークス』からの抜粋)の翻訳を植草甚一さんに頼んだのは…?」

「あれはな、他の人じゃできひんやろって、ペーパーバックス持って植草さんの家へ行ってね、どうですかと言うたら、じーっと見てはってね、いいですよって。短い話が何本もあるから良いの選んでください、って頼んだのかな」

三篇とも『絵本ジョン・レノンセンス』（片岡義男・加藤直訳／七五年／晶文社）と『らりるれレノン』（佐藤良明訳／〇二年／筑摩書房）で読むことができるが、シュール好みする植草氏のセンスで選ばれ、独特の呼吸で訳された『ぶっく・れびゅう』のヴァージョンと読み比べると、より一層興趣が増す。

「悪いけど、そこのクーラー、こっち側の方へ引いてくれる？　暑いやろ？」

「ちょっと蒸しますね……このジョンとヨーコの特集は素晴らしい。一個一個のテキストが響き合ってるんですよ」

クーラーの向きを調節しながら、大丈夫ですか、と尋ねると、気にせんでええよ、と大きな声が返ってきた。

「あれは立派な本やね。その後、〈チャーリー・ブラウンとスヌーピー〉で二号目を作って……」

「青い色紙の挟み込みの目次が素敵ですね。〈特集によせて〉という扉の詩も」

「ああ、栗ちゃんね。『SUB』も手伝ってくれた栗田郁子いうスタッフに、スヌーピーが言うてる台詞からランダムに拾い出して、それを目次の最初に入れなさいって言ったら、作ってきよったん」

「創刊号のジョンとヨーコから、ポーンとピーナッツ・ブックスに飛ぶのが、かっこいいなと思いました」

「草森さんもそう言ってたけどね。ジーッと人のこと見て、アンタ不思議な人だね、ジョンとヨーコから突然チャーリー・ブラウンに行く、なんて。いや、思いつきでやってるだけよ。それで三号目は

〈ヒッピー・ラディカル・エレガンス〉でいこうと。原稿も全部入って、さあ出そうかという時に、版元の日本書評センターに潰された。そしたらもうやるしかないやろ。僕はねえ、君が書いてくれた手紙のなかで好きなところがあるねん。ヒッピーにラディカル入れてる、でもエレガンス入れんと買われへん言うたやろ。まさにそうなのよ。それでイギリスのアングリー・ヤングメンのなかに〈ホーリー・バーバリアンズ〉っていう言葉があって……」

「ローレンス・リプトンの『聖なる野蛮人』(註:米カリフォルニア州ヴェニスを舞台に〝ビート族〟の生態を記録し、ビート・ジェネレーションの社会的、文化的背景を解説したガイドブックとして名高い。原著は五九年五月刊、日本では六〇年に荒地出版社より抄訳刊行)ですね。小島さんは『SUB』創刊号のあとがきを、《一ッの文明国の周辺部に野蛮人があらわれる時には　それはその文明国が危機にあることを示している　もしも野蛮人が　戦いの武器ではなく　歌や平和の像を持ってあらわれる時には　その危機が精神的性質のものであることを示している》という『聖なる野蛮人』のプロローグの引用から書き始めていらっしゃいました」

「うん、だからスコット・マッケンジーがピタッとくるわけですよ。《サンフランシスコに行くなら／髪に花を飾って行くといい》というあの歌が。戦いが起こった時に野蛮人が花を持って現れた、それがヒッピーなんやと」

「この特集タイトルを見た時……」

「感動したんやろ?」

ぼくの言葉を引き取った小島氏の目が、優しく笑った。

「本当に啓示を受け取ったような気がしました。〝ラディカル・エレガンス〟って、誰が発明した言葉なんですか？」

「いや、俺が勝手につけたの」

このビューティフルなフレーズが小島氏のオリジナルだったとは！

「この言葉が六〇年代の革命の本質をズバリ捉えていると思ったんです。特集の扉の次に載っていることの詩は、誰の詩ですか？」

「ああ、ジェームス・ディーンのあれ（註：5ページ掲載「Where have all the flowers Gone?」）か？　俺が書いた詩や」

ゲイリー・シュナイダーやグレゴリー・コーソら、ビート詩人たちのエッセンスを透明に濾過《ろか》したようなこの無署名の詩も、やはり小島氏の作品だったのだ。感動のあまり言葉が出てこない。その時、ガーゼを交換します、と看護師さんから声がかかった。ぼくらは立ち上がって、廊下に出た。

長いお別れPART2

6.

小島氏のガーゼ交換が終わるのを待って、インタヴューを再開する。

「『SUB』というのは、詩人の谷川俊太郎さんが付けた名前なんですよ。谷川さんとは立ち上げの頃やね。谷川さんに頼んでるでしょ？　『ぶっく・れびゅう』の「チャーリー・ブラウンとスヌーピー」の号で。（ピーナッツ・ブックスの）訳者やったからね。『SUBで行きたいんですが』って。『サブ・カルチュアの〝サブ〟か？』『そうですねん』って」

「君のやってることはキャンパス・カルチュアみたいなところもあるからどうだ、と谷川さんに勧められた——五木寛之さんとの対談で小島さん、そうおっしゃってましたよね。創刊号はかなりの反響があったようですが？」

「わりと売れたみたいやね。これはヒットになったの。今野雄二（註：一九四三―二〇一〇／映画・音楽評論家、作家、元・平凡出版の編集者。『平凡パンチ』を経て、七〇年十二月当時は創刊したての『an・an』に在籍。その後独立して日本テレビの深夜番組「11PM」で映画紹介を担当、〝日本のレックス・リード〟とも言うべき毒舌とソフトな語り口で放送の分野でも人気を博す。マニエリスムの美学に基づく独特の言語表現でブライアン・デ・パーマ等の映像感覚を評価、グラム・ロックやハウスといった同時代の尖端音楽の紹介者としても多大な功績を残した。一一年、ミュージック・マガジンより『無限の歓喜　今野雄二音楽評論集』が刊行、映画評論やコラム集の続刊が待たれる）っているでしょ？　彼がね、神田の書店に行ったら、ゴーッて積んであったの。（表紙が）白いでしょ？　真っ白やったの。目立ったよね。『ａｎ・ａｎ』か何かに載せるからいうて、電話ですぐに送ってくれと。で、送ったら載せてくれて、またワーッと追加注文があったからね」

「増刷かかったんですね」

「こっち（第二号）もかかった。これ出した時はね、一万五千か二万部ぐらいやと思っとったの。普通は出ても三千部ぐらいやろ。嬉しいもんね。まだその時は初版態勢やったの。季刊誌でしょ？　季刊誌いうたら年に四回や。俺の場合は気紛れ誌やから（笑）、年に一回とか二回とかあるやん。そやから態勢が整ってない。今みたいにコンピューターでババババーッといかんでしょ。それでヒドイ目に遭うたんが大きい判（第六号）や。あれはね、（取次に）当然入るもんやと思ったものが、判が大きすぎるいうことで、書店に入る前にバーンッとはねられてしもうたのよ。それで、手置きでトーハンや日販やなし、栗田とか小さいところにお願いして、何とか繋いで。そしたらね、イヴェントがあるとね、何やかんや俺んトコに来よるんや。これ（第二号）なんかもね、ビートルズの特集したら必ず買いに来よんねん。『バック・ナンバーありませんか』『あるよ』言うて。だから定価を割り引いたお金渡して。あの大きい判でも千円でしょ？（註：当時としては「破格の高値」とのこと）あんなん千円にできひんわ。で、そうこうしてるうちに、何か知らんけど売り切れたりしたの。在庫も結局、神戸引き上げる時には無くなってたから」

「平均部数はどれくらい？」

「一万前後やな。一万か一万五千。それでも頑張った方やで」

「わかります。『SUB』は、広告はほとんど入ってないですね」

「広告は入れへん。危ないわ」

「取ろうとして回ったりしました？」

「いや、してへん」

「不定期刊行だから、あえて入れなかったんですか？」

「それもあるね。あとは態勢がなかった。とにかく集まった原稿をかたちにせな、というのが先やからね」

＊

《でも気違い沙汰じゃない、何の裏付けもない個人が全国に向って雑誌を出すってことは。（中略）そうしたらどういうわけか、一万部出して八割ぐらい売れたので信じられないわけよ。全くのしろうと編集者がね、衝動的に企画をしてつくったわけじゃない。計算抜きでやっちゃったわけじゃない。それがわりと評価されたりしたわけね。でまあ、次の段階でさ、お金もないしどうしようかと考えてたわけ。そしたら横尾さんが電話してくれて、小島さん何かやってるみたいだからね何でも手伝うよって言ってくれてさ、ビートルズ特集号の時の表紙と原稿をやってくれたの。横尾さんとは、すごい感動的な出合いがあったからね、それだけでやんないとダメだと思っちゃうわけだね。その時にはもう淺井愼平さんとか草森紳一さんとの関わりができていて応援してもらったわけね、そこのところが二号の出るきっかけよね。ビートルズはどうしても総ざらえしたい部分があったわけ、（中略）それが結果的に当ったわ

けね。》（『神戸青春街図』収録「季刊サブをめぐって」より）

＊

ぼくが『SUB』と（古本屋で）初めて遭遇したのは「ヒッピー・ラディカル・エレガンス〈花と革命〉」を特集した創刊号だが、二度目は「ビートルズ・フォア・エバー」を特集した第二号。偶然とはいえ順番通りで、ビートルズを特集した雑誌は数あれど、この号は、『SUB』といえばビートルズというイメージを広く決定づけることになる出色の出来だった。淺井愼平と片庭瑞穂の名コンビによる傑作フォト・ストーリイ「ジス・イズ・マイ・ファーザーと少年が叫んだ雨の夜 ハード・デイズ・ナイトがラジオから流れていた」を核に、ジョンとヨーコが瀧口修造に送ったポストカードや、ビートルズ映画のスチール、歌詞対訳などをテクストの間に的確に配置することで、視覚的にも楽しめるよう工夫が凝らされ、前身である『ぶっく・れびゅう』創刊以来の常連・草森紳一、飯村隆彦、日向あき子らに加えて、かまやつひろし、横尾忠則、草野心平、淀川長治、鳥居幹雄など、世代もジャンルも横断した新たな寄稿者の原稿・作品・インタヴューには、単に豪華な顔ぶれというだけではない、彼らをフィーチュアする必然性を十分納得させるだけの質の高さとトピックスが含まれ、ビートルズという全方位のメディアを介して、どこまで多面的なコミュニケーションが成立し得るかという問題に対する、ひとつの鮮やかな回答があった。教科書に載るようなオールド・ポエットと思い込んでいた草野心平の感性のヒップネスに初めて触れ得たこと、《ビートルズの音楽は、私を眠りにひきずりこむ。》という幻惑的な書き出しで始まり、予想もできない思考のソロを延々と展開、仏典解釈から極楽浄土に至り、最後は再びビートルズに還るという、奇才・草森紳一の面目躍如たる長尺の随想「ビートルズと極楽浄土」を読み終えるまでのスリル――それらすべてが、偶然入った小粋なレストランで、さりげなく見事なもてなしを受けた夜のように永く、忘れがたい記憶となった。

この時、『SUB』にとって大きな〈事件〉だったのは、ポップ・アーティストとして世界的に認知されていたトリックスター・横尾忠則が表紙を担当、長文のエッセイも寄せたことだ。

「横尾さんとの経緯について語ってください」――そう頼むと、小島氏は「僕が、こんな格好しとったんよ」と、『ぶっく・れびゅう』創刊号の表紙に視線を移した。「その頃まったく同じ格好しとった、ジョン・レノンと。それで、なおかつガルボ・ハット（註：女優グレタ・ガルボが愛用していた帽子。幅広いブリムに特徴があり、形を自分で整え、顔に陰翳がつくよう斜めに被る）を被ってね、その写真にソックリの格好して会いに行ったんや。〈ジ・エンド・スタジオ〉（註：六八年十一月結成、七二年六月解散。所在地は東京・平河町）いう横尾さんのスタジオがあってね、及川正通（註：イラストレーター。七〇年代初頭よりカウンター・カルチュアを独自に昇華した強烈なパロディ・コミック〈トリップ劇画〉を発表、〝日本のロバート・クラム〟的存在となる。その後七五年から二〇一一年の休刊に至るまで『ぴあ』の表紙を担当）と一緒にやっとったかな。

そしたら横尾さん、ビックリしてもうてね。東野芳明（註：一九三〇―二〇〇五／多摩美術大学教授。現代美術批評の第一人者としてジャスパー・ジョーンズやマルセル・デュシャンらを日本に紹介、六〇年代には〈反芸術〉運動の日本における先導者として活躍した）に電話で、《ジョン・レノンとソックリな奴来よった！》と話して」

「『ぶっく・れびゅう』創刊号の編集後記に、《動乱の伝えられる七〇年代の始まりに「花と革命・ジョン・レノン」と傾めの企画を立て、横尾忠則さんのデザイン室に飛び込んで「いかがでしょうか」に

「それは、いいよ」と励まされて、早速取りかかる。》とあるのが、その時ですか？」

「そうですよ。それがきっかけ。そんなんで横尾さんが、『ついにビートルズやるの？』言うから『はい、やります』と。そしたら『ぼく、何でもするよ』と言ってくれて。それで頼んだの」

小島氏は、『新宿プレイマップ』七二年八月号で行われた「一九七二年ニュー・メディアへの旅」という座談会の席上、《ビートルズこそがニューメディアなんですよ》と発言、一枚の写真でも必ず入れていくつもりだと宣言する。そして、『SUB』第三号における横尾忠則との対話を読むと、小島氏が彼をビートルズ同様、日本における一個の新しいメディアとして捉えていたことがわかる。

「横尾さんのどういうところがメディアだと思いました？」

「体質やろな。メディアとして広告的に使えるのは五木寛之やん。横尾さんはもっと何ていうのかな、編集的なんよね」

ほんの一言で済むのが痛快だ。これが小島流なのか。

「横尾さんは、『SUB』を作る上でやっぱり大きな存在でしたか？」

「それは大きな存在やったよ」

「横尾さんとは、その後も連絡をとられていたんですか？」

「うん。何本か広告の仕事をしてたん」

「最後に横尾さんとお会いになったのはいつぐらいですか？」

「十年以上前」

7.

そこで、ふっと話題が途切れた。

突然、小島氏が「あんた、『ローリングストーン』誌にいた？　日本版の」と言い出す。戸惑いながら「いえ、その頃はまだ小学生ですから」と返すと、「あれ？　誰かひとり似た人いたんやけどな、『ローリングストーン』誌に書いてた人で……」と、それでも首を傾げている。

一九七三年八月、『ＳＵＢ』と入れ替わるように創刊された『ローリングストーン』日本版（ローリングストーン・ジャパン）は、米国版の精神を受け継ぎ、カウンター・カルチュアに根ざしたロック・ジェネレーションのための〈ニュー・ジャーナリズム〉を、日本で初めて本気で展開しようとした勇気ある雑誌で（三年で終刊したのは『ＳＵＢ』と同じだが、こちらは月刊誌ゆえ合計三十一号を数える）、ほぼ同時にスタートし、同じ意識を共有する（特に小泉徹＝北山耕平が編集長だったペーパーバック・サイズの頃の）『宝島』（晶文社↓ＪＩＣＣ出版局）や、七〇年三月の創刊以来、判型や版元は変わっても、合計四十八号を出して、八〇年の一月一日まで頑張り続け、「ＮＨＫは若者文化を番組のなかで扱いはするが、作り方に取り入れようとはしない以上、今までと違う暮らし方をしようとする若い人には必要ない」という観点から、弁護士・市議会議員・大手マスコミの有志らを巻き込み、受信料の支払い拒否を毎号連続して提起するなどガッツもあった『だぶだぼ』（スピン出版↓オルターナティヴ・ジャパン）等と、共同戦線を張っていた。それらは、いずれもマスではなく個人が発する〈声〉の集まりだった。

六九年から七〇年にかけて、日本全国で二千誌は存在したと言われるミニコミは、空前の活況を呈していた。神戸発の『SUB』もまた、東京の『新宿プレイマップ』、京都の『フリータウン』と並んで〝ミニコミ御三家〟と称された。三誌とも性格を異にしてはいたが、ミニコミの持つスピリットを尊重しながら、マスコミでもミニコミでもない〈もうひとつのジャーナリズム〉を発信しようという志は共通していた。

例えば先陣を切って六九年六月に創刊され、七二年四月まで続いた元祖リージョナル・マガジン『新宿プレイマップ』（新都心新宿PR委員会→マドラ）は、おそらく、〝若者の街・新宿〟における『ヴィレッジ・ヴォイス』（註：五五年創刊／優れたローカル・メディアの象徴的存在として知られるニューヨークの週刊紙）のようなリージョナル・マガジン＝タウン・ジャーナリズムを意図したものだった。関西でそれに相当するのが、七一年七月に大阪で創刊された月刊タウン情報誌『プレイガイドジャーナル』（プレイガイドジャーナル社）で、本書でも度々引用している小島氏のインタヴューを収めたタウンガイドブック『神戸青春街図』も、《70年の街頭反乱の中から生れた、若い世代の街の拠点としての喫茶店とかイベントスペースの情報集》（八一年五月刊、プレイガイドジャーナル編『ピープルズクロニクル』あとがきより）を作ろうという目的で、同誌編集部が七三年五月に刊行した『大阪青春街図』を第一弾に、札幌・東京・横浜・名古屋・京都・神戸・福岡と続く、全国八大都市発の〈街文化〉を記録するための叢書の中の一冊だった。

これらオルタナティヴを志向するインディペンデント・メディアの多くが、七二、三年と七六年という、七〇年代前半と後半における二つの大きな分岐点を境に、相次いで撤退を余儀なくされているのは偶然ではない。

七二年七月創刊の『ぴあ』、七六年六月創刊の『POPEYE』は、それぞれ若干の試行錯誤を経た後、自分たちの読者を、ある程度成熟し、主体性を持った〈情報の消費者〉として明確に位置づけることで独自の方法論を確立、その情報処理のスタイル自体が画期的な〈発明〉だった。そして、〈発明〉が環境を変えれば、人も変わる。

『ピープルズクロニクル』のあとがきで次のように回顧されるほんの数年間の移り変わりの、なんと苦い響きを持つことか。

《しかし、時代はおりからの「アンアン」から「ポパイ」へと急速に広がるカタログブームに重なり、ぼくらの思い入れや独断で選んだ情報は、対象ともども一瞬のうちにあっけなく吹っとんでしまった。その本は少し売れた時期もあったが、その後時は過ぎて、今ではその版元、有文社ともタモトを分ってしまった。》

なぜ、こうもあっけなく〈今までとは違う暮らし方をしようとする若い人〉たちの文化は、十年ともたずに風化し、あるいは変節し、バラバラになってしまったのだろう。時代が変わったから——でも、本当にそれだけなのか？

こんな意見もある。

《ぼくはよくいうんだけれど、映画に限っていっても、アメリカにおけるアングラ・ムーヴィと、日本におけるアングラ・ムーヴィとが本質的に違うのは、アメリカではたとえばキャンパスの学生たちとか、そういうひとたちの間にまだ文化的な形成力があるわけです。サブカルチュアがね。日本には、そのサブカルチュアがまったくないんだ。政治的な影響力が若い学生にある程度あるにしても、かれらに文化的形成力というのはまったくない。そこが問題なんですね。》

《それを簡単にいえば、飯村隆彦〔註：メディア・アーティスト。六〇年代初頭より実験映画やヴィデオ・アートなどマルチメディアを用いた前衛的な作品を国内外で発表。オノ・ヨーコとの親交でも知られ、『ただの私』などの共著がある〕さんが〈11PM〉にでてしまうということなんだ。（中略）日本に帰ってきたら、アメリカのヒッピーやアングラの作者の紹介業みたいになっちゃっているわけでしょう？（中略）日本という国は、いまそういう国なわけです。いくら頑張ってアングラをやっても、〈天井桟敷〉に〈はとバス〉が来るみたいな、そういうことにすっと横流れする。すこしもエネルギーにならない。（中略）だから、逆に体制内なんとかみたいになって危険なんです。》

発言の主は、谷川俊太郎。七一年三月一日発行の『季刊フィルム』八号での、作曲家・武満徹との対談から抜き出したものだ。さらに彼はこう続ける。

《いかに日本の若い連中に文化的形成力がないといっても、それはかれら自身のせいではないということがいちばん問題でね。明治以来の日本の文化のありかたにすでに根がある。これはおいそれと動かしようがないと思うんだ。》

《たとえば、古典ひとつとってもそうだと思うんだけど、アメリカ人の学生でさえ古典というものはある。ある継続を持っている。それは、イギリス経由でヨーロッパへという回り道をたどるかもしれない。だけど、ソロー〔註：一八一七―六二／アメリカの作家・思想家。人里離れた湖のほとりで自給自足のシンプル・ライフを実践しつつ記された『森の生活――ウォールデン』〔真崎義博訳／宝島社〕は、六〇年代以降、緑色世代の暮らしの教科書として若者たちの規範となった〕に戻っても、極端なことをいえばインディアンに戻っても、かれらには古典というものが存在しうる。けれども、日本の古典というのは、明治で断ち切られているんだ。それが結局かれらの文化的なパワーの弱さに、ぼくたちを含めて、つながっていると思うんだ。だから、非常に抽象的な現時点における有効性みたいなことしか信じられない。それこそ様式感覚など持ちようがないから、過去に根づきようがないわけだ。》

サブ・カルチュアの黄金時代と位置づけることがむしろ通説であるはずの、七一年初旬の時点で、「日本にはサブカルチュアがまったくない」と言い切った一人の詩人がいた。しかも、その人は、つい二、三ヵ月前に産声を上げた、サブ・カルチュアの〝サブ〟を誌名に冠した雑誌の名づけ親でもあるのだ。彼は若者に絶望しているのか、それとも希望を見ているのか——いったいどちらなのだろう？

ぼくは、谷川俊太郎を批判しているのではない。なぜなら、「日本にはサブカルチュアがまったくない」かどうかは、まさに今を生きるぼくらに向けた問いではないかと受けとめる。この国の文化は、メイン対サブという区分が意味をなさなくなって以降も、消費されるスピードに創造が追いついていないという点で、ますます疲弊しているように見える。古典だけじゃない。この国では、ありとあらゆるものが絶ち切られたままだ。

三十年前、緑色革命未だ成らずの日本に、〈もうひとつのジャーナリズム〉の萌芽があった。そのことは、今に至るまでまともに検証されてはいない。上っ面を撫でただけの七〇年代リヴァイヴァルは性懲りもなく何度も繰り返されているけれど（音楽、映画、ファッションの次はどうやら雑誌の番みたいだ）、美味しそうなところだけを食い散らかして、後はまったく知らん顔——そんなもの、再評価でも再検証でも何でもない。ネタにしただけ、それだけだ。

何を熱くなってるんだ、と自分でも思う。だけど、雑誌だって人間が作るもの、肝心なのは畢竟、志じゃないか？

8.

「あんたら、三十代やろ？　四十代か？」

　次は何を訊こうか考えていると、逆に小島氏の方から質問がとんだ。

「ぼくはそうですが、彼（QJ編集部・森山）はまだ二十九です。七〇年代初頭の雑誌に関してはほとんど後追いですが、好きで、ずっと追っかけてたんです」

「こんなん、よう集めたね」

「はい。『SUB』は、自分のなかで、いつか取り組んでみたい大きなテーマだったので、コツコツ集めて」

「嬉しいね」

「日本で一番好きな雑誌です」

「そうやね。我ながらそう思うね」

　お世辞でも何でもない、作った本人の前でそう言い切ることに何のてらいもなかった。そして、活字にするとどんなふうに聞こえるかわからないけれど、小島氏のストレートな返答には、迷わずそう言えるだけのものを、生きた証として残せたという、清々しさと誇りがあった。

「今回ね、君らが尋ねてくれることに関しては、伝えていかないかんことは伝えなあかん。僕はほら、時代を一緒に行き来できるはずやから。君らが探ってる世界を、僕は一緒にやってきたから。伝えていきたいことは伝える。そやけど、今からアレコレっていうのは何も無いけどな。ただ、おもしろい雑誌が出てほしいな、ハッキリ言うて。おもしろい、美しい——汚い雑誌きらいやねん、ワシ」

「おもしろい、美しい。両方を兼ね備えた雑誌はなかなか出ないですね」

「難しいよね。今は他の情報手段を借りないかんやろ？　そういうことにおいてはな、シンドイけど。インター（ネット）入ってきたら特にそうやわ」

「インターネットって、ある意味、六〇年代に盛んだったマクルーハンの〝地球村《グローバル・ヴィレッジ》〟とか、バックミンスター・フラー（註：一八九五—一九八三／アメリカの哲学者・工業デザイナー。汎地球主義の立場から国家やイデオロギーを超えたデザイン・サイエンス革命を唱え、エコロジー／サヴァイヴァル思想の先駆者として多くの信奉者を生んだ）の〝宇宙船地球号〟とか、そういう思想の現実化とも言われていますが……」

「うん。それはいえるね」

「インターネットにご興味は？」

「興味はあるけど、やる気は起こらへんね。向いてない思うんよ、ワシには」

「たぶん、実際にやられると夢中になるんじゃないですか？　居ながらにして世界中に飛べますから。その一方で、読者が雑誌というものに対して、純粋にイマジンできる時代ではなくなっているのも、事実です」

「やっぱり編集者の表現力とか想像力が、ちょっと少なくなってきたのかな」

「それは感じますね。想像力が命ですよね」

「そうよ。何でもそうでしょ？　あと、好奇心が無い奴はね、ダメ。それから編集づらする奴、これもダメ。いるやろ、『五木寛之は俺の手の内や』みたいなこと抜かす奴。何すんじゃ！」

「（笑）当時日本の雑誌で、小島さんが意識されていたものはありますか？」

「あんまり無いなあ。そういうところに出入りしなかったからね。『話の特集』（註：六五年十二月創刊／日本社→話の特集社。名物編集長・矢崎泰久のもと、俊英クリエイターが集う東京屈指の文化サロンとして九五年まで存続。〇五年、WAVE出版より創刊四十周年記念号を刊行）とか『NOW』（註：六八年夏創刊／文化出版局。内容・デザインともに今も語り草の季刊メンズ・マガジン。七五年終刊）とか、僕が（『SUB』を）やってた頃はそれぐらいしか無かったんよ。『ローリングストーン』日本版とか、『ニューミュージック・マガジン』（註：六九年四月創刊／ニューミュージック・マガジン社。突然の自死が惜しまれる日本ポピュラー音楽界のご意見番・中村とうようを中心に、日本のロック創成期に〝音楽版・話の特集〟をめざして出発、八〇年代に入るのを機に誌名を『ミュージック・マガジン』に改め、現在に至る）は、東京に行った時は、編集部も近かったし、見てたけど」

「初期の『ニューミュージック・マガジン』はおもしろいですね。問題提起的な特集をよくやっていて」

「ちょっと……寄ってるところがしんどいと思うたけどね」

「思想的なところが。小島さんは右でも左でもない？」

「行かない、行かない」

我が意を得た、とばかりに森山が会話に加わる。

「小島さんはバランスの良い感じがするんですよね、思想的にも。文学でもファッションでも、ちょうど良い位置にいる気がするんですよね。それを感覚的にやってこられたんだと思いますけど」

「そうやね。音楽いうのがやっぱりね、大きい。最初はねえ、ディキシーランド・ジャズ。ジャズ喫茶でもディキシーランド、モダン・ジャズ、それからタンゴ喫茶とかシャンソン喫茶とか、そんなんいろいろあったんですよ。ハワイアンもあったしね。それからクラシック。いろんなジャンルのそういう喫茶店に行ってるでしょう？　それ（『ＳＵＢ』第六号）なんかは、ディキシーランド・ジャズをふわーっと思い出しながら作ったんよ。そういう微妙な思い出の共有いうのかな。それからストーンズとか、ビートルズとか。上手い具合にサンフランシスコ行っとった時に、生でいろんなものに出くわしたんよね。

　結局、『ＳＵＢ』以降は本格的な出会いいうのが無かったから。その後にやった『ドレッサージ』の頃はね、例えば、矢沢永吉の『時間よ止まれ』とか聴いてて、イメージ固まってきてね、それでワーッと雑誌作ってしまったり。宇崎竜童の、ダウンタウンブギウギバンドの『サクセス』とか、ああいうの聴いてて、カーッと煮詰まってきてね、それ行けーってなもんや。で、クスリあったらやるじゃない。この歳になってクスリで捕まったりするのはみっともないと思うねん。六十いくつになって格好悪いわ」

「……（笑）。音楽以外では、古いアメリカ映画もお好きなんですよね」

「映画も小さい頃からよく観てたね、洋画が多かったけどな。映画、音楽、そういうあらゆるもんが好きやったね」

「芳賀（一洋）さんと気が合ったのも、映画の話からだったと聞きました」

「そうやね。あとは麻雀ですわ。あいつはねえ、凄い奴やったの。太田胃酸を片手で呑みながら、ウィスキーらっぱ飲みしながら打つ。たまらんよ」

「そういう小島さんもウィスキーをラッパ飲みされるそうですが」

「そうや」

「もっぱらバーボンですか？」

「おう」

「芳賀さんが、《こっそり病院にバーボンを差し入れたら？》って（笑）」

「呑めないからね。胃が受けつけへん。美味しくないでしょ。煙草は吸えるわけですよ。でも酒はあかん。煙草もはじめは粋がって飲んでたんやけど、だんだん飲まれへんようになった。酒は当然その前に止めた。病院に入ってから初めて外出した時、とにかく昼飯食いに行って、ビールを小っちゃいグラスで呑んで、あと煙草吸うて、フラフラになんねんな。夏の終わり頃だけどね。それからはもう煙草も少なくなってね、酒もシードルみたいなやつ買うたけど、それもイマイチ。だからやめた。……アカンわあ。喋ってる分には大丈夫やねん。腫れを引くにはどうしたら良いの？　知らん？」

両足の腫れが酷い。一週間ぐらい前から腫れあがってきたという。

「危ないな。汗で滑るやろ。引っくり返る。難儀やな。まだ物言うのは歯があるから」

この人は、こんなに体調がキツそうな時にも、軽口《ワイズ・クラック》を叩くのを忘れない。

9.

一九七一年十月二十五日発行の第三号から、サブ編集室は、前号までの「神戸市生田区山本通一—三一　マンション・ノブ4F」から、同じ生田区（現・中央区）内の「北野町四丁目八七—二　サスーン・アパート」に移っている。第四号からは「サッスン・アパート」という表記に変わるその古い洋館は、何年か前に取り壊されてしまったと聞いた。創造の質は環境と不可分の関係にある。編集部を神戸の山手の洋館に置くというハイ・スタイルな気どりも、この雑誌の個性である〈優雅さ《エレガンス》〉に似つかわしい逸話としてむしろ映る。

「はじめに居た山本通の〈ノブ〉っていうマンションも、まあまあ感じが良い所やった。なだらかな坂の途中にあって、ちょっとだけサンフランシスコかなっていう感じはあんねん。それからサッスンに行った。ここには淺井愼平、それから諏訪優、白石かずこ、とあの辺の人たちが泊まっていくようになるんよね」

「どうやって見つけたんですか？」

「女房が見つけて来よったの。ちょうどその時も取材があってね、写真撮ってたんですよ。そしたら、西洋館があってね、その一階が空いとったんよ。それ見てウチの女房がね、ここに引っ越す、って言い出しよったん。でもこっちの格好はジーパンにTシャツにカメラでしょ？　完全に大家からしたら『胡散臭いのが何か来たわ』いうもんや。案の定断られたの。それでも巻き返しを図ってね、ジャケット着てネクタイ締めて花持って行ったよ。それと菓子折り。そしたらそこに娘さんがいてね、俺の仕事を見てくれたわけや」

「『SUB』の読者だったんですか！」

「いや、たまたま資料として持って行ったら『立派な本作られるし、怪しげな人じゃないよ』いう話になって。広いから良かったね。編集部と住居を兼ねて。友達がビリヤード台を持ってきたり、映写機を持ち込んで上映会とかよくやったよ」

「ここには小島さん以外の編集者も住んでたんですか？」

「編集の人は居なかった。取材は『アンアン』とかね、いろいろ来てたんやけど」

「毎号の企画は、基本的には小島さんが全部考えて？」

「そうやね」

「それを例えば、東京編集室の栗田郁子さんに、『これこれの人に頼んで原稿集めてくれ』と」

「あとは自分が行かないかんね。作った者が行かんと話が伝わらない」

「東京へは小島さんも？」

「しょっちゅう行ってました。人生乗り物に乗るために生まれて来たんやない、いう考えを持った方が良いね」

「（笑）奥様も編集を手伝ったと仄聞しています」

「ちょっとは手伝ったね。あとは僕がほとんどきちっとやって。僕一人みたいなもんでしょ、要は監督編集。これ（四号）なんか一週間で作ったのかな」

「これを一週間で？　すごいな」

「みんなに不思議がられたけど、この号で寺山修司がインタヴュアーやっとるやろ。これは寺山が天井桟敷でヨーロッパへ行く時に、おカネが足らんからスポンサーになってくれと、東芝に頼みに行ったんやな。このテーマ（「音楽は世界のことば」）で新聞広告を作りたいと言って」

「ダリ、ゴダール、ルイ・マル、ル・クレジオ、アダモという顔ぶれがあまりにも豪華で——なんでまた大トリがアダモなのかなとは思ったんですが（笑）——最初に読んだ時、これは寺山一流の架空インタヴューじゃないかと疑ったんですよ。でも、全部本物なんですね。これはつまり、一度新聞に発表された後で小島さんが東芝に……」

「そうそう。シリーズになってたから、それをまとめたやつをくれ、言うて。得意技やねん、俺そういうの」


元・天井桟敷の演出家で、後にプランナー・エッセイストとなった竹永茂生が、この時のことを『ブルータス』八四年七月一日号の巻頭エッセイ「Et Tu, BRUTE ?」で回想している。小劇場が企業とのタイアップにより資金を調達するなど皆無だった七〇年代初め、フランスへの航空運賃を捻出するため、貸し衣装の黒のスーツに白いタイ、おまけに長髪と、本宮ひろ志の劇画そのものの出で立ちで電通を訪ね、ペラ三、四枚の企画書で総予算四百万円の新聞全頁企画が二つ返事で通った時には、さすがの寺山修司も竹永氏も万馬券を当てた心境、しかも当時としては文化的にも万馬券企画であった、と。そこにすかさず乗っかる小島氏の瞬発力も凄い。

「この四号はジョージ・ハリスンに捧げられていますね」

「バングラデシュよ。その頃にバングラデシュ・コンサートの映画が来たでしょ。あれは神戸の朝日会館いう映画館に頼んで、劇場公開前に一日だけやらしてって、僕ら主催で上映会を開いたの。だいぶ揉めたけどな、レコード会社も金出す言うて、ほんならいいって実現した。もう勢いでね、それがきっかけで、こういう雑誌作る背景になったと、そういうわけや」

七一年に勃発した東西パキスタンの対立による内戦は、インドの介入によって第三次印パ戦争に発展、バングラデシュ人民共和国の独立と引き換えに膨大な数の難民を生んだ。師ラヴィ・シャンカールの相談を受けたジョージ・ハリスンは、難民救済のため、当時前例のなかった大規模なチャリティ・コンサートを計画、準備期間わずか二週間で実現にこぎつけ、エリック・クラプトン、ボブ・ディラン、レオン・ラッセル、リンゴ・スターらの友情出演を得て、七一年八月一日、ニューヨークのマディソン・スクエア・ガーデンにて開催、昼夜二回の公演で計四万人を動員することに成功し、コンサートの模様は三枚組のアルバムとして同年十二月に発売、翌年三月には映画としても公開された。

*

《だから四号の時に、ジョージ・ハリスンのバングラデシュを東京で見て感激しちゃったわけ。他にクラプトンとかレオン・ラッセルが来て、主役なんだけどどうみたってダメなわけよ。でも、ジョージは一生懸命やってるじゃない、それに感激しちゃって、結局俺はこの映画を観たために雑誌をつくったというかさ、だから〝SPECIAL THANKS TO GEORGE HARRISON〟て入れたのもうれしがっているんでね、こんなのわかってもらえる人にしかわかんないじゃない。それをスゴイネなんて言われたら馬鹿馬鹿しくなるけれども、ニヤッと笑われたらそいつとは友達になれるわけじゃない。こういうことが、今のジャーナリズム、情況に於てはね、重要な事じゃないかと思う。あたりまえのことなんだけど、それが通用する時代じゃないじゃない。》(『神戸青春街図』収録「季刊サブをめぐって」より)

*

「三号の巻末にも、PRODUCED BY SUBで、ビートルズ関係の映画をまとめて上映する二日連続のフィルム・コンサートの告知が載っていますね。イヴェントはよくやられていたんですか?」

「いろいろやっとるよ。あの頃何でもやってたんや。音楽方面は結構やったね。かまやつさんもね、〈日本ハーフ〉いうジーパン屋知ってる? 六本木にあるジーンズ・メーカー。そこのイヴェント企画で演奏を頼んだことがある。河村要助さんにポスター描いてもらってね」

「二号の巻頭に載った『僕とビートルズの出逢い』というかまやつさんのエッセイ、最高でした」

「そうやろ? わりとね、日常があった方が読んでて残るのよ。朝聴いた音楽がどうだとか、どうでも良い話が。かまやつさんもそういう感じでしょ」

「六号でもインタヴューで再登場して、なおかつ『Coffee Break: 28Hours』というレコード・ジャケットを並べた頁にも、かまやつさんの『どうにかなるさ』が、日本人のレコードで唯一選ばれています。相当ご贔屓だったんですね。かまやつさんのどういうところがお好きでした?」

「あの、なんちゅうのかなあ、湯上がり加減ちゅうのかな」

「それにしても『Coffee Break: 28Hours』という企画は素敵でした」

「選ぶの面倒臭くてな、聴いてないねん」

「(笑)当時お好きだったレコードばかりですか?」

「わりとね、手許にあったのを」

「何のコメントもないのが粋でした」

「何の意味もない」

「(笑) 特にお好きだったレコードはどれですか?」

「……ジョニー・リヴァースやな。それかゲイリー・マクファーランド」

「『トゥデイ』と『ソフト・サンバ』というセレクトがまた……この辺りのメロウなレコードは、今また人気があるんです」

「ゲイリー・マクファーランド好っきやなあ。これも良い」

「ああ、『ハリー・ニルソンの肖像』。いいですねえ!」


趣味が良すぎない、とにかく絶妙のさじ加減なのだ。グッドタイム・ミュージックが得意なレコード店(渋谷ハイファイとか)のバイヤーなら薦め甲斐があるだろう。ジャズとポピュラーのシブいレコードとオールディーズの合間に、バカラック&デイヴィッドと並び称される作詞作曲のアルティザン、ジム・ウェッブ関係の名盤(ジョニー・リヴァース、フィフス・ディメンション、リチャード・ハリス etc.)が無造作に並ぶ。ヴァン・ダイク・パークスは『ディスカヴァー・アメリカ』だし、ストーンズは『レット・イット・ブリード』だけど曲は「ラヴ・イン・ヴェイン」、ニール・ヤングはファン以外まず手を伸ばさないファースト、しかもジャック・ニッチェによるストリングス曲を選ぶときてる。ラストはジャンゴ・ラインハルトの『ジャンゴ』から「ハニーサックル・ローズ」。いや、やっぱりセンス良すぎかもしれない。

出発直前のあわただしさに紛れて、ぼくもブックレット編集で関わった、小西康陽プロデュースによるムッシュかまやつの音楽自叙伝的新録ベスト『我が名はムッシュ』（〇二年／レディメイド・インターナショナル）を、お土産に持ってくるのを忘れたことを悔やむ気持ちが沸々と込みあげてきた。なかでも、ムッシュが自分の好きなものを連呼する素敵な曲「ソー・ロング20世紀」は、CDプレイヤーを持ち込んで、小島さんの感想が目の前で聞けたらどんなによかっただろう。

そんな想いに取りつかれていると、さっきから『SUB』六号のページをめくっていた小島氏が、「何となくゾッとするね、この写真」と呟いた。それは、建物に旅客機が急接近しているように見える瞬間を捉えた写真で、まったくの偶然とはいえ、今となっては〈2001・9・11〉を連想せずにはいられない構図だった。そして、今日の日付けも――。

「一昨年の明日か。たまたまニューヨークにいる友達から連絡が入ったの」

「いえ、今日です、九月十一日は」

「今日が十一日か……ここに居たら日にちの感覚ないからな。画期的な日やね。記念すべき日やね」

やっと会えた喜びが大きすぎて、今日がその日であることは、この瞬間まで念頭になかったけれど、ぼくらにとっては、慶弔が重なる忘れられない日付けとなった。

10.

「体調は如何ですか。お疲れでしょう？」

「別に。聞いてってや。どこまでいった？」

「はい。三号はファッションの特集ですね。『世紀末としてのファッション』」

「これは何でやったか忘れてもうたな。広告入ってるでしょ？」

「あ、表4に資生堂の広告が入ってますね」

「エムジー5。男性化粧品やね」

「この号は、あまり覚えていませんか？」

「浜野安宏やろ？」

　四一年京都生まれの、この「ライフスタイル・プロデューサー」は、ファッションやアウトドアライフから空間建築・都市計画・CIプランニングまで横断するコンセプト・メイキングの教祖として名高いが、同い歳の小島氏にとっても気になる存在だったようだ。それを、『SUB』以降の小島氏が辿れなかった〈もうひとつの道〉と考えれば合点がいく。「共感共同体」と題する、そのまま企業へのプレゼンに使えるような、企画書ともエッセイともつかない浜野氏の不思議な原稿を巻頭論文扱いで載せているこの号は、テーマがファッションだからというだけでない、多少のヤマっ気を感じるのだ。いや、もちろんぼくを含めて、ヤマっ気のないフリーランサーなどこの世に存在しないのだけれど。

「メイン・ディッシュにあたるのは、そうかもしれません。でも、ぼくが一番愉快だったのは、『新宿プレイマップ』編集長の本間健彦さんが斉藤龍鳳（註：一九二八—七一／元・特攻隊員の少年飛行兵、共産党員、内外タイムズ記者、ゴンゾー映画評論家。『増補　なにが粋かよ』ワイズ出版が入手可能）のことを語っている『街路を駆け抜けたツムジ風』でした。すぐ前の見開き頁に、なぜかジョー・コッカーとマッドドッグ&イングリッシュメンが七〇年に行った全米ツアーのライヴ写真とジョー・コッカーの発言・略歴が載っていて、特に気に留めないまま本間さんの文章を読み始めると、前頁の紹介文《イントロダクション》が写真のキャプションではなくて、実は本間さんの原稿の枕だったことがわかってニヤッとする。これは、いかにも小島さんらしい悪戯というか、演出ですね。本間さんの、斉藤龍鳳は個人主義的な幸福感に浸ることに人一倍熱心だったから革命を志向したのだ、という視点も新鮮でした。この号の発行日のちょうど七ヵ月前、七一年三月二十五日に、斉藤龍鳳がガス中毒で亡くなっていることを知っていて、リアルタイムでこれを読んだら、さらに感慨深かったんじゃないかと思います」

ほんとはこんなふうに言えたらよかった。でも、実際にはこんなに事細かに言えなくて、小島さんのリアクションも、「この頃仲良かったからな、本間さんと」というひと言でお終いだった。

＊

《三号は普通だったわけ。四号ってのはどうしてもアメリカのペーパーバックスタイルでやりたいってことで、情報のカタログみたいなね。カナダを旅行していた時にマクルーハンの本を見つけて感激しちゃったわけね。それでどうしてもその形態でやりたかったわけ。国際的な情報と日本でまき散らされた情報をもう一度収集して、スクラップして出しちゃう、それをやればかなりいいじゃないかと思ってたのね。ところがさ、これが表紙から何から何まで外国風になっちゃったわけよ、だから変な場所で売られたりして、いわば完敗。だって魚釣りの売場へ行っちゃうんだから。で、とにかく五号はちゃんとやろうってんで前からやりたかった作家論をどういう展開でやろうかと考えたわけね。（中略）スターということがわかりかけてきてたじゃない。モンローとかジェームス・ディーンとかケネディとかね。もっと一般的にスターに憧れるものが日本にあればね、例えば長嶋がモンローとかディーンと一緒ぐらいに在るだろうと思うわけね。その中でひとつ想い出であるわけよね、中村敦夫さんがノーマン・メーラーを話してね、確かに大江健三郎にしろ石原慎太郎にしろいろんな人がメーラーのことを書いてるわけだけども、俺はね、諏訪優さんとの対談がね、一番面白かったね。二号目で横尾さんと出会ったみたいにどんどん人に出会っていけたんだね。三國連太郎が草森紳一の自分に対する評論読んで気に入ったわけよね。なんてのかなあ、非常に微々たることだけども、マスメディアの中でね、雑誌という平面的なものが動いていく段階で、人間の営みがかなりシャープにかみあってくるって気がするよね。》（前出「季刊サブをめぐって」）

＊

第四号の新書判から菊判に戻った七二年十二月一日発行の第五号は、テクストとグラフィック・デザインの親和が、『SUB』にとって、ひとつの完成形といえるほど高みに達したという意味ではベスト・イシューだった。特集は「アンファンテリブル〈恐るべき子供たち〉」。表1と表4（カヴァー・アートは淺井愼平。地色は赤、青、銀、黄、文字白抜きという大胆さ）を除く、全頁の刷り色を濃紺一色で統一。各テクストには必ず論考の対象となった作家／スターのポートレイトを添える。このシンプルな原則のもと、三島由紀夫のジャン・コクトー賛「軽金属の天使」で幕を開け、日本を代表するファッション・フォトグラファーとして仏ヴォーグ誌でも活躍した吉田大朋による、アンディ・ウォーホルの十二頁に渡るニューヨークでの撮り下ろし（テクストは創刊以来のレギュラー、美術評論家の日向あき子。これが『SUB』における彼女のベストだろう）が続き、ココ・シャネルを古波蔵保好、フランソワァズ・サガンを森茉莉が、如何にも彼／彼女らしく語るという絢爛たるキャスティングの妙、まさにこの年TVドラマ『木枯し紋次郎』役のヒットで気を吐いていた元・参議院議員の中村敦夫が、カウンター・カルチュア全盛期の六〇年代後半にアメリカ西海岸のバークレー、オークランドで暮らした体験を踏まえ、ビート・ムーヴメントの日本における最も初期からの紹介者である詩人・翻訳家の諏訪優と、ノーマン・メイラーのヒップスター論を皮切りに日米の文化的価値転換の行方について語り合うディープな対談、『SUB』の命名者・谷川俊太郎の、《それからW・H・オーデンが／その大きな手で／アルミニウムの歯磨きコップに入った／熱いコーヒーを運んできたんだ》というバースで始まる素晴らしいポエトリー「ニューヨークの東二十八丁目十四番地で書いた詩」、幕間に諏訪優の新連載評論「世紀末から世紀末へ」と、『SUB』と同じく神戸にはじまる文藝同人誌の老舗中の老舗『ヴァイキング』のキャプテン、富士正晴による貴重な大河連載「同人雑誌VIKING小史(6)」(ついに同人中の華であった第二十三回芥川賞候補作家・久坂葉子が弱冠二十一歳で鉄道自殺する件まで来て、《久坂葉子はあわただしく死んだが、「VIKING」は死ななかった。四十七年十月に、二十五周年を迎え、二十六年目にかかる。何か一種呆然たる思いがある。》と劇的に結ばれる)を挟んで、深作欣二にアーサー・ペンを、小森和子にジェームズ・ディーンを、草森紳一に三國連太郎を、山野浩一にブリジット・バルドーを、河村要助にザ・ローリング・ストーンズを語らせる緩急自在のキャスティングを再び。エンディングには、〈反芸術〉の時代の旗手・高松次郎のル・クレジオに捧げるコンクリート・ポエムをここだけ後ろの頁から逆に読ませるレイアウトで。そして、表2・表3のスチール写真に浮かぶ〝I am a tripper / I live in a magazine / open the page and take a look〟という台詞こそ、小島氏のメッセージであり、シャレでもダンディズムでもあるのだろう。

「この号は僕にとっても重要やった。とにかく自分が持ってるであろうものを、他にもいろいろあるんやけどな、幾つかある引出しのなかのモノを出していってるわけやから。このうえ美術とか入ってきたら、もっとこんなんなるわね」

「森茉莉さんのサガンについての原稿、おもしろかったですね。出だしからいきなり《サガンは作家だけれども私は彼女に魅力のない女を感じる。》（笑）」

「そう、それ画期的だったんよ」

「SF作家・競馬評論家の山野浩一さんとブリジット・バルドーという組み合わせは異色ですね」

「イマイチやな」

「（笑）深作欣二さんのインタヴューもなかなかでした」

「こっちにしたら、そうでもない」

「（苦笑）あと、次号予告がいつもカッコイイですよね。どの号の予告もポーンと飛び込んで来る。リアルタイムで読んでいたら、次はどうくるのか楽しみで、さぞかしワクワクしただろうな、って」

「まあ、タイトルで騙してたよね」

「予告のレイアウトは小島さんが？」

「うん。それは僕がやってるね」

「最後の六号なんですが、A3判というあの大きさは、小島さんのなかに何かこだわりがあったんですか？」

「あれねえ、普通のサイズで行くはずだったんですよ。ところがね、（フィーチュアしている写真家が）吉田大朋でしょ、淺井愼平でしょ、鋤田正義の写真はちょっと違うねんけど、この二人に関してはね、普通のサイズだと画面が小っちゃすぎて収まらへん。どう考えてもスケールがおかしくなるのね。写真の抜けを考えると判型変えるしかないねん。原稿は流して適当に入れたら良いんやけど。サイズにこだわったのは四号と六号」

「最初に写真ありきだったんですね」

「そうや。（六号は）気に入ってる写真が載ってるページを、ここととね、ここと……これも開いて、テーブルの上にいつも置いといたよね」

それらは、ぼくも大好きな写真ばかりだった。カモメが高く舞う浜辺に七〇年代初頭の心象風景そのものが映った淺井愼平作品は、連載第一回の扉（『ＱＪ』五十一号）に使わせてもらった。傘をさして歩道をゆく女性を俯瞰で撮った吉田大朋作品（同五十三号）は、風が吹いているのを感じてほしくて、もっと大きく載せたかったけれど。

「六号を取次に拒否されてから後は、どういう所に卸したんですか？」

「ブティックとかやな。五十くらいの単位で。百単位になると神田の書店。代理店は大阪屋で」

「『ＳＵＢ』が六号で終わってしまったのは、やはり取次の問題が大きかった？」

「決定的やね、決定打」

「つまり、制作費が回収できなかった？」

「そらそうや。雑誌作るのに今でも二、三千万かかるんちゃう？　俺のペースでいっても大変やで。そやから『ドレッサージ』やる時にはどのページも広告を取ると。エッセイを書いてもろうても、そこにその人が参加してくれるようなかたちを作ると。そやけどそれが可能になったのは、最終号が近うなってからやったね。『ドレッサージ』いうのは八号出たの」

「ヴィジュアル誌ですか？　『ブルータス』くらいの中綴じの判型？」

「それやね」

「ページ数はどれくらいですか？」

「百何ページ。うーん、どうだっただろう」

「残念です。現物が手元にあったら、一号一号詳しくお話を伺えたのですが」

「そうやねえ。それは特集、あんまり組んでないからね。特集組んだのは、写真家のギイ・ブールダン、サラ・ムーン、吉田大朋……あと誰やったかなあ。サラ・ムーンはレナウンと、もう一社が広告に使うてたの。それも特集組んで、サラ・ムーンを招聘する企画会社から金もろうてやったな」

「そうすると、作り方が『ＳＵＢ』とは百八十度反対の感じに聞こえますが……」

「なかなかおもしろかったけどね」

「もう一度『ＳＵＢ』の時のように、世の中にメッセージを投げかけようというお気持ちはなかったんですか？」

「感性に引っかかってこないから。どうにもならんわな」

「それは七〇年代以降の時代が、ということですか？」

「いや、そういう意味じゃなくて」

「あの時代だから、『ＳＵＢ』のような雑誌になったということですか」

「そやなあ、それはいえるな。とにかく何ていうの？　すべての面において、戦っていく材料とかイメージっていうのが、ものすごいはっきりしてたの」

「何と戦おうとしてたんですか？」

「カッコ良さかな。そういうのがカッコイイと思うんやろ」

「……終刊については、どういうところで納得していたのですか？」

「うーん。ちょっと刺激が足らんようになってきた感じがしたね。しかし雑誌作りというのは麻薬みたいなもんでな」

「なかなか抜けられないですよね、おもしろいから」

「うん、だからその後『ギャロップ』（註：馬の全速力の駆け方）いう雑誌を作ったのよ。幻の『ギャロップ』や」

「それは実際に刊行されたんですか？」

「しましたよ。二号出した。特集がオグリキャップ。あとは何やったか。競馬の本や」

「趣味が嵩じて。それはファッション的な要素っていうのはあまりないんですか？」

「あるね」

「自前で？　それともどこかと組んで？」

「デザイン会社だったなあ。名前は忘れた。それはたまたま競馬場で知り合うたのよね。その編集の面倒見てくれと。そこでな、僕がやる時はすべてそうなんやけど、編集にタッチするな言うた。そっちは金の計算してればええやん」

「つまり、予算については任すから、編集は自由にやらせろという」

「そうそう。まして『ギャロップ』に関しては、自分が雑誌をやりたいというのが一部はあったんや。そやけど『SUB』とか『ドレッサージ』みたいにはいかんかった。二号で終わり」

『ギャロップ』という雑誌も見たことがなかった。もちろん、現在産経新聞社から出ている同名の競馬専門週刊誌とは別物だろう（誌名が買われた可能性はある）。いずれにせよ、この時は、その雑誌がまさか小島氏の命運を大きく左右したとは思えず、突っ込んだ質問はできなかった。何しろ本人も発行元の会社名さえ忘れているのだ。

日はとうに陰っていた。そしてぼくには、どうしても訊かなくてはならない大事な質問が他にあった。

「それにしても残念でしたね、『SUB』が六号で終わってしまったのは。まだまだアイディアもおありだったでしょうに」

「そうだね。なぜかはわからない」

「今年（註：取材時）は二〇〇三年で、『SUB』の終刊が七三年。ちょうど三十年経ったわけですが、振り返ってみて『SUB』というのは、ご自分の歴史のなかで、どういう位置を占めますか？」

微かに沈黙があった。

「……ほとんど全部かな。占めるとすれば、ほとんどの部分を占めてるわな」

予想できたはずの答えに、なぜこれほど胸を衝かれるのだろう。それは、『面白半分』七三年八月号で初めて目にしてからずっと心に引っかかっていた、五木寛之との対談における小島氏の、自らの運命を予言するかのようなこの発言の所為なのだ。

《僕なんか七〇年に雑誌を始めて、今年で三年目を迎えるわけですけど、その三年間のうちに十年間の——つまり一九八〇年くらいまでの仕事をやらないと、最終的に自分の中で新陳代謝が不可能になって行くんじゃないかという気がある。》

＊

《今、お金を持ってたとしたらおそらくやるだろうという気はあるね。淘汰されてきた世界が、まだ完全におさまっていないしね、たとえばこの前ゴロー（註：『GORO』／小学館発行の青年グラビア誌。七四年五月創刊当初は『ローリングストーン』を意識していたが売れず、篠山紀信の「激写」で売れた。九一年休刊）というどうしようもない雑誌が出たわけじゃない、そうするとさやっぱりムカムカくるわけ。血が騒ぐというか、まだこんなことやってんのかということで、じゃあやっちゃおかって気になるわけ。

（中略）

かなり国に対しては絶望しているわけよね。絶望しているからやんないというわけじゃなく、もっと素晴らしい人が一杯いるわけだからさ、そういう人達が今や巻き込まれる時代だから、もう少し淘汰されて落ちついてくればね、雑誌をやってみようかと、意地とか義理でじゃなくね。》（前出「季刊サブをめぐって」）

＊

小島氏が手水《ちょうず》に立った。足元がかなり覚束なく見える。今日のところはもう十分だと思った。森山と一緒に荷物をまとめて、戻ってきた小島氏にもそう話した。

「土曜日か日曜日にまた来ます」

「今週の？　検査がある月曜日以外は君らの来れる時でいいよ」

「ご無理を言ってすみません」

「気にせんでええよ。また今度」

「今日は長時間、本当にありがとうございました」

翌日、ぼくらは神戸・北野町の急坂を何度も上り下りしたあげく、異人館通りのさらに山手に、サッスン・アパートの跡地を見つけた。そこは駐車場になっていて、瀟洒な洋館の面影は何ひとつ残っていなかった。

11.

「小島さんは今月五日に亡くなられました」

電話口の向こうで看護師さんは、ぼくにそう告げた。受話器を置くと、奇妙な虚脱感が足元から押し寄せてきた。ほんの一ヵ月前に会ったばかりなのに。最後の一週間は昏睡状態だったという。どこかでゲイリー・マクファーランドの口笛が聞こえた気がした。

二〇〇四年六月一日、曇り空の午後、一九六九年六月（七月創刊号）から七二年五月（六月号）にかけて、合計三十六号を発行、タウン誌の元祖として今も語り継がれる「伝説」の雑誌『新宿プレイマップ』の元編集長。かつての小島氏の盟友でもあった本間健彦を、氏が主宰する編集工房「街から舎」の編集室に訪ねた。ＪＲ目白駅から山手線の線路沿いに池袋へ抜ける、そこだけは空気中の成分に七〇年代の香りが微かに含まれているような小径に面した、表半分はインディーズ系の衣類、ポストカード、ＣＤ、自社本などを展示・販売するアーティスト・ギャラリー「創り人《つくと》」、その奥が編集室というレイアウト、温かみのあるオープンなスペースだった。

「街の人間が出入りできるようなところで雑誌を編集したり、ものを書いていきたいな、というイメージがあったんです。本当はマンションの一室でもいいわけですけど、もう一回その辺をやってみようかな、と思って。もう特別たいしたことをやる気力も力も無いんだけど……これだけ街のなかで生きてきちゃったんだから、小島さんとは違った意味で、街のなかでくたばっていくしかないのかな、と。その覚悟だけはあります」

小島氏より少しだけ年上の、満州（中国東北部）生まれ。六年間勤めた『内外タイムス』社会部を振り出しに、万座温泉スキー場での番頭生活を一年挟んで、ナイタイ時代の先輩記者・矢崎泰久が編集発行人となっていた『話の特集』編集部へ。だが、生来の「未開地好き・さすらい癖」から、西口の旧淀橋浄水場跡に東京都が計画した新宿〝副都心〟化推進のためのPR誌の企画を振られると、《舞台が新宿なら悪乗りができるかもしれないぞ。面白い。やってみる手だ！》と乗った。《新宿の商業資本家たちが、〝副都心〟を〝新都心〟とすりかえたように、〝街のPR誌〟を〝タウン誌〟というジャーナリズムの未開拓領域のメディアにすりかえてきた》三年間のアクロバットが、『新宿プレイマップ』という雑誌の「街頭革命」だった。

「新宿高層ビル街の最初のビルは、京王プラザホテルなんだけれど、ちょうどその鉄骨が組み上がる時で、まだ何も無くて。西口広場ではフォーク集会が行われていて、弾圧を経て散っていく。そういう時代に創刊したんです。新宿が〝若者の街〟と言われた最後のシーンに、『プレイマップ』は登場した記憶がある。若い人のためのタウン誌を作ろうと思ったんです。もともとタウン誌という言葉も無くて、我々が恣意的に作ったんです。それまでは、〝商店街雑誌〟と呼ばれていた。『神戸っ子』とか、『銀座百点』とかが有名な老舗雑誌ですね。発行元の新都心新宿PR委員会というのは、文化放送が仕掛けて作ったプロジェクトなんです。文化放送は四谷にありますから、地元の商店街を固めようということで作ったと思うんですけれど。私は当時、『話の特集』の編集部に居て、編集長の矢崎さんに手伝ってくれないかという話が文化放送から入った。

『新宿プレイマップ』は、PR誌として作ってほしいという要請が最初にあったんです。ただPR誌を作っても面白くないだろうと考え、当時フォーク・ゲリラが解散させられ、幻滅した若い人たちが、新宿から下北沢や吉祥寺に流れていく状況のなかで、あえてそういう状況だからこそ〝若者の街・新宿〟というテーマで、雑誌を作ってしまおうと思ったんです。その時、PR誌というイメージをどう払拭していくかという闘いでした。自由に作っていいという話だったんですが、行ってみると新宿のスポンサーが編集会議に現れてチェックが入るんです。例えば、創刊号で矢崎さんと野坂昭如さんが対談してますよね。そこへもスポンサーのチェックが入るんです。野坂さんが滅茶苦茶なことを言っているなかで、私がトイレに呼び出されて、カットしろと言われる。それでも出してしまったんです。その為にマークがきつくなりまして、一号一号、クビを覚悟で作り続けました」

世界中の若者たちが街頭で一斉蜂起した六八年から六九年にかけて、新宿はハプニング渦巻くストリート・カルチュアの最前線だった。例えば——。

◎六八年五月　歌舞伎町コマ劇場前で実況中継された「木島則夫ハプニング・ショー」で、フーテンが騒いで大混乱。

◎六八年六月　唐十郎のテント劇場、花園神社から追放される。捨て科白に曰く、「新宿見たけりゃ今見ておきゃれ、じきに新宿原になる」。

◎六八年十月　〝国際反戦デー〟の同月二十一日、反日共系全学連各派による新宿デモに騒乱罪適用される。
◎六九年五月　西口広場で毎土曜日行われていたべ平連主宰の〝フォーク・ゲリラ集会〟が遂に五千人にもふくれあがり、三派系の学生も登場して警官と衝突。翌六月、「西口広場」が「通路」に改名される。

初期の『新宿プレイマップ』編集部に在籍した音楽評論家・田家秀樹はこう回想している。

《新宿駅東口緑地帯《グリーンハウス》で野宿して、伊勢丹のトイレで顔洗って、食料品売り場の試飲、試食で腹ごしらえして、昼間は「風月堂」や「ウィーン」といった喫茶店でうじゃうじゃたむろしている。夜になると、ゴーゴークラブ派は、「ベビーブランド」「チェック」「ジ・アザー」に集まり、モダンジャズ派は、「ヴィレッジバンガード」や「ヴィレッジゲート」で騒いでたね。そんな新宿という街に、実際に踏み込んで、マスコミとはまるっきり違う街の情報をフィードバックしよう、というのが『プレイマップ』だった。（中略）でも、編集部内の衝突もけっこうあったね。たとえば、'69年10月21日、新宿争乱事件の日。僕らスタッフ全員、高田馬場の大日本印刷に出張校正に出向いてた。で、ＴＶつけるとやってるわけ、新宿の大騒ぎ。さっそく校正なんか投げ出して、新宿に行かねばと席をたった。ところが、もしスタッフの誰かが捕まったりしたら、ＰＲ誌だからつぶれてしまうぞ……と編集長が引きとめる。いや、新宿の雑誌作ってるんだから行かないと……なんて、結局新宿まで走ったね。編集作業といっても、そんな感じでいつもやってた。》（『宝島特別編集　１９７０年大百科』八五年十一月十一日第一刷／ＪＩＣＣ出版局）

「編集のプロは私を含めて誰もいませんでした。当時の全共闘世代の連中が、給料も要らないからやらせてくれとやって来ましたからね」

本間氏以外のメンバーは全員二十代前半。最初に居た女性編集部員など、ボーイフレンドが東大全共闘の活動家で服役中、毎朝中野刑務所に差し入れに行ってから編集部に来ていたという。

「当時、その娘に言われたのかな。本間さんがスーツ着て仕事する編集者だとは思わなかった。サンダル履きだと思っていたって。『新宿プレイマップ』はそんなイメージだったのかな。またそんな連中が集まっていましたよ。私も感化されて、そんなふうになっていきましたね。私はジャズ世代で、ビートルズも評価していなかった。『プレイマップ』をやると若い人と会うようになって、ビートルズを聴き始める。そうすると良いなと思い始める。雑誌はこうあるべきだと構えたりせず、毎日ライヴで作っていった雑誌ですね」

販路は会員店（無料または定価以下）と販売店（定価）の二種類。書店以外では画材店やスナックでよく売れ、地方在住の読者の定期購読も多かったという。

草創期のロック野外フェスに、最初は遊びに行っただけなのに、他誌の記事がロクでもないことに憤って、自分たちで急遽ルポしたという、その熱っぽさがいい。内田裕也（フラワー・トラヴェリン・バンド）と大瀧詠一（はっぴいえんど）が真っ向からぶつかり合った、かの日本語ロック論争も『新宿プレイマップ』名物「喧論戦シリーズ」が舞台だ。例えば映画を特集するのでも、おざなりな新作ロードショーの宣伝など一顧だにせず映画館という〈場〉に着目。気鋭のイラストレーターを起用する巻頭定例のイラスト・ルポ「TOWN」から、伊坂芳太良による蠍座、アートビレッジ、シネマ新宿など、今は亡き個性派映画館のスクリーン・イメージで幕を開けたり（巻末定例のフォト・ギャラリーも、新宿の街に散らばった様々なイメージの乱反射だった)、単行本未収録というのが惜しい名調子連載「スクリーン番外地」の草森紳一が、「映画を観ることは旅に行くことである」と歌舞伎町の深夜映画館をハシゴしながら一夜のドキュメントとして描く部分に、〈街〉を背景に登場した、この雑誌らしさが横溢している。それはおそらく、新宿をひとつの〈幻想の街〉として常に意識していたことの現れだろう。売り物のイラスト・マップ自体、実用性に富んでいると同時に、「もうひとつの新宿」に通ずるムゲンの抜け道なのだ。

「それは強く意識していましたね。新宿には海もない。けれどもなんで若者が集まるんだ、と。現実を捉えるだけじゃ、解決する問題じゃないですよ。新宿を通して、理想の街を作れないかなというのは、意識していましたね」

雑誌の一ページは一本のストリートである。現実の〈広場〉が〈通路〉にされてしまったら、誌面の中に〈解放区〉としての新宿を造る――そんな意気込みがこの雑誌にはあった。七〇年七月号の満一歳記念特集「新宿裁判」は、新宿の街自体を被告に見立てて、検察側、弁護側に分かれ(裁判長に劇作家の内田栄一、検事にべ平連の小中陽太郎、弁護人に〝新宿ゴールデン街といえばこの人〟作家・翻訳家の田中小実昌という凝った配役。本間氏は被告代理人)、傍聴人まで入れてユーモラスにやり合う、日本の雑誌史上に残る大傑作(同じ手法で渋谷・原宿・下北沢なども裁判可能)、ぼくがこれまでに読んだ雑誌記事のベスト3に確実に入る。A5判で八十~百頁というハンディさも、若き日の湯村輝彦が描く(最初の五号は山下勇三)ポップな表紙も、「街へ出ようよ」と語りかけてくる。

「編集会議をしていた記憶がないんですよ。作家と会って、ノリで決まっていく。ヘミングウェイの『移動祝祭日』です。街が編集室という感じでした。現実に遅い時刻まで事務所に居られる状況もありませんでしたから。当時ADをやっていたのは芸大の学生でしたね。事務所が閉まると、そいつらの高円寺の下宿に行ったりした。みんな、資生堂や電通に入って、『プレイマップ』を辞めていきましたけれど」

『プレイマップ』終刊直後、新書版で発表された本間氏の第一エッセイ集『街頭革命　新しい風を呼ぶ青春論』(七二年九月三十日初版発行／サンポウ・ブックス)には、ひとりの故郷喪失者が、生きる場として主体的に選んだ〈街〉に対する、熱い想いが溢れている。

《近年、都市論というものが盛んにたたかわされてきた。だが、街論と銘打ったものはついぞ見かけなかった。これはどういうことなのだろうか。〈街〉なんてものは、都市に包摂されているものだからなのだろうか？　それとも、まともに論じるのさえ沽券にかかわるほど都市の中のやくざなはみ出しものであるからだろうか？(中略)

専門家だけにまかせておいてはいけないのである。知識や論にいたずらに圧倒され、口つぐんでしまってはいけないのだ。

生きているのは自分自身ではないか！

そう考えれば、生身の人間の素朴な発言がもっともっと出てきてよいと思うのである。そのような思想が欠落している限り、都市や国家を撃ち、超えるものとしての〈街〉は、遂にわれわれのものとはならないだろう。

〈街〉というメディアを考えることは、自分自身を問うことであり、自分自身の〈生〉を生きることなのである。》(プロローグより)

本間氏が、「街頭革命」終焉後、三十年以上経った今なおこだわり続けるタウン・ジャーナリズムとは、つまり「生身の人間の素朴な発言」ということなのだ。こうした思想は、例えば小島氏の次のような予見的なメッセージとも多分に響き合うものがある。

《町内会新聞にね、すばらしいイラストレーター、カメラマン、作家がいるとかね、現実的にできないことかもわかんないけど、これからのジャーナリズム（傍点筆者）の在り方としてはリアリティのあることだと思うわけ。これはやっていく必要があると思う。》（前出「季刊サブをめぐって」）

12.

『SUB』と同じく『新宿プレイマップ』の創刊以来のレギュラー寄稿家でもあった草森紳一氏から、「本間くんにぜひ話を聞くといい」とバトンを預かるのと相前後して、当時若者文化論的な書籍を主に出版していたブロンズ社刊のミニコミ風月刊誌『ジ・アザーマガジン』七二年五月号に載っていた『プレイマップ』五月号の広告に、「TOWN PEOPLE 神戸／小島素治さん」とあるのを偶然見つけてしまった。手持ちのバック・ナンバーのなかに、その号は無い。

　現物を見せてもらって、驚いた。巻頭九ページを割いた立派な「特集」だったからだ。内容は、本間氏自ら神戸の洋館サッスン・アパートを訪ねてルポした「ウエストコーストの風に吹かれて」と題する小島氏のポルトレ、同行したビート派の詩人・諏訪優（『SUB』『プレイマップ』両誌のやはり常連で、小島氏とはプライヴェイトでも親しかった）を交えた座談会「風景の見えるグリーニング・ライフ」、そして一足先にここを訪れていた淺井愼平による自筆のイラスト付きエッセイ「僕が／ほんのちょっぴり会った神戸／ジャンゴ・オオム・クッキー」の三本立て。初めて見るサッスン・アパートの外観など、雰囲気のある写真とも相まって、小島氏のライフスタイルをくっきりと浮かび上がらせた編集の妙に、改めて敬意を表さずにはいられなかった。

「ウエストコーストの風に吹かれて」を、書き出しから少し抜粋してみよう。

《お茶でも飲もうか。

——思い出したように電話すると、すぐに会うことができ、一月ぐらいは会っていないはずなのに、まるできのうの続きみたいなチョーシで話のできる友だちというのは、いいものだ。

そんな友だちを身近にもつのは、シアワセなことだ。

そんな友だちを、身近にだけでなく、遠いあの街この町にも、もつことができたらぜんぜん素晴しいんじゃないかな。》

《小島素治さんは、ボクにとっていったいどちらの側の友だちなのだろうか。神戸の住人である小島さんは、いくら〝ひかりは西へ〟のおかげで東京との所要時間が四時間弱に縮まったとはいえ、やっぱり身近とはいえないだろう。が、遠い街の友だち、という感じでもない。なにしろ月の半分ぐらいは東京へ出て来ているんだからな。当方としても分類のしようがないのだ。

そのやって来方がまたニクイ。ジーンズに運動靴、親父さんのお古だとかいうクラッシックな皮鞄を手に、長髪をなびかせ、幌馬車からカーボーイが降り立つように、実に颯爽と新幹線を乗り捨てて来るのだ。》

《上京して来ると、ほんの束の間なのだが、ボクともお茶でも飲もうかってことになるのだが、そんなとき小島さんは、きわめて情熱的な態度で、東京の街および人間のダメさ加減、そしてジャーナリズムのダメさ加減を指摘するというのが慣例だ。その批評は適格にマトを射ているし、なによりもまず埃っぽい東京に舞いこむ一陣の風のような爽やかさがあるので、ボクはいつも黙って相槌を打っていることが多い。でも、たまにはダメな陣営の一員として、一矢ぐらいむくいてやろうかな、なんて反撃の手だてを考えないわけでもないんだが、一早く、

神戸へ遊びにいらっしゃいよ。たまには頭を冷やしたほうがいいんじゃないのかな……

そんな同情されてるのか、冷笑されてるのか不明の、ナゾの捨て台詞残して、小島さん、風のように立ち去ってしまうのだ。》

最初の一方的な出逢いについて、本間氏は次のように回想する。

《ボクは、『ぶっく・れびゅう』の創刊号（「ジョン・レノンと小野洋子」というのが特集されていたのだが）を、新宿の書店の片隅で、偶然に発見したときの新鮮な衝撃を、今も忘れることができない。パラパラッとページをめくっただけで、企画の斬新なこと、ホンモノの自由奔放な精神の持主が作っている雑誌であることが肉迫してきて、世の中にはやっぱりやる奴がいるものなんだな、と大いに意を強くしたのだが、正直言えば、同業者としていささか嫉妬と羨望を禁じえなかったものだ。》

そして、その何ヵ月か後に、小島氏が『新宿プレイマップ』の編集部にやって来たのだという。

「最初に編集部に現れた時は、ヒッピーみたいな男が現れたな、と。でも、そんな奴、当時はいっぱいいたから珍しくもなかったんだけれど。彼も『新宿プレイマップ』を何処かで見ていてくれて、訪ねて来てくれた感じでした。

印象に残っている会話ですか？　冗談を言い合っていた記憶しかありませんね。ミニコミ会議の前後

で、そこに出るの？　みたいな話はしていたかな。小島さんは、ミニコミは一見無視していましたから　ね。俺はミニコミじゃないよ、ミニコミ会議にも出ない、と。そこは格好いいなと思いました。インディーズであるけれども、ミニコミを超えたメディア作りという発想が、彼にはありましたね。

当時私は、ミニコミ文化に触発されていたんです。時を同じくして、若い人たちがミニコミをたくさん作り始めていて、石神井公園みたいな住宅街にも十とか二十とかミニコミがあったりするほどでした。七一年の春、京都書院という京大の近くの書店に、それらの代表が全国から集まって、第一回のミニコミ会議が開催されて、そこに参加したんです。会議の場で私が言ったのは、『新宿プレイマップ』は全国的な知名度があって、周りでは予算も潤沢で儲けているんじゃないかと思うだろうけれど、内情は安月給、低予算なんだよ、と。そして、新宿を離脱することも考えていたので、タウン誌系のミニコミの全国ネットワークを作ってはどうか、そうすれば共同広告も取れる、と発言したら、商業主義への迎合だと総スカンを食らったりしました。一人一人発言したんですが、私の時には怒号が飛び交いましたよ。〈街〉というのは人間でできていると思うんです。どこそこの街に、誰々がいる――それでネットワークが組めたら、新しい文化ができるかなと思っていたんです。気づいたら、何年も経たないうちに、ミニコミも消えていきましたから。今もミニコミの連合ってあるみたいなんですけれど、仕切ってるのは企業だったりする。一度も行ったことはないですけれど。そういう商業的なものを作るつもりはなかった。

私は、元々『内外タイムス』という商業ジャーナリズムのなかで育ってきたので、メディアを自分で作るという発想は無かった。『話の特集』は、半分は作家の同人雑誌みたいな感じで、特殊な例ですしね。ミニコミを作っていた若い連中は、マスメディアには懐疑があって、自分たちのメディアを作りたいということで、ミニコミを作ってきたと思うんですね。そういう発想は私にとってすごく新鮮だった。

私が『新宿プレイマップ』を作ったのも、用意された土俵に乗っただけですから。そこでいくら良いものを作っても限界があるかな、自立したメディアを作らなければ、と若い連中に教えられたんです。

特に影響を受けたミニコミに、吉祥寺の『名前のない新聞』というのがあったんです。アパッチという青年が作っていた週刊のフリープレスで、本当のタウン誌は、こういうものなんじゃないかな、と思わせるものでした。街のなかでどのように生きるべきか、というテーマと毎号取り組んでいた。お店の紹介、井の頭公園のフリーマーケット情報、そういう情報誌的な面もあるんだけれど、それが若い人の言葉と感覚で綴られている。自分たちの身近なものを紹介していくそういうスタイルは、後に多く出てくるけれど、元祖なんじゃないかな。ミニコミといっても、ただの周辺雑記みたいなものとか、変なのもたくさんありましたよ。『名前のない新聞』はすごかったな。新宿の後は、下北沢や吉祥寺に若い人のムーヴメントが流れて行くけれど、それの旗頭であったのじゃないかな」

七二年、ガリ版印刷で創刊された『名前のない新聞』は、途中から手書きオフセットに変わって通算一〇一号まで発行した後、七七年に活動休止。七八年、『ホール・アース・カタログ』の流れを汲む新しい世代の百科全書『やさしいかくめい』をアリシア・ベイ＝ローレル『地球の上で生きる』の版元・草思社からシリーズで刊行。八八年には脱原発運動の興隆を機に復刊し、環境・共生・平和・仕事など身近な問題から社会問題まで扱う「マスコミには載りにくい情報を掲載するオルタナティヴな新聞」として、現在も隔月で発行、しかもペーパーとウェブサイトの両方から発信、ウェブでは『ビー・ヒア・ナウ』の著者ラム・ダスや、十三の月暦の提唱者アグエイアス夫妻のインタヴューも読める。この持続性は稀有な例ではないか。

13.

「本間さんが、『新宿プレイマップ』の創刊当初受けた取材で、将来は新宿版『ニューヨーカー』を目指したい、と発言されていたのが印象に残っているんです。『ニューヨーカー』は、ニューヨークのタウン・ジャーナリズムの老舗で、最近イラクの刑務所での捕虜虐待を電子版がスクープしたことに象徴されるように、大新聞にもできなかったことをやってのける力がある」

「きちっとしたジャーナリズムとして存在していますよね」

「でも、いかにもハイブラウな『ニューヨーカー』より、むしろ初期の『ヴィレッジ・ヴォイス』みたいなオルタナティヴな匂いを、本間さんたちには感じますが……」

「結局、若者を対象にしていたからじゃないですか。『ニューヨーカー』は読者層が広い。大人も読んでいる。日本ではそこまで若者文化が成熟しきっていないし、本当の大人の文化も存在しなかった。『ニューヨーカー』みたいな雑誌を目指していたけれど、現実的にはできなかったというのがある。マーケットも存在していなかったし。三年近くやったんですけれど、一番感じたのは、新宿のスポンサーに苛められたとかいうことじゃなく、本当の意味でタウン・ジャーナリズムを支える基盤が存在しなかったんだろうな、ということなんです」

「それは新宿という街に、ですか？」

「新宿に限ったことではないと思います。当時の新宿は銀座をしのぐ盛り場として在ったんだけれど、そこに集う人間たちは何だったのだろう、と。結局、時間つぶしの通過点でしかなかったんだろうと思います。もう少し長い目で、自分の人生や生き方を含めて、街を育てていく視点が無かったんでしょうね。古い人が去り、新しい人が来る。その繰り返しで、積み重ねの成熟というものが無かった。そこが一番ショックでした」

七二年に入ってすぐ、『プレイマップ』に抜本的な変革が起きた。一月号より誌名から〝新宿〟が消え、判型もA５判から週刊誌大に、表紙も湯村輝彦から羽羅多（現・羽良多）平吉に替わる。〝新宿〟という看板をはずしたのは、本気で〈街〉を愛する人間の数が、あまりに少なすぎることに、愛想が尽きたという面もあったのだろうか。

「ひとつには、毎号毎号クビをかけて作っているわけですから、いつ終わるかわからない。一方では、マスコミに取り上げられて知名度が上がって、本屋でもある程度売れる。全国誌を狙ったわけではないんだけれど、新宿という枠組みに捕らわれずに雑誌を作っていこうという、恣意的な展開が編集部にあった。そこで、スポンサー側としてもやってられない、と反発を食らったんです。ずっと応援してくれていた発行人の田辺茂一（紀伊國屋書店創業社長）さんを通して、やめろと言われたので、どうしようかと思いましたけれどね。大手の出版社からウチでやりましょうという打診もありましたけれど、既成の出版社に頼ることはしたくなかった。しかし、もはやミニコミの域を出ていて、お金の問題があった。残った選択肢が、広告批評家の天野祐吉さんが居たマドラだったんです。文化放送を通じて、天野さんが『プレイマップ』を高く評価してくださっているのは聞いていたんです。マドラがどういう会社か知らなかったんですが、スタッフを全員引き連れて来たらいいと言われて、行ったんです」

「『広告批評』創刊のずっと前ですよね。どういう会社だったんですか？」

「私も二号しかいなかったんですけれど。平河町に立派なオフィスがありましたね。バックにスポンサーがいて、シンクタンクのような感じで立ち上げた会社だと思います。天野さんは、広告研究だけでなく、何かやりたくて『プレイマップ』に着目したんだと思いますね。その時既に〝新宿〟という名は取れていましたけれど、四月号までは新宿で作っていました。五月号からマドラで、二号で潰れました。

天野さんが今まで通りのやり方で作っていいよと言ったので、そうしてきたんですけれど、実際は全部社長のところに原稿が行って、半分くらいダメを出されるんです。けしからんと。天野さんも（間に挟まって）困っちゃったみたいで、何度か熱海で徹夜の会議をしたんです。そこで、当時は『ぴあ』とかはまだありませんでしたけれど、そういうふうな情報誌にしてほしい、と言われたんです。『ぴあ』が出てきた時は、あのスポンサーはこれが作りたかったんだ、と思いましたね。我々としては作る気はありませんでしたから。本当は最初の号で終わるところを、取材が進行していたのでもう一号だけ出させてほしいと頼んで、最後の六月号を作ったんです」

新都心新宿PR委員会発行による最後の『プレイマップ』となった、七二年四月号に載った「読者と関係者の皆さんへ」と題する一文は、その号で特集した毛沢東の長征に引っ掛けて思いのたけを綴った、本間氏の「独立宣言」だった。

《タウン・マガジンが本当の意味で開花するためには、もっともっと多勢の人々が、わたしたちの〈街〉、わたしたちの〈広場〉にこだわり続ける土壌が必要であります。

わたしたちはその時が必ずや訪れることを信じている。従って新宿という拠点を去る（喪ったのでは決してない！）に際しても、これまで荒野の闇にかかげてきたタウン・マガジンなるランプは降さないつもりでおります。

毛沢東が井岡山から飛び出し、長征に活路を見い出したように、わたしたちも今、新宿から日本列島の様々の都市に向ってささやかな長征（ちょっとオーバーかな？）の途につこうと決意しているのであります。姿を見かけたら声でも（本音は買って下さいってことですが……）かけて下さい。よろしくお願い申し上げます。》

ところが——希望に胸を膨らませて新天地へ赴けば、何のことはない、以前と変わらない状況が待ち受けていた。『ジ・アザーマガジン21』の広告にはちゃんと載っていたドラッグの特集（アメリカで地下出版されて大好評レポートの本邦初公開。各種ドラッグの作り方から使用法）は、ゲラの段階でボツにされたのか、誌面には影も形も無い。アレン・ギンズバーグの特集も、このタイミングではぜんぜん考えていなかったのが、他の企画がやはりボツになってしまった所為で、急遽特集を組んだのだという。ラスト・イシューとなった六月号では、「恍惚革命」の煽動者、映像作家・評論家の金坂健二撮影による貴重な写真を大々的にフィーチュアして、「革命とは街頭演劇だ」と宣言、街路を駆け抜けたイッピーズのヒーロー、アビー・ホフマンを特集（！）。「終刊の弁」は一言も無い。街頭に出た途端狙撃され、路上で前のめりに斃《たお》れたかのような壮絶な最期だった。

「本当の意味でのリトル・マガジンを作れるかな、という期待があったんですが……お金もありましたしね。新宿の時代は、お金の問題が一番つらかったですから。私は新宿であういう雑誌をやって、ドロドロになってしまったかな。三年続くとも思っていなかったですし。二、三号で、はいそれまで、と言われるはずでしたから。

タウン・ジャーナリズムというものは、『新宿プレイマップ』で頓挫したんですよ。結局、商店街の紹介にしかならない。そのスタイルが全国へ波及していった。タウン・ジャーナリズムの可能性はあったんです。あの時にもっと頑張っていれば成立していたと思うのだけれど、それができなかったのは残念だな……」

14.

「せっかく意気込んでマドラに行った途端、二号で潰れる。挫折感は大きかったんじゃないですか？」

「大きかったですね。それから私は二十年くらい、『街から』を作るまで悶々としていましたから。自立した街の雑誌を作れないかと悩んでいました。意外と難しい。『街から』を作って十数年になるけれど、未だに苦労しているし。ただ、『新宿プレイマップ』の経験が無かったら、今の自分はないと思います。出発点だったのだな、と」

「二十年の間、いったい何を……？」

「それが長い長い物語でね。フリーライターを週刊誌でやっていました。既成の出版社では、編集はやりたくなかったんですよ。だからライターになろうと。それから何年か経った後、私の画家の友人が銀座で不動産会社の社長をしていて、銀座でタウン誌をやったらどうかと言われたんです。『ポパイ』創刊のちょっと前です。上野から銀座まで歩行者天国の通りができるからと言われて、ひとつの街でタウン誌を作るのは嫌だから、その通りでタウン誌を作ろうと思って、企画書を社長に持っていったんです。面白がってくれたんですが、もっと面白い仕事があるからと誘われたんです。商業ビルの運営管理の仕事で、企画部の担当をしました。面白かったですよ。渋谷スペイン坂というのも、私が関わったもののひとつです。それをやりつつ、『喫茶店経営』という業界誌の編集などをやりました。この本のなかには、私の都市論があります」

処女出版『街頭革命』の続編ともいえる『街を創る夢商人たち』（八九年三月三十一日第一版／三一書房）というこのルポルタージュ集は、行政や資本の側からの「再開発」ではない個人の「街おこし」を紹介した〈街人間地図〉だ。《街はいったい誰のものなのか？もしかりに誰かさんのものであるとしたら、どうして誰かさんのものだけにしておいて、わたしたちのものとしないのだろうか？》――『プレイマップ』時代から、そう繰り返し問いかけてきた本間氏にとって、彼ら〈街人間〉たちの健闘ぶりは、あの七〇年代初頭の日々、ミニコミを作りながら、自分たちの棲んでいる街や町のなかで、自分たちの生活と文化を築いていこうと模索していた世代から寄せられた、爽やかな回答だったのだ。

本間氏は、八五年、渋谷のマンションの一室に、街から舎の前身であるフロムタウン株式会社を設立、渋谷の地図を作るなど編集プロダクション業務を続けた後、「バブル末期でこれから景気が悪くなるという時」に、「家に戻って、市民が街の雑誌を作るという発想でタウン誌を作ろう」と思い立つ。

「九二年に『街から』を、特に大きな街もない北区で始めたのは、たまたま北区在住だったというのもあるんですけれど、むりやり理由を付ければ、盛り場ではなく、人が暮らしている街で雑誌を作りたかったというのがある。印刷代だけあればいいということで今日まで続いてきました。七月に出る号で七十一号になります。納得いかない部分もいろいろありますけれど、あるべき姿のタウン誌を作ってやろうという思いは持ち続けている。来年あたり、名前を変えて、仕切り直してやろうと思っています」

《幻の、元祖タウン誌『新宿プレイマップ』編集長・本間健彦が長い長いタウン・オデュッセイアの漂流の果てに放つ、もうひとつの都市論。》——〝真実の人〟を名乗って七〇年代のサブ・カルチュア・マガジンのほとんどを制覇、『プレイマップ』でも舌鋒鋭く世相・マスコミを切りまくった嵐山光三郎が餞に贈った『街を創る夢商人たち』の帯コピーのなかに、本間氏の人生が凝縮されている、と感じた。「街の漂流者《タウン・オデュッセイア》」——本間氏を語るのに、これ以上ふさわしい形容が他にあるだろうか？

＊

「七二年春に『プレイマップ』、翌七三年夏に『ＳＵＢ』が終刊する。その後、小島さんが上京されますよね。彼が青山にスタディアムという事務所を開いていた頃は、お付き合いは無かったんですか？」

「まったく無いです。当時、私は世捨て人のようで、昔の友人との付き合いもありませんでした。本間は死んだんじゃないか、とまで言われてましたから。小島さんが何をやっているかも知らないし、興味もなかった。この前、彼が死んだと聞いてびっくりしましたよ。ただ、ここ数年、私が雑誌を作るなかで、彼のことが気になったりはした。この間神戸に行った時、小島さんに、薄汚い新宿で何やってるの、とよく冷やかされたことを思い出して、洋館があった辺りを歩いてみたんですが、変わっていましたね。

小島さんは、編集者と言うより、アーティストだと思うんです。普通の編集者だったら、判型やタイトルを毎号変えるなんて発想はないですから。ヴィジュアルもさることながら、言葉にもこだわっていたし。あの時代、ちょっと抜け出していた人でしょうね」

「本間さんは最前線で泥だらけになって闘っていた。一方、小島さんはあえて最前線を選ばなかったように見えます」

「彼はポジションをわきまえて、そこから発信する。生き方自体がそんな人でしたね。〝タウンピープル〟という特集で小島さんを取り上げた理由もそこにあって、生き方として格好良かったんですよ。これからの人だというイメージもあったし。新生『プレイマップ』で取り上げたいと思ったんです。

取材に行った時に、サッスン・アパートの空間とか場というものは、非常にオーラがありましたね。アメリカ的と言うのかな。彼が、冗談なのか、本気なのか、こういう暮らしができるから、批判できるんだ、と言っていましたね。草森さんにだけでなく、私にも、神戸来なさいよ、とよく言ってましたよ。東京に暮らしていたら、良い発想ができないよ、と。ウエストコーストとか言っても、たいしたことないんだろうと思っていたんだけれど、彼は本気でそういう暮らしをしようとしていたんだ、と行って見てわかりましたからね。口ばかりじゃなかったんだ、新宿の雑居ビルで仕事をしている我々とは差があるな、と劣等感を感じましたよ」

《天井の高い室内にはほとんど調度品といったものはなく、テーブルの上にたわわに活けられた花があるだけ。そのガランとしたスペースにアクセントをつけているのは、部屋の隅のプレイヤーから流れる音楽だけ。

アパートメントの窓からは、街も波止場も、一望できる。小島さんのかけるウエストコースト派のジャズをききながらぼんやり窓の外を眺めていると、あら不思議！見えなかったはずのウエストコーストが見えてくるのだ。

風さえ、吹いてくるのだ。

ウエストコーストは、いわば小島さんにとっての〝精神の王国〟なのであり、日常生活の中で慎重に培養され、今や確実に実在する風景なのである。》（前出「ウエストコーストの風に吹かれて」）

本間氏は、『プレイマップ』で描いた小島氏のポルトレをこんなふうに締めくくっている。この部屋の風景が喪われた時から、小島氏がイマジネイションの力でリアルなものにしてきた〝精神の王国〟の崩壊は、ゆっくりと確実に始まっていたのかもしれない。小島氏の生活、そしてクリエイティヴの指針は、「風景の見える生活を持つこと。それを十分に使いこなすべき」というものだったのだから——。

「小島さんの亡くなり方を聞いて、すごく衝撃的だったのは、彼は、私なんかよりもっとスマートに、颯爽とやっていたように表向きは見えたけど、やっぱり大変だったんだろうな、と。生き方は違うけど、ある意味では、小島さんと私は、そういう点で近いと思うね。草森さんのように、街の隠者として生きられない。私や小島さんは、街のなかで、企業を通して、自分のやりたいことを表現していかなきゃいけないという仕事だったから。

この本（『街を創る夢商人たち』）のなかで、草森さんが、《サブ・カルチュアなんて無かった。仮にあったとしても、政治や資本に全部絡めとられていく。》と言っているんだけど、本当にそうだと思いましたよ。七〇年のあの頃、若者が考えたこと、やろうとしたことが、今となってみるとほとんどが商業化して、日常化している。有機野菜とかリサイクルとかすべてそうなんだけど、ミニコミ的、サブ・カルチュア的なものが、全部マーケットのなかで商品化されて使われている。それが全面的に悪いことだとは思わないけど……結局、変わらないことがひとつだけあるんだよ。企業だけが残っている。資本主義の社会というのはそういうものなのか、企業が残って個人は消費されていくだけ。その構図をこの三十数年間まざまざと見せつけられてきた。だから、自立とか何とかっていうけど、これは容易ならぬことだなと思うね。だとすれば、草森さんのような我関せずの生き方の方が真っ当なのかな」

「草森さんが、この本が出た八九年の時点で、《今、興味あるのは、乞食の行方だね。ハイテク空間で乞食たちが、どう生きていくか。僕なんかは、乞食の仲間だから、自分をふくめて興味津々だね。》と言っている。この覚悟にはあらためてガツンときます」

「すごいよね。十五年前にそういうことをきちっと言ってるわけだね。本当に個を貫いて生きようとしたら、今の世の中、乞食として生きるしかないのかな……草森説が身に染みますよ」

＊

「小島さんのようにタウン・オデュッセイの果てに命を落とす人もいる。でも、本間さんは生き延びて、漂流を続けているんですね」

　インタヴューの終わりに、ふと漏らしたぼくの言葉に、本間氏は「なんか小島さんの方が格好良くていいなぁ。うらやましいよ」と言って、笑った。

「人間って、やっぱり面白いね。その人の生き方で死ぬから。格好良い男は格好良く死ぬっていうか。ま、格好良くはないんだろうけど、ある意味、彼らしいなぁ、というね」

「本間さん、ご出身は満州ですよね」

「そうです。故郷はない。帰属するのが好きじゃないんですよね。どこかの街に帰属するのも好きじゃない。そういうところも、小島さんと共通するものがあったのかな。漂流していたいという……草森さんのなかにもそういうところがあるし、亡くなった諏訪さんにもあったよね。さすらうというと、小林旭の映画みたいになっちゃうけど、都市のなかで生きていくには、そういう意識を持っていないと、結局は絡めとられてしまう。だから、さすらい続けて野垂れ死にするかもしれないけれど、それしかないだろう、自分として生きるにはね。どこかに帰属できれば、それはラクかもしれないけれど、そうでない生き方を都市のなかでしたいな」

不意にこんな質問が口をついて出た。

「本間さんのなかに、文化は根付かないものだという諦めって、ないですか？」

「……ありますね。いずれ文明も都市も廃墟になるんだ、というのが。だから、我々がやっていることは、積み木遊びみたいなもので。子供は最後に壊す楽しみを持ちながら積み木遊びをしてるんでしょうけど、都市でやってる我々もそういうものじゃないかな」

「それでも、真っ当なジャーナリズムというのは必要だと思うんですが」

「都市のなかで単に消費者に陥らないために、タウン・ジャーナリズムとしてのタウン誌を作ろうと思ったんですよ。『プレイマップ』ではできなかったから。でも、こんなこと言っちゃ具合悪いんだけど、ほぼ絶望してますね。タウン・ジャーナリズムなんて日本ではまだ成立しないのではないか……と。それより〈個人誌〉を作りたい。自分と交流のあった仲間と、同人誌ではなくて、ちょっとセンスのいい〝街の雑誌〟、という感じのものを」

「まさに『ＳＵＢ』ですね、それは。本間さんは漂流の果てに、小島さんに回帰したんですね」

「なんかそういう感じで……私も、そういう意味では大義名分をはずせたというか、市民雑誌なんて作る意味が無いという考えにようやくなってしまいましたね」

思いがけないこの言葉を、小島さんが聞いたら、何とコメントしただろう。口では、今頃気づいたの？　なんて言うかもしれないけれど、案外喜んで、一緒にやろう、と盛り上がるんじゃないかな……。そんなことを考えながら、本間さんと別れた後も、そのまま家に帰る気になれないでいた。

A SONG

TO

Y esterday is tomorrow truly it is
O n your bed and whatnot around
K ept clean quite in sky blue
O ff and afar but the very sky nests in your eyes

J ack in the box with smiling burst
O n your lips and on your fingers
H eaven the seventh or the eighth anywhere
N one of it you miss to bring us to

L ive sounds long live the highest
E verybody around you gets his biggest
N ever stop it except in your silence of love
N ight and day the kings and bosses pretend the dumb
O h no no speak out but stop your arms forever
N othing nothing can stop us to take our own way

Shuzo TAKIGUCHI

BAMBOO
RECORD NO.
BMB-109A
MEL and TIM

with RECORD

DJANGO/ANTHOLOGIE-VOL.3 ------------------------------------ HTX40159
GEORGE HARRISON/ALL THINGS MUST PASS ------------------------------ APPLE639
JERRY GARCIA/GARCIA ------------------------------ WARNER BROS. BS2582
GRATEFUL DEAD ------------------------------ WARNER BROS. 2WS1935
C.S.N & 4WAY STREET ------------------------------ ATLANTIC SD2002
THE VELVET UNDERGROUND/LOADED ------------------------------ CATILLION SD9034
DEREK AND THE DOMINOS/LAYLA ------------------------------ ATCO SD2-704
CREAM/GOODBYE ------------------------------ ATCO SD7001
JIMI HENDRIX EXPERIENCE/ELECTRIC LADYLAND VOL.2 ------------------ POLYDOR 184 184
BIG BROTHER AND THE HOLDING COMPANY/CHEAP THRILLS ----------- CBS SONY SONP50030
THE BAND/CAHOOTS ------------------------------ CAPITOL SMAS651
BOB DYLAN/SELF PORTRAIT ------------------------------ COLUMBIA C2X30050
ROLLING STONES/LET IT BLEED ------------------------------ LONDON NPS-4
JOE COCKER/MAD DOGS & ENGLISHMEN ------------------------------ A & M SP6002
MOUNTAIN/FLOWERS OF EVIL ------------------------------ WINDFALL 5501
JEFF BECK/TRUTH ------------------------------ EPIC BN26413
THE ALLMAN BROTHER BAND/AT FILLMORE EAST ------------------ CAPRICORN SD2-802
FREE/LIVE! ------------------------------ A & M SP4306
QUICKSILVER MESSENGER SERVICE/JAST FOR LOVE ------------------ CAPITOL SMAS-498
RITA COOLIDGE/NICE FEELIN ------------------------------ A & M SP4325
BB KING/IN LONDON ------------------------------ ABC ABCX730
RY COODER/INTO THE PURPLE VALLEY ------------------------------ WARNER BROS. MS2052
JEFFERSON AIR PLANE/BARK ------------------------------ GRUNT FTB-1001
PAPA JOHN CREACH ------------------------------ GRUNT FTB-1003
IT'S A BEAUTIFUL DAY ------------------------------ CBS SONY SONP50180
FUGS/VIRGIN FUGS ------------------------------ ESP 1038
CHICK COREA/PIANO IMPROVISATIONS VOL.1 ------------------------------ ECM 1014 ST
BILL EVANS TRIO/THE BILL EVANS ALBUM ------------------------------ COLUMBIA C30855
MIROSLAV VITOUS/ INFINITE SEARCH ------------------------------ EMBRYO SD524
MILES DAVIS/BITCHES BREW ------------------------------ COLUMBIA GP26
PAUL BLEY QUINTIT/BARRAG ------------------------------ ESP 1008
JOE ZAWINUL/THE RISE & FALL OF THE THIRD STREAM ------------------ VORTEX 2002
BOB JAMES TRIO/EXPLOSIONS ------------------------------ ESP 1009
THE MUSIC OF ERIK SATIE/THE VELVET GENTLEMAN ------------------ DERAM DES18036
THE INTRUDERS/WHEN WE GET MARRIED ------------------------------ GAMBLE 5008
THE PRESIDENTS/5-10-15-25-30 YEARS OF LOVE ------------------------------ SUSSEX 7005
THE O'JAYS/IN PHILADELPHIA ------------------------------ NEPTUNE 202
THE DELFONICS/LA LA MEANS I LOVE YOU ------------------------------ PHILLY GROOVE 1150
THE DRAMATICS/WHATCHA SEE IS WHATCHA GET ------------------------------ VOLT 6018
THE PERSUADERS/THIN LINE BETWEEN LOVE AND HART ---------------- WIN OR LOSE 33-387
THE MOMENTS/ON TOP ------------------------------ STANG 1002
THE STYLISTICS/THE STYLISTICS ------------------------------ AVCO 33023
THE WHISPERS/THE WHISPERS ------------------------------ SOUL CLOCK 22001
THE VANDYKES/TELLIN' IT LIKE IT IS ------------------------------ BELL 6004
THE IMPRESSIONS/IT'S ALL RIGHT ------------------------------ ABC 450

Coffee Break: 28Hours

WEST SIDE STORY
S7572
JET SONG
ANDRÉ PREVIN

JOHNNY RIVERS
LLP 80660
CRAZY MAMA
JOHNNY RIVERS

TODAY
SKYE SK 14
GET BACK
GARY McFALAND

PALANCE
1865
HANNAH
JACK PALANCE

JERU
YS 264
CAPRICIOUS
GERRY MULLIGAN

SOFT SAMBA
V6 8603
RINGO
GARRY McFARLAND

BRIGITTE BARDOT SHOW
YS 2077 AZ
JE REVIENDRAI TOUJOURS VERS TOI
BRIGITTE BARDOT

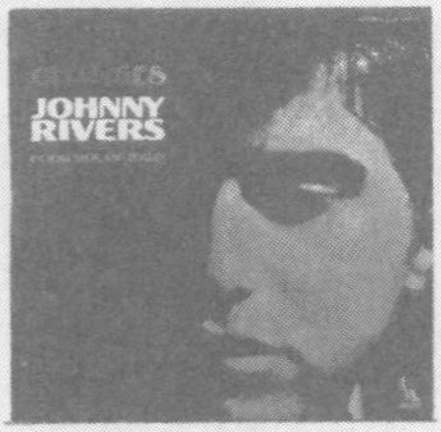

CHANGES
LLP 80741
POOR SIDE OF TOWN
JOHNNY RIVERS

PATTI PAGE
SONX 60104
DOGGIE IN THE WINDOW
PATTI PAGE

15.

「私からご連絡しなければ、とずっと念じておりました」

今年（〇四年）八月十一日午後三時、大阪・梅田の〈新阪急ホテル〉ロビーでお目にかかった小島素治氏の実姉・木田渚珠子《すずこ》さんは、張りのある電話の声と同様、小柄だが凛とした佇まいの女性だった。化粧品会社のコピーライターを経た後、フリーランスで編集の仕事を長く続けてこられたという。どうやら小島家は、互いの専門分野こそ違え、一家を挙げて、「言葉の世界」に生きているようだった。

電話番号はわかっていたのに、すぐに電話するのがためらわれたのは、度重なる無心に耐えかねた渚珠子さんがとうとう姉弟の縁を切った、という話を耳にしていたからだ。果たして会ってもらえるのか……。だが、幸いにもそれは杞憂に終わった。

「弟の遺品のなかにあったお手紙を拝見して、よくぞ会いに来てくださった、すぐにお礼状を、と思っていたんですけど。父が亡くなった時、一番のお弟子さんの作に、『人の亡きあとを生くるは仇討のごとくに向ふ机上のものに』という歌があるのですが、私も本当にそういう状態で……」

渚珠子さんにお会いすることは、二回目の関西取材の大きな目的だった。ご両親が既に他界されている今、素治氏を幼少から知る肉親は渚珠子さんしかいない。「小島素治」という希有な個性が育まれていく過程には、「六〇年代から七〇年代」という時代性、「神戸・京都」という地域性に加えて、「歌人を父に持つ」という家庭環境も、無関係とは思えなかった。

素治氏の父・小島清《きよし》は、立命館大学文学部教授で近代短歌史研究に優れた業績を残した歌人の小泉苳三《とうぞう》が、一九二一（大正十）年に創始した、関西でも指折りの名門結社「ポトナム短歌会」に一九二六（大正十五）年入会以来、中心的な役割を担って、戦前・戦後を通じ多くの門人を育てた、京都歌壇の指導者だった。

「父は、『ポトナム』という短歌雑誌の、運営委員のひとりでした。当時の選者は九人、なかで運営委員は五人でした。短歌の添削をする、あの世界でいう先生ですね。『ポトナム』は小泉先生が、京城公立高女の教諭として赴任されていた大正二年、京城でスタートしました。ポトナムは、朝鮮語のポプラ（白楊樹）です。それで興された会社も白楊社というんですけど、『ポトナム』を出しながら、一方で教科図書の出版をなさっていて。父は、白楊社の編集長を務めた後、初音書房という他の教科図書の会社を譲り受けて、亡くなるまで経営しておりました。初音書房をやっておられた方が、ご高齢で辞めたいから確かな人間に譲りたい、ということで父に話が来たんです。『源氏物語』とか『枕草子』とか、古典の教科書や副読本を出版しながら、歌集も出しておりました。全部で社員四人くらいの小さな会社でしたけれど」

清氏は、一九〇五（明治三十八）年、東京市京橋区舟松町（現・中央区湊三丁目）生まれ。生家は当初富裕であったが没落。十歳の時、父・清吉《せいきち》氏（素治氏の祖父）がイギリス神戸総領事館に職を得たのを機に、一家を挙げて神戸へ移った。一九二三（大正十二）年、神港商業学校を卒業後、「おろかにも作家を志し」（処女歌集『龍墟集』ポトナム叢書第二〇篇／昭和九年・ポトナム社発行「後記」より）上京、国学院大学専門部へ入学するも、関東大震災に遭い帰神。以後、独学で国文学を学んだ。

ちなみに『龍墟集』の「後記」は、東京での生い立ちから神戸へ移るまでの幼時の回想が美しい文章で綴られ、「北原白秋の柳川回顧の文章をも思はせて、明治末から大正初の東京下町独特の風物詩となってゐる」（「小島清氏の歌」田中順二）。歌集は他に昭和二十年代から四十年代にかけての精華を編まれた『青冥集』（ポトナム叢書第六〇篇／昭和四十六年・初音書房発行）、没後編まれた『對篁居《たいこうきょ》』（昭和五十五年・初音書房発行）の計三冊が在る。その後、清吉氏は神戸オリエンタルホテルに勤務。清氏も一九二九（昭和四）年、二十四歳でイタリア総領事館に勤め、日本の古典を愛好した総領事アルフォンソ＝ガスコに万葉集などを講じたという。

戦前神戸で開花したモダニズム文化を象徴する詩人・竹中郁は、〝小島清追悼号〟と銘打たれた『ポトナム』一九七九年十月号に寄せた追悼記「さんか君か」のなかで、《小島さんと呼ぶとそらぞらしい。やはり小島君と呼ぶのが私には気持よい。／ずい分わかい頃だった。神戸のイタリー領事館に務めているという頃からの知りあいだった。そんな変った勤め先の話やら、フランスの詩人のはなしやらをしたのが最初の出あいの時の話題だった。丁度、五十年前に当る。》と清氏を追想、《少しがらっぱち方法で、それが相手をくつろがせた。うそのない人だとうなずかせた。》と偲ぶ。

また『短歌公論』の歌人、只野幸雄が、清氏とは無二の親友であった漂泊の詩人・竹村英郎《ひでお》（谷崎潤一郎の秘書を務めるなど将来を嘱望されながら、一九三六（昭和十一）年、『竹村英郎詩集』（叢書第一〇篇／昭和十一年・ポエチカ社発行）一冊を遺し夭折）のプロフィルを鮮烈に写した以下の一節も、一読忘れがたい印象を残す。

《小島さんのお宅にいると、よく窓下から「おい小島いるか」という声が聞えた。竹村英郎という詩人で、頭は丸坊主、いつも矢立てを持って歩いて、本屋へ行って、必要なところはそれで写し取ったり、袴を肩からぶら下げて歩いたり、いわゆる奇行の人であった。小島さんは包容力があるというのだろうか、歌人だけでなく、詩人、画家いろいろな種類の人が出入りしていた。私はよく小島さんや竹村さんに連れられて神戸の夜の街を散歩した。元町と言えば、当時丁度、東京で言えば銀座に当る街であったが、港町特有のハイカラな店が並んでいた。竹村さんが袴をぶら下げているかと思うと、小島さんは浴衣の袖を肩までたくし上げ、裾は脚が出るまでまくり上げて歩いた。私は何となく小さくなって後について歩いて行った。「領事にこんなとこ見られたら首やな」と言って小島さんは笑った。》(「小島さんと現実的新抒情主義」)

二宮町四丁目に在った清氏の住居は、若い文学者や詩人たちが出入りするサロンとなり、その風は一九三六(昭和十一)年十二月、二宮小学校前に開いた古書店「青甲堂」にもそのまま引き継がれた。同年四月、ポトナムの同人でもあった五井藻子《そうこ》さんと結婚。一九三七(昭和十二)年三月に渚珠子さん、一九四一(昭和十六)年十月に素治氏が生まれる。

「青甲というのは、父の号でもあったんです。ちょっと絵を描いたりする時に使う。そういう落款もたくさんありました。父のことを書いたいろんな方の文章を読むと、静かな江という号もあるんですが、私が知っている青い甲というのは、六甲山の山並みのことですね。だから、京都へ引っ越しましたけど、終生、神戸へ帰りたい、と言っていました。好きだったんでしょうね。青春時代をそこで過ごして、たくさんのお友達が集まって、楽しい時代だったんだと思います」

清氏は、身長百八十cm近く、体重も八十kgはあったというから、当時の日本人としては長身巨躯の部類に入る。豪放磊落、酒をことのほか愛し昼から呑むこともままあったと聞けば、身長百七十五、六㎝、体重七十kg台という息子の素治氏と瓜二つ、血は異ならずの感を深くする。

草森紳一氏は素治氏に対して、「京・阪・神それぞれの感覚をすべて持ち合わせていたのではないか」と感じることがあったという。こうして父・清氏の足跡を辿ると、素治氏が、神戸にこだわっていたようで実はそうでもなく、東京と関西を行き来する生活を常に選んだのも、祖父の代は元々東京で、父の清氏も東京生まれであるにもかかわらず、神戸、京都と移り住んだデラシネの血が、そのまま素治氏にも流れていることの証なのだと得心が行く。

「父も弟も、ひとつの場所に執着しない人なんです。父がなぜ神戸に来たかも、私はぜんぜん知らないんですけど、私が生まれた時、祖母は既に亡くなっていて、祖父はおりました。モダンな人でね。神戸の街を、ニッカボッカを履いて自転車で坂を駆け下りていた、と聞いてますけど。だから、オリエンタルホテルもどういう部署にいたのかは知りませんが、ホテルで聞いてきたんでしょう、小さい時から、茹で卵っていうのは、家では〝スリー・ミニッツ〟いう名前だったんです。あれは三分間が半熟で一番おいしいんですって。それから〝スカンボロ〟というのは炒り卵のことで、スクランブルドエッグ。それを〝スカンボロ〟って言ってましたね。ただそれだけのことなんですけど、この間も卵を茹でている時に、ふっとそんなことを思い出して。面白い家だったな、と。

祖父のお兄さんかな、その人が腑分けの、つまり解剖図の権威で、ドイツで名前を残した人だというのも、父から聞いたことがあるんです。日本よりドイツで有名だったんだよって。父もスケッチブックをいつも持ってて、どこへ行ってもスケッチしていて、絵が上手だった。それは弟も同じでした――」

16.

終戦直前の一九四五（昭和二十）年六月五日、神戸大空襲で家屋を焼失。小島家は京都へ居を移す。一九四七（昭和二十二）年より二年間、清氏は神戸山手女子専門学校国文科に非常勤講師として勤務。同時に職に就いた同僚に『夢の中での日常』『死の棘』などの小説でのちに知られる作家・島尾敏雄がいた。

家庭内の問題《ファミリー・アフェア》を一種凄絶なまでに作品に昇華した私小説で知られる島尾敏雄（長男が写真家の島尾伸三、孫に当たるのがエッセイストのしまおまほ。伸三氏撮影による写真集『まほちゃん』〔二〇〇一年／河出書房新社〕は「家族写真」の名作）だが、前出『ポトナム』の小島清追悼号に寄せた一文は、「過去と現在の重なったふしぎなくつろぎ」（文中より）と、やさしさに満ちた時間が流れる、私小説の一場面のような回想記だった。

《そもそも私が最初に小島さんと会ったのは敗戦直後の荒廃した神戸の町の中でであった。結婚したばかりの私の妻が、以前「ポトナム」誌上で短歌の教えを受けたことのある小島清先生が、三宮駅近くの或る瓦会社に勤めておられるらしいということを探し出し、二人でたずねて行ったのがその発端であった。もっともずっと奄美に住んでいた妻もその時が初対面ではあったけれど。そして勤め先の不安定だった私は小島さんから直ちに山手女専の非常勤講師の職を斡旋してもらう仕儀となり、それ以来私たちと小島さんのつき合いは一度もくもることなくつづいてきたのだった。少なくなかった生活の起伏の中で、最初から変わることのない友情が維持できた例は私の家庭の場合甚だ珍らしいことなのであった。それが小島さんとのあいだで可能であったのは彼の懐の深さと人柄の無垢なあたたかさによるものだったと思う。私たちが自らを世間から閉ざした時でさえ、小島さんの方にはずっと気持ちを開きつづけることができた。（中略）環境として戦後の無秩序なしかし或る可能性をはらんだ混沌があった。二人とも同じ巳年だという親密性がはたらいたこともあろう。ふと無言で通じ合う信号が感受されてもいたのだから。一廻り年上の小島さんを私は生徒たちの言い方にならって先生という呼びかけをしていたが、真実はじかに小島さん！　と親しみをこめて呼びたかった。》（「小島さんの存在」）

島尾敏雄は、富士正晴を中心に一九四七（昭和二十二）年神戸で創刊、八七年の富士の没後も月刊ペースで活動を継続中（二〇一一年六月十五日発行の七百二十六号が最新号）である関西の高名な文芸同人誌『ＶＩＫＩＮＧ』の創設メンバーでもあった。

《昭和二十二年に、わたしは数え年三十四歳であった。／そこへ、数え年三十歳の島尾敏雄が長い脚のどちらかを引きづり気味にして、ゆるやかな丘陵の上のわたしのところまでやって来た。伊東静雄の紹介で、神戸の貿易商の長男で、育ちのいい人ですということであった。彼は親父の飲み残しのウィスキーや一塊のハムなどを手土産に訪ねて来た。海軍の将校であったが、今は職業もなく彼の復員後、奄美大島から密航して彼を追って来た妻と二人で親父の厄介になっているということであった。（中略）／二度目に彼が来た時と思うが、彼は大学生時代自費出版した「幼年記」という本をもって来てくれた。彼が帰ってからわたしはそれを読み、島尾の文体に非常に感心した。これがどうも同人雑誌をもう一度やって見ようかと思う動機になったらしい。島尾は同人雑誌好きなやうな性癖があるので、忽ち自分の持っていたトウシャ版を神戸からわざわざひっかついで来た。そして、わたしが中心となって人集めにかかる。（中略）／ＶＩＫＩＮＧという言葉は今は誰でも知っているようだが、当時は殆んど誰も知らなかった。この文字を採用したのはわたしで、島尾敏雄に借りて読んだ花田清輝の「復興期の精神」の中でこの言葉を見つけた。》（「同人雑誌『VIKING』小史（一）」富士正晴／『ぶっく・れびゅう』VOL.1一九七〇年四月二十七日・日本書評センター発行）

「主宰者の富士正晴さんが紙に困っているという話を島尾さんから聞いて、父は出版社の編集長をしていましたから、やりくりをして紙を寄付してさしあげたみたいで、富士さんがそれをとても喜んだという話は聞いています。

『VIKING』は、家にずっと送られてきてました。ガリ版刷りで、押入にいっぱいありました。弟は読まないんですけど、私は本の虫でしたから、書いてあることがわからないうちから、何度も何度も読みましたね。久坂葉子さんとか、大好きでした。両親が亡くなった時に荷物を全部整理したんですけど、『VIKING』は無かったように思います。四散することはないから、父が処分したのか、弟が引き取ったのかどうか。伝説の同人誌ですから、あったらいいなぁ、と思いますけど」

富士正晴の「同人雑誌『VIKING』小史」は、異色の詩人画家・辻まこと（父はアナーキストの辻潤、母は大杉栄と共に虐殺された伊藤野枝）が、コズミックな思索を驚異的な密度で凝縮、見開き対向に一点ずつの硬質な画文に結晶させた「石族譜」（最初は理解及ばず、呆然と眺めていた。今は「窮極のSF」として星新一を再読するように味読しているが、まだ「わかった」とは到底言えない。平凡社ライブラリー『辻まことセレクション』第2集に全篇収録）と並んで、『ぶっく・れびゅう』から『SUB』に引き継がれた両誌の二枚看板、今思えば大変な「豪華連載」なのだが、それはあくまでも、見る眼があって初めてわかる「豪華さ」であって、小島流の美学が反映された「物言わぬ」編集術により、一切の煽りめいた言辞も宣伝もなく、テキストがそこにある意味も、それぞれの筆者が選ばれた理由も、読者は自分なりに解釈し、理解できなければできるようになるまで温めるしかない。『VIKING』研究に欠かすことのできない基礎資料であり、戦後文学を検証する上でいかに歴史的な価値があったとしても、一九七〇年の時点で「日本に於ける文学運動の一展開としてお書きくださるよう、富士正晴氏に創刊号から連載をお願い」(『ぶっく・れびゅう』VOL.1「編集後記」より)した編集者の意図は、「世間」に正しく伝わったのだろうか。しかも表紙と特集が「ジョン・レノンと小野洋子」というサブ・カルチュア・マガジン誌上で、だ(それにしたところが、《「ジョンとヨーコ」がスキャンダルとしてしか響き得ない、今の日本の報道のあり方》のなかで、《まともな形で「彼等」を提出することが、こんなにも困難だとは思いもよらなかった》と、小島氏自ら珍しく後記で述懐している)。

大阪在住の『VIKING』研究家・中尾務氏(個人誌『CABIN』編集発行人)によれば、「この時点で『VIKING』を再評価しようというのは相当に早い」。富士正晴自体、「東の花田、西の富士」(小沢信男)と謳われるような評価に世間がようやく追いついてきたのは、「七〇年代も半ばを過ぎてから」だという。六一年の時点で晶文社から作品集(全四巻、のちに全五巻に増補)の刊行が始まっていた島尾敏雄に比べて、富士正晴の評価は、長い間「関西ローカル」に留まっていた。近年カリカチュアの開拓者としてのみならず、グラフィック・デザイン、ネイチュア・ライティング、アイロニックな広告など様々な側面から再評価が進む辻まことにしても、七〇年の時点でまとまった著作は『山からの絵本』(六六年/創文社)一冊があるのみだ(七五年、六十二歳で逝去した時点で三冊)。

小島氏は、「『VIKING』小史」の連載意図について尋ねるぼくらに、これといって明快な答えを返してはくれなかった。今となっては知るすべもないが(小島氏一流のライフスタイルを特集すべく神戸へ取材に訪れた『プレイマップ』編集長・本間健彦氏に、「せっかくこっちに来たんやから、茨木まで足を伸ばして富士さんにも会って行ったら」と逆提案、同誌七二年六月終刊号に富士正晴のインタヴューが掲載される運びになった、と本間氏から聞いた）、小島氏に代わって辻まことが、『ぶっく・れびゅう』ＶＯＬ．１の同じ後記のなかで、とうに（三十四年前に）「答え」をくれている。

《どんな石を紹介するか、どんな意図があるか、まだ自分でもよく解らない。いかにもアヤフヤな話ですが、いつもだいたいそんな調子です。ただ自分で面白くないものは描くつもりもありませんし、書けもしません……という程度の自信はあります。

石が地質学的世界の方向ではない方向にどれ程の想像を広げるだろうか—というのが私の直接的な興味であり、それが読者の想像の中でどんな形に受取られるかは、二次的ではあっても、やはり私にとって興味のある問題というわけで、へたな説明などなしにしたい理由です。》（「『石族譜』について」）

17.

「早い」ということは「カッコいい」。しかし、現実的には「世間に受け入れられない」ことを意味する。素治氏の口癖は「俺の作る本は、東京は青山、神戸は山手でしか売れへん」だったという。

「あの人（素治氏）は何でも十年早いね、って母がよく笑って言ってましたね。そのために身内も、相当投資はしてきました。また無心に来た、と父がこぼした時に、私は言ったんです。今にあなたよりも、あの人の父っていうことであなたが有名になるわよって。父も、そうかなぁ、と嬉しそうにしてましたけどね」

「いいご家族ですね。渚珠子さんから見て小島家とは、どのような家族でしたか？」

「一言で言うと、友達親子でしたね。まず、ほとんどダメって言われたことがないし。『革靴を欲しという子にああ五月空色ズックの靴買いやりぬ』という歌の通りで、そういう意味で父は非常に子煩悩でした。あの当時、多分給料も非常に厳しかった時代に——弟の時は自分で仕事をしておりましたから良かったんですけど——私も大学は私学に入れてもらったし、特に学問をするということを、父はすごく喜びましたね。母も学者の家に育ったものですから、とても学ぶことが好きでした。そうかといって、両親二人とも、勉強しろ勉強しろと言うのでもなく、どんな道に進んでもおもしろがっていたというか。理解の点では百%以上ありました。

それから、『武士は食わねど高楊枝』みたいなところがありましたね。私がコピーライターになった時、父に、文章でお金を取るなんて、おまえはえげつない奴やな、と言われました（笑）。金のことは言うな、卑しい、という人でしたね。決して裕福ではなかったけれど、それは常に言われて。それでも家庭は絶対守りましたから。家を建てるわけでもなく、それでお弟子さんに振る舞って。若い人を育てるとか、若い人と話すことがすごく好きな人でした。

弟の経歴をお話しますと、母方の叔父が大阪の川口教会の理事をしていた関係上、その系列の京都・マリア教会の幼稚園へ入り、その後第一錦林小学校から、弥栄《やさか》中学という祇園町にある中学に進んで、京都外語大付属西高校に一期生として入ったんです。それから一浪しまして、立命館大学の文学部心理学科に入学しました。私も同じ立命館なんですが、二人とも親不孝で、父に日本文学をやってくれないかと言われても、ぜんぜん興味がないから英文をやると、やはり弟も心理学科へ進んで、父は一代限りでいいという気持ちでいたんですが――『わがあとを継ぐもののなき現実を当然として暁目ざむ』という歌がありますーーどんな話し合いがあったのか知りませんけれども、弟は心理を出てから日本文学科に編入して、さらに二年通った後、父の紹介で京都の雄渾社という出版社に入ったんです。おそらく勉強して跡を継いでほしい、ということでしょう。でも、弟は短歌とはまったく関係ない世界ですから、たぶん継いでもダメだったでしょうね」

「素治さんが清さんから短歌を教わるようなことは……？」

「ぜんぜんありませんでした」

「素治さんはどんな子供でした？　勉強好きだったんですか」

「私は、できないとカッコ悪いと懸命に勉強しましたけど、弟は外で遊ぶ方が好きで、のんべんだらりと過ごしてました。でも、通信簿を見ればそこそこの成績で来てました。それと親分肌でしたね。関西の駄菓子屋に『当てもん』という一種のくじ引きみたいなものがあるんですが、近所の子供が、付いて来て、付いいて来て、と彼を頼りにして連れて行くんです。というのは、くじが百枚くらいあって、めくると当たりがあるんですが、弟は『当たりは後から貼っていくから貼り方が違う』というルールを発見して、一発で当てるんです」

「のちの競馬の素養を早くも感じさせるお話ですね（笑）」

「それが良くなかった（苦笑）。最後はそれでしくじったんです。『ギャロップ』という競馬の雑誌に全財産注ぎ込んでダメになりましたから。でも、競馬そのものより馬の美しさが好きだ、といつも言ってました」

「素治さんにお会いした時、『おもしろい美しい、そういう雑誌が出てほしいな』とおっしゃっていました。おもしろいだけじゃなくて美しくないといけない。だから、競馬雑誌とは言いながら、巷に溢れているようなものと違うんですね。ある程度文化的な素養を持っていないと理解できない世界を妥協なしにやろうとした」

「そうでしょう。それは『ぶっく・れびゅう』からずっとそうです。でも若かったし、広告で稼いで、そちらへ注ぎ込んでました。神戸から単身東京へ出た当初、ようやくアポを取った人に会い、それが終わると、一日中何もすることが無い。その辛さがわかるか、とよく言われましたね。私は、あれやこれやとたくさん仕事をしてましたから。弟はそういうふうに、一から著者との関係を作っていったんでしょう。

本当にあの人はお坊ちゃん育ちで、大金持ちではないけれど、自分のやりたいことは親に助けてもらって、その甘えと強烈な個性と雑誌を作りたいという思いが、足を引っぱることになったんじゃないかな、と今でも考えますね。子供時代から、自分独りで厳しさを経て何かをやっていく、ということがなかったように思います。これやりたいと言っても、親がダメだと言う家だったら、もう少し厳しい人間になったのかなとも思ったり。

あの人が百万円貸してくれというのは、私たちの一万円の感覚なんですね。遊びに行く時も、金は関係ない、という習性の人ですから。雑誌を印刷していただいていた灰塚（輝造／はいづか印刷）さんにもすごい迷惑をかけているんじゃないですか、丼勘定で。どこかで『横尾（忠則）さんを紹介したからそれでよし』というのがあったんじゃないのかな。灰塚さんは立命館のたしか先輩と聞いています。〝ハイちゃん〟と呼んでいましたから。私が別件でお会いした時、散々言っておられて、バツが悪かった覚えがあります。うんと借金があったんじゃないかと思います」

「素治さんの雑誌というのは、端からは非常な道楽に見えたでしょうね」

「なんていったらいいか……夢みたいな本ばかり創って。だから、東京でも二軒の本屋でしか売れない、とよく言ってました。それでも、私もお金を出していたのは、応援していた部分もあるんだと思います。時々あれだけのお金が今あればなぁ、と思いますけど。でも、私も楽しんだからいいんじゃないんですか。雑誌を創る彼がすごい好きでしたから。あの人は料理なども器用な人なんです。父が亡くなって、母が一人でいる時に、突然やって来て、冷蔵庫の残り物でカチャカチャ料理を作る。珍しく来たなと思ったら、翌日お金を貸してください、という。母は笑ってましたね」

「ご両親が亡くなられた時、素治さんは間に合いましたか」

「間に合いました。母の時は私も間に合わなかったんですけど、父の時は前日に来て、妻のマリさんと、父とで一晩居て、明け方亡くなったんですけれども。父が彼女を可愛がってね。成人式は結婚してからでしたし。父が亡くなってから、お父さんにこうしてもらった、という知らない話もたくさんあって。嫁が実家にお金の無心をしに行くのはかわいそうだから、と父も母も彼女には甘かったですね」

「見栄っ張りなところもあるんですね」

「ありますね。一度そうすると後には引けないくらい」

「素治さんにインタヴューした時、カッコいいか、悪いかというのが判断の基準だと言われたのが印象的でした」

「それは私にもあります。カッコいいか、悪いか。それは父が言っていた、『武士は食わねど高楊枝』みたいなところだと思うんです。お金持ちなのにカッコ悪い人っているじゃないですか」

「清さんが亡くなられた後、初音書房はどなたかが継がれたんですか？」

「かたちだけは弟が継ぐことになって、対外的にはそういう案内を出しました。だいぶ前に教科書出版はやめて、歌集に専念していたんです。父は、教科書が内容ではなくてお金とか、他の理由で採用が決まることに、ひどく失望していましたから。文部省の認定を受けるのがまた大変なんです」

「では、実務は前からいらした方が素治さんの代わりにみて続けようと？」

「最初はそのつもりだったみたいです。でも、父は短歌の世界では先生でしたから、歌集を父の手で出してもらいたいという人も多かったんですが、弟は短歌の添削なんかできませんから、身を入れるはずもなくて、そのうち自然消滅してしまいました」

18.

《親父のこと　　　小島素治

一昨日とけふで、
庭いっぱいの日時計をこさえた。
君もしってのあの邪魔ものの槙の木の
影でさ。

というわけでもないが、

僕はほんとうに驚いてしまった。この詩と出合ったのは、立命館大学に通っている学生の頃だったと思う。その頃、僕たちは京津線蹴上駅の近くに住んでいて、僕は親父が書斎にしていた部屋で寝起きしていた。朝、眼が覚めると、「伊藤左千夫」「斎藤茂吉」「柿本人磨呂」などの大袈沙な造りの本の並ぶ書棚の傍に布団を敷いていた。

学生だった頃の僕は、ギョーム・アポリネールの「動物詩集」や、ジャン・コクトーの「芸術論」を好んで読んでいて、フランス文学以外の内容には、余り興味を持っていなかった。ところが、この詩と出合った時には、ほんとうに「まいった」と思った。取り分け最後の「気が向いたら遊びにきとくれ」といった箇所が気に入った。

多分、物の言い方がぞんざいな割には、美しい日本語の響きを素朴に伝えていたせいだろう。

僕は親父に、この詩人のことを色々と尋ねてみた。親父は、この詩人が若くして死んだことと、兄弟のように生活していたといった風なことを話してくれた。

僕の読んでいるものに、親父はまったく興味を持たなかったみたいだが、時には気にして、アルベール・サマンやアナトール・フランスの文学論を打ち明けたりしていた。

僕が驚いた詩は竹村英郎のものだった。

その年の夏、三条河原町を少し西に入った鰻屋の二階で、柳川鍋を食い、酒を飲んだときのことだ。

親父は「タケチン」と呼んでいたが、竹村英郎の例の詩を、来る年の賀状にしようと思っているんだけど、「どう思う」と聞いてきた。その時、親父は少し照れているようだった。僕は、「いいんじゃ、ないんですか」とか何とか言ったことを憶えている。言ったもののとても恥かしかった。おそらく、僕も照れて答えていたにちがいない。以来、親父と僕は照れながら黙って酒を飲んできた。

わが額に髪の毛たるるいくたびも掻き上げてをり巷に立ちて

「青冥集」の出版に際して、歌集の扉にこの歌を僕に贈ってくれた。
親父は、一枚の風景写真を吸ってる煙草を道端に捨てる様に、歌に書き止めて抒情の世界を作る人なんだと、始めて僕はそう思った。

歌を、たった一つの歌を、人生のなかで歌い続けることは、果して愚かなことなのだろうか、とちょっと逆説的に言ってのけたドイツの詩人がいたけれど、おそらく、そんな事を、そのひとの青春と呼んでいいんだろう。

確かなことは、変化の激しかった大正・昭和の時代を歌い続けてきた明治の星が、春を迎えようとする前に、一つ消えたことだ。
僕はロマンの好きだった父を愛していた。そんな風に生きた父が僕の誇りですらある。》
(『ポトナム』一九七九年十月「小島清追悼号」より全文掲載)

*

素治氏は、「お父さんの影響はありますか？」というぼくの問いに、「無いね」という答えを返してきた。《京都っていう街は学者・先生を持ち上げる所で、ある意味ではそうした「学者肌」志向への反動で雑誌を始めたとも言えるんです。》（『面白半分』七三年八月号／『面白半分対談　小島素治×五木寛之「サブとビートルズ」』）というかつての発言から、若き日の小島素治を強烈にキックしただろうノーマン・メイラー『ぼく自身のための広告』で論議を呼んだ〝ヒップ対スクエア〟に近い「反抗」が、父親に対してもあったのではないかと想像していた。

しかし、それは父親に対してではなかった。メイラーが、『ぼく自身のための広告』所収のエッセイ「ホワイト・ニグロ」のなかで宣言した、自己をメディアとすることでメッセージした時代への「反抗」――《人はヒップになるか、スクウェアになるか（中略）、反逆者になるか、順応主義者になるか、アメリカの夜の生活の荒野の西部《ワイルド・ウエスト》の開拓者《フロンティアズマン》となるか、それともアメリカ社会の全体主義的組織の罠におちて、成功するためには否応なしに順応しなければならない運命にあるスクウェアの一細胞となるか、である》――を、彼は最後まで順応主義に従わないことで行った。彼は自分の父親が、単なる「学者肌」とは本質的に異なることを、おそらく誰よりも本能的に識っていた。

《インスタントな好みの日本人に対する敵意のようなものを守ってしか生きられないように感じていますし、それと同時に、日本の何かを探って行かなければいけないとも感じてますし、そこら辺の日常性とフィクションの間で迷いが生じてるといったところです。》（前出の対談より）

父・清氏の告別式で、焼き場の鉄の扉が閉ざされた瞬間、素治氏は声を放って哭いたという。

19.

広告の時代

二〇〇三年十一月二十九日。小島素治氏の消息を最初に報じた旧友の立体画家・芳賀一洋氏のウェブサイト（http://www.ichiyoh-haga.com/jp/）の掲示板に、〝ゴールデンフェザント〟の名で「小島氏のこと。」と題する長文の書き込みがあった。

《ネットを何気なく見ていたところ、小島素治氏の話に行きつき、本当にびっくりしております。氏とは一九八五年から十数年のつきあいがありました。私もきっかけは『SUB』と『DRESSAGE』。こういうスノビッシュなものを創っている編集者への好奇心から、一度この人と仕事してみたいと（中略）先輩と一緒に訪問したのでした。通りから見上げると、外に向いた柱にはジョン・レノンの大型ポスター。彼の事務所は、その昔メジャーデビューまもない大森一樹監督の『風の歌を聴け』（村上春樹原作）のロケーションにも使用されたことがありました（とくに話題になることもなかった映画でしたが、私は今なお神戸ロケを行った映画では有数の秀作だと思っています）。

その後、広告関係の仕事で単発的なおつきあいが続きました。九〇年代初めくらいまでの小島さんは本当に輝いていたし、教えられることがとても多かったように思います。それこそ神戸という街で「時代の風を聴き」「時代と遊んでいた」という感じでした。彼から教えられ、今なお私の愛聴盤となっているのがヴィクター・ラズロ（註：ベルギー出身の歌手・女優。八五年のデビューアルバム『スウィート・ハートエイク』がヒット、シャーデーやイザベル・アンテナ等と共通するジャジィな魅力でサントリーのCMにも使われ、人気を博した）。

そして競馬のおもしろさというものを教えてくれたのも彼。ギャンブルをむしろ嫌悪していたともいえる当時の私に、競馬の持つ物語性を教えてくれました。一緒に新潟や福島のローカル開催に行ったこともあります。ただ、その頃から体調を壊すことが多くなり、それが仕事への集中力を欠くようになるきっかけになったと言えるかもしれません。芳賀さんの作品のことはよくほめておられました。ちょうど浅田次郎氏の『鉄道員《ぽっぽや》』が映画化される頃、今だから彼の作品展をやらないといけないと力説されており、当時ある百貨店に提案に行きました（残念ながら類似の企画が進んでおり、NGとなりました）。京都に一時住んでおられ、その頃には何度かお会いしましたが、やがて音信不通となり、すでに三年程経過したように思います。どのような理由があったのか知る由もありませんが、逮捕拘留という状況にあったことは、今回初めて知りました。昔からのお互いの知己から、逝去されたことだけは連絡をいただいていたのですが。

彼は私と干支、誕生日がまったく同じでした。ちょうどひとまわり上だったことになります。長々と失礼しました。ゴールデンフェザントは彼が好きだった馬の名前です。ちょうど明日行われるジャパンカップのかつての優勝馬です。あらためて合掌。》

「広告関係」「競馬」「福島」といったキーワードから、とっさにピンと来るものがあった。昨年九月、小島氏との面会が叶った際、大阪・京橋駅前の明生病院で交わした会話が、脳裏に鮮明に甦った。

＊

「スタディアム（東京・青山に小島氏が開いていた事務所）では、主に広告関係のお仕事を？」

「そうやなあ。ＰＲ誌を作ったり、ファッション関係とかいろいろやったよ。大阪電通が多かったな。一回コッキリやないで。一日に二回、東京から行くとクタクタや。立ってられへん」

「一日に二回、東京と大阪を往復していたんですか!?」

「そういう時もあったよ。（飛行機で）飛ばされて行くやん？　それで夜中に帰ってくるんや。夕方四時頃、ブーンって車で羽田からやっと（事務所に）着いた。そしたら（スタディアムの社員の）女の子がね、これはすごい急ぎだから、六時くらいの便でもう一回関西に行ってください、言うて。（クライアントに）お渡しする荷物や、仕事のな。（スタッフの）カメラマンのアシスタントでＢＭＷ乗ってる奴がおってな、いつも車は俺のために」

「ＢＭＷで送り迎えされていた。景気いいですね」

「迎えはないわ。送り」

「（笑）行ったり来たり忙しいですね」

「忙しいわ。あっちも終わらせなあかん、こっちも終わらせなあかん」

「広告で一番忙しかった時期は？」

「八〇年代の真ん中頃やね。人を雇うようになってから、仕事のスケールも大きくなってきた。ヨーロッパなんかしょっちゅう取材に行っとったしね。千五百万ぐらいの仕事もやったよ」

「大阪電通で特に親しかった方は？」

「服部一史。俺の応援団や。ウマが合うたんやな。こっち（競馬）の方やで」

「（笑）競馬がお好きなんですか、服部さんも」

「好きやなあ。好きになりよったよ。俺が（競馬場に）連れて行って、それからや。神戸のユニバーシアードの仕事で打ち合わせがあったわけよ。横尾（忠則）さんと組んで、リサ・ライオン（註：アメリカの女性ボディビルダー、パフォーマンス・アーティスト。作品集にロバート・メイプルソープ撮影による写真集『Lady リサ・ライオン』〔八四年／JICC出版局〕、横尾忠則とのコラボレーション・ブック『魔術師 リサ・ライオン』〔八五年／パルコ出版〕などがある）のポスターを作ったんや。その時、打ち合わせにくっついて来た。俺が『SUB』やったの全部知ってて、それなりに思い入れがあるわけや。それで、『この仕事手伝わへん？』って声かけた。電通の担当が競馬好きなんよ。打ち合わせそっちのけでな、競馬の話ばっかりしてたら、横でジーッと聞いとんのやな。まぁ言うたら、こういう立派な雑誌を作ってな……根は正直よ」

「（笑）なんでまた『SUB』みたいに高尚な雑誌を作ってる人が競馬に狂ってるんだ、と」

「俺が狂ってるのを見ててな、信じられへんみたいで。『ほな、一回来なさい』言うて、東京から電話したんや。『ちょっと出て来いや』『何ですか？』『ちょっと福島競馬行こうや』『はい〜』言うてな。競馬場のそばにある〈みのりや〉さんいう、いっつも行く旅館がある、そこに来たわけや、福島まで」

『横尾忠則の画家の日記』〔八七年／アートダイジェスト〕のなかに、小島氏もチラッと登場する。《東京で待機していたリサを伴って神戸へ。小島君同行。》〔八四年七月二十一日〕。翌二十二日は、《朝からロケハン。リサは神戸が気に入ったようだ。競技が行なわれる新設スタジアムのトラックを全裸で駆ける。あきれて誰も物がいえない。とにかく彼女は自己に正直すぎる。》。撮影は二十三日、六甲山の中空に突き出した岩の上で敢行。横尾忠則も負けじと完全主義者を貫き、ポスターの初校の上がりを見るや即座に製版所を変更、校正が出る度、その場で製版フィルムを使い大幅な変更を加える。さらに、リサの全裸パフォーマンスをそのままポスターにした所為でクレームがつき（《電通と小島君が相談に来るがＯＫしない。》と九月十二日の日記にある）、そのことがマスコミに漏れて、十一月九日、神戸新聞の社会面のトップに二人の写真入りで大きく取り上げられるなど一騒動に発展する。「芸術的だが小中学校または共産諸国、回教徒国には送付できない」という批判にもめげず、ポスターは無事に公開されて、プロデュースした小島氏の後々までの自慢の種となった。

＊

全国で異例の酷暑を記録した今年（〇四年）の夏も、ようやく盛りを過ぎつつあったお盆休みの週末。八月十三日午後三時、ＪＲ京都駅の真上にある〈ホテル・グランヴィア京都〉ロビーのカフェ・ラウンジ。白いテーブルの上に広げた『ＳＵＢ』や『ドレッサージ』や『ギャロップ』のバック・ナンバーの向こうに、株式会社電通関西支社京都営業局次長・服部一史氏がいる。

青年のような人――それが第一印象だった。最前線の指揮官を意味する「兼営業部長」と刷られた名刺とプレスの効いた背広が、言葉と表情に時折のぞく内省を、いつもは抑えているのだろうか。小島氏のちょうど十二歳下というと、当年五十歳。アポイントを受けたその時から、小島氏との日々を追想しながら、氏に憧れた青年のまま、インタヴューの場に臨んでくれたのだろう。同世代の批評家、四方田犬彦――東京教育大学農学部附属駒場高校時代のメモワール『ハイスクール1968』（〇四年／新潮社）のカラー口絵に『SUB』第五号の書影を掲載、《『サブ』はわたしの知っているかぎり、もっとも個性的なリトルマガジンだった。》と記した――が一学年上で、学校は違っても「同じような高校時代を送っていた」服部氏は、東京都立日比谷高校在学中、先輩にあたる庄司薫が『赤頭巾ちゃん気をつけて』で芥川賞を受賞した六九年に、高校一年生であったという。「雑談になってはいけないから」と、小島氏の良き仕事相手だった電通大阪支社（現・関西支社）クリエイティヴ局「大河原ルーム」所属「半田チーム」のOBで、現在はフリーランスのCFプランナー／プロデューサー／ディレクターである井原昌三氏を同伴された心遣いには感激した。

小島氏とは同い歳（四一年生まれ）、渡辺和博『金魂巻』から抜け出してきたようなルックスの井原氏は、中学生の時、戦後堰を切ったように入ってきたジーンズ、ジャズ、映画など、黄金時代のアメリカ文化を一気に浴びる洗礼を受けるという共通の体験を持つ者同士、「アメリカ」を肴に酒場での話のタネは尽きなかった、と小島氏を懐かしむ。六四年に電通大阪支社にコピーライターとして入社。二、三年後にCFプランナーに転身、江崎グリコ、松下電器（現・パナソニック）などを担当する。

大阪電通のクリエイティヴといえば、八〇年代、一癖も二癖もあるTV-CFを連発していたのを昨日のことのように思い出す。井原氏によれば、七〇年代から既に東京電通とはすべてにおいて、一線を画していたという。関西に本社のあるナショナル・クライアントもかなりの数を抱えており、日本酒メーカー、繊維会社、製薬会社など現在は不振の業界にも往時はパワーがあった。

井原氏が入社した頃、大阪電通のクリエイティヴには、コピーライター、デザイナー、CFプランナーの三つの職種しかなかったという。同期にCFプランナーは一人もおらず、一つ下の代から初めて新卒のプランナーが採用されたほど、新しい職種だった。この三部門で腕を磨き、ＡＤのキャリアを積んだ者が、ディレクターとなり、局内に三つ四つある部屋に分かれて、クリエイティヴ・チームを編成する。大河原ルームにいたディレクターの一人が、井原氏の属する半田チームの長、半田勝宏氏。エディトリアル／グラフィックの貴重なブレーンとして、小島氏を半田チームに引き合わせたのが井原氏だった。そして、この出会いが小島氏のその後の進路を半ば決定することになる。

20.

――小島さんが大阪電通に顔を出す時は、「麻雀でもしよか」みたいな感じで、ふらっと現れるんですか。

井原　遊びで来ることが多かったかな。半田というディレクターの下に私もいましたから、半田を訪ねてやって来る。若い奴に人気のあったディレクターなんです。豪放な性格でね。

服部　半田さん、小島さんと仲良かったですね。麻雀友達ですし。

井原　みんな酒もよく呑んでたしな。

――小島さんは、「何か企画書を持っていくより、『ＳＵＢ』や『ドレッサージ』を持って行くだけで済むから話が早い」とおっしゃっていました。小島さん、企画書を作ることなんてあったんでしょうか。

井原　そういうことは得意じゃないな。お手紙風のものは送ってくるけどね。大きな字でザザザッとポイントだけ書いてあるのを。

服部　でも十行くらいしかない。企画書とはとうてい言えない。
――（笑）小島さんと井原さんが初めて出会われたのはいつ頃ですか。
井原　何年くらいになるやろな。小島くんが電通で仕事をした時期は早かったと思います。関西は東京と比べて、エディトリアルのアートが少なかったんです。出版社も少ないし、クライアントに（PR用の）冊子なんかを提案する時、食い足りないものがあった。それで、企画の相談か何かで大阪まで来てもらって、グランドホテルのロビーで待ち合わせたのは覚えてますね。サッスン・アパート（編集室兼小島氏の住居だった神戸・北野町の洋館）にも二回ほど行きました。
――小島さんに注目するきっかけは、やはり『SUB』ですか。
井原　そうですね。たぶん、この辺り（第三号／特集「世紀末としてのファッション」七一年十月二十五日発行）やろと思います。
――小島さんとはどんなお仕事を。
井原　基本的には広告のプロデュース、それからカメラマンを紹介してもらったりするコーディネイトですね。広告屋として彼に協力してもらうというのは、あくまで彼の持っている、我々がやれないものを提供してもらうという考えです。出版というか、サブ・カルチュアは、私は好きだったし、小島くんともそういう意味では波長が合いましたから。
――コーディネイトというと、例えば小島さんに「淺井愼平さんでこういうことをしたい」と井原さんが提案されて、小島さんが「わかった」という感じですか。
井原　そうそう。別に電通から声をかけてもいいんですが。
――そこなんです。あえて小島さんを通す理由、必然性とは何なのか。

井原　当時は、一口にカメラマンといっても、奈良原一高さんみたいに作家然とした写真作家と、いわゆる広告作家というのは、ちょっと違ってたんですよ。七〇年代の後半だったと思いますけど、スチール・カメラマンがCFを撮り始めた時期があって、それはよく当たったんです。これは半分僕の言い方になるんやけど、非常に純度の高い映像を作れる。CFというのは、スタッフが大勢いる世界なんです。照明のボスがいて、カメラマンがいて、カメラは助手がいて、美術のボスがいて、美術のスタッフがいて、という。それらを束ねるのが演出家。それがCF。一方、スチール・カメラマンに頼めばボスが一人いるだけですよね。そして演出家でもあるから、画面の隅々まで心が届いている。複雑なストーリイがあるものじゃなくて、ちょっとした動きで、ワンカットでね。そういうものが化粧品だとか、ファッションだとか、おしゃれな商品にうまくハマった。

逆に言うと、コンテで説明できるもんでもないですから、クライアントに対してのリスクは多少あるんですが、「そういうものをいろいろやってみたいな」と言うと、小島くんも「そやね」と同意してくれた。ただ、提案しても作家本人が納得するかどうかという問題があるから、広告というのは難しいんですよね。作家を引っぱり込むと面白いことができそうなんだけど、本人のOKを取っとかないと。後で嫌だと言われたら困るしね。

——つまり、小島さんを通すことによってワン・クッション置ける？

井原　そう。そこは、彼は上手にやってくれたね。「誰々さんは、今こんなことに興味があるから、こういうふうに話を持っていった方が気持ちよく参加してくれるよ」とか。

——小島さんのなかで、ある時期から戦略的に広告を自分のエディトリアルに取り入れていく、あるいは自分のクリエイティヴの能力を広告に提供することによって、もちろん経済的な部分も大きかったと思いますけど、世間に対する自分の回路を作ろうとしていた節があるんですが、いかがですか。

井原　それはね、広告屋からカメラマンのオファーを出すとビジネスライクになりすぎる恐れがある。それはこちらとしても本意ではないですから。作家が乗ればギャランティ以上の良い仕事をしてもらえるというのもあるわけですね。そういうところは、私も時には小島くんを利用させてもらったことだってあるかもしれない。彼がやっているようなことはセンスのコーディネイターで、こちらの言うことも聞いてくれつつ、いろんな意味できっちりやってくれた。

横尾さんのアトリエにも何回も行きましたよ。仕事を持っていく前に、とりあえず一回井原さん雑談しに行こうや、と言って、板張りのアトリエに行って、何か禅問答みたいなこと話したり。OKが出たのは彼のおかげという部分は確かにあると思う。彼も出版で広告が欲しかったはずです。そこにプラスアルファで、広告に新しい文化をとか、ちょっとカシコそうなことが出来るんじゃないかとか、そういうところは一致していた気がしますね。

21.

服部　小島さんのコーディネイションのセンスのすごさは、私も経験しています。私がSP（セールス・プロモーション）という販促部門にいた時、九〇年くらいに小島さんに全部任せて一冊作ったことがあるんです。今日持ってこようと思って探しても見つからなかったんで、お見せできないのが残念ですが。

スーツケースや旅行鞄を出している大阪の著名バッグメーカーが創立五十周年の時で、「大地球見聞録」というコンセプトで同名のPR誌みたいなものを一冊作ろうという話になりまして。これは、一から十までほとんど小島さんがやってくれた珍しい仕事なんです。相手が非常に難しい方だったんですが、小島さんの仕事は、短期間で作らなければいけないのならこういうやり方しかない、というまとめ方で、早くて的確でした。

そのコンセプトに合致する写真も、有りモノで行こうと声をかけて、写真を提供してくださったのが稲越功一さん。素晴らしい写真でした。稲越さんと小島さんは、かなり親しかったと思います。表紙は和田誠さんで、それはうちのクリエイティヴの方から頼みました。あとは十名くらいの方に自分の旅というテーマで原稿を依頼しました。人選もユニークで、宍戸錠夫人の宍戸游子さんとか。彼女は中国の大連生まれで、小澤征爾さんもそうですけど、中国引き揚げ者独特の大陸的な感性があるから書かせてみたら絶対面白い、と言ってくれて。他に小島さんの前妻のマリさんにも書いていただきましたが、企画の趣旨を踏まえた素敵な文章でしたね。

その時に、「デザイナーはこの人がいい」と指定されたのが芦沢泰偉さんという素晴らしいデザイナーで、今も本の装丁などで活躍されています。小島さんは、パッパッパッというふうに決めて、とにかく直感なんですよ。普段は酒飲みでだらしのない人ですけど、いざ仕事の局面になって、「スポンサーを説得する時はこれしかないと言え」と命令が来ると、こっちも何が何でも説得せないかんのかな、という気にさせられる。で、現にそれが通ってしまう。それはやっぱり天性のものだと思います。出来上がった時のイメージまで、最初から頭のなかにあるんですね。そういう人は、僕が関西で接した人のなかには、あまりいない。関西では特別な存在でした。だから、なぜ東京に行かれたのかな、という思いはありましたけど。

この仕事をお願いした時には、小島さんは既に東京でしたから、青山の事務所に何度も行きました。そこにはいろんな人が出入りしてましたね。パッと浮かぶ人では片山雅光さん。小島さんと広告の仕事をしていた優秀なコピーライターです。山田光生さんは馬の写真の専門家で、今でもＪＲＡの仕事をやっている関係で、よく名前が出てくるカメラマンです。そういう人たちが参加して、同じ時期に〇《ゼロ》号が創られたのが『ギャロップ』という競馬文化の雑誌で、本人が久々に燃えていたんです。ちょうど宝酒造さんが「ブランドン」という、キャップがケンタッキー・ダービーのシーンになっているバーボンの銘酒を発売していて、別に無理しなくてもいいから、表４の広告だけそれを何とか決めてくれないかということで、一生懸命やった覚えがあります。残念ながら実りませんでしたけど。

——日常会話のなかで出てくる話題は、どんなものが多かったですか？

服部　好きな映画のこと、例えばクロード・ルルーシュの『男と女』に出てくるドーヴィルの競馬場のシーンとか。小島さんは、アメリカよりむしろヨーロッパにシンパシーを感じているように見えました。頭のなかにある競馬のイメージはグランドナショナルだと。イギリスのリヴァプール郊外にあるエイントリーという競馬場で毎年四月に開かれる、世界最長の障害レース、途中で馬が疲れてどんどんリタイアしていく過酷なレースです。

——〝競馬シリーズ〟で有名な小説家、ディック・フランシスが騎手時代に八回挑戦してついに勝てなかったという……。

井原　フランシスも最近の作品は今イチ面白くない、なんて言ってたな（笑）。

服部　小島さんの教えで僕が今でも守っているのは、「朝起きて髭を剃るところから始まって、レースが終わって酒を呑むまでが競馬なんや」ということ。そういうダンディズムの持ち主でした。ご贔屓の騎手が二人いて、小島太と武邦彦《ふとし》、武豊の親父ですね。馬の乗り方が泥臭くなくて格好いいから好きだと。スマートで派手な、曲芸みたいな乗り方をするんですよ、その二人は。府中の競馬場で、大川慶次郎さんや山口瞳さんをお見かけすることもよくあって、そういう時、小島さんは照れずに話しかけていました。

神戸の〈ABUはち〉という、ハイセイコーの蹄鉄が飾られているバーがお気に入りで、東京では事務所に一番近くて昼間から酒が呑めるという理由で、表参道の〈ブラッスリーD〉に、打ち合わせするならそこに来い、とよく言われました。

——服部さんも、小島さんのことを知ったのは『SUB』からですか。

服部 『SUB』からですね。学生時代か会社に入ってすぐに本屋で見つけて。そういう本を見るのが好きでしたから。これですね、ビートルズ特集の第二号。そんなに深く考えずに、怪しい雑誌だと手に取った。それを作っていた人だということは、小島さんと出会うまで知りませんでした。でも、ボロボロになるまで読みましたね。

僕は入社が七七年で、小島さんと初めて会ったのは八四年なんです。八五年に神戸で開催されるユニバーシアードのポスターを横尾さんに頼んで、モデルにリサ・ライオンを起用して作ろうという時に、ユニバーシアードの仕事をやっていた大阪支社第6営業局の、僕の二つ年上の犬飼という次長が、小島さんにディレクションを頼んだんです。彼も実は『SUB』や『ドレッサージ』が好きで、小島さんの所に一回遊びに行こうやと言って、声をかけてくれた。ジョン・レノンの写真が外から見える北野町のマンションで、下の通りを行き交う人々を見ながら、昼間からバーボンを飲んで。それが初めてお会いした時ですね。その頃から何となく神戸に通うようになったんです。

思わぬところで『SUB』が縁を繋いだことは他にもあって、八〇年代後半から九〇年くらいに、神戸そごうさんで外商向けの『ベルエール』、「美しい空気」という意味のPR誌を作った時。初めは大阪宣伝研究所というデザイン・プロダクションと電通が組んで、コンペに勝ったんですが、実際の編集業務に入ってから、実は大阪宣研のなかにも『SUB』を大好きな人間がいて、一回小島さんと仕事をしてみようということで意見が一致したんですね。有名な人に出ていただくことになると、そのコーナーだけは全部小島さんに任せていた時期がありました。全部で二十四ページくらいで、外商情報以外のフロントの十数ページは、そごうの売場でやることと関連した人へのインタヴューなどで構成していました。一回目は淺井愼平さん、あとはファッション・デザイナーのシマダジュンコさんとか、いろいろと面白い人を連れてきてくれて、通しで二十本くらい作ったかな。

――あれほどアンチ東京で、神戸にこだわっていた小島さんが、なぜ東京に拠点を移したんでしょうか。

服部　もう一回出版に戻りたかったんじゃないですか。

井原　関西で出版やる難しさいうのはあると思いますよ。サブ・カルチュアとか、居心地の点でね。神戸には神戸新聞系列のタウン誌の教祖さんがいてはって、その人たちの世界が完全に出来上がっているわけですから。

服部　一回聞いたことがあるんですが、一時より神戸が住みにくくなったとは言ってましたね。サブ・カルチュア的イメージを発信する場所としての魅力が、ちょっと落ちたようなことを。「別に本当の意味で神戸にこだわっていたわけじゃない。自分のやることに風を吹かせる場所として、たまたま神戸が一番良かったんや」ということは言ってましたね。神戸の風に乗せると何気なくおしゃれに出来るんや、と。神戸にいる時、やっていたことは一貫してるけど、取り立てて神戸そのものは出てこないじゃないですか。その気分を感じながら、そういう風を送り続けるということが出来なくなったんでしょうね。

僕も、元々は東京人でありながら、東京とかやっぱり息苦しいですからね。人間関係でいうと、関西の方がやりやすかったというのは、小島さんのなかでもあると思います。我々が何か大きい仕事を一方でやっていると、「おまえ、そんなのにカネ使わないで雑誌作ろうや」とはよく言われました。エディトリアル系の仕事というのは僕も嫌いではなかったので、そういう仕事は、絶えずどこかしらでやりたいという思いは持っていました。

22.

小島氏は、「1千万程の借金とともに休刊」(『本の雑誌』八七年八月号/田家秀樹連載「惜しまれ雑誌訪問記」第七回「サブ」の巻より)した『SUB』の次に創刊した『ドレッサージ』は、全ページに広告が入るような雑誌を目指していた、と言った。誌面を注意深く見ていくと、マガジンハウスが得意とし、七〇年代半ばから推し進めた記事形式の広告「アドヴァトリアル」という手法を独自に開発すべく、毎号模索していたことがわかる。『ブルータス』最大の〝発明〟(もちろん元ネタはあるのだが)とも言える「エディトリアル・サンドイッチ」(短いコラムを二分割した広告で挟んで見開きを構成するスタイル)ほど見た目の斬新さはないが、シティ・マガジンに欠かせない、洒落た広告と読み物を融合させたい、という熱意は十分伝わってくる。それどころか、「あんまり特集、組んでない」(小島氏・談)『ドレッサージ』で最も創意と工夫が凝らされ、特集らしく見えるのが、こうした実験的なページなのだ。

例えば、七九年五月三十日発行の創刊四号の「V.T.R. / THE BEST OF DRESSAGE」では、ニューヨークなど都市の風景を切り取った淺井愼平の写真と掌篇風のコピーが読ませる、スコッチ・ウィスキーのアドヴァトリアルを展開。扉だけウィスキーではなくミックスド・ナッツが置いてあるのが可笑しい。広告とのタイアップをマイナスと捉えず、編集次第でプラスに転換できる——小島氏は、ある時、そう信じた。両者の「境界《エッジ》」を「跨ぐ」ことは、小島氏自身の言葉を借りれば「殺気」を孕んだ、一歩誤れば戻れない道行きを意味するのだが。

「ぼくも、たとえタイアップでも、卑しくならないやり方で小島さんに応えようとしていたんだな」

〇三年、最初の取材の席で、二十四年ぶりに『ドレッサージ』の自ら手がけたページを見つめる、淺井氏のまなざしを思い出す。

＊

——エディトリアルと広告のタイアップで、こういうことをやりたいんだけど、と相談を受けたことはありますか。

井原　当時日本一店舗数が多かったナショナル（松下電器）の各事業部を横断して、街の販売店に置く「主婦と生活」の雑誌を小島くんと構想したり、グリコにプレゼンして、小学校高学年から中学生を対象にした雑誌をあともう一歩で創刊できそうなところで、創業者の鶴の一声でNGになったり。私がクリエイティヴとプロジェクト開発局を兼務していた頃は、お互い好きな提案型の仕事をよく一緒に考えた。『ドレッサージ』のコンセプトも、創刊前からいろいろ話したような気がするね。そういえば雑誌のクライアントも、東京でも大阪でも紹介したな。でも、こういうのは（個人では）限界あるしな。

エディトリアルと広告が違うのは、広告は完全なる消費物なんですよ。次々に忘れ去られる。何か作ったらすぐ次を作らないといけない。終わっちゃえば全部空しいもんですわ。彼が東京へ行ったのも、そこのギャップの問題とね、ちょうどサブ・カルチュアの世界というのが違ってきている時代だったからかもしれない。広告は広告で違う方へ動いていくしね。サブ・カルチュアの中身が違ってきたでしょう。どんどん猥雑な方へ行っちゃうというか。

小島くんが何になりたかったのか、私は未だによくわからんのですよ。(編集者以外の)何かになりたかった、例えばフォトグラファーになりたかったとか、そういうのはあるんだとは思うよ。それとも何かの裏返しかもしれないし。出会った頃、既に編集者としての彼の世界が出来ていましたからね。広告に関しては、まだこちらが多少教えたらなあかんというのがありましたけど……しかし、もったいないな。今、編集者というのはなかなか難しいでしょう。

——エディトリアルと広告の蜜月時代だからこそ、小島さんが活かされていた。そういうことがしにくくなっていくと同時に、小島さんが生きる場所がなくなってきた、ということですか。

井原　そういうことやな。当時は本当に、小島くんみたいな人材を広告屋のクリエイターも求めていたしね。彼も新しいジャンルとして広告を捉えていただろうし。

服部　本人自身は、別にサブ・カルチュアの世界でも、広告の世界でも、自分なりのアイデンティティは保てていたんじゃないでしょうか。本当にやりたかったのは『SUB』みたいな世界かもしれないけど、どうせ広告をやるんだったら、今までとは違う広告を作ってやろうじゃないかという思いは当然あったはずです。

——制作の現場にいた方から見て、広告が一番良かった時代というと。

井原　七〇年代でしょうね。七〇年代から八〇年代。日航機の墜落事故で死んだ同僚がいるんですけど、小島くんと同じ匂いがしていた。同じ松下担当でやってた頃、年に一本しかCFを作らなかったですよ。中途半端なものは作らない。そういうのが許された時代だからね、七〇年代は。リッチなのか、時代なのか。広告の方もエディトリアルの方も、もうそういう時代じゃなくなっている。CFもね、私なんか、十五年、二十年前は、六十秒とか九十秒作らせてもらったんです。そういう余裕も失せて、十五秒で名前を刷り込むだけのCFばかりになってきた。何か文化的なイメージを作ることが出来なくなっちゃったな。

服部　だから、今また屋外広告とかすごい重視されてるんですよね。ブランドを伝えるのに、十五秒では伝えられないというふうになってるんです。

井原　ひょっとしたらその反動で、これからまた（文化的な広告が）出てくるかもしれない。

服部　今、ちょっと振れてますよね、そっちへ。それは感じる。

井原　活字が帰ってくる気もするしな。

――広告がサブ・カルチュアをどんどん取り込んで消費していった結果、サブ・カルチュアが痩せてきたというのも、ここ三十年の流れだと思うんです。骨までしゃぶられたというか。

井原　確かに七〇年代は、広告がまさしくそこを狙っていた時代なんですよ。何やっていても売れていた時代があって。そのうち、広告屋がリッチになり始めて、広告がちょっと文化性を持たなければいけないね、という。

服部　それはありますね。例えば野田秀樹（夢の遊眠社）の演劇とか、ああいう新しいものを世に出すことが、評論家の一つの通過儀礼になって、昔だったら完全にサブ・カルチュアに置かれているようなものを、どんどんメジャーに上げていってしまった結果、ストックが残らなくなっていったんじゃないかな。僕らくらいが、サブ・カルチュアらしきものを知っている最後の世代かもしれません。

小島さんの同時代編集者というと、東京では嵐山光三郎さん辺りだと思うんです。六〇年代末の新宿を舞台にした『口笛の歌が聴こえる』という小説とか面白いですよね。彼がリアルタイムで、唐十郎がバーの階段の上から落ちてくるのをすぐ横で見ていたり、紅テントと黒テントの喧嘩に毎回立ち会っていたあの時代が、〝東京のサブ・カルチュア〟みたいなものかな、と。嵐山さんが「六〇年代」の人だとしたら、小島さんは政治的には非常にノンポリティックな人だし、四畳半フォークとか大嫌いなはずですから、そういう意味で言うと小島さんは「七〇年代」の人ですね。音楽も七〇年代の初めにユーミン（荒井由実）が出てきて、大きく変わるでしょう。ユーミンが「横浜の山手のレストランでソーダ水の中を貨物船がとおる」とコピーライティングしたのも、村上龍が『限りなく透明に近いブルー』で福生の光景を描いたのも七〇年代、つまり過渡期なんですよね。

僕はやっぱり『ビックリハウス』とか読んでた世代なので、あれが僕らの七〇年代を象徴する雑誌だと思うんです。ああいう本は、その後ないですよね。

井原　今思い出したけど、最後の方に小島くんと電話で話した時、酒場で話のネタを提供するものがない、昔の『洋酒天国』（註：サントリーの前身、寿屋がトリスバーなどの洋酒チェーンを通じて配布した小ぶりの月刊ＰＲ誌。五六年四月の創刊から六四年二月の休刊まで計六十一号を発行。開高健、山口瞳、柳原良平らが編集に参加、エスプリの利いた洒脱なメンズ・マガジンとして、また粋なノヴェルティとして評判を呼び、洛陽の紙価を高からしめた）の現代版みたいな、大人の文化誌があったらいいね、と言ったら、「それは面白い」と乗り気だった。

服部　僕の父は八十六歳ですけど、『洋酒天国』のバック・ナンバーを今でも大事に持っているんですよ。

井原　あれは一つの文化を創っていたね。〝大人のサブ・カルチュア〟を創らなあかんね。

23.

最初のきっかけは『POPEYE』だった。七七年九月二十五日発行の第十五号、巻末定例の雑ネタコラム・ページ「ポパイ・フォーラム」Books欄に、「そういえば『SUB』というHIGHなマガジンがあったナ」と題する無署名の紹介記事が載っているのを、手持ちのバック・ナンバーを何の気なしにめくっている時、発見したのだ。

*

《雑誌は文化である。いきなりこう断言してしまう。ところが、現在ではたくさん刷って、たくさん売る時代になってしまった。とっても残念だなーっと考えながら、そのよき時代の雑誌を考えてみたのだ。そうしたら『SUB』という雑誌がとっても気になりだしたというわけ。

キミたちの中で、いったいどれだけの人がこの雑誌のことを知っているかわからないが、確実にこの『SUB』には熱いサムシングがあった。

例えば、第2号の〝ビートルズ特集〟は、今では幻の本とまでいわれるぐらい面白い本だった。横尾忠則、淀川長治、淺井愼平、草森紳一、かまやつひろしらの執筆陣。今読んでも決して古くない。そう、いわば、概念的にしかとらえられていなかったビートルズを、もう一方の目でとらえたといえるだろう。

また、最終号となった《ウエストコースト'73》は、いまの西海岸ブームを予言しているような写真集で、淺井愼平や吉田大朋がのびのびと撮っているのが気持よい。ま、『アサヒグラフ』よりも大きい本ということで書店に並ばなかったから、これこそ知る人ぞ知る、といった本であろう。

てなわけで、神戸で生まれたカウンター・カルチャーの代表選手だった『SUB』が、手に入るのだ。というのも、このスタッフが新雑誌『ドレッサージ』を出版するので、ストックしてあった『SUB』を手ばなそうという理由からなのだ。

期間は9月10日から30日まで。東京は、新宿ぺぺ6F〈書原コナモーレ〉☎03・205・1565。京都は、〈京都書院〉河原町店☎075・221・1062。大阪は、阪急ファイブ4F〈あしたの箱〉☎06・314・1101。神戸は、センター街〈ジュンク堂〉☎078・392・1001。〈アオイ・レコード〉☎078・331・4397。》

*

1/2ページほどのスペースに、『SUB』全六号の表紙と特集タイトル、「今月発刊予定」という『ドレッサージ』の（初めて見る）見本版の表紙、そして「リーダーの小島素治氏（右）を中心にミーティング」というキャプションと共に、髪を短く切った小島氏と若いスタッフ三人がガランとした一室に集まる写真を配した、行き届いた構成に好感が持てた。これを書いた人と『SUB』について語り合ってみたいと思った。

「ポパイ・フォーラム」の初代担当者は判明していた。創刊編集長・木滑良久氏が「編集部内のモデル読者」と想定した当時最年少のスタッフ、後藤健夫氏である。

《当時、後藤氏は立教大学の4年生で、大学在学中から『メイド・イン・USAカタログ』の第2集からアルバイトで関わり、『ポパイ』創刊号に立ち会い、まもなく社員に昇格した。街の流行をキャッチする『ポパイ』のアンテナ・ページというべき情報ページ「フォーラム」の担当を務めていた。（中略）興味深いのは、木滑編集長が後藤氏に白羽の矢をたてた理由が、「無類の雑誌好き」という一点だったという発言だ。》（赤田祐一『証言構成「ポパイ」の時代——ある雑誌の奇妙な航海』〇二年／太田出版）

一九五二年、東京・千代田区半蔵門生まれ。元々は『メンズクラブ』（婦人画報社）に入りたかった《一種の宗教のようなアイビー信者》で、《自分のことを「ロバートと呼んでくれ」と言っていた》《原稿を書く際にも「この雰囲気が……」ではなく「グッド・アトモスフェアが……」と表記してしまうという、アメリカ狂の編集者だった》（同書、松尾多一郎氏の証言による）後藤氏の存在は、赤田氏をして同書執筆の一因になったと言わしめるほど、ポパイ・スピリッツのコアな一面を象徴していた。

同書に後藤氏の証言は収録されていない。しかし、『「ポパイ」の時代』連載時の『QJ』二十九号（〇〇年二月二十八日発行）には、所ジョージがイメージ・キャラクターのアメカジ誌『ライトニング』編集長在任中の（現在は退任）、後藤氏のインタヴューが掲載されている。

《ぼくは、今でも『ポパイ』創刊号の色稿を持ってますよ。雑誌が好きっていうことは、そういうことなのかもしれない。ぼくが、自分が作った『ポパイ』を、本屋でお金出して買うって言って、びっくりされましたもの。だけど、本屋で買いたいじゃないですか。買いたい雑誌なんだから。（中略）／ぼくは、自分の編集している『ライトニング』の編集後記で、よく書くんですよ。自分が本屋さんで買いたくない雑誌だったら、(編集を)やっちゃいけないんじゃないかと思うんですよね。作り手が楽しい時は、間違いなく読み手も楽しいんですから。》

二〇〇四年八月二十一日、吉祥寺のポップなアート・スペース〈にじ画廊〉にて開かれた「80年代のMC Sister展」のオープニング・イヴェント、同誌の人気連載コラム「パパはナンでも知ってるもんさ」の執筆者だった後藤氏と元・担当編集者による軽妙なトーク・ショウを、数十人余の元・シスター少女に混じって楽しんだ後、「『MC Sister』の展覧会場で『POPEYE』に載った『SUB』の記事について訊く」という、ややこしい取材を敢行した。アポなしだったにも関わらず、いかにも「ポパイOBの万年青年」というアトモスフェアを今も漂わせている後藤氏は、「『SUB』って知ってますか?」という唐突な質問に、「うん、大好き。全部持ってるよ」と、日焼けした顔をほころばせた。同じ雑誌好き同士、こうなると話は早い。取材の主旨を説明すると「今でもちゃんとフォローするやつ、いたんだ」と喜んでくれた。イヴェントのゲストゆえ、長時間独占するわけにもいかず、話せた時間は短かったけれど、開口一番に発せられたこの言葉を聞いた瞬間、会いに行って良かった、と心から思った。

「『SUB』は、雑誌を作ってる人間にとって〈踏み絵〉だよ」

「『SUB』は踏み絵……」

「そう。踏める人もいると思うけど、ボクは踏めない。踏めるっていう人は、雑誌から何かを発信するという感覚がまったく無い人なんじゃない? ボクら、ジャーナリズムとは一番遠いところで仕事してたし、『POPEYE』はよくカタログ雑誌云々と言われたけど、キャプションひとつにも愛情込めてたよ」

「ファースト・コンタクトは何号？」

「創刊号はリアルタイムでは見ていないんだ。やっぱり（第二号の）ビートルズでしょう。ビートルズは『ＳＵＢ』と『話の特集』と『ミュージック・ライフ』の三つの特集号があれば、それでＯＫ。あとは武道館に行ってたら、プログラムさえあればいい」

わかるでしょ、という微笑を浮かべて、ぼくが持参した『ＳＵＢ』第二号の発行日を確かめると、

「七一年四月っていうと、まだ高校生だ。（都立）広尾高校行ってて、雑誌作りたいって、もう思ってたよ。たしか渋谷の本屋で見つけて、すごいなって思った。表紙、横尾（忠則）さんだし。原稿料大丈夫かな、って心配になっちゃうぐらいのメンツでさ」と、熱を込めて語る。

「それから毎号追いかけるようになった？」

「そうだね。ペーパーバックの号（第四号）は、やられた！と思った。売ることぜんぜん考えてない感じは、するけどね」

たしかに、そうとしか思えない。自他共に最高傑作と認めるこの号が、小島氏自身、「変な場所で売られたりして、いわば完敗。だって魚釣りの売場へ行っちゃうんだから」（前出「季刊サブをめぐって」）と嘆いたように、売上的にふるわなかった原因のひとつは――これは『ＳＵＢ』以降の仕事を含めて言えることだが――「表紙が売れ行きを左右する」という出版の「常識」を、小島氏がほとんど気にしていないとしか思えないことにあるだろう。

「ウエストコーストの号（第六号）もすごいけど、ボクだったら表紙は別の写真にするかな。雑誌は買ってもらわないと始まらないわけで、ボクなら、もっとわかりやすいウエストコーストの写真にする」

「（吉田）大朋さんではなくて、（淺井）愼平さんの写真を表紙に？」

「わかりやすく言えば、そうだよね。あとは……『SUB』はもちろんヴィジュアルにも気を遣っているると思うけど、やっぱり字だよ。活字の力。ボクらの世代までは、活字を読んだんだよね。〈アンファンテリブル〉なんて言葉、『SUB』で覚えたんだもん。コクトーなんてぜんぜん知らなくてもね」

『POPEYE』第十五号の「フォーラム」を開いて、無署名の紹介記事の書き手を尋ねると、少し眺めて「これは、ボクだね」と即断した。「この書き出しは、〝典型的なボク〟なんですよ」

「『POPEYE』の編集部で、『SUB』が話題になったことはありますか?」

「いや、ボクだけ。ボクは『フォーラム』の編集長だったから、好きに出来たんだ。スケボーの（記事の）隣に『SUB』が来てもいいのが『フォーラム』だから。『SUB』が好きな人にとっては、とんでもないことかもしれないけどさ」

「『SUB』のスタッフが新雑誌を創刊するというニュースは、どうして知ったのですか?」

「松やん（松山猛）から聞いたような気がするな。小島さんの名前は『SUB』で覚えてたし、表紙を丸ごと売るって聞いて、表4はともかく表1まで売るという発想に興味を持った。それで、青山の編集部までカメラマン連れて取材に行ったんだ」

「初対面の印象はどうでした?」

「取材する前に、ファンです、って言ったと思うよ。小島さんは、なんかおっかなそうな人だな、という印象だった」

「『ドレッサージ』についてはどう思いましたか」

「ちょっと……ボクは評論しにくいな。『SUB』の頃は好き勝手やってたと思うんだ。『ドレッサージ』は、中身より先に器を作ってから考えたっていうか」

「形から入った？」

「そう。言いたいことがあって作ったというより、形から入っちゃった感じがする」

「これはひとつの仮説ですが、木滑さんや石川次郎さんが、小島さんの仕事をチェックしていた可能性は？」

「あるね。でも……いや、これはマズいな。テープ止めてくれる？」

テープレコーダーが止まるのを確認してから、後藤氏は、真剣なまなざしをこちらに向けた。

「『SUB』は、ロックだよ。キナさんや次郎さんに、ロックはわからないよ。風俗として理解はできたとしてもさ」

先輩編集者として、元・上司として、尊敬してやまない上の世代（木滑氏は一九三〇年生まれ、石川氏は一九四一年生まれ）の二人に対する、「ロック・ジェネレーション」のリアルな本音だった。音楽の一ジャンルとしてではなく、カウンター・カルチュアとしてロックを初体験した世代ならではの、それは譲れない一線なのだ。

「高校の時、ロック喫茶とか、そういうトコばっかり行っててさ。ウッドストックの記事を書いたことがあるんだけど、『あの四十万人の中の一人になりたい』って書いたんだもん。ウッドストックの時、もしもその場にいたとしたら、ボクらはその一員になれるじゃない。でも、キナさんや次郎さんはなれないよ」

『平凡パンチ』（六四―八八年）、『HA-Y！』（七三年）、『SKI LIFE 1・2』（七四年、七六年）、『メイド・イン・USAカタログ1・2』（七五年、七六年）、『POPEYE』（七六年―）、『BRUTUS』（八〇年―）と常に木滑氏の片腕として行動を共にし、『TARZAN』（八六年―）、

『GULLIVER』(八九―九三年)を創刊するなど、黄金時代の平凡出版～マガジンハウスを代表する編集者であり、九三年に独立後、テレビ朝日系深夜情報番組『トゥナイトII』(一九九四年四月―二〇〇二年三月)のメインキャスターも務めた石川次郎氏は、カントリー&ウェスタンの愛好家で、ギター・プレイヤーでもあったと聞いたことがある。石川氏と小島氏は、実は同い歳であり、二人が属しているのは、ビートルズ以前にジャズの洗礼を受けた世代だ。

それぞれ六〇年代のアメリカを二十代で旅した経験を持つ――木滑・石川両氏が、天才アート・ディレクター堀内誠一と並んで雑誌づくりの上で最も頼りにしたブレーンである、〃イラストルポ〃の創始者・小林泰彦が、海外旅行専門の旅行代理店から平凡出版に転職して間もない石川氏と連れ立って、初めてアメリカへ行ったのは六七年のことだそうだが(サントリーのタイアップを取り付けて敢行した『平凡パンチ』としても初のアメリカ取材だった)、同じ六七年に、小島氏は、カナダとアメリカを廻っている。日本から持っていける金額に五百ドル以内という制限があり、観光渡航が自由化されたのがそのわずか三年前という時代に、日本の雑誌メディアのほとんどが持てずにいた「現地体験としてのアメリカ」を小島氏が持っていたことは特に留意しておきたい――同世代の両者を分かつものがあるとしたら、それはロックを「体験」したか否か、しかない。ビートルズ、ボブ・ディラン、フランク・ザッパ等に天啓を受けた者にとって、ロックとは単なる音楽の一ジャンルではあり得ない。ロックは感覚をマッサージする「意識革命」のメディアなのだ。

一九七一年に高校生だった後藤氏が『SUB』に反応したのは、そこに本物のロック・ジェネレーションの〈声〉を感じたからだ。それは、あえて言うなら、小島氏が手がけた『SUB』以降の仕事からは聞き取りにくくなった〈声〉でもある。その変化は、七〇年代初頭から半ば以降にかけて起こった大規模な「地殻変動」の反映であり、ロックの「変質」とも不可分の関係にある。七六年にテイクオフした『POPEYE』自体、そうした時代の激変をいち早くキャッチし、次のビッグ・ウェイヴが来るのをアメリカ西海岸の沖合いでパドリングしながらまちぶせていた、木滑・石川両氏の「ライド・オン・タイム」の成果なのだ。

《かつて既成の秩序や行動様式を否定し、新しい価値観によって自分たちの生活を創造しようと戦闘的な表情をしていた若い人間たちが、七〇年に入って急速に変貌し、私的生活をより充実させるために、自分たちの日常を積極的に創造してゆこうという現実的な生活行動に転進した。われわれはそのとき、新しい何かを予感した。》

《『ポパイ』は一枚のポロシャツから発想されたといわれているが、それは嘘ではない。『Made in U.S.A.』の取材のため二年数ヵ月ぶりでアメリカへ行った取材班が、ウエストコーストのバークリーやロサンジェルスで主として学生たちの変化に気づいた。二、三年前の彼らとはまったく別種の人間のように清潔で健康ムードがいっぱいなのだ。（中略）／それぞれの時代にそれぞれの青春がある。反体制、ヒッピー、ロック、マリワナ……あのとき接触したアメリカの学生たちは、まるでそんなものに意味を感じていない。彼らはボールを追い、海岸を駈け、空を飛んでいた。／「これだ、これだ」と何んの異論もなく全員の意見が一致した。これで『ポパイ』という雑誌の方向が決まり、成立するはずだという仮説がたてられた——そのころ、日本の若い人間たちは「なんか違うんだよなア」と遠い眼つきで、まだシラケていた。》（「編集長の予感」木滑良久／『エディター』七八年八月号初出）

後藤氏を『POPEYE』に紹介したのは、立教大学広告研究会の二学年上の先輩で、創刊当時の『an・an』や『POPEYE』にスタッフ・ライターとして参加していた音楽評論家・大貫憲章氏だが、今も永遠のロックンロールDJとして「ロンドン・ナイト」を主宰する大貫氏（一九五一年生まれ）は、前出『「ポパイ」の時代』のなかでこう発言している。

《当時、77年の終盤くらいまでは、60年代の意識を持った人たちが世の中を動かしたりとか、サブ・カルチャーとかカウンター・カルチャーっていう言葉が自然に使えて、共鳴ができる興味を持ってたと思うんですよね。（中略）

で、80年代に入ってから、そういうカウンター・カルチャーみたいなものがだんだん無くなってきて、世の中みんな中産階級で、刺激は欲しいんだけど仲間外れにされたくないっていう意識が突出して、村社会的な感じに戻っちゃったのかもしれないですね。

だからおれも、82〜83年くらいになってから、音楽の仕事はしてましたけど、あんまりおもしろくないなーって印象を強く受けてますね。平凡との関わりもその頃なかったですし。『ポパイ』もぜんぜん変わっちゃったねって。送られてくる本を見ても、もう読みたいページも特になかったです。》

八〇年頃を境に「フォーラム」の担当を外れていた後藤氏は、平凡出版がマガジンハウスへと社名変更した八三年、第百四十五号（特集「旅をよろしく。」）を最後に『POPEYE』編集部を離れ、自らの事務所〈スタディルーム〉を開いて独立する。

別れ際、後藤氏に小島氏が亡くなったことを告げた時、それまで快活だった表情が悲しげに曇った。

「今の時代、雑誌は難しいよね」

ソニー・マガジンズの新雑誌企画に関わっているという後藤氏の最後の一言は、それもまたリアルな本音に聞こえた。

24.

『an・an』『POPEYE』『BRUTUS』といった、平凡出版を発行元とする個性的な雑誌の、特に初期の号の愛読者なら、コントリビューティング・エディター／メイン・ライターとして健筆を振るった松山猛の名前を忘れることはないだろう。松山氏は、『SUB』と『ドレッサージ』にも寄稿している唯一の書き手で、小島氏と同じ京都出身ということもあり、両方をつなぐ存在ではないかと目していた。

一九四六年生まれ（小島氏の五つ年下）の松山氏は、京都の広告代理店やデザイン事務所に勤務する傍ら、六〇年代後半に関西で勃興したフォークソング・ムーヴメントに参加。友人の加藤和彦、北山修らが結成したザ・フォーク・クルセダーズのブレーンとして、レコード・ジャケットのアート・ディレクションや作詞を担当、そのうちの一曲「帰って来たヨッパライ」は、六八年の〝アングラ・ブーム〟を象徴するミリオンセラーとなったが、セカンド・シングルに予定していた「イムジン河」（朝鮮伝来の歌曲に松山氏が日本語詞を付けたもの）は、北朝鮮政府の予期せぬ抗議を受けて、レコード会社が発売を自粛、幻の名曲と化してしまう（〇二年三月、CDシングルとして三十四年ぶりにリリース）。

六九年末に上京。加藤和彦の紹介で、『平凡パンチ』や臨時増刊『平凡パンチ女性版《フォー・ガールズ》』などの誌上を賑わせていたヒップなスタイリスト・コンビ〈ブス連〉の堀切ミロ・川村都と知り合い、七〇年三月に創刊されたばかりの『an・an』編集部を訪問。同誌が初の京都特集を企画した際、全権を任されていた堀内誠一と同行、「あの当時、僕が面白がって歩いてた所ばかりロケ地に使って」（松下氏・談）創り上げた特集が、編集者としてのデビュー作となった。加藤和彦の初期ソロ作品や、その後のサディスティック・ミカ・バンドへの作詞提供の傍ら、『an・an』には「アーサーのブティック」などのファンタジックなエッセイを執筆。七一年には石川次郎氏に誘われ、当時日本一熱いカウンター・カルチュアのメッカだった京都を一冊丸ごと特集した『平凡パンチ』史上屈指の傑作「REVOLUTIONARY KYOTO」（四月五日発行号）に参加するなど、次第にエディター稼業に深入りしていく。

今も海外取材で頻繁に家を空ける松山氏のスケジュールが一息つくのを待って、〇四年九月十日、銀座三越にある松山氏推奨の中国茶の店〈Madu〉にて、インタヴューと喫茶のひとときを持った。

マガジンハウスの資料室で見つけた、『SUB』第二号の表紙が載った『an・an』七一年七月五日号のBook欄のカラーコピーを見せると、「これは僕じゃないです」と即答が返ってきた。「担当がいたと思いますよ。三宅菊子（いわゆる「アンアン調」の口語文体を確立したスタッフ・ライター）さんとか、その辺の人たちがやってたページだったから」

「小島さんとは何がきっかけで知り合われたのですか？」

「最初がね、どうだったかな。お付き合いがあったのは、僕が神宮前の青山三丁目にいた頃。小島さんの事務所もその辺にあって、それでしょっちゅう道端で会うし、お互いにヤァヤァヤァみたいな感じで。今の〈ギャラリー・ワタリ〉の近所です。いつも飄々としていて、今度なんかやれよ、今何を面白がってるの？　みたいな感じでね。何の話してたんだろうな……申し訳ないんだけど覚えてない。最近どこか行った？　ロンドンとかパリとかどうだった？　みたいな、そういう感じだったような気がしますけど。ちょうどパリから帰って来た時、向こうで面白い雑誌が出てたよ、って『ファサード』を小島さんに見せたんだ」

「松山さんは、『POPEYE』創刊第二号（七六年十一月一日発行）で『ファサード』を紹介されていますね。パリで話題の新しいミニコミ誌、東京では高樹町のシルバー・スプーンで売っている、と。一方、『ドレッサージ』創刊号（七七年十二月十五日発行）の〈WEATHER REPORT〉という定例コラムでも、前年パリの『ファサード』編集部を訪れた時のレポートを書かれています」

「そうそう。あの頃、『ローリング・ストーン』（註：六七年、当時二十歳のヤン・ウェナーがサンフランシスコで創刊したロック・マガジン。のちに編集部をニューヨークに移しメジャー化に成功、時代の変化につれて次第に保守化するが、ニュー・ジャーナリズムの一翼を担ったかつての伝統を時折思い出したように政治的スクープをとばすなど、リベラル層の支持を受け健闘している）に続いて『インタヴュー』（註：六九年、アンディ・ウォーホルが創刊したスノッブな月刊誌。主にアートとゴシップ、〝その月に羽振りをきかせている〟有名人とのお喋りで構成され、縦十六インチ×横十・五インチの大きな判型は当時常識破りだった。ウォーホルの死後も、ニューヨークの活気を伝える華やかなカルチュア・マガジンとして、健在ぶりを示している）とか、ああいう新しい雑誌が出てきて、人間の面白さがあらためてわかった時代なんじゃない？　僕らが『POPEYE』の取材でニューヨークへ行った時、会いたいと思う人、いっぱいいましたから」

《新聞のように、大版で、ページ数も少なくって、あらゆるページのビジュアルの記事の楽しさを持つ。それはフランス人たちの忘れていた雑誌作りのテクニックだった。／内容は、有名無名を問わず〝おもしろい〟人物たちへのインタビュー。感覚派人間のポートレイトでいっぱいのページ。パリにおけるパンク人間たち。オペラを楽しみなおすには……とか、アンディー・ウォーホールへのアンケート式インタビュー、セルジュ・ゲンスブールのポケットの中味は？みたいな写真などなど。とにかく今、パリ

で一番美しく、新時代的でのびやかな雑誌、それがファサードなのだ。》
《代表者はアラン・ベノアという美男子で、広告のプロなんだけど、とにかく自分たちのメディアを作ろうと、仲間にアピールしたらみんなが力をかしてくれたという。》
《(編集室のある)デュランタン通りの部屋というのは、アランの住いで、ここに彼は彼の最も愛する女性ジュンコさんと暮らしている。広いリビングルームが、彼らのミーティングの場であり、そのとなりのひと部屋が、仕事場となっていた。とても仕事風でない環境で本を作るのもいいもんだなと僕は考えてしまった。日本の雑誌のことごとくは、灰色のスチールの「事務机」とかいわれる物の上で作られる。そしてそんな愛情のない部屋からは、本当に美しい文化を支える本は、絶対にできないのだとも僕は思った。》
『ドレッサージ』の創刊号に松山氏が寄せた「パリの感覚派人間に読まれてる雑誌ファサード」を読みながら、心臓が次第に高鳴るのを感じた。小島氏が気に入るのも当然のこと、『ファサード』のアラン・ベノアは、どうみても〝パリの小島素治〟としか思えない!
「そうだね。だからかな、小島さんも面白がってね。それで、今度『ドレッサージ』という雑誌をやるんだって話になって、ドレッサージって何なのって訊いたら、乗馬用語できれいに馬を乗りこなす競技だよって。それでドレスっていう言葉が付いているのか、みたいなそういう話をした覚えはあるけど、それくらいのものかな。お酒を一緒に呑んだ記憶はないけど、お茶ぐらいはね。僕はその当時、あんまりお酒呑まなかったから。亡くなられたと聞いて、えーそうだったのかと思ったぐらい、しばらく会ってませんでしたからね。『ドレッサージ』の初期が(付き合いがあった)最後なんじゃないかな」
そこまで話すと、松山氏は控えめにこう付け加えた。

「彼の人物を語るのに、あまりふさわしくないですよ、僕は。そんなに内側まで知ってるわけじゃないから。本当に飄々とした付き合いだった。今考えても、何で食ってたのか不思議だったけど、おカネのことで随分苦労されたんだね。いつもさらっとしてて、僕なんかとは、スマートな兄貴分の感じで付き合ってくれてた人だったから、気がつかなかった」

特に寄稿者に対してはそうだったのだろう。本当に気を許した身近な人以外の、おそらく誰に対しても――。ふと思い出したように、松山氏は言葉を継いだ。

「ひょっとすると、僕がエクストラの部屋が欲しかった時に借りた部屋が、小島さんの事務所と同じアパートだったかもしれない。小島さんが紹介してくれたのかな、いい場所あるよって。でも、いろんな事情があって、そこは二年くらいで借りるのをやめて、その後僕は八一年頃から信州で暮らし始めて、二年間信州ベースで動いてたから。八四年くらいにまた東京に戻って、それから横浜に引っ越した。その間に小島さんとの付き合いも薄くなっちゃったんだと思う」

「お二人とも京都出身ですが、ある人に言わせると、全員が全員、あいつとは一緒にするなと思っているのが京都人だと」

「まあ、あそこは世界の中心ですから。いろんなやつがいるっていうのはわかってる。でも、京都では会ったことないんだよね。東京以外では会ってない気がする。小島さんが神戸に行ったのも、僕が東京に来たのと同じ理由かもしれない。京都って、革新的な部分もあるけど、なかなか引っくり返らない。保守というのは、自分たちを脅かす者が出てくるとツブすんです。体制に影響がない程度だったら面白いことをやってもいいけれど、本気で変えようとすると難しい。合気道みたいなもんだよね。人力を利用して……小島さんともっとそういう話をしておくべきだったと思います。案外しなかった。淡々としてた」

「松山さんといえば平凡出版のイメージが強いのですが、『SUB』以外のリトル・マガジンで何か関わった雑誌はおありですか。例えば『話の特集』は、やったことありませんか」

「そんなにないですね。『話の特集』とか」

「では、『SUB』は例外的な存在だった?」

「……かもしれない。僕のことを平凡出版の社員だと錯覚してる人もいっぱいいますよ。それこそ『an・an』やってた頃、ライヴァル誌からギャラを倍払うから来いよって誘われたこともある。断りましたけど。きっと倍払うってことは、倍払っただけの効果を期待してのことで、責任も重くなる。食うに困ってるわけでもないのに、人間関係を壊してまでやらなくてもいいでしょ。そういう意味で、あんまりよその仕事はしていなかった。むしろ、もっとコマーシャルの仕事をやりたかった。それでサントリーのPR誌とかやってたから、同じような仕事をしてた小島さんが僕のことを気にしてくれてたのかもしれない」

「松山さんの広告関係の仕事を小島さんは見ていたんでしょうか」

「存じてたと思う。小島さん、『ドレッサージ』の後はどうしてたんだろう」

「広告の仕事をやりながら、九〇年頃、あるスポンサーから資金は出すからと言われて、『ギャロップ』というハイブラウな競馬雑誌を創刊します」

「あっ、それ聞いたことがあるような……」

スポンサーに手のひらを返され、二号（創刊準備号と創刊号）で廃刊した『ギャロップ』の件で全財産を注ぎ込み、致命的な打撃を受けた顚末を簡単に説明すると、松山氏は、「雑誌のことを知らないのに、おカネだけはあるスポンサーね。ちょうどバブルの頃でしょ。そんな話いっぱいあったよ。僕だって回収できてないおカネ、いっぱいありますよ」と頷いた。「ただ、僕は責任を取る立場じゃなかったから助かったけど。僕がやってるからっていうので手伝ってくれた人に、迷惑をかけた部分はあると思いますけど」

「雑誌が広告に対して抵抗感がなくなったのは、やはり七〇年代ですか」

「そうですね。じわじわと変わってきたというか。もう雑誌自体が広告抜きでは成り立たなくなっていた時代ですよ。おカネもかかるし、悪い感じにならないんだったら、積極的に広告を取り込んだらどうだっていう、ドラスティックな変化があったと思う。元々、広告の人間だから、広告に対する偏見は僕にはない。むしろ好きだ」

「どういうところが？」

「時代を先取りしてたからじゃないかな。その頃、イラストレーションの世界で、広告の仕事をベースにしながら、例えばレコード・ジャケットですごく面白いことをやる人たちが現れたりして、広告とアートの境目がどんどんなくなっていった。〈プッシュピン・スタジオ〉（註：現プッシュピン・グループ。五四年、米ニューヨークでシーモア・クワスト、ミルトン・グレーザーら、クーパー・ユニオン・アートスクールの同窓生四人により設立。雑誌、書籍、レコード・ジャケット、ポスター、パッケージ、企業や自治体のＣＩなど幅広い分野でヴィジュアル言語表現の可能性を徹底的に追究、二十世紀後半のグラフィック・デザインとイラストレーションの潮流に決定的な影響を及ぼし、日本でもプッシュピンに倣って横尾忠則・及川正通の〈ジ・エンド・スタジオ〉、矢吹申彦・湯村輝彦・河村要助の〈１００％スタジオ〉、真鍋立彦・中山泰・奥村靫正、立花ハジメの〈ワークショプ ムッ！〉等が続々結成された）の連中とかね。だから、僕は広告にはぜんぜん抵抗なかった」

「木滑良久氏も、アメリカの雑誌を研究すると、販売利益ではなく広告で成り立っているのがよくわかったから、積極的に広告と取り組むようになった、と『「ポパイ」の時代』のなかで発言していますね。(平凡出版)社長の清水達夫氏も、『an・an』を始めるまで、雑誌に広告を入れるのは売春だと思っていたのが、特約したフランスの『ELLE』やその他の外国雑誌に触れて、広告にはいい紙をつかわなくてはダメだ、誌面も大きくしなくてはダメだ、というふうに考えが変わった、と」

「それとね、その頃アメリカでもすごく問題になったんだけど、『LIFE』(註:三六年にタイム社より創刊されたグラフ週刊誌の金字塔。最盛期の発行部数は史上空前の八百万部に達し、フォト・ジャーナリズムを確立したが、七二年休刊。七八年に月刊誌として復刊したが、二〇〇〇年再び休刊、ウェブ上のオンライン・マガジンとしてのみ存続している)が廃刊に追い込まれた理由が、出版経費がかさみすぎたことにあったの。どんなに部数が出ていても、ああいうグラフィックな雑誌はその分、紙代とか印刷代とかコストがかかってるわけだから、売れば売るほど損をする。それで、もっと広告料金を値上げしたいんですけど、って言ったらクライアントが降りちゃうから、雑誌社としては広告のページ単価を上げたかったけど、それはもう要求できるギリギリのところまで来てたからダメで。おまけに良い特集を出したらバーッと売れちゃうもんだから、しかもアメリカは広いから輸送経費もかかるし、そうするとそのコストが追いつかない。『LIFE』の一件を知ってから、そういうこともあるんだ、雑誌はそういうバランスで成り立っているんだという認識を僕は持つようになった」

雑誌づくりは本当に面白くて、一度やると抜けられなくなる。反面、それにつきまとうリスクは、個人が負うものとしてはあまりにも大きい。しかも、現在のようにDTPが発達する以前の話なのだ。

小島氏が『ドレッサージ』を「表紙も含めて全ページ広告が入る雑誌」にしようとした理由は、それに尽きるのではないか。

カラーも何折か入った、百十数ページ、オール・グラヴィアのグラフィックな横組み雑誌『ドレッサージ』をしばらく眺めて、松山氏はぽつりと「カネ、かかったんだろうな」と呟いた。

「『ドレッサージ』を見ていると、『BRUTUS』のテスト・イシュー（見本版）のように見えてくることがあります。隔週刊誌として正式にスタートする前の『POPEYE』創刊第二号が持っていた大人っぽさに近い匂いも少し感じるから、余計にそう思えてしまうのかもしれない。木滑さんや石川次郎さんは、『ドレッサージ』をご覧になったことはあるんでしょうか」

「どうなんだろうな。そんなには意識してなかったと思うけど。でも、こういうことやってるんだ、っていう感じ（で見たこと）はあったかもしれない」

「仮にそういうことがあったとしても、『BRUTUS』の方がスマートに作られていますが。広告の取り込み方も、アドヴァトリアル（記事広告）の手法も、『ドレッサージ』が試行錯誤の域を脱していないのに対して、『BRUTUS』の創刊号は、『POPEYE』で得たノウハウを全部活かして、プレゼンテーション・イシューとしてすごく良く出来ている」

「そうだよね」と、松山氏は軽く頷いた。当然だろう。巻頭に置かれた創刊の辞から、「ブルータシズム序論　悦楽的生存の研究」と題した十五ページに及ぶ全二本のエッセイ――それは、『智の粥と思惟の茶』（八〇年／青英社）という松山氏の最初の単行本が、渋谷百軒店のロック喫茶〈ブラック・ホーク〉の伝説的DJとして知る人ぞ知る、自身も音楽や旅のライターとして優れた仕事を遺した故・松平維秋の編集で世に出る直接のきっかけとなった――に至るまで、雑誌が新時代のテーゼとして打ち出そうとする〈悦楽〉というキーワードを、声高にではなくマニフェストに高めるという、最も重要な大仕事を見事にやってのけたのが、当の松山氏だったのだから。

「でも、創刊号は、特に広告代理店やクライアントに向けて作ったものとしては完璧だと思いますけど、ぼくにはぜんぜん面白くなかったです。リアルタイムで書店で立ち読みしてそう思ったので、買わなかった。まだ高校生だったからピンと来なかった部分もあると思って、先日読み返したら、ほとんど同じ感想を持ちました。松山さんが、ある日西麻布の裏通りを歩いていて見つけた一冊のアルバムから出てきた大正時代の集合写真をそのまま表紙に使った、第二号の特集〈親爺たちの時代〉は最高に面白いと思って、興奮して買った覚えがありますけど。もちろん、今読んでも同じ感想を持つと思います」

「たぶん、そういうもんですよ」

松山氏は、苦笑いさえ浮かべずにそう言うと、ぼくが上段から放ったストロークをバックハンドで打ち返してきた。「でも、『BRUTUS』は広告だけが目的の雑誌ではないよ。大人、あるいは大人になろうとしている、そういう人たちのための雑誌が空白の世代に向けて、ただのクソ真面目な親父になるんじゃないぞ、ってことが言いたかったんだ」

「〈悦楽〉というキーワードは？　八〇年代を先取りした実にキャッチーな言葉でしたが」

「あれはもう、堀内（誠一）さん」

「デザインだけじゃなくて、コンセプトから……完全に編集者ですね、堀内さん」

「編集者ですよ。自分では言わないけど。あの人いなかったら、できなかったね。僕らは周りの金魚のフンで、〈悦楽〉という御託宣をどう解釈して表現するかが仕事」

「すごいですね。大ボスですね」

「そう。〝至らない〟大ボスなの。例えば、堀内さんはファッションにそれほど興味があるわけじゃないから、骨に血肉を付けていくのは周りの僕らで」

『BRUTUS』創刊の三年前、『ドレッサージ』が創刊された七七年の日本には、アメリカやヨーロッパには当たり前に在る、〝大人の男が読むに耐える、知的で洒落ていてグラフィックな雑誌〟（私見だが、それは絶対に、重くて固い平綴じではなく、軽くて持ち運びやすい中綴じでなければいけない）は存在しなかった。七五年五月発売の創刊号を二時間で完売、増刷するという神話を持つ百万部雑誌『PLAYBOY日本版』にしても、見た目は豪華で、圧倒的に売れていたけれど、意識は前時代を引きずっていた（ただし、同誌にとって米『エスクァイア』におけるヘミングウェイ以上の存在であった開高健の手になる『洋酒天国』の系譜を継いだメンズ・マガジンとしては優れている。田名網敬一のアート・ディレクションも圧巻だが、ドキュメント・ファイル大賞を設けるなどルポルタージュに力を入れたことは特に評価できる）。

『メンズクラブ』（五四年—／婦人画報社）でも『HEIBON パンチ DELUXE』（六五—六九年／平凡出版）でも『NOW』（六八—七五年／文化出版局）でもない、中綴じのグラフィックな男性誌——これらはすべて平綴じの雑誌だ——としてほとんど唯一『ワンダーランド』（発行・ワンダーランド／発売・晶文社）だけが、ファッションもセックスも扱わず、新聞活字を使い、レイアウトも新聞を意識するなど、性差すら越えて日本の『ヴィレッジ・ヴォイス』（註：五五年、グリニッジ・ヴィレッジに集うボヘミアンたちの〈声《ヴォイス》〉を自由に反映できる新聞を作ろうと、ノーマン・メイラーを名付け親にニューヨークのタウン紙として創刊された週刊紙。市政や時事問題に関する記事や調査報道、芸術、文化批評、イヴェント情報、個人広告、求人・住宅案内等が、タブロイド判の新聞にぎっしり詰め込まれ、無料で手に入る。五十周年の節目を迎えた〇五年に売却され、ナット・ヘントフ、リチャード・ゴールドスタインら同紙の看板ライター、編集者が解雇されるなど大々的なリストラが進み、ボヘミアン・スピリットはついに失われたといわれる）にも成り得る可能性をはらんでいた。

当初日本版『ローリングストーン』のような雑誌を、という意気込みのもと、七三年七月、植草甚一・責任編集で創刊された縦三百二十五ミリ×横二百五十五ミリの活版雑誌。堀内誠一同様、一時代を築いたアート・ディレクター平野甲賀による、グラビア抜きでも十分にグラフィックで読みやすい画期的なデザイン。津野海太郎、片岡義男、菅野彰子、高平哲郎、小泉徹（北山耕平）ら実務を担うスタッフの顔ぶれも、堀内誠一が『POPEYE』編集部の人材・年齢構成を評して言った「老中壮がうまく行ってる」（前出『「ポパイ」の時代』より安田富男氏の証言）という意味でも理想的にみえる。無いものは、発行を継続していくための「十分な資金」と「入広」だけではなかったか（その二つが無ければ商業誌は続かないが、そのこととエディトリアルのセンスは別の話だ）。

だからこそ、一時平凡出版を退社して、新雑誌の構想を模索中だった木滑氏と石川氏が、『ワンダーランド』の登場に、こんなにも衝撃を受けたのだ。

《『ポパイ』の出る前年に、集英社から『プレイボーイ』の日本版が出たけど（中略）違う世界の出来事って感じだった。興味も脅威も感じなかったね。むしろ『ワンダーランド』の方が、チクショーって感じだった》（石川氏）

《焦ったよね。当時いろんなことを考えてて、自分たちもそういう気分で動いてるのに、『ワンダーランド』はそういうにおいが全部入ってるから気に入らなかった》（木滑氏）（『「ポパイ」の時代』所収の対談より抜粋）。

木滑氏は、この対談のなかで《あの頃、『ヴィレッジ・ヴォイス』の存在そのものが気になったりしてて》と述懐している。『ヴィレッジ・ヴォイス』と『ワンダーランド』と『POPEYE』をつなぐ「気分」——それは、のちに『POPEYE』三十五号の編集後記「from Editors」で木滑氏がメッセージした素敵な言葉を借りれば、「街に生きるものの共感」だろう。

同じ欄で木滑氏は、室謙二の著書『旅行のしかた』（七五年／晶文社）から《アメリカをバカにしつつ、アメリカと手を切ったと思いつつ、実はアメリカを頭のなかにいっぱいつめこんだ、アメリカの富のために生きられるアメリカ文化なのだ》という一文を引用し、《アメリカ白人社会の中産階級ドロップアウト若者たちの、カウンター・カルチャーというやつのインチキ性》を痛烈に批判している。その批判は、たしかに正鵠を射ている。

しかし、同時に世界中の若者たちを動かした、ある大きな「目覚め」があったこともたしかなのだ。『ワンダーランド』というタイトルの下にさりげなく冠された〝グラス・プランターズ・マニュアル〟という副題が示すように、その「におい」には、紛れもなくカウンター・カルチュアを経由した結果生まれた「新しい意識」の発露が含まれていた。

雑誌狂時代PART2

25.

「こんばんは。北沢さんでいらっしゃいますか」

電話の声は、今野雄二氏だった。いつかTVやラジオなどを通して聞いたことのある、あのジェントルな声だ。「実はキツネに抓まれたような気分なんです。まったく記憶にないんですよ」

今野氏は当惑したような口調でそう続けた。

生前の小島氏から、今野氏が平凡出版の社員編集者時代に在籍していた創刊当初の『an・an』で、『SUB』の創刊号を紹介してくれたおかげで、書店からバック・オーダーがかかり、ヒットになった、と聞いていた。当連載のコピーを添えて、今野氏にインタヴュー依頼の手紙を送ったところ、〇四年七月二十五日、直接自宅に電話をくれたのだ。

「送っていただいたコピーを、今朝からずっと面白く読ませていただいたんですが、連載第三回の、僕の名前が出てくる箇所を見ると、僕が神田の書店で本を見て、送ってほしいと電話をかけてきたことになっていますよね。僕は、神田の書店って、ほとんど行ったことがないんです。それと、そういう仕事のやり方をしたことがない。僕なら、書店で見て面白いと思ったらその場で買って、雑誌で紹介するにしても勝手に載せたはずですから。小島さんという方とは、お目にかかったこともないですし、『SUB』も『ドレッサージ』もたぶん手にした記憶がない。執筆依頼もなかったですし……ただ、執筆されている方たちを見ると、十年くらい前に亡くなった方で、一人親しくお付き合いしていた人がいました」

「ひょっとして伊藤勝男さんではないですか?」

『ドレッサージ』以降に小島氏が手がけた、PR誌を含むほとんどの仕事に起用されている最多登板コラムニスト、故・伊藤勝男氏の本職は、六本木(旧テレビ朝日通り)のバーのマスターで、そこはミュージシャンや映画俳優、業界関係者らが集まる気の置けない店として、密かに賑わっていたという。生前刊行されたコラム集『タフでなくても生きられる』(七九年/CBSソニー出版)には、帯文を映画評論家の山田宏一と女優の太地喜和子、跋を作家の金井美恵子が寄せている。

「はい。伊藤さんがやられていた〈スピーク・ロウ〉というお店に、僕が音楽や映画関係の人をいっぱい連れて来ちゃって、溜まり場みたいになってましたから。でも、伊藤さんとの会話のなかで、小島さんのことが出てきた記憶がないんですよ」

「そうですか……活字にする前に、今野さんに事実確認をすればよかったんですが。それは失礼しました」

「いや、でもそれは小島さんのご記憶ですからね。誰かと名前を混同したのかな。その後も『an・an』の取材があったとおっしゃっていますしね。誰がやったんだろう。僕は七二年に独立していますから、その後かな?」

「時期的には、今野さんが編集部にいらした頃のはずなんですが、『SUB』の創刊号が発売された七〇年十二月頃の『an・an』のバック・ナンバーをまだ確認できていないんです。紹介記事が載っているのを見つけたら、またご連絡させていただいてもよろしいでしょうか」

「いいですよ。でも、本当に記憶になくて、せっかくのご依頼なんですが、お役に立てそうにないんですよ」

今度はこちらがキツネに抓まれた気分で、受話器を置こうとした時だった。今野氏はふと思いついたように、重要な手がかりをくれた。

「ひとつ考えられるのは、この当時、小島さんが横尾忠則さんとお付き合いがあったのなら、椎根和《しいねやまと》という横尾さんとものすごく仲の良い編集者が『an・an』にいましたから、彼と間違って記憶しているか、もしくは彼を通じて推奨された可能性はあります。椎根さんに尋ねてみたら、何かわかるかもしれませんね。横尾さんは、彼のテリトリーでしたから……それともうひとつ、僕はビートルズにまったく思い入れのない人間なんです。訳詞はしましたけど」

またひとつ謎が増えた。何しろ三十四年前のこと、記憶違いがあって当然だが、小島氏が語ってくれた際の話のディテイル（『SUB』創刊号の真っ白な表紙が書店の店頭でものすごく目立っていたのを見て、云々）が鮮やか過ぎて、まさか人違いとは思わず、そのまま書いてしまったのだ。しかし、確かに今野氏の言う通り、ビートルズが触媒にならないとすれば（ブライアン・フェリーとロキシー・ミュージック、T・レックスやエルトン・ジョンなどのグラム・ロック、ロンドン・ポップの紹介が、七〇年代の「尖端音楽」紹介者としての今野氏の代表的な仕事だろう）、両者の接点はおそらく映画しかないが――今野氏の第一評論集『恋する男たち』（七五年／八曜社）は名著である――話が合うとは思えない。

後日、マガジンハウスの資料室で、セルジュ・ゲーンスブールとジェーン・バーキンが表紙の『an・an』七一年七月五日号に『SUB』が載っているのを発見、新たな謎に直面する。

近年はタオイストとして注目を集める加島祥造（註：詩人・英米文学者。特にブロードウェイ・ミュージカル『野郎どもと女たち《ガイズ・アンド・ドールズ》』の原作者デイモン・ラニアンの紹介者として知られ、『ドレッサージ』創刊号にもラニアンについての寄稿がある）の名訳による、都会小説と野球小説の名手リング・ラードナーの傑作集『息がつまりそう』（新潮社）と、美術評論家・宗左近の人相学の本『人相の美学』（文化出版局）に挟まれて、1／4ページほどのBook欄に短いキャプション付きで紹介されていたのは、白い表紙の創刊号ではなく、横尾忠則装丁のサイケデリックな表紙に目を奪われる第二号だったのだ。

《●サブ　季刊誌ですが、今回はビートルズの特集号なので特にお知らせしますネ。文字も写真もセピアでモダンです。サブ編集室☎463・6722　390円》

やはり、小島氏の記憶違いなのだろうか？

謎が解けたのは、その後（〇五年二月十七日）、マガジンハウスにて『Olive』『an・an』『GINZA』の編集長を歴任、女性誌の歴史を塗り替えた、淀川美代子氏に面会が叶った時だった。セミロングのボブ・ヘアにセーターとロングスカート、全身黒でまとめたシックな装い。シスター（修道女）のようにも、少女のようにも見える、不思議なアトモスフィア。このひとが〝オリーブ少女〟のゴッド・マザー、二十世紀末の日本の少女たちに夢見る力を与えた、不滅の感性の創造者なのだ。『GINZA』編集部のある四階のフロアの一角で、持参した『SUB』や初期の『an・an』をテーブルに広げて、「サブのことはご記憶にありますか」と尋ねると、淀川さんは「もちろんあるわよ。これなんか中身までよく憶えてる」と、〈恐るべき子供たち《アンファン・テリブル》〉を特集した五号を示した。「でも、この本について特別な思い入れが私にあるかといったら、ないのね」

――私は六〇年代とか七〇年代に、センチメンタルな思いは、まったくないの。

インタヴューを始める前に、淀川さんにそう言われた時、インターネットで目にしたローリー・アンダーソン（註：一九四七年生まれ、米ニューヨーク在住のパフォーマンス・アーティスト。七〇年代の初頭より舞台、ヴィデオ、レコードなどを自在に横断するクロス・メディアの先導者のひとりとして多彩な活動を展開）の言葉を想起した。

「あなたは創造力に溢れていた八〇年代ニューヨーク・アート・シーンの一部でした。八〇年代に比べて、今は鈍い時代だと思いますか？」という新聞記者の質問に、ローリーはこんな答えを返していた。

「八〇年代を懐かしがったりしないわよ。今は何も懐かしがったりしないの。ノスタルジアに割く時間は、私にはないのよ」

一年間NASAで過ごした経験をもとに、〇四年、ワンマン・ツアー〝The End Of The Moon〟を開催するなど、今も第一線で活躍するローリーと同様、少し年下の淀川さんも、苦戦していた『GINZA』のリニューアルを見事に成功させた現役ばりばりの編集者として、まったく同じ気持ちでいるのだろう（註：〇六年マガジンハウスのエグゼクティヴ・アドヴァイザーに就任、一〇年に退社し、現在はフリーランスとして活躍中）。

「北沢さんはどういう関係なんですか？」と逆に訊かれて、自分も編集者として仕事をしてきたこと、センチメンタルな気持ちではなくフレッシュなものとして、六〇年代や七〇年代の文化を再発見するなかで『SUB』と出会ったことを伝えると、淀川さんは「それは（当時を）体験していないからじゃないの？」と口元に微かに笑みを浮かべた。「でも、この本に出てくる人はいま、〝今っぽい〟っていう感じね」

「ぐるっとまわって？」

「そう。だから、懐かしいっていう気持ちでこういうものを見ないで、新鮮な気持ちで見ると、またぜんぜん違うんですよね」

淀川さんは、これって横尾（忠則）さんよねぇ、とビートルズ特集の第二号を手に取り、少し眺めて、

「うちの叔父が書いてる……」とつぶやいた。

「編集部の方でインタヴューをまとめたようです。サブは神戸の雑誌、淀川長治さんも神戸のご出身なので、そういうところにもご縁を感じて、インタヴューに応じられたのかなと。映画では『イエロー・サブマリン』が一番お好きなようですが、ビートルズについても、独特の表現で、鋭い感想を披露されています」

《面白い複雑な英国にしかないもの。オスカー・ワイルドの国。（中略）その複雑な所がビートルズの良さなのです。ひとくちで言えないところ。例えば男装の麗人を思い出すんですね。ちょうど……ポール・マッカートニイですか。あの人が出て来ると、素晴しく綺麗なんです。丁度、クラシックのヘンリー八世頃の御稚児さんですね。（中略）あの連中にはそういう深いものがありますから、霧の奥のものがありますから、シタールか何かのあのインドのメロディーが入ってもピチッと合うんです。それがやっぱり、大人のものなんですね。スタイルは子供だけれど、物凄い大人のおもちゃなんです。その大人のおもちゃがすっかり大きくなって、今では髭をはやして…。あのレノンですか。レノンなんか見ていると面白いんですね。このレノンの面白さは口で言えない、丁度あれが空を飛んだら悪魔になりますね。ババアに。その良さったらないですね。しかも綺麗なメロディーですね。あの悪魔の様なカギッ鼻のあの人と奥さんのコンビ、不思議議なコンビでこれは大金持ちの贅沢さの中から生まれるコンビなんです。普通ではないんです。今や贅沢な何とも言えない臭いを持って来たんですね。そこにビートルズが

成長したことを感じます。だから私はビートルズをいつ見ても飽きないんです。》（「大英帝国の御稚児さんたちのお話」）

映画評論家であると同時に雑誌編集者でもあった叔父・長治氏の薫陶を受け、子供の頃から映画と雑誌に囲まれて育った淀川さんにとって、雑誌編集者は憧れの仕事だった。二十歳で映画会社の宣伝部から転じて、『an・an』創刊前にテスト版として六九年十一月に発行された臨時増刊『平凡パンチ女性版』の編集スタッフ募集に応募、見事採用となる。

「最初アルバイトで『an・an』に入ったんです。アート・ディレクターの堀内誠一さんがいろいろ教えてくださって、編集の仕事したら、って言ってくださったのがきっかけで。私なんか何も関係ない世界でお茶汲んでいましたけど、もう憧れちゃってね、自分がそこでバイトしてるのに、この本が出るのがもう楽しみで楽しみで、出たらすぐに自分の名前を書いちゃうくらい」

『SUB』二号の書影を載せたBook欄を含む「an・an guide/shopping」は、わずか六ページに小さな切抜きのカラー写真やカットをふんだんにちりばめた、見るからに楽しいポップなコーナー。当時開発途上の編集タイアップ広告の専任者として、『an・an』の「もうひとりの編集長」であった木滑氏もお気に入りだったという（註：初代編集長・芝崎文氏は発行人・清水達夫氏の特命を受け、新女性誌創刊に向けて仏版『ELLE』との提携に尽力。甥は作家の矢作俊彦）。音楽・映画・本・アートなどの定例コラムに加え、かわいい雑貨やお店紹介、イラスト・マップ入りのレストラン・ガイド、アンティークな洋館発見といった街ネタや読者へのプレゼントなど、チープ・シックなガジェットから商品情報まで夢いっぱいに詰め込んだ賑やかさで、読者からは毎号絶大な反響があった。まさに『Ol・ive』の原型といえる、この情報欄の担当者が、淀川さんだった。

「ああいうコラムみたいなページがすごく好きで、あれが自分の生きがいだったから。編集は私ひとり。スタイリストもライターも兼ねて……だってその頃はスタイリストとか、そういう職業自体、まだ確立されてないですから。その後はファッション担当とか、いろいろ経験しましたけど」

スタッフ紹介欄に若き日の面影が写っている創刊二号（七〇年四月五日発行）をめくりながら、ふと淀川さんの手が止まった。「この『聖三角形　3人はHoly Triangle』って、今野（雄二）さんが担当したんですよ。憶えてるなぁ、今でも」

「《1人の男と1人の女　つまりカップルの誕生によって〈愛〉が完成する時代は崩壊しつつあります！　現代を象徴する新しい愛の形は　男と男と女の3人がつくる聖三角形なのです！》――写真に添えられたキャプションを見ると、『突然炎のごとく』のジュールとジム、ジャンヌ・モローとか、『冒険者たち』のリノ・バンチュラとアラン・ドロンとジョアンナ・シムカスみたいな、男と女の新しい関係のありかたを描いた映画のイメージで、立木義浩さんとフォト・ストーリイをつくってみようと発想されたんですね」

「そうね。何やっても新しい、みたいな。今野さん、すぐに独立しちゃったけど。あのひとの感覚はやっぱり素晴らしいですよ。でも書くものは、私にはちょっと難しくて（笑）」

『SUB』の件を今野氏に問い合わせて「まったく記憶にない」と言われた経緯を説明し、『an・an』三十二号の該当ページをカラー・コピーしたものを見せると、淀川さんは「うそよ、今野さんでしょ、それは」と小首をかしげた。それでも、訳詞までしていながら「ビートルズには思い入れがない」と言う今野氏が、「今回はビートルズの特集号なので特にお知らせしますネ。文字も写真もセピアでモダンです」というキャプションを書いたとは思えないのですが…と問いかけると、「もう、なんでそんなダサい文章を……」と苦笑いしながら、「ちょっと記憶にはないけど、本のページは担当してましたから、じゃあ、私ってことでいいですよ」と認めてくれた。

「こういう本を見たりするのがちょっとカッコいいかな、見ないと遅れるかな、っていうのがあるじゃないですか。やっぱり六本木周辺のひとは見てましたよね。たぶん誠志堂とか、そういう文化が集まるような本屋さんに置いてあって」

「編集発行人の小島さん自身、俺がつくる本は六本木とか青山でしか売れない、と言ってたそうです。ちなみに（『SUB』二号が紹介された）『an・an』のこの号は、残念ながら所持していないのですが、表紙がセルジュ・ゲンスブールとジェーン・バーキンなんです」

「ジェーン・バーキンが妊娠してる時でしょ？　あの表紙、私が提案したんですよ。それを堀内さんがすっごい喜んでくれて、あれはほんと歴史に残るよね。でもやっぱり堀内さんの決断がないと、私がいくら言ったって、ああいうものは形にならない。その後『an・an』を辞めてパリに行かれてからも、ずっと手紙のやりとりをしていたけど、時代もどんどん変わっちゃって、こういう雑誌がだんだん売れなくなって、（『an・an』も）変わっていったわね」

淀川さんの口調は、終始淡々としていて、自ら言われるように感傷的な響きはほとんど感じられない。ただ、過ぎ去りし日々が静かに目の前をよぎっていくような気がした。

「もしも私が、こういう感じにして、って言われてもできないし。こういうものは、いわゆるサブ・カルチャーで、理解しないわけじゃないんだけど、それを表現はできない。自分を主張するような本は、私にはできないのね。やっぱり大衆……っていうのかな」

「『an・an』が一番売れたのは、淀川さんが編集長の時ですよね？」

「そうね。自分で言うのはナンだけど」

「『an・an』の変化そのものが、時代を一番反映してきた気がします」

「うん。どんどん変わって、今や恋愛至上主義、なんて」

淀川さんはフフッと笑って、でもそれを毎週やるっていうのは大変なことですよ、と付け加えた。

26.

《70年代は雑誌の時代だったのかもしれない。何をしていいかわからない人間たちは、まず雑誌を読むことから始めた。それも『世界』とか『中央公論』といった総合誌でなく、変わった、ヘンな雑誌が面白かった。そんな雑誌はヘンな男たちが作っていたにちがいない。現代の社会にあきたらない個性的な編集者が作った雑誌が一番面白かった。》
赤田祐一氏が、本書でも度々引用している『証言構成「ポパイ」の時代』(〇二年／太田出版)の巻頭に置いたこの一文は、『POPEYE』史上屈指の傑作として誰もが挙げる六〇年代特集「FROM 60'S ON」(第六十九号・七九年十二月二十五日発行)をディレクションした椎根和氏が再び手がけた、七〇年代特集「The Heavenly 70'S」(第九十二号・八〇年十二月十日発行)から採られたものだ。
一番印象深い編集長は誰だったか、という赤田氏の問いに、『POPEYE』のデザイナーを十八年間務めた荒井健氏は、「それはジローさん(石川次郎氏)だよ。ジローさんは、やっぱりスゴイですよ」

と答えた後、こんなふうに述懐している。

《後の編集長で、やっぱりおもしろかったのは椎根さんだね。とんでもない企画やるから。「ドイツ機甲師団」特集とか。なんでそうなるんだ、みたいな（笑）。めっちゃおかしくてさ。（二代目の）安田富男さんの次に、椎根さんがピンチヒッターみたいにして編集長になったんだけど、椎根さん、社員じゃなかったんだ。（中略）なぜ社員じゃない人を編集長にするんだみたいなことで揉めて、それで急遽、社員になっちゃった。（中略）横尾忠則さんの家の玄関に入ると、椎根さんの絵が飾ってあるそうだよ。椎根さん、絵も目指してたみたい。ナゾの人だ。》

一九四二（昭和十七）年福島県生まれというから、四一年生まれの小島氏とは一つ違い。六七年、平凡出版に中途入社後は『平凡パンチ』で三島由紀夫、横尾忠則、植草甚一を担当、創刊当初の『an・an』では近田春夫、広瀬（近田）まりこ、大貫憲章、加藤裕将ら、当時無名の若い才能を発掘、広告関係を中心とするトップ・クリエイター集団「サイレンサー」の一員としても活躍する。七二年に一旦退社して『日刊ゲンダイ』の創刊編集長を務めた後、フリーランスのディレクターとして『POPEYE』創刊に参加。木滑・石川両氏が『BRUTUS』創刊準備に入って以降は、実質上の編集長として現場を取り仕切り、再入社後は、『Olive』『Hanako』『relax』の創刊編集長を歴任するなど、婦人雑誌の皇室担当に始まる異色の経歴と、数々の「武勇伝」に彩られた元・マガジンハウス編集総局長。九九年末に退社した後、横浜中華街で紅茶専門の喫茶店を開き、悠々自適の日々を送ると仄聞していたが、〇四年六月より『週刊読書人』にて瞠目すべき同時代史的メモワール「平凡パンチの三島由紀夫」の連載を開始、文筆家としてもその相貌を露わにしつつあった。（註：〇七年新潮社より書籍化。〇八年『POPEYE物語』を新潮社より刊行。現在前掲紙にて「銀座を変えた雑誌

Hanako!」を連載中)
『an・an』と『SUB』を結び付けた可能性のある人物として、椎根氏が浮上してきた折も折り、図書館で「平凡パンチの三島由紀夫」を通読した際、第三回に気になる記述を見つけた。
《ぼくは一九六七年に婦人誌から平凡出版㈱(現マガジンハウス)に転職した。その心理的きっかけは、前年のビートルズ来日公演。ビートルズは武道館で一ステージ三十分の公演を五回くり返した。ぼくは取材という名目で、そのうちの四回のステージを見た。彼らのギャラは、一ステージ約一千万円といわれていた。合計五万人の日本人が千五百円から二千百円の入場料を払って〈白い狂熱の溶鉱炉〉に身を置いた。
都会の若者の平均月収が、約二万五千円の時代だった。
ビートルズの登場から、観客の少女の悲鳴と絶叫、霞がかかったような照明、モノラルみたいな音響装置のせいで、ぼくは〈白い狂熱の溶鉱炉〉と手帳に印した。その会場で、ボーっとしていると、急にひらめきのようなものに襲われた。「我慢しない、ガマンしない」という種類のものだった。別にビートルズが〈No Patience!〉という曲を演奏したわけではない。》
自分もまたビートルズに人生を変えられた一人である、と椎根氏が表明している以上、今野氏の仮説はおそらく当たっている、と直観した。何よりも、事象の感知力に小島氏と共通するものを感じた。
そして、最新刊『荷風の永代橋』(〇四年/青土社)の跋を椎根氏に頼んだという草森紳一氏から、「椎根くん、やはり『サブ』を読んでいたよ。この連載のことを話したら、会ってもいいですよ、と言っていた」という朗報が届いた昨年(〇三年)十一月、以前入手した初期『an・an』の大揃いのなかから、椎根氏が編集していた雑誌内ミニコミ新聞「熊猫周報」第八号の神戸特集(第四十七号・七二年二月二十日発行）に小島氏が載っているのを、ある日ついに発見する。『POPEYE』第六号（七七年五月十日発行）の「ポパイ・フォーラム神戸特集 KOBE THE NEW WEST」にも、後藤健夫氏による十五号の紹介記事に先駆け、「神戸ではニュー・マガジンが次々と創刊されている●サブ編集室」という見出しの小さな囲み記事を見つけた。

《数年前まで神戸には『サブ』というユニークなマガジンがあった。しばらく休刊していたが、この6月から『ドレッサージ』と名を変えて再登場。編集長は同じ小島素治さん。また神戸新聞から情報誌『Lマガジン』も創刊。サブ編集室☎078・241・9078》

異人館通り（山本通り）に面したイトウ・アパートにある編集室の写真も掲載されている。そこに小島氏の姿はなく、写っているのが若手スタッフの服部まこと氏のみであったのは、小島氏がこの時すでに東京へ拠点を移していたからだろう。

27.

二〇〇四年十一月十七日、鎌倉の自宅にお招きいただき、インタヴューが実現した。JR大船駅からタクシーを十五分ほど走らせた待ち合わせ場所に、映画『欲望という名の電車』でマーロン・ブランドが被っていた油よけの工員《ワーカー》帽に似た帽子を被り、中国製の原付自転車に乗って現れた椎根氏は、目の前をスーッと横切ると、緊張を一気に解いてくれるような笑顔でこちらを振り返った。それだけで、胸襟を開いて待っていてくれたことがわかった。気難しい人ではないか、と身構えていた気持ちが楽になった。

鎌倉特有の険しい坂道を息を切らせて登り、静けさにつつまれた一軒家に辿り着くと、居間には付箋の付いた書物がそこかしこに林立し、大変な勉強家であることが窺えた。今でも一日一回は必ず永井荷風の『断腸亭日乗』を読み返すという。横浜の喫茶店はもう畳んでしまったそうだが、手ずから煎れてくれた、三種類の葉をブレンドしたという香りの高い紅茶はさすがに美味しかった。

小島氏の写真と談話が載っている『an・an』の「熊猫周報」の該当ページを開いて手渡すと、「これが電通あたりじゃ評判良くてさ」と、微笑を浮かべてしばし見入ってから、椎根氏の方から問わず語りに口火を切った。

「それでね、ぼくは、小島さんに会ったことは会ったけど、記事にはしなかったんじゃないかと思い込んでたんです。取材と称して、個人的な興味で会いに行ったようなものだと記憶してたから」

「でも、実際『an・an』にこうして載っています」

「それが不思議なんだよね。ぼくが編集室を訪ねた時は、洋館じゃなくて、普通のマンションの二階だったという微かな記憶があるの。やっぱり北野町の山本通りのすぐ側だったんだけれども、洋館じゃなくて、鉄筋のビルだったような気がするから。それで、部屋に入ると、目の前にわりと大きな窓があって、港を一望できた」

「『POPEYE』の時は七七年ですから、もうイトウ・マンションに移っていますが、『an・an』の時は七一、二年ですから、洋館のはずです。部屋のなかの様子からして、やはり洋館二階のような気がするのですが……。小島さんをはじめ男女四人の若者代表が登場する〈神戸ピープルによる『神戸考〉というインタヴューの設問は、椎根さんのご発案ですか?」

「これは記憶してる。この文章は大貫憲章のような気がするんだけど」

「『POPEYE』の方はフォーラム内の特集だから、これも十五号と同じく後藤健夫さんかな、と」

「いや、後藤も行ってるんだけど、ぼくもガイド役で。他のページは取材した記憶があるから、ぼくが（この時も）行ったのかなぁ……」

「神戸にはあまりに何度も行かれているから、記憶が錯綜されてるんじゃないですか」

「そうそう（笑）。『平凡パンチ』の頃からずっと、なぜか神戸というと、ぼくが行ってたんです。西東三鬼（註：一九〇〇―六二。「京大俳句」に拠った新興俳句の代表俳人の一人）という俳人、知ってる？　あの人の神戸を舞台にした散文があるじゃない、『トア・ロード』とかさ。あれを読んだりして、ものすごく憧れてたわけ。ああいう、いかにも神戸らしい、ある意味で近代的な、現代の前の、趣味のいい近代、みたいな感じにね」

　あまりのシンクロニシティに、同行したQJ編集部・森山と顔を見合わせる。なぜなら、先日彼から参考までに、と西東三鬼が戦中東京に絶望、妻子を残したまま単身神戸に出、ホテル住まいをしていた時の出来事を虚実取り混ぜて小説化した一連の作品を収めた『神戸』という文庫本（講談社文芸文庫）を贈られ、魅了されたばかりだったからだ。

「ただ、ぼくらからすると、『SUB』は、情報としてはワンテンポ遅いわけね、はっきり言うと。パンチとかやってると、特にそう思っちゃう。一九六八年の時点で、もう小野洋子のことを緻密に書いてるからね（ジョン・レノンと小野洋子を特集した『SUB』の前身『ぶっく・れびゅう』創刊号は七〇年発行）。

　それから、横尾さん。ビートルズが来日したのが一九六六年。横尾さんからは、日本公演を観たという話は聞いたことがないけれども、その後六七年くらいから一緒によく仕事するようになった。それで、もちろんあの人は非常にビートルズが好きで、ぼくも好きだったから、七〇年には、ぼくと横尾さんはわざわざロンドンに、ビートルズの足跡を訪ねに行く。リヴァプールにも行って、キャヴァーン・クラブとか、彼らが練習した場所とか、そういった所を全部歩いたんですよ。次の七一年には、横尾さんはもうジョン・レノンとお友達になって、ニューヨークのダコタ・ハウスのなかで小野洋子と三人で写真を撮ってるんだけどね。ところが、ぼくと七〇年にロンドンへ行った時は、誰にも伝手が無いからアップル社の前に張り込んでて。そしたらジョージ・ハリスンが出てきて、『an・an』に横尾さん撮影のその写真が載ってるでしょ? だから、そういう意味で、ぼくたちがやった『平凡パンチ』は非常にニュースが早かったから、『SUB』を見てもそんなに新しいとは思わなかった」

「でも、それって、ネタ（情報）としては、という意味ですよね?」

情報の鮮度も、取り上げる早さも、雑誌の価値を決める大事な要素なのはもちろんだが、それが腐る（古びる）のも生きる（滅びない）のも、読者がそこにどんな〈声〉を聞き取るか、すべてはその一点にかかっているのではないか——釈迦に説法は承知の上で、言外にそういう問いをにじませたつもりだった。しかし、椎根氏の見解は微動だにしなかった。

「そうね。グラフィック的にも、写真的にもね。この本は知ってるかな?」

椎根氏が取り出したのは、九八年に当時社長だった木滑良久氏自ら編集を手がけ（実質的には椎根氏と元『Hanako』副編集長・柿内扶仁子氏の共編とのこと）、マガジンハウスから刊行された大判の大全『雑誌づくりの決定的瞬間　堀内誠一の仕事』だった。

「堀内誠一さんという人のアート・ディレクションが、非常に新しいわけですよ。こんな、フランスのフィルム・ノワール調のファッション写真を……だって週刊誌ですよ、『週刊平凡』のために、古いシトロエンなんかを借りてきちゃうんだから。堀内さんはアド・センターというファッション関係のクリエイティヴ会社の社員でありながら、『週刊平凡』の〈ウィークリー・ファッション〉のページを作っていた。それが、六〇年代の日本では飛び抜けてたわけね。堀内さんがＡＤで、立木義浩が写真を撮って、草森紳一が無署名でコピーを書いてたという。今、見ても古くない。むしろ新しく感じる。

こういう流れが日本にあって、『ａｎ・ａｎ』や『ＰＯＰＥＹＥ』につながる一方、六〇年代の後半に、『AVAN GARDE』（アヴァンギャルド）というものすごいヴィジュアル・マガジンを創ったラルフ・ギンズバーグという人が、アメリカで非常に人気になったんですよ。個人が、つまり出版社じゃなくて自分が一人出版社になって、次から次へと雑誌を作って、失敗もあれば成功もある、という流れが当時あったわけ。ぼくたちも憧れてましたよ。ただ、自分たちで創るという考えはまだなかったのね。なぜ、『AVAN GARDE』が成功したかというと、ハーブ・ルバーリンというアート・ディレクターが、この雑誌をものすごく斬新にデザインしたことが大きい。一方、ドイツでは『ＴＷＥＮ』（トヴェン）という雑誌。これはバウハウス系のデザインで、黒を基調としてるわけですよ。海外のこういう動きがあったから、日本の雑誌界でもアート・ディレクターが必要だということで、平凡出版が『ａｎ・ａｎ』を創刊する時に、今まではファッション・ページだけを堀内さんにやってもらったけれども、雑誌全体のアート・ディレクションをお願いしたいということで、堀内さんと契約する。これが大筋の流れなんです」

ラルフ・ギンズバーグとハーブ・ルバーリンは、本物の雑誌狂なら憧れない者はいない伝説のタッグだ。ギンズバーグは、木滑・石川のポパイ・チームも意識していたという、「小市民ケーン」と仇名されたのちの『NEW YORK』（ニューヨーク）、『NEW WEST』（ニュー・ウェスト）創刊編集長クレイ・フェルカー、ゲイ・タリーズをはじめとするニュー・ジャーナリズムの〝育て親〟ハロルド・ヘイズと並ぶ、黄金の五〇年代『Esquire』（エスクァイア）編集部の〝ヤング・タークス〟（暴れん坊）三羽烏の一人。クレイ・フェルカーはプッシュピン・スタジオのミルトン・グレーザー、ハロルド・ヘイズはハーブ・ルバーリンのアシスタントも務めたジョージ・ロイスと、各々広告出身の天才的なアート・ディレクターを擁して、風雲急を告げる六〇年代の社会・文化状況をダイレクトに反映したエディトリアル／グラフィックで、従来の雑誌の「常識」を完膚なきまでに塗り替えた。ルバーリンに関しては、『未来に挑戦したデザイナー ハーブ・ルバーリン』西尾忠久・松本達編（八八年／誠文堂新光社）に詳しい。

六二年に計四号を発行、〝エロス〟というテーマを多角的かつ高踏的に表現したハードカヴァーの大判季刊誌『EROS』（バート・スタイン撮影によるマリリン・モンロー生前最後のフォト・セッションを特集した第三号は特に有名）や、同誌第五号が出版差し止めに遭い、裁判を闘った後、〝アメリカ版・話の特集〟『EVERGREEN REVIEW』（エヴァーグリーン・レヴュー）をより過激にしたような『fact:』（ファクト）の発行（六四―六七年）を経て、六八年一月発行の創刊号から隔月〜季刊ペースで、ギンズバーグ&ルバーリンは究極の個人雑誌『AVANT GARDE』を創刊する。タイトル・ロゴに用いられた不滅のタイポグラフィ、七二年に終刊するまでの四年間に計十四号を発行、どのイシューも未だに色褪せない輝きを放ち、コレクタブルだが、文学、思想、写真、絵画、映画、音楽など、アートやサブ・カルチュアの領域を自由に横断したその編集態度や、寄稿者の豪華絢爛さ（アインシュタイン、ピカソ、モハメド・アリ、ジョン・レノン、レイ・ブラッドベリ等々）、そしてまさに〝ヒップでラディカル、かつエレガント〟なその感覚は、グラフィック・デザインのテイストや判型こそ違えど、小島氏の『SUB』と、スピリットに相通じるものがある。

両者の相似に気づかなかったのは迂闊だった。椎根氏の見事な講義に、目から鱗が落ちる思いだった。

「だから、そう考えると、ぼくたちから見て『SUB』は、グラフィック的に特に新しいものではなかった、という感じがするわけだけれども。ただ、いくら新幹線が開通したとはいっても、東京と神戸という距離があったから、神戸という所はこういう面白いことをやってるんだ、と思った。マガジンハウスという雑誌社は、外国へ取材に行った時、必ずその国を代表する、ああいう若者向け雑誌の編集部に行く。ぼくは特に好きだったから、パリへ行ったら『メタル・ユールラン』というフレンチSFコミックスの編集部とか、ミラノへ行った時はまるで〝イタリア版オリーブ〟みたいな女の子雑誌『LAY』(レイ)、ニューヨークでは男性ファッション誌の最高峰『GQ』(ジェントルメンズ・クォータリィ)の編集部へ行って、必ず取材をするんですが、日本で編集部に行ってみたくなった雑誌は『SUB』が最初だったなぁ、と思うんです」

「『an・an』で、『SUB』のビートルズ特集号が紹介されているんですが……」

「これは今野雄二がやったんじゃないの?」

「それが、今野さんに確かめたら、『SUB』という雑誌自体、記憶にない、と。自分はビートルズに思い入れはない、という理由にも説得力があります。今野さんは、小島さんが別の編集者と記憶違いをしているか、さもなくば椎根さんという同僚が横尾さんと非常に親しかったから、横尾さんの推奨があった可能性はある、とヒントをくださったんです」

「ただ、ぼくと横尾さんの付き合いは、『SUB』が出る前の六七年からだからね。あんまり『SUB』という名前は出てなかった」

「一番最初に『SUB』を発見されたのはどこですか?」

「東京ですよ。書店で買ったんです」

「『SUB』の創刊は七〇年の十二月。前身である『ぶっく・れびゅう』は七〇年の四月に創刊されています。当時はミニコミや、いわゆるリトル・マガジンが、百花繚乱の時代でした」

「ぼくはさっき言った流れで、神戸を代表する雑誌なのか、という感覚で見てた。それで編集部に行ったという経緯なんです。唯我独尊な編集者というか、まだ若いから、自分の雑誌が一番進んでるという思い込みでやってるな、と思って、ちょうど『an・an』の創刊が七〇年の三月末だから、その頃（七〇年か七一年）、ぼくは（サブ編集室へ）行ったんです」

「『an・an』の取材という連絡を事前に入れて行かれたんですか」

「ええ。ただ、その時の記事を書いた記憶がないんですよ。建物に入って行った記憶は残ってるんだけれども。隣の家にぴったり合わさったような階段をずっと登っていって、待たされて、しばらくして小島さんが現れた」

「その時は誰か若い人がいて、ちょっとお待ちください、というのはなかったですか」

「女の人が一人いた、という感じかな、ぼくの記憶では。奥の方のわりと広い空間に、ぽつんと一人。荷物もなかったし、引っ越す寸前だったんじゃない？」

「たぶん、サッスン・アパートという洋館の二階ですね。元々、家具はほとんど置いてない部屋らしいんですよ」

「とにかくがらんとした、三十から四十畳くらいの広いがらんとしたワンルーム。港の方を見ると大きな窓ガラスがあって」

「お二人がどういう話をしたのか、すごく興味があります。椎根さんが小島さんとお会いになった時、ご自分に近いものを感じたりしましたか？」

「いや、むしろ反発。自分に近いものには反発を覚えたね。編集者同士の妙なライヴァル意識とでもいうか」

「近いが故に。その時、どんなことを話題にしたか覚えていらっしゃいませんか」

「いや、そこまでも行ってないですよ」

「会話が成立しなかった？」

「そう。最初に会った瞬間に、親しくなれるかどうか、わかるでしょ。ぼくは、初対面でだいたいわかっちゃうから、いろいろ喋ってみて、というのはあんまりないんです。会った瞬間にわかる。横尾さんとの付き合いも、誰に紹介されたというのでも取材でもなくて、たまたま小田急百貨店で日宣美展をやってた。それをぼくが観に行ったら横尾さんも来てた。そして自然と会話を始めた。そういう感じなんですよね。それが理想だと思ってる。

だから、なんとなく覚えてるのは、部屋の感じはいいんだけれども、（小島氏とは）やっぱり反発し合うようなものは感じたかなぁ。例えば『平凡パンチ』でニューヨーク案内みたいな企画があって、日本で初めて、アンディ・ウォーホールがエンパイアステートビルを延々数時間固定カメラで撮っただけという前衛映画『エンパイア』（六四年）とかを飯村隆彦さんが紹介してるし、『SUB』に出てくる人を、その前の時点で、ぼくらはほとんど取り上げてるんです」

テーブルの上に並んだ『SUB』のバック・ナンバーをめくりながら、繰り返し念を押す椎根氏を前に、両雄が対峙した瞬間の光景を密かに想像した。個性の強い自信家同士、互いに牽制し合うような空気が生まれたのかもしれない。二人とも、負けず嫌いで「正直」なのだ。

「ニュースとしてはパンチのほうが早いですね。リアルタイムですから。『SUB』が見せたのは切り口というか、七〇年代初頭の時点で、六〇年代という暴風が吹き荒れた時代に提示されたまま飛び散ってしまった重要なテーマを、いち早く〝再編集〟して見せたところに意義があったと思うんです」

「エディトリアルということの妙。それとさっき言ったように、ラルフ・ギンズバーグ的な、一人の男が創るという点ね、それは誰もやってなかったから。一人の何者でもない普通の青年が、弱冠三十歳前後の青年が、個人であれだけの雑誌を出したというのは、初めてだろうね。若者が自分の作りたい雑誌を創った第一号。彼にはその栄誉があるんだから」

それは、世間からほとんど忘れられたまま亡くなった小島氏に、かつて〝ライヴァル〟と認めた男が贈る花束、真の「再評価」に違いなかった。

28.

雑誌狂時代PART3

ふと、椎根氏にこんな質問をしてみたくなった。答えは訊くまでもなくわかっていたのだが――。

「小島さんが唯我独尊に編集しているのを見て、羨ましいとは思わなかったですか」

「ぜんぜん。ぼくは、いろんな面で大企業の良さというか、商業主義の良いところにどっぷりと浸っていたから。それに、ぼくはいつも上司から、意固地なヤツと批判されていたから」

小島氏に同じ質問をしたとしても、きっと同じ答えが返ってきたはずだ。しかし、それに続く椎根氏の言葉は、マス・マガジンの経験も興味もない小島氏の口からは決して語られることがないだろう、だが雑誌編集者なら一度は夢見る、今という時代には実現困難な〈神話の時代〉のロマンだった。

「だって、雑誌を作るということは、風俗を動かしたい、ということと一緒なんだから。ぼくが一番最初に入ったのが婦人生活社という会社で、一九六四年。その頃の雑誌界の王様は婦人雑誌で、四誌合わせて五百万部出してたわけです。ところが、『平凡パンチ』が同年創刊されたことによって、その王座がどんどん崩れていく。ああ、崩れるな、と思ったから、ぼくも(転職して)パンチに移った。

パンチの出現で、若い人たちの風俗がガラッと変わった。その次に移った『an・an』も、若い女の子たちの風俗を変えた（註：七〇年に平凡出版から創刊された『an・an』や、七一年に集英社から創刊された『non-no』を小脇に抱えて観光地を闊歩する若い女性たちを称して〝アン・ノン族〟と呼んだ）。『平凡パンチ』で〝パンチ野郎〟、『POPEYE』で〝ポパイ少年〟、『Olive』で〝オリーブ少女〟、『Hanako』で〝ハナコ族〟が登場する、という具合に、行く先々で雑誌が世の中を動かす場面に立ち会ってきた。

風俗を変えるぐらいの雑誌でないとつまらない――ぼくは昔から、そう思ってた。雑誌の成功というのは、おカネの点もあるんだけど、（雑誌の力で）風俗が変わっていくのを見るのが一番の愉しみだから。雑誌に対しては、そういう愉しみの見出し方を、ぼくはしてた。スーザン・ソンタグ（註：一九三三―二〇〇四。天才的な言語感覚と美貌で〝アメリカ前衛芸術界のナタリー・ウッド〟と渾名されたニューヨーク出身の作家・批評家）が「〈キャンプ〉についてのノート」で言っていた、〈ヒドいからいい〉という価値観で、これがおもしろそうだとか、ファン（愉しい）という感覚で動いてた。例えば、学生運動の一番激しい時に、京都大学という由緒ある大学の講堂で、学生と機動隊がやり合ってる最中、『平凡パンチ』に載せるヌード写真を、京大全共闘のシマダ君などの協力で撮影するという行為。そんなこと、〈ヒドいからいい〉という感覚じゃないとやれないですよ。その感覚は、いつもありましたね」

「〈キャンプ〉についてのノート」は、「この一冊が六〇年代の感覚とスタイルのすべてを凝縮している」と評された六六年刊の評論集『反解釈』（七一年／竹内書店新社、九六年／ちくま学芸文庫）所収のエッセイ。ソンタグは、良いか悪いかを軸とした通常の審美的判断に背を向け、あらゆるものをカッコ付きで見、スタイルがすべてで内容については判断を下さない、もしくは軽視するような態度をとる、アメリカを中心に起こった感性の変化を〝ポップ・カルチュアの時代におけるダンディズム〟と定義し、旧式のダンディが通俗性を嫌うのに反して通俗性を好んで味わうような、〝寛容なシニシズム〟ともいえる感覚を〈キャンプ〉と名づけた。「ある種のものが二重の意味に解釈できるとき、その二重の意味に対して敏感な」そうした新しい感性が、「高級」な文化と「低級」な文化を区別するような旧来の価値判断の基準をなしくずしに解体した。

ちなみに「〈キャンプ〉についてのノート」の本邦初訳は、「六〇年代の雑誌」のベストを選ぶなら確実に上位に入る名リトル・マガジン『パイデイア』第五号（六九年五月三十日発行／竹内書店）の「特集＝瓦解と創造――革命の中のアメリカ」。小島氏が『ぶっく・れびゅう』第二号の表2で引用したトリスタン・ツァラ『ダダ宣言』をはじめ、グルニエ『孤島』、パンゴー／ル・クレジオ他『サルトルと構造主義』、マクルーハン著作集、ゴダール全集などの出版を竹内書店在籍中に企画した〝スーパー・エディター〟安原顯（小島氏より二歳年上の一九三九年生まれ）が『ぶっく・れびゅう』に約一年先駆けて六八年に創刊した『パイデイア』は、創刊号「構造主義とは何か」、第二号「映像とは何か」、第三号「変革の演劇――オフ・オフ・ブロードウェイ」、第四号「ヌーヴォー・ロマンの可能性」、第六号「シュルレアリスムと革命」等々、時代の尖端をいくヴィヴィッドな特集を連発、おそらく小島氏に強烈な刺激を与えただろう。

風俗まで左右することはその任ではないが、時代の空気をいち早く読み、針路を観測することは、マス・マガジンより、むしろリトル・マガジンの使命である。〝メイン〟より〝サブ〟が輝いていた七〇年前後の時代は、マス・マガジン――そこにはむろん『平凡パンチ』も含まれる――に対するカウンターとして、リトル・マガジンには特別な存在価値があった。そうした状況のなかで『ＳＵＢ』が注目された最大の理由は、《僕は、日本で言われているアンダー・グラウンドっていう言葉は大嫌いなんですよ。大体、アメリカで言われているような〈グラウンド〉というものが日本では成立しないんですからね。（中略）アメリカみたいに大陸という概念もないだろうし、海という概念もないだろうし……。それに、アンダー・グラウンドって言うと、新宿を中心にしたいろんな問題が想起され易いところが割りにあると思うんですけど、それが凄く嫌いでね。以前、自分の雑誌で、「花と革命」というタイトルでヒッピーの特集をやった時に、ヒッピーっていうのにエレガンスっていう言葉を介入してとらえて欲しいっていうことを書いたわけです。》（『面白半分』七三年八月号所収の五木寛之との対談より引用）と小島氏自ら言うように、当時の主潮とも言える〈アングラ指向〉を一切持たなかったのみならず、「正統と異端」「ハイカルチュアとサブカルチュア」「シリアスフォトグラフィとコマーシャル・フォト」等々、あらゆる場面で拮抗していた新旧の文化を対立として捉えず、すべての〈境界〉に針路をとった、卓抜したバランス感覚とソフィスティケイションにあった。だが、七二、三年を境に均衡は破れ、サブをサブたらしめていた両極の拮抗はなしくずし的に融解する。

一方、七〇年代も後半に差しかかって、急激な経済成長に伴うかたちで〈大衆〉から〈分衆〉への細分化が始まると、従来の日本のマーケットでは成立しなかったクラス・マガジン（販売収入より広告収入で成り立つ読者層を絞り込んだ雑誌）の可能性が浮上してくる。その先陣を切って「マスを狙わない」と宣言、準大手の平凡出版（現マガジンハウス）から創刊された初のクラス・マガジンが『ＰＯＰＥＹＥ』だった。専門誌以上にマニアックな情報を詰め込んでいたにも関わらず、クラス・マガジンの域を遥かに超える部数をも記録した全盛期の『ＰＯＰＥＹＥ』は、前代未聞の〈お化け雑誌〉と言えた。本来マスになるはずのないものが、マスになってしまったのだ。

「悪魔のような数字だと木滑に言われました。四十万、五十万という部数を出して、返品率が八％以下。ぼくが『ＰＯＰＥＹＥ』の編集長を辞める時（八一年）に、販売部の人が、椎根くん、この販売統計表を取っときなさいと言うから見たら、この数字でさ。返品率は異常な低さで、なおかつこの部数。広告もめちゃくちゃ入るようになった。

ぼくが覚えてるのは、ウォークマンを発売する時（七九年春）に、ソニーの盛田（昭夫）会長が木滑さんのところに電話をしてきて、今度絶対に世界中に大ブームを起こす新しい製品を発売する（註：一号機「TPS-L2」は同年七月一日発売）。ついては最初にそれを発表する媒体は『POPEYE』じゃなきゃ嫌だと。木滑さんに、おまえがやれ、とぼくが言われて、最初にソニーの工場に行って、開発した技師と現場と盛田会長に直撃取材した記憶がありますよ。確かに、世界中にムーヴメントを起こした。

そしたらそれをサントリーが見ててね。その当時、ウィスキーが昔みたいに売れなくなってきて、それに代わる新商品としてウーロン茶を売ろうと考えたけど、どう売っていいかわからないから、ポパイさんにお任せする、というタイアップ話を持ってきた。ぼくも最初は、ウーロン茶ねぇ、と思ったよ。ちょうどたまたまヒマな松山猛が近くにいたから、そういえばキミ、中国茶とか紅茶の蘊蓄すごいねぇ、好きにやっていいから、十六ページ作ってよ、と話を振った。それが今やサントリーの最大の稼ぎ頭になってるわけですよ（笑）。

あの頃は、大企業にも話のわかる人がいて、ちゃんとおカネを出してくれた。タイアップ十六ページで八百万とか、当時としてはけっこうな金額ですよ。そのうち大企業のトップから、『POPEYE』という雑誌は面白い、しかもモノが中心で、スキャンダルはやらない、ヌードも入ってなかったから、クライアントは安心して出広できるという評判が立って、広告がどんどん入り始めた」

「最初は木滑さん自ら陣頭に立って、ほとんどのスポンサーを廻った、と『「ポパイ」の時代』で語られていますね。それがアドヴァトリアル（記事広告）の元祖なんじゃないか、と。『POPEYE』が企業とのパイプを開拓して、雑誌と広告の蜜月関係が始まった」

「『POPEYE』の前にも似たようなことは、甘糟（註：章／元マガジンハウス副社長。『an・an』『クロワッサン』『ダカーポ』などの編集長を歴任）さんという人が、堀内誠一さんがADを辞めた後（註：七二年三月二十日発行の第四十九号を最後にパリへ移住。編集部の体制も一変する）のカタログ的な『an・an』でやってたんですよ。その時は髙島屋と組んでね。広告と編集のタイアップは、それをノウハウにして発展させていった。雑誌というのは、本来五十％以上広告が入っちゃダメだという決まりがあるわけだけれども、マガジンハウスの場合、ほとんど六十〜七十％が広告である、と囁かれてて……」

「それは、公然の秘密ですね」

「昔から理論装備してましたよ。いや、これは広告じゃなくて記事です、とね。編集会議でも、タイアップのページは編集部制作だから編集ページである、と繰り返し言っていた」

「時代の流れもあるという気がします。というのは、小島さんが『POPEYE』創刊の一年後、七七年に『ドレッサージ』を創刊した時、〝COVER FOR SALE $10,000〟を謳い文句に、いきなり表1（表紙）から売りに出すんです。雑誌コードも取得してないインディーズ・マガジンなのに、シャレと度胸で。さすがにそんな定価料金で買ってくれるクライアントはいなかったと思いますが、この時期にそういう劇的な発想の転換があったのは、ずっと広告の仕事をしていた小島さんにとっては、至極当然のことなのかもしれない、と今にして理解できるんです。もはやリトル・マガジンの時代ではない。次はクラス・マガジンの時代だ、と」

結局実現しなかったが、『SUB』が七三年に終刊する一年前、七二年の段階で、『ウエストコースト』という月刊誌を小島氏は構想、『新宿プレイマップ』編集長・本間健彦氏と、詩人の諏訪優氏との鼎談の席で、そのイメージを語っている。

《ウエストコーストという概念を通して異質な文化というものを融合さしていくか、あるいは異質な文化というものを正面から受け止めちゃうということです。（中略）これはかなり面白いことなんだけれど、わりとやられてない。ともかく今僕は、ウエストコーストという言葉にまずフラフラと酔ってみたい、横文字を視覚的に見た所で酔ってみたいという気があるんです。（中略）ウエストコーストという横文字が肉体を通過してくるわけでしょ、自分の生活なり、情感というものを通して……。そのプロセスというものをもう一回大事にしたいということです。（中略）今のところはウエストコーストふうという、一種のスタイルかもしれないけれど、言葉の在りかに行くにはそういうスタイルも今は必要なんじゃないかと思うんです。》（『プレイマップ』七二年五月号「座談会　風景の見えるグリーニング・ライフ」より引用）

この発言を目にした時、初期の『POPEYE』の発想と共振するものがあるのではないかと思った。『ウエストコースト』が形を変えて『SUB』の終刊号になった可能性はあるとしても、当初の構想にあった「月刊誌」という「攻め」の姿勢から、季刊といいつつ不定期刊の『SUB』とは違う、「商業誌」として成り立つものを創ろうという意図が窺える。ただし、幻の『ウエストコースト』が「ウエストコーストという言葉の在りか」に接近しようとするイメージの「遊び」であるとすれば、たとえ形になったとしても、『POPEYE』とは似て非なるものだっただろうけれど。

「小島さんが七二年初旬の時点でやりたかったことを、経済や生活水準が向上した四年後に、モノという具体的な要素を導入することで、『POPEYE』が商業ベースに乗せた。七五年と七六年に木滑さんや石川次郎さんたちが作った二冊の『メイド・イン・USAカタログ』（読売新聞社出版局）の成功と、『平凡パンチ』以来の編集ノウハウが、ここに来て結実した。小島さんは、先を越されて口惜しかったと思うんです。『BRUTUS』創刊の三年前に創刊された『ドレッサージ』をパッと見た時、『BRUTUS』の先駆けのように見えました」

牽強附会とは思わない。だが、椎根氏の答えはシンプルだった。

「しかし、『ドレッサージ』は小島さんが独自に考えて、彼の編集哲学の発展的なものとして出たと思う。『BRUTUS』は『BRUTUS』で、平凡出版／マガジンハウスの伝統として、木滑さんと（石川）次郎のその時の年齢や気分に合わせて発想するわけだからね」

『POPEYE』創刊につながるエッセンスは、一時平凡出版を退社して子会社の平凡企画センターで雌伏中だった木滑良久氏と石川次郎氏が、読売新聞社出版局に十二ページにも及ぶ企画書を通して刊行に漕ぎつけ、十五万部の大ヒットとなったカタログムックの名作『メイド・イン・USAカタログ』第1集（七五年）、第2集（七六年）の二冊に濃縮されている。そして、その発想の大元は、六八年十月にサンフランシスコ郊外の小さな町で創刊された『ホール・アース・カタログ』にある。〝紙上インターネット〟のような感覚で、企業のヒモつきではない、人間が生きていくために必要な情報を共有しようというコンセプトのもと、〈必要と思われる実用知識や自己教育のための知的道具〉を独自に選択・分類し、後世に計り知れない影響を与えた。創刊編集長のスチュアート・ブランドは、六〇年代の初頭にサイケデリックの洗礼を受けた、まさにカウンター・カルチュアの申し子だった。

「アメリカのスクラップブック」と副題の付いた『メイド・イン・USAカタログ』第2集の表紙には「アメリカの若者たちの行動を通して我々の未来を考える本」というコピーが刻まれ、『ホール・アース・カタログ』に始まる〝アース・ムーヴメント〟を特集、直営店「ホール・アース・トラック・ストア」や同じサヴァイヴァルの思想をもとに創刊されたマニュアル誌『マザー・アース・ニューズ』編集部を訪問したり、ジョージア州の小さな田舎町の高校生たちがつくって全米ベストセラーになったハンドメイドの手引書『ザ・フォックス・ファイヤー・ブック』を徹底取材しているのは見のがせない。

小島氏の口から『ホール・アース・カタログ』の名前は聞けなかった。仮に存在は知っていたとしても、その「意味」にリアルタイムで気づくことは、日本に居ては難しかっただろう。

29.

似たようなことを、別々の場所で別の人間が、ほぼ同時に考えているのは、よくあるケースだ。『ドレッサージ』を構想するに当たって、小島氏は間違いなく『POPEYE』を視野に入れていた（『POPEYE』は、七六年十一月一日発行の創刊第二号と七七年一月一日発行の創刊第三号の表紙で、〝コラム・マガジン〟と謳っている）。『ドレッサージ』は、自分ならこう編集するという、『POPEYE』に対するひとつの回答でもあったはずだ。それが結果的に『BRUTUS』を先取りしていたのかもしれない。

しかし、『ウエストコースト』構想の時点では色濃く残っていた観念的な思考や、アンチ中央の姿勢は、そこでは影を潜めていた。むしろ、身の回りに溢れるモノと向き合い、それらを自分のテイストでチョイスし、都市生活のなかで使いこなすことを志向していた。小島氏自身、〝日本のウエストコースト〟神戸を離れ、東京・青山に〈スタディアム〉という事務所を開いていたのだから——。

以下は、『ドレッサージ』創刊二号（七八年五月十五日発行）の真ん中辺りに、〝Publisher's Page〟というカテゴリーのもと、さりげなく掲載された、「カヴァー・フォー・セール」と題する無署名の戯文。

《格好いいじゃないですか、カヴァーを売るなんて。

ええ、まぁ。

思い切ったお考えだと思うんですが、ドレッサージ位でしょう、こんな事お始めになったのは。

ええ、まぁ。

確か創刊号もそうでしたね。

バイ・キッコーマン。

気になっていることが、ひとつあるんですが、お伺いしていいでしょうか。

むむ。

以前から、雑誌の表紙は顔だ、なんて言われてますが、この点についてはどのように考えてらっしゃるんですか。

七つの。

冗談じゃなく、何かお考えがあってのことでしょう。例えば、読者を驚かすとか。

そうじゃないよ。

じゃ、いったいなんなんですか。

でも、面白いでしょう。

まあ。料金なんですが、10,000ドルの意味はどういうことですか。

ゴロがね。

今だと、どれ位になるんでしょうね。

日々換算して下さい。

ああ。ところで、制作は編集部でおやりになるんでしょう。

時には——

次号からのクライアントのスケジュールは決まっているんでしょう。それは、どこですか。

いくつか決まってます。

じゃどうも。

ちょっと待ってよ。連絡は03-408-9065ね。あるいは——

078-241-9078だね。》

続いては、同誌創刊三号から〝VTR〟とカテゴライズしてスタートした記事広告のシリーズ「THE BEST OF DRESSAGE」初回の扉に載った、小島氏らしい声低《ロー・キィ》めのマニフェスト。

《——どうしてアイマスクなの？

うーんと。何時だったか忘れたんだけど、カメラマンの淺井愼平さんのオフィスでアイマスクを見つけたことがあるんだ。まだスタジアムの観覧席みたいに作ってあった時なんだけど。とても印象的だった事を憶えてるんだ。その時に感じた事がね、ひとの眼という事だったんだよね。後になってなんだけど、淺井さんが出した本の中に、写真家としての条件みたいな事のやりとりがあってさ、質問のひとつに「あなたが写真家として日頃こころがけている事を教えて下さい！」みたいなのがあってね。そこでの答えがさ、「毎朝冷水で眼を洗ってます。」ってのがあるわけ。これはとても言えない事なんだよな、並のカメラマンでは。

それでね、信じちゃったわけよ。

いまの時代の忙しさっていうのは、ときには人間の肉体の一部を攻撃したりするんだよな。駆使したりして。下手するとそんな風な感覚が現代感だと思われたりもするんだけど、錯覚だと思うの。ひとの肉体をちょっと考えたりする時にはさ、僕にとったらやっぱりアイマスクなの。エディターの周辺にだってこんな苛酷な条件はつきまとってると思うんだ。ただ時間を考えたりする時には。これが現状なの、だからアイマスクなの。

――どうしてローライなの?

これもカメラマンの話になっちゃうんだけど、吉田大朋さんが以前に発表された作品があるのね。それは昼間のムーランルージュを撮った写真だったんだけど、僕は好きだったんだ。何かの機会に恵まれたときに、大朋さんに話したのよ、そのことを。そしたら大朋さんが「あの時のパリは映りすぎてるんだよ」って事になってね、よくよく聞いてみるとその時のカメラがローライのちっちゃなやつだったわけよ。大朋さんの感覚がさ、パリ寄りだとか何んとかあるんだけど、判るんだな。カメラとその人の感性が違う風に一致したりする時の感じがさ。それだけの事なんだけど、物と人の関係の中でさ、テイストについて考えたりする時、とても意味のある事だと後で考えちゃったの。厳しい言い方をしたりするとね、これは重要なことなのよ。ローライなんてやたらに面倒なカメラだと思うの。ボタンだらけのカメラが受けたりする世の中だけど、人と道具のテイストで考えたりする時、便利な風に出来てるのが、進んでることだとは思わないの。

人が生活してさ、道具を使っていく上で日常性の中に美学が構成されたりするのは、そんな過程も必要だと思うの。だからこの特集の目的はさ、人と道具のテイストという問題と、もうひとつは機能と美しさというところに絞ったつもりなんだけど、どう。　　　　　　　　　　　　　　　　　　　　　　　　　　　　　　　　　　　　　　　小島素治》

編集タイアップに対する真情が窺える一問一答の後、十頁に渡ってカタログ風に紹介されているのは、ブリティッシュ・エアウェイズのアイマスク、バング&オルフセンのオーディオ、ソニーのカセットテープレコーダー「プレスマン」、オリヴェッティのタイプライター、アウロラ・テッシーのボールペン、マルボロのレジャー・ウェア、ローライB35、ローレックスの腕時計「エクスプローラⅡ」という、厳選された八つのモノたち（写真：和田茂　構成：いちだぱとら、村田東治）。

スコッチ・ウィスキーを小道具に、掌篇小説と写真のオン・ザ・ロックスに仕立てた名人芸の創刊四号（文・写真：淺井愼平）に引き続き、創刊五号では、ヤンキースのユニフォームを着た野球選手にアラミス900を配した表1から始まる香水特集を企画。サガンの翻訳で知られる朝吹登水子（芥川賞作家・朝吹真理子の大叔母）のエッセイ、香水のあるシーンを切り取った撮り下ろしのコマーシャル・フォト（写真：宮崎皓一、堤一朗）を、エスティー・ローダー、イヴ・サンローラン、シャネル、ニナ・リッチ、ランヴィンのパフュームと組み合わせるなど、毎号趣向を凝らして展開したが、なぜか三回で中断する。編集タイアップのトライアル自体は、メインの特集を意味するカテゴリー〝Active Adventure〟のなかで、テーマ性を持った広告写真をオリジナルに制作するという形でその後も継続するが、当初の目的である「全ページ広告が入る雑誌にすること」を達成したとは思えず（表1に派手に押された〝SOLD〟の判も創刊四号目にして姿を消し、五号目からはグラビアとオフセットの比率が減って活版の大幅な導入が始まる）、雑誌全体のテンションは次第に低下していく。

『ドレッサージ』創刊五号（七九年十一月三十日発行）の〝Active Adventure〟「THE SIXTIES」と、

椎根氏の陣頭指揮で作られた『POPEYE』六十九号（七九年十二月二十五日発行）の六〇年代特集を、試しに比べてみるがいい。七〇年代が幕を下ろす直前、たったひと月違いで書店に並んだ二つの六〇年代特集の見るも無残な出来映えの差は、いったいどうしたことだろう！

『POPEYE』のオールタイム・ベストと名高いこの特集の濃密さと完成度に比して、『ドレッサージ』のこの特集は、七〇年代初頭の時点でどこよりも早く、鮮やかに六〇年代を再編集してみせた『SUB』——第二号「ビートルズ・フォア・エバー」や第四号「情報のカタログ　メッセージはメディアである」こそが指標《メルクマール》だったはずだ——を作った同一人物の手になるものとは、とても思えない。マリリン・モンロー（六二年）、ザ・ワールド・シリーズ（六二年）、ベトナム戦争（六三年）、ザ・ビートルズ（六四年）、アレン・ギンズバーグ（六五年）、アンディ・ウォーホール（六七年）、デビッド・ベイリー（六七年）、ジャニス・ジョップリン（六八年）——六〇年代を象徴する人物や出来事の、クロニクルというには穴だらけの絶対的なアイテム数の不足。それらを語る来生えつ子（南佳孝「モンロー・ウォーク」作詞者）、伊藤勝男（コラムニスト）、倉田保雄（ジャーナリスト）、石坂敬一（元・ビートルズ日本担当ディレクター）、諏訪優（詩人）、武藤直路（演出家）、原田英子（エディター）、荒木一郎（シンガー・ソングライター）の人選と語り口はともかく、それらを束ねる編集の甘さ、緩さは眼を覆うばかりだ。判型が大きくなった分、なまじ『SUB』を思い出させるブラウンの一色刷りと、ゴチック体の本文使用が、余計に残骸の感を深くする。あの緻密なエディトリアルはどこへ行ってしまったのだ。

《——受け手が平凡なんだよね。80年代に向けて整理するだけの状況になるかなあ。

——編集者として本当の意味で自由な精神の持ち主にならないといけない時期にあることだけは確かだね。》

原田英子とのインタヴューの終わりに、聞き手（無署名だが小島氏だろう）が発したこの二言に、「関心は〝時代の風〟の収斂に一貫している」（八八年・ネスコ発行のコラム集『百人力新発売　新しい「知」を担う百人一論』に掲載されたプロフィールより引用）はずの小島氏が〝時代の風〟を収斂できないことへの焦りが、どこか滲んでいるように見える。

30.

「でも、象徴的なのは、伊藤勝男が『ドレッサージ』に一番書いてた、ということだね」

しばらく『ドレッサージ』をめくっていたかと思うと、突然口火を切った椎根氏に向かって、どういう意味ですか、と訊き返さずにはいられなかった。

「伊藤さんとは、彼が亡くなる寸前まで交流があったんですよ。家が西麻布でお互い近所だったというのもあるんだけど。

伊藤勝男という人は、一番最初、一九六五、六年くらいに有栖川公園の側で、〈サーカス〉という有名なレストラン・バーをやってたんです。サーカスのオーナーだから、あだ名が〝団長〟だったわけね。設計したのが倉俣史朗（註：一九三四―九一。空間デザイン、家具デザインの分野で数々の傑出した仕事を遺した。五十六歳の若さで没後、世界のデザイン界で「再発見」され、日常の空間に重力から解放されたかのような浮遊感覚を持ち込んだ、そのあまりの独創性ゆえ「クラマタ・ショック」という言葉すら生まれた）というインテリア・デザイナーで、タイル張りのレストランだった。一時流行ったのがだんだん思わしくなくなってきて、共同経営者がもう辞めると言い出したから、次は六本木のはずれの旧テレビ朝日通りに〈スピーク・ロウ〉というスナック・バーを開く。これも倉俣史朗のデザインで、天井に至るまで全部直角のところがないというすごい内装。僕なんかもよく帰りがけにパッと寄って呑んでた。角川春樹と松田優作が『人間の証明』を撮る前によく来て、二人で延々と喋っていたり、勝新太郎あたりもよく見かけましたよ。しゃれた店だったからね。壁際にコの字に作りつけのシートベンチがあって、真ん中がボカーンと空いてる造りで。

店の名前が〈スピーク・ロウ〉というだけあって、伊藤さん、ジャズが好きでね、レコード会社の人が見本盤を持って呑みに来るわけ。それで、ちょっとライナー書いてよ、なんて具合に原稿の注文が増え始めた。でも、植草甚一みたいな感じはあるけど、植草甚一にはなれないんだよね。そこを辞めちゃった後は、西麻布のモトマケ横丁通りに住んでて、近所のブティックの雇われ店長をやったり、その次には、僕がよく行く〈リネ〉という喫茶店が、西麻布から渋谷の方へ向かってすぐ左側のマンション一階にあって、この前閉まっちゃったんだけど、その店を手伝っていたこともあった。お父さんが青森出身で、浅草のエノケン一座の脚本を書いてた、と言ってたね。彼もぼくと一緒でズーズー弁がずっと抜けなかった。亡くなるちょっと前に、すごく若い女の子と結婚したという噂を聞いたけど、それから二、三年で死んじゃったの」

「お酒は、人には出すけど、ご自分ではまったく呑めない人だったと聞いています。おいくつで……何が原因でお亡くなりになったんですか？」

「病名までは、はっきり聞かなかったけど、病死でした。まだ五十五、六歳じゃなかったかな。でも、『ドレッサージ』の目次をこうして見返してると、伊藤さん、随分やってたんだなぁ、と思って」

「伊藤勝男さんと諏訪優さんが一番多いんです。伊藤さんは、小島さんがやってたPR誌の方でもたくさん書いてて、何かというと伊藤さん、という感じだったようです」

「ぼくも『POPEYE』をやってた時、伊藤さんに野球の原稿を頼んでたんですよ、日の出のパワーがあったキューバ野球とか」

「日本にあまりいないタイプというか、八〇年代後半にアメリカン・コラムニスト・ブームというのがありましたが、マイク・ロイコとかアンディ・ルーニーを思わせる、コラムニストという呼称が似合う書き手でした」

「そうだね。都会に出て、二十四時間気ままに暮らして、自分の店を出して、ブティックの店長もやったりしていることを、何が恥ずかしいのかあまり表に出さないし、そういうライフスタイルが心底良いとは思っていないふしもあって」

「たぶん、すごくシャイな方だったんでしょうね。俺は目利きだ、みたいな顔をするのが恥ずかしくてしょうがないというか。岩波ホールの観客の顔が知的だと言った映画評論家の荻昌弘に噛みついて、映画ファンにランクなどあってたまるか!!と啖呵を切ったこともありました。伊藤さんには『B級ビデオ発掘カタログ』(八八年/青弓社)という好著があって、当然A級も全部観てるのに、俺はB級係、と決めてコツコツ落穂拾いする生き方を自ら選ばれたんじゃないかという気がします」

「だから、小島さんが伊藤さんをものすごく重宝して、原稿を頼むのはわかる気がする」

「それはどういうニュアンスですか?」

「編集者が、〝逃げる〟という言い方もおかしいんだけど、自分が前の方に進んでるんじゃなくて、逃げの姿勢に入ってるなぁと思うと、そういう時ピタッと付き合える人が伊藤さん。雑誌をやるということは、売れ行きだとか、世間の評判とか、読者の反応とか、いろいろあるわけですよ。そういうものを総合して自分で感じる。前向きにやってるなとか、最近後ろ向きになったとか、自分で判断できるわけ。今までは自分のエネルギーの七十%をそこに注ぎ込んでいたのに、最近は五十%しか注ぎ込んでないなぁ、というような時に伊藤さんと喋ってると、ふっと伊藤さんに原稿頼みたくなるという（笑）、ほんと不思議な人なの。もう見るからに人が良くて、自分の権利とか一切主張しないし、売り込みもぜんぜんしない。頼まれるから仕方なくやる、と。礼儀正しい人だったからさ」

「しかも専業ライターじゃないですよね。それでいてかなりのアヴェレイジ・ヒッターで、おもしろいコラムを書かれますよね。ただ、おっしゃるように植草甚一とまではいかないんですよね。ジャズ、映画、翻訳ミステリ、野球……オールラウンド・プレイヤーで安心して見ていられる反面、この人しかないという強烈な個性に欠ける。伊藤さんのコラムを読んでると、J・Jというより久保田二郎かなと思う時もあるんですが、久保田さんほど年季の入った底意地の悪さはないし」

「だから、善人ということなんだろうね。ぼくは植草さんと付き合ってたからわかるんだけど、伊藤さんは系統で分けると、編集経費をあまり使わないという点でも久保田二郎より植草甚一的」

「守りに入った時に頼みたくなる……編集者心理の綾ですね」

「もう編集なんかやめた、と思って伊藤さんの店へ行くと、もうちょっとガマンするか、という気分にさせてくれた」

「『SUB』と『ドレッサージ』のテンションの差は、小島さんが守りに入ってしまったことから生じた。その判定基準として、伊藤さんの起用回数の多さがある、と」

「小島さんは非常に善人で、七〇年代初頭の若者文化の世界では十二分に力を発揮できた。でも、その後企業がものすごく力を持ち始めて、個人で企業と相対するようになると、善人すぎるというところが出てくるんだろうな。広告業界というものを、大きく見すぎたのかもしれないね。だから、〝逆レイズ〟の手法で、表紙まで売り渡すということをやったんじゃないかな」

〝レイズ〟(raise)とは、ポーカー用語で賭け金の額を引き上げることをいう。〝逆レイズ〟(re-raise)とは、同じラウンドでのレイズに対し、さらにレイズする、つまりレイズし返すことだ。例えば、初めのプレイヤーがベット(bet最初の賭け金)を二ドルとし、次の人がレイズ(二ドル→四ドル)したとして、その次の人がさらに三ドルを上乗せすると、逆レイズ(四ドル→七ドル)したことになり、その次の順番の人が勝負に乗るには最低七ドル支払う必要がある。最初の人に再び順番が巡ってきた時は、差額の五ドルを払うか、二ドルは諦めてダウン(fold手仕舞い)するか、さらに逆レイズ(七ドル→それ以上)するかの選択になる。

「つまり、小島さんは、広告業界が実態以上に大きいものだと思い込んで、逆レイズすることで勝負に出たんだと思う。ところが、広告業界に対する返し方がまだ十分じゃなかったから、結局は負けてしまう」

雑誌には、表1(表紙)以上に売れるスペースはない。普通、広告料金を一番高く設定するのは表4(裏表紙)で、次が表2(表紙をめくった裏側のページ)、表3(裏表紙をめくった裏側のページ)の順。雑誌にとって「顔」である表1まで売りに出すことは、まずあり得ないと考えていい。ポーカー狂の小島氏にとって、表1を売ることが、ポーカーでいうところの〝逆レイズ〟だったのだ。

「基本的には、編集長は、広告業界のことなんて考えないで、雑誌の内容を充実させて待っていればいいんですよ。小島さんは、『SUB』みたいな雑誌を延々出し続けていれば良かった。評判になれば、そのうち向こうの方から、出広させてください、と言って来るんだから。編集ページだけで行くことに対する見切りが早すぎたと思うよ」

「個人で出してる雑誌だと、向こうから来るまで我慢しようにも、資金的に厳しいということじゃないですか。ＰＲ誌を作っているうちに、広告と、これまで自分が作ってきたサブ的なものを融合できないか、という発想が芽生えた……」

「ところが、『ドレッサージ』の創刊は『ＰＯＰＥＹＥ』の一年後だっけ。七七年か。まだその頃までは、広告業界と雑誌との連携がスムーズに行ってない時なんですよ。その時点で、広告業界と深く付き合っちゃうと、みんなボロボロドロドロになる。そういう意味じゃ一番悪い時期。八八年くらいにそれをやれば、もっとうまく行ったかもしれない」

「やっぱり小島さん、十年早いんだ」

「だって、ぼくは八八年に『Ｈａｎａｋｏ』を創刊して、八九年の段階ではページ数が少ないから、一ページが正味百万円で、一週間に百五十本くらい広告が入るけど、それ以上、広告が入ってきても断るんですよ。四ヵ月先までずーっと満稿だから。雑誌が売れないうちは、こちらから百社ぐらい回ってもなかなか出広してくれないのに、売れてくるとようやく、いいですねぇ、ちょっと遅れましたけど入れます、なんて言うんだから。広告主体で考えるのは、売れてからでいいんです」

「一度でいいから、おカネの心配をしないで済むところで小島さんが思い切り編集したら、どんな雑誌ができただろう、と想像することがあります。企業のなかに入ったり、既成の出版社で編集者をやるという発想は小島さんになかったのか、いろんな人に訊いてみたんですが、十人が十人、それはないだろう、という返事でした。人の下で働くタイプではない。小なりといえども、最初から監督でないと、という」

「一時避難的にどこかの企業に入ってやるというのは、考えられただろうね。前に（石川）次郎も編集長をやったことがある『セブンシーズ』（註：セブンシーズ・アンド・カンパニー刊。八七年、最高顧問に開高健を迎えて創刊された、徹底した海外取材が売り物の会員制月刊誌）という雑誌、知ってる？　あれなんかぴったりだよね。ものすごく贅沢で洒落てる。キューバを特集した気に入ってる号があって、今でも持ってるけどね。版元が、口は出さない、カネだけ出す、みたいなところで、売れ行き関係ないから。そういう意味では、こういう雑誌を小島さんにやってほしかったね」

『セブンシーズ』のようなエスタブリッシュメントのための雑誌は、小島さんに似合わないな、と思う反面、水を得た魚のように才能を発揮して、『ドレッサージ』や『ギャロップ』で果たせなかった夢を実現できたかもしれない、とも思った。「美しいおもしろい、そんな雑誌が出てほしいな」という、小島氏の「遺言」が脳裏をよぎった。

長いインタヴューを終えるにあたって、最後にもうひとつだけ椎根氏に訊いてみたい質問があった。

「編集長の一番の仕事とは何でしょうか」

「それは、部下の編集者たちの好みの微妙な変化、あるいは新しい面を、あらゆる角度から探し出すことに尽きるんじゃないですか。文章一行、バカなこと言ってる一言からも。それから自分がやってる雑誌以外のマスコミとのバランスね。どこに共通点があるのか、とかね」

「つまり、単独では雑誌は成り立たないということですか？」

「そう、そう。だって、小島さんの『SUB』だって、『平凡パンチ』が開拓した人たちに全部依頼してるでしょ？　その『平凡パンチ』はどうしたかというと、『話の特集』で書いてた人をほとんど引っぱり出したわけですよ。横尾（忠則）さんにしても、植草さんにしても。そういうのが、他のマスコミとのバランスをとるということ。だから、『話の特集』だとこの人はこういうことしか書いてないけど、ぼくがやってる雑誌だとこういうことが書けるんじゃないかな、という発想。それが非常に大事なんだね。つながってくるわけ。小島さんの場合は、それが百％当たってるよね。ちゃんと『ＳＵＢ』らしいテーマで書いてもらって、それなりに結果を残してるでしょう」

平凡出版／マガジンハウスの創業者のひとりで、雑誌創りに生涯を捧げた名編集者でもある清水達夫は、常盤新平『アメリカの編集者たち』（八〇年／集英社）の文庫化（八六年／新潮文庫）にあたって解説を寄せ、次のように記している。

《常盤新平さんの著書に紹介されている、アメリカの「エスクワイヤ」誌創刊編集長アーノルド・ギングリッチ氏の回想録は『雑誌は人間』という題名だそうであるが、私もまたもし回想録を書くとすれば『雑誌は人間』というタイトルを選びたいくらい、ギングリッチ氏と同じ思いである。（中略）

「雑誌の活力は大きな出版組織や編集方針、活発な宣伝、有能なセールスマンに依存するのではなく、一人の人間が編集者として描く夢の活力に依存する」

クレイ・フェルカーという「エスクァイヤ」誌や「ニューヨーク」誌の編集者の言葉である。（中略）

そもそも雑誌というものの最初の発想はごく個人的な興味であって、それを組織の力でふくらませていくのである。（中略）

近ごろよく編集長を管理職という人があるが、雑誌は創造するもので管理するものではない。だから、編集長は雑誌の表紙から奥付までを掌握している創造人間で、誌面をステージとする演出家である。もし、映画監督を映画作家とよぶならば、編集長は雑誌作家なのである。（中略）

雑誌は編集長の作る世界——ということは結局、編集長自身のほしい雑誌をつくること以外にはないのだと私は思う。創造の仕事は、結局作家自身のロマンを追うことである。》

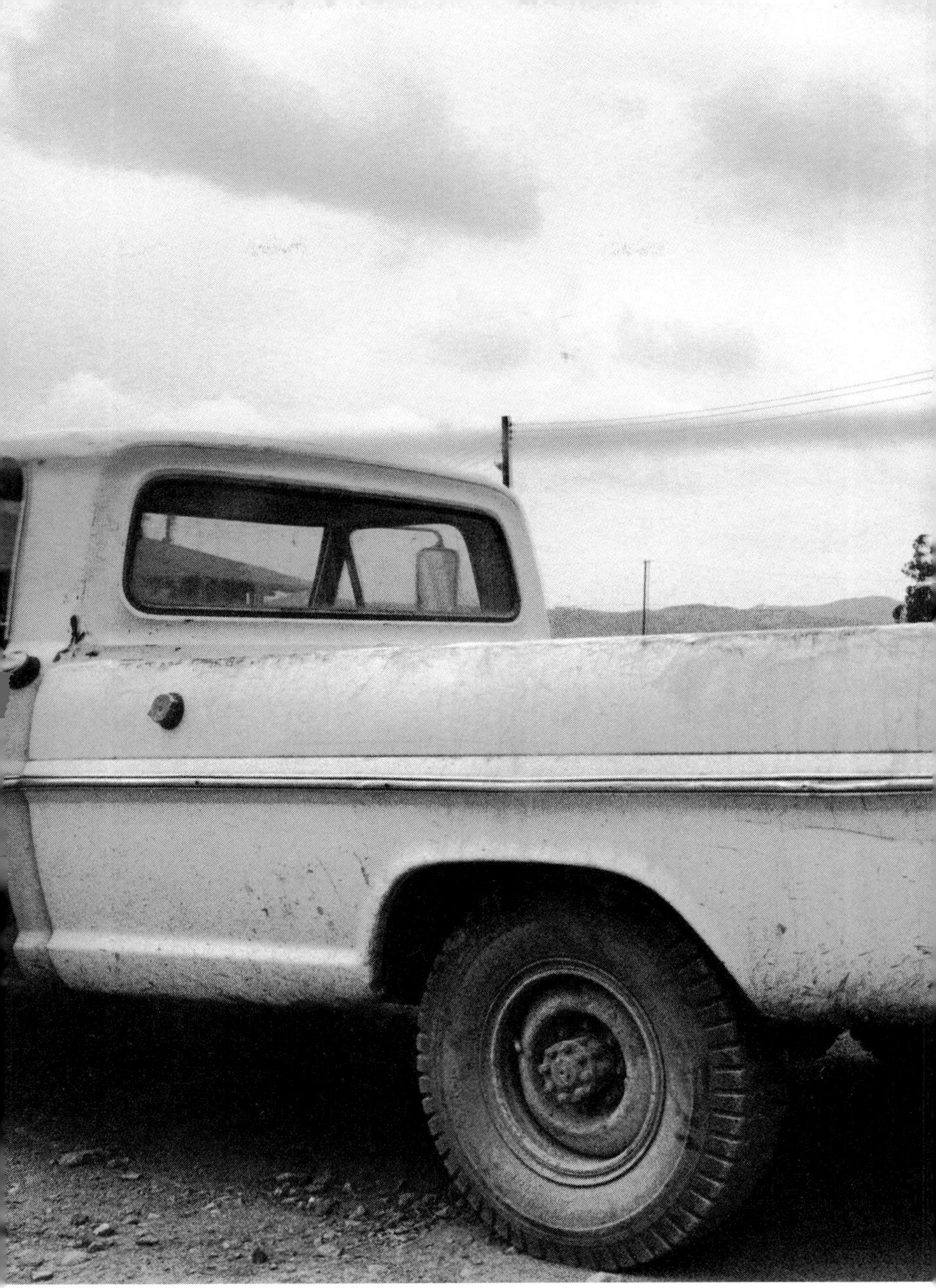

WN
NTEREST
1200 STATE STREET
Colorful Fountains
- Famous 'EL PASEO'
800 State Street
1100 STATE STREET
RICAL MUSEUM
State Street
ast of 1100 STATE STREET
ublic Building

Points
DOWNTOWN PLAZA
Landscaped Walks
De La GUERRA HOUSE - In
Cafes • Galleries • Gardens
SANTA BARBARA MUSEUM
SANTA BARBARA
2 Blocks East of
SANTA BARBARA COURTHOUSE
World's Most

12

GENERAL TELEPHONE

HARBOR
RESTAURANT
COCKTAILS
MOBY DICK
Coffee Shop
AMPLE PARKING

WAIT

写真=淺井愼平

談

淺井愼平

淺井愼平の『気分はビートルズ』（立風書房）を初めて読んだ時のことは忘れられない。一九七六年二月、彼がそれまでに撮った作品から精選した写真九十四葉（八三年の角川文庫版では一部差し替えられ、カラー印刷の発色もより鮮明になっている）と、七一年から七五年にかけて『SUB』『話の特集』『ワンダーランド』『宝島』『メンズクラブ』『DANSEN』の各誌に発表した掌篇三十五篇に書き下ろし一篇を組み合わせて刊行したこの独創的な写真散文集は、彼がシャッターを切ることで、空間や風景を静止させ、そこに物語を喚起するように、たとえば同じ被写体を、ムーヴィ・カメラを回すように言葉で細密に描写することで切り取ってみせたランドスケイプ・ノヴェリスト片岡義男の赤い背表紙の角川文庫や、奇しくも半年後の同年八月に創刊された雑誌『POPEYE』（平凡出版）と共に、七〇年代半ばから八〇年代初頭にかけての時代の空気をセッティングするに当たって決定的な役割を果たし、《「気分」というキーワードをはじめて時代的メッセージを込めた新しい言葉として登場させ》(角川文庫版・川本三郎解説より引用)、《以来、「気分は」というエロキューションは、日本語のなかで新たな色合いを帯び、無数の言い替えとニュアンスのイミテーションをうむことになった》(同じくカヴァー見返しコピーより引用)。

六〇年代の残り香をせつなく纏ったモノクロームのビートルズ・イン・東京。南の島のブルー・ラグーンと西海岸のブルー・ヘヴン。色彩と感覚の両極を、風がページをめくるようにシャッフルしてみせてくれたのが、淺井愼平という写真家だった。それは、「七〇年代」という、懐かしさと新しさが微妙に入り交じった不思議なディケイドのモニュメントであると同時に、十代の少年にとって、ひとつの通過儀礼だった。

『SUB』のもつ類稀なさわやかさ、透明感は、彼の写真と文章に負うところが大きい。そのキャリアがビートルズからスタートしていることも含め、両者には浅からぬ縁がある。一九七一年、彼が『SUB』第二号の特集「ビートルズ・フォア・エバー」に発表した「ジス・イズ・マイ・ファーザーと少年が叫んだ雨の夜ハード・デイズ・ナイトがラジオから流れていた」は、のちに『気分はビートルズ』の巻頭を飾り、同書には第三号と四号の表紙に使われた作品も収録され、角川文庫版のカヴァーデザインと本文レイアウトを手がけた片庭瑞穂は『SUB』のアートディレクターでもある。

『SUB』が予見していた「七〇年代」とはどういう時代だったのか、そしてあの時蒔かれた種子が何であったかを語ってもらう証言者として、淺井愼平を欠くことはあり得なかった。

七〇年代のはじまりと『SUB』

ぼくの場合は、たぶん六〇年代を引きずりながら七〇年代に入っていった。自分たちが探している、六〇年代にはぼんやりとしていたものが、七〇年には少しずつ形が見えてきて、だんだん形になってきた時に『SUB』とも出会っているんですね。ぼくは、必ずしも写真家としてだけ参加していたわけじゃなくて、文章を書いたり、例の湯村(輝彦)さんとやった仕事(『SUB』第四号掲載「WHAT ARE YOU DOING THIS WEEKEND?」)とか、ああいうことがぼくのなかで自然に湧いてきていた時代で、あまり周りのことを考えないで、自分がやりたいこと、自分が探してきたことを表現しようと思ってた。

そんな時、小島さんもその一人だと思うんだけど、そういうことをやってみたいという人たちが、周りに少しずつ出てきた。そんなに大勢の人に認められていたわけじゃないんですが、ある種の人たちにとって共通する何かがあって、そのひとつが『SUB』という雑誌のなかに結実したんだろうと思います。小島さんとぼくの間で特別何か懸案したこともないし、ぼくが「こんなことやりたいんだけど」と自然に言って、彼が「いいんじゃない」みたいに、ほとんどチームメイトみたいな感じで仕事ができた。それがたぶん、『SUB』だけじゃなかったんですけど「七〇年代」だったのかな、という気がします。

だから、編集者と写真家というより、同時代の表現者として出会ったというか。写真家だから文章は書かないだろうとか小島さんも考えてないし、ぼくの方も別に「書くこともできます」という話をしたわけでもなく、自分の分担すべきことが自然に生まれてきた。例えば『気分はビートルズ』っていう本も、たぶん日本で初めての文章と写真の本だったと思うんですが、それにしても何も気負って何かやってやろうというわけじゃなく、時代に押されてというか、ごく自然に自分のなかから気づいたら出てくる。ちょうどビートルズが、過去の流れのなかにありながら、何かと断絶して次の世代を作った――そんな感じがぼくらにあったんでしょうね。

小島さんと会った印象で一番記憶にあるのは、彼が誘ってくれて神戸に行ったら、彼が丘の上の洋館に居た。その時の印象が一番強くて、どこかに書いたことがあるかもしれない。(「僕がほんのちょっぴり会った神戸　ジャンゴ・オオム・クッキー」／『プレイマップ』七二年五月号)

最初の出会いは、たぶん二号目の特集用にビートルズの写真が欲しいってことで、彼から電話がかかってきたんだと思うんです。それで、写真を借りたいと言ってきたのに、ぼくが「写真だけじゃなくて、こういうのがやりたい」と言ったか、あるいは、もしかしたら小島さんの考えで「何か書く？」と言われたのかもしれない。

いずれにしろ、これを今見ると、とても不思議な感じがしますけど、その当時は不思議じゃなかったんですよね。何でもありだったというか、その時気持ちが乗れば何でもできたというか。そういうことをつくづく感じます。

『気分はビートルズ』とその時代

あの本は、いろんな人たちの心に、それぞれ引っかかり方は違ったと思いますけど残ったようです。ちょうどその頃広告の場面にいた人たち、コピーライターなんかが随分参考にしていたと、後からそんな話を聞いたことがあります。そして、そういうふうに受け入れられた結果、その時異色の人だったぼくが、スタイルとして確立していくなかで、だんだん埋没していくわけですよね。ぼくが撮った写真の最初のスタイルが、あるスタンダードの、パターンのひとつになっていく。すごい批判を受けていたんですけどね、ぼくは。ビートルズと同じなんですけど。だから、偶然ですけど宿命的なものを感じるんですよね。

ビートルズを撮った時の方法論というのは、偶然ぼくのなかから生まれてきたものだったんですけど、ほとんど何の疑いも抱かないで、実はとんでもないことをやっていた? とにかく方法論として存在しないことをやっていたんだけども、特別なことをやっているとは思わなかったんですよね。随分批判もされましたけど、その批判すらぼくにとっては、つっぱねる前にもっと関係のないことだったんです。そういうふうにいられた時代っていうのが、六〇年代後半から始まっていた。小島さんも、自分の表現なんだからできれば気は遣わない、そういう流儀を当然のように通していたと思うんです。

ぼくが文章で湯村さんがイラストレーション描いたりしているこれなんかも、書きながら随分と楽しんだ。今見ると、よくこんなこと考えていたなと思うんですけど、これも「こんなことやるからさ」と言っただけで、あと原稿渡しただけなんですよ。小島さんも「ああ、面白いね」と何にも言わなかった。

湯村さんとはグアム島のプールサイドで会って、まだグアムが非常にプライヴェートな匂いのする時に、コンチネンタル・ホテルっていう、今考えたら本当に客が来ない、米兵の将校なんかが休暇に使うような平屋のホテルの、プールが空豆のような、腎臓のような形で、すごい暗さというか、貧しさというか、植民地の持っている独特の雰囲気のなかにあって、そこにいるだけである種の不思議な感覚があるんです。そういう感覚を共有しながら、そのプールサイドで描いてもらったんですよ。ぼくが、こういうの描いてくれ、ああいうの描いてくれと言って。

今、話しながら思い出したけど、その当時の小島さんとのつながり方も、例えば湯村さんでも誰でもいいけど、まるで音楽のセッションみたいに「ちょっと弾いてみてくれる?」と、そういう感じですよね。「キーはG? こんなテンポ?」って、そんな感じでできた。

それがあくまでも計算しないで、すっと出てきたっていう、そういうことだったんですね。だから、小島さんともそんなに詳しい打ち合わせはしてない。それで信用されていたっていうのがすごく面白いんだけど、ぼくのライフスタイルを彼が覗いて、わかったんだと思うんです。

ちょうどぼくが、南の島からウエストコーストにちょっと興味を移した頃だったんですよね。ぼくの個人事務所の名前がバーズ（BIRDS）というのは、綴りは違いますけど元はTHE BYRDS『イージー・ライダー』のテーマを歌った、あのフォークロック・グループのザ・バーズから付けたんですよ。鳥にしちゃった理由は、その頃うちにいろんな居候がいたんで、そうしたんですが。あの当時の、移動するイメージですね、ウエストコーストの。それがぼくのなかにあって。六〇年代と共に青春が終わりつつあって、放浪していた時の出来事のなかに『SUB』もあったんです。

だから、ぼくが神戸に行った時も、お互いにちょっと虚ろなんですよね。ちょうどぼくがビートルズに会った時に、四人がまったくバラバラでみんなあっち見たりこっち見たりしているんだけど、自分がどこに向かっていいかわからないっていうような感じだったんです。あの感じが、ぼくと小島さんのなかにもあったのかもしれないと思うんですよね。「面白い空間に居るねえ」「散歩しましょうか」と言って、散歩なんかするんですけど、別に何でもない話をして帰ってきて、ちょっと酒飲んでじゃあね、みたいな、そんな付き合いでしたから。

そういえば、ぼくがたまたまウエストコーストで一六ミリのフィルムを回したものがあって、それをコマ送りでプリントして、しかもレンズがカビだらけでね、もうむちゃくちゃなんです。それでも何の抵抗もなく見られた時代で、それをしかも、もう一回プリントして、一冊の本にしたことがあった。小島さんがプロデュースして「日本ハーフ」っていうジーンズメーカーに売り込んで。そういうことができた時代でした。

七〇年代前半と後半の空気

七〇年代前半と後半の一番大きな違いというのは、探している行為から、今度はそれを定着させる行為の方に移ってきて、探している時の面白さはなくなってきているんじゃないですか？　例えばこの号（『SUB』第五号）の表紙なんか見ても、こんな大胆なデザインなんて意識だけではできない。だけどやっちゃってる。今見ると、ほとんどすんなり「やっちゃってる」ところがあるんですよね。最初はみんなそうだと思うんです、編集者もカメラマンもデザイナーも。だから七〇年代前半というのは、たぶんそういう時代だったんですよ。そのうち、これはできないよね、という自己規制が始まってくる。後半になると、経済とか世間とかだんだん意識し始める。そういうことが、あるいは経済的ゆとりなのかもしれないですけど、時代の文化の流れなんでしょうね。つまり、夢中だったのが、少しそれを客観視するようになったところの弱さと強さと両方あるんでしょうかね。

資本主義ってそういうものなのかもしれないけど、ぼくらも気づかされちゃった、あるいは自分たちで気づいていったところがあったんでしょうね。七〇年代の後半ぐらいになると、やっぱり責任を感じるようになるし、期待もされちゃうし、モノが売れなきゃダメだとか、ある話題性が欲しいとか、違う話になってくる。先ほど話に出た、「ちょっと弾いてみてよ」ってキーだけ合わせて弾いて、「ああいいじゃん」なんて言ってたら一曲できちゃった、みたいな感覚からいくと、今度は「狙い、何？」とか「どこでやってるの？」とかね、いろんなことが出てきて、だんだん変わっていって、「客層は？」とか、「何人入るの？」とか、そういう話になっていく。『ＳＵＢ』の頃は探していたんですね、ぼくらが。そして日本という国も。ひょっとしたらまだ何かを探していた。それがやがて探さなくなってしまうわけですよね。だから、探していた良さというか、それが漂っている。何者であるかわからない自分、どんな時代かもわからない。でも、予感だけがするとか、予兆だけが感じられるとか、そんな時代だったんでしょうね。そんななかで、ほとんどカンだけでやっていた小島さんが、それ以上にカンだけのぼくなんかと出会って、自分が何を創るのかもわかっていないのに引き受けて、何かやれるだろう、みたいな話でやっていくと、「面白い、またなんかやろう」って、ちょうどビートルズが曲を作っていた時のような、そんな感覚がここにあった——それが、七〇年代のあるひとつのキーなんだろうな。そんな気がします。

クリエイティヴと経済

小島さんが気の毒だったのは、途中から経済のことがだんだん頭のなかに入ってくるようになって、好きなように生きてた人が最後は破綻するところに行かなきゃいけなかったというのは、彼の問題でもあるけれども、時代の問題でもあったんでしょうね。

時代が商業主義へ加速していくなかで自分を活かしき

れなかったのは、やっぱりアーティストだったからじゃないですか、どこか。人間というのは食べながら生きていかなきゃいけないわけで、カネと無縁っていうのはあり得ないんですが、ビジネスマンがカネの話をすると全然問題ないんですけど、ある種アーティスティックな人が——小島さんもそういうタイプだと思うんですが——カネの話をした時に、ものすごく胡散臭く見えると思うんですよ。そういう不幸が、彼の背中に、ある時からあったんじゃないでしょうか。

それは覚悟して生きていかないといけないんですよ。彼は表現者であったかもしれないけど、写真家であるとか、画家であるとか、詩人であるとかっていうわけじゃないから、その辺で苦労されて、ある時期から周りが少し離れていったのかもしれない。我々の難しさはそういうところにあると思うんですね。友人だった伊丹十三もそうだけど、彼だって、晩年はおそらく裸の王様で、カネに縛られて、カネを生む機械になっていったんでしょう。そこをどうやって避けながら生きていけばいいのか、そのことだけでほとんどの人は疲れ果てる。

それは編集者も同じだと思うんです。なかなかみんなそういうふうに認めてくれないんでね。ぼくもいろんな人を見てきましたけど、卑しくならない覚悟っていうのは、よほどしっかりしていないとできない。おカネの話をすることは恥でも何でもないんですけど、どこかでそれを避けようとしているもんだから、どうしても軽やかな話にならないんですよね。本当はしたくないって思っているわけですから。ある種の人にとっては、それがとても重荷なんです。おそらく小島さん、それに疲れたんじゃないんですかね。

小島さんとは、だいぶ前に表参道で立ち話をしたのが最後になりました。あの時は随分、なんか、やつれて見えました。ある時からぼくのところに突然来なくなったんですよね。付き合う人も変わってきて、ちょっと心配だなって思っていたんですけど。写真家にしても、危ないやつのところに行っていたり。ぼくがとやかく言う話じゃないですけど。たぶん「スタディアム」でいろんなことをやる時に、多少ぼくにも不義理をしたというのがあったんでしょう。ぼくは全然そんなの覚えてないぐらいですからいいんですけど、本人は気にしていたかもしれないですね。

ぼくが尊敬している詩人、金子光晴の『絶望の精神史』（一九六五年／光文社、一九九六年／講談社文芸文庫）という自伝的な本があるんですけど、彼は、生きるために人を騙したり、いろんなことをやっている。でも、それを超える詩人の魂を彼は持っていた。だから、彼は「金子光晴」でいられたんです。そういう生き方は、ものすごくナイーヴでありながら強靭でなくちゃできない。普通はそこまでの強靭さはなかなか持てないですよ。生きていく上でのさまざまな矛盾した行為、それも「詩人」にしてしまうなんて例は、そんなにたくさんはないんです。ぼくは救われたんですけどね。金子さんのような人がいることで勇気が湧くんです。

詩人であるということのナイーヴさと、一人の人間としてそれを超えて生きていくってことの矛盾をどうやって引き受けるのか——その為には、まず詩人でなくてはいけないんです。その時にしか救いはないんですよ、ぼくらも。クリエイティヴなパッションがあって、プライドがあれば、それとまったく正反対の矛盾を抱えた時でも救われるんです。そこで葛藤して迷いが多くなってくると、だんだん醜悪に見えてくる。そして、本人もそれに気づくんですよ。それはものすごくつらいことだと思うんですね。はじめのうちは自分を救う手立てがあっただろうに、だんだんそれができなくなっていくんでしょうね。それは、他人事じゃないですけど。何人もそういう人を見ていますから。才能がある人で、そういう人がけっこう多いんです。

それにしても、ものすごく彼らしい生涯だったという気がしますね。亡くなられ方も、その前後の話も、ぼくから見るとドラマとして完結している。そういう人ってだんだんいなくなってるじゃないですか。そういう点で、ある感慨が湧いてくる。不幸なことだったかもしれないけど、亡くなられる時にこの連載が始まった、それに深い宿命的なものを感じます。

（〇三年十一月十八日、下北沢バーズスタジオにて）

（『クイック・ジャパン』vol.52
［二〇〇四年一月］に加筆）

トムの店

31.

昨年（〇四年）九月、富士正晴を中心に四七年神戸で創刊された日本有数の名門文芸同人誌『VIKING』研究家、中尾務氏から一枚のハガキが届いた。そこには当連載への感想とともに、ドキリとするような一行がさりげなく記されていた。

《中野翠さんの『お洋服クロニクル』に出てくる「ジョン・レノンそっくりのKさん」は、小島氏のこととしか思えません。》

一九五三（昭和二十八）年から一九八九（平成元）年にかけての、著者幼少時からのファッションの変遷を編年体で一年毎に描いた本邦稀にみるチャーミングな同時代史／自分史であるこの本を、初版刊行時にリアルタイムで愛読したはずが、その時はまったく気づかなかった。

『an・an』が創刊された七〇年春、その少し前に出版社宣伝部の中途採用に合格、コピーライターとして入社した中野さんは、T子とY子という同じ職場の同世代の女の子二人と親しくなり、「ちょっと生意気なおしゃれ」を競い合いながら、《会社の昼休みはいつも近くの「T……」という喫茶店で過ごしていて、そこのマスターと親しくなった》。そしてこの年の夏休み、関西出身のマスターの、「クルマで帰郷して何日か京都に滞在する」という案に、中野さんたち三人娘が相乗りすることになる。

《京都ではマスターの友人でジョン・レノンそっくりのKさんに会った。ウェーブのかかった、腰まで届きそうな長髪で、ふちなしメガネで、ほんとうにそっくりだった。ミニコミの編集長で、京都ではバリバリの若手文化人のようだった。いっかいの「OL」である私たちはKさんといっしょに京都の街を歩くのが、ちょっと晴れがましいような気分だった。》

まさしく小島氏以外の何者でもない。意外な「証言者」の出現に心が躍った。なぜなら、この時期の小島氏を知る人を探し出し、接触するのは容易なことではないからだ。同じく『お洋服クロニクル』一九七〇年の章に登場する、「ビアズレーのような妙な絵を描く女の子」の友人に「『an・an』に売り込みに行くから一緒に行かない？」と誘われて、中野さんが六本木の編集部を訪れた時応対してくれた「アフロ・ヘアにベルボトムのジーンズ、プラットホームシューズの、いかにも〝若者風俗最尖端！〟といった感じの男」Sさんが、小島氏を〝ライヴァル〟と認めて『an・an』や『POPEYE』で紹介した、椎根和氏に相違ないことにも縁を感じた。

《そのアフロ・ヘアの男Sさんとは約二十年後に再会することになる。彼は創刊時の『Hanako』編集長になっていて、私はコラムの連載を頼まれたのだ。（中略）六本木での話をしたら、ひどく恥かしそうだった。》

早速、中野さんに手紙を送ると、すぐにFaxで返信があった。

《お手紙ありがとうございます。「Kさん」は確かに小島素治さんです。出会ったのはまさに一九七〇年だったと思います。私は主婦の友社に勤めていて、同僚の女の子と三人で、昼休みはよく錦華小学校近くの「トムの店」に行っていて、そこのマスターに紹介されたのです。「チャーリー・ブラウン」もそこで初めて知りました。マスターが「コジマさんが力を入れてるマンガ。面白いんだよー」と。「トムの店」はもう無いと思います。顔はハッキリおぼえているのに、マスターの名前、忘れてしまいました。七二年に退職して以来、「トムの店」には行っていないのです（一、二回は行ったかな？）。
小島さん、亡くなったんですね。ビックリ。まったくボンヤリした記憶で自信がないのですが、十年くらい前、地下鉄・赤坂見附のキップ売り場で見かけ、一言二言、立ち話したような気が……。その時だったか、村上春樹の『風の歌を聴け』の映画のロケ地を提供したという話を聞いたような気も……。ほんとうにおぼろげな記憶で申し訳ない。お手紙で驚いて、すぐに返信したくなったので、『クイック・ジャパン』はまだ読んでいません。私はビートルズに当時さほどの興味がなく、コジマさんの偉さもよくわかりませんでした。ただのＯＬ。お話できるようなことがほとんどないのが残念。でも、「あのころ」に興味をお持ちなのがよくわかって、何となくうれしく感じています（あらためて、ちゃんとプロらしい文章の手紙を書きます。では）。》
小島氏の件と同時に、もうひとつの「謎」が解けた。『ＳＵＢ』東京編集室の住所は、七二年六月二十日発行の第四号を境に、それまでの《渋谷区桜ヶ丘一四－一〇　渋谷コープ２１１号》から《千代田区神田神保町一－二二》に変わり、第五号からは《トムの店２Ｆ》と奥付に明記されるようになる。中野さんたちが通っていた喫茶店「Ｔ……」こそ、当の「トムの店」だったのだ。「編集室」としての実体はおそらく無かっただろう。マスターがもしも二階を自分の住居にしていたとしたら、大学時代の親友に名前だけ貸した可能性はある。
その後何回かＦａｘをやりとりするなかで、中野さんが、今は結婚して岩国市在住のＴ子さんに久しぶりに電話して旧交を温め、トムの店のことは彼女の方がよく覚えていたが、結局マスターの名前はわからなかった、と知らせてくれた。

　こうして今年（〇五年）三月二十九日、西神田の白山通りに五二年から開いている古い喫茶店にて、中野翠さんにお会いした。

　まずはトムの店について、どんな雰囲気の喫茶店だったか尋ねてみた。

「特に変わった店でもなくて、案外普通なのよ、小さな店で。当時、旧主婦の友社のビルは神田駿河台、今のカザルスホールの辺りにあったんだけど、会社のすぐ近くにけっこう大きな喫茶店があって、会社の人はたいていそこに行ってたのね。だから、私たちはそこからちょっと外れた場所にあるトムの店に行ってた。錦華公園の真ん前なんだけど。一緒に行ってた上田（岩本）富子さんっていう友達が女子美の短大出身で、イラストレーター志望だったのね。だから、とりあえず会社勤めしながら、よくイラストを描いてたんだけども、それを知ってるマスターが、お店のガラス窓に何か描いてって言ったわけ。それで彼女が蛍光スプレーで、ピンクとか黄緑の星が飛んでる、その当時の感じのサイケっぽい柄の絵を描いたんだよね」

「二階があったんですよね？」

「住めるようなところだったのよ。私、上には上がったことなかったんだけど。いつも座ってた奥の方にある馴染みの席で、私と彼女でビートルズのレコードの訳詞をして遊んだのは覚えてるけどね。会社終わってから行くことはまったくなくて、ほんとに昼休みだけ、ほぼ毎日行ってた。でも、会社辞めた後は、ぜんぜん行ってないのよね」

「ランチとかもあったんですか」

「無かったと思う。サンドイッチくらいはあったけど」

そこまで話すと、中野さんは、手描きの図面入りのメモを鞄から取り出してテーブルに置いた。「これは、二人で電話であれこれ思い出しながら、彼女が再現して描いたのを送ってくれた〈幻のトムの店〉の図ね」

二人の記憶を総合すると――

◎入口の左手に二階へ通じる階段があった（一度上がったとき見たら物置になっていた）。

◎同じく右手にデヴィッド・ハミルトンの美少女写真パネル（木の桶で湯浴みするヌードの女の子、全体的に金茶色ムード）が飾ってあった。

◎入口の右手に岩本さんがイラストを描いたガラス窓がある。

◎小島氏の東京事務所とは二階のことで、たまに寝泊りしていたようだ。

◎ときどきお昼頃、二階から小島氏が寝起きの顔をして降りてきて、マスターから珈琲をもらっていた。

◎カウンターの真ん中の席に小島氏が座って、マスターとよく話していた。

◎カウンター正面の壁には細長い棚が設置されていて、スヌーピーの本やジョンとヨーコの写真が立てかけてあったと思う。

「ジョンとヨーコのこの写真（『ぶっく・れびゅう』創刊号の表紙に使われた六九年十一月発表の『ウェディング・アルバム』ジャケット写真）を、この本の表紙として見たのか、別個に見たのかはわからないけど、トムの店で見たのはなんとなく覚えてるんだよね。それで、マスターと岩本さんと私と、もう一人牧野由里子さんっていう、後に資生堂の宣伝部に移った女の子がいて、七〇年の夏に、そのマスターの車でみんなで京都に行ったわけよ。その車にも何か描いてって言われて、私たち三人でスプレーで描いてて、だんだん興奮してきて、すっごい変な派手な車になっちゃって、それで一緒に行ったんだよね。その時京都で小島さんにちょっと案内してもらったって感じ。でも、私は壁が全部鏡張りの絨毯敷きのディスコで踊ったことぐらいしか覚えてないのよね（笑）」

「トムさんって、どんな感じの方でした？」

「その頃、『銭ゲバ』（七〇年／『週刊少年サンデー』連載）っていうジョージ秋山のマンガがあったじゃない、あんな感じの髪型で、前髪が顔にかかってて、小柄で、メガネなし……うーん、頭には浮かぶんだけど、ほんとにマスターっていう感じで、すごくいい人だなあっていう印象しかないのよね。歳は五つくらい上だったのかな。元々小島さんとは大学の同級生だったらしいね。本名がどうしても思い出せなくて。でも、『トムだからツトムなの？』って訊いたら、そうじゃなくて、小島さんの好きな詩のなかに出てくる名前から採ったんだって。ここから何かを発信する、みたいな話だった気がするって。直接、岩本さんに電話で聞いてみたら？　電話番号教えるから」

「ありがとうございます。それと『お洋服クロニクル』でも書いていらした、京都で撮った記念写真はまだお持ちですか？」

「それがねえ、昨日探したんだけど見つかんないのよ。小島さんは写ってなくて、マスターが写ってるのが確かあったの。つい最近見かけたのに」

「小島さんと最後に会ったのは赤坂見附でしたっけ」

「うん、そうなの。地下鉄の駅の切符売場でばったり会って、ちょっと立ち話したんだけど、何を話したかもよく覚えてなくて。でも、昔のようなオーラは感じなかったなあ」

「昔はかなりオーラがあった？」

「うん。京都で会った時は、私なんか、ほんとに一〇Lだからね。こんな尖端的なかっこいい人に案内されて、晴れがましいなっていう感じ。しかも話してみれば、ぜんぜん威張ったり気取ったりしなくてね」

「偶然会ったのは、いつ頃でしょうか」

「いつ頃かなあ。小島さんが『ドレッサージ』とかやってる頃じゃない？　いろんなことやってるんだよ、みたいな話は聞いたと思うのね」

「『ドレッサージ』は七七年から八一年まで八号出ています」

「その後かもね。『ドレッサージ』は、表紙も、どういう雑誌かも覚えてる。どこかで見たことがあったんだろうね。秋山道男は知ってる？　あの人と七九年に知り合って、まだ家具もそんなに揃ってないような青山の事務所に出入りしてた時、そこに雑誌とか、何か変わったものがいろいろあったから、もしかするとそこで見たのかもね」

　無印良品やチェッカーズなどのプロデューサー／プランナー／クリエイティヴ・ディレクター、俳優としても知られる若松プロ助監督出身の〝スーパー・エディター〟秋山道男編集による「ＰＲ誌の金字塔」として名高い『熱中なんでもブック』（七九年創刊／西友ストアー宣伝部）に、中野さんもスタッフとして参加していた。四一年生まれの小島氏と、四八年生まれの秋山氏は、まったく異なるタイプに見えるが、どこか重なるところもあるように思える。優れて特異で個性的な雑誌をほとんど直感だけで創るところなど、特に——両者に何か接点は無かったのだろうか？

「とにかく、写真が出てきたら、あなたに送るわ。自分が変な格好して写ってるのが厭なんだけど（苦笑）」

32.

中野さんは、書くものとまったく落差のない、カラッとした語り口が素敵だった。七〇年代以降のサブ・カルチュアの変質に、リアルタイムで立ち会ってきた中野さんとの対話を通して「再検証」を試みるのに、この日はまたとない機会でもあった。

「中野さんが以前、八〇年代にサブ・カルチュアが〝繰り上げ当選〟的にメイン・カルチュアというか、カルチュアそのものみたいになって薄まってしまったような、ぼやけてしまったような気がする、とお書きになっているのを読んだことがあって、小島さんによれば『ＳＵＢ』という誌名は、谷川俊太郎さんがサブ・カルチュアの〝サブ〟から採って名付けたそうなんですけど、中野さんからご覧になって、七〇年代と八〇年代以降のサブ・カルチュアの一番大きな違いは何だと思われますか？」

「正統なものじゃなくて〝サブ〟という、文化の中心ではないですよっていうのが、すごく強く意識されてたと思うのね、七〇年代は。誰の本だったか忘れたけど、『正統と異端』とかさあ、〝異端〟っていう言葉が流行ってたんだよね。だから、中心から外れてるとか、無視されてるとか、あんまり評価されてないけど、これは自分が好きだ、面白いと思ってるという意識が、〝サブ・カルチャー〟っていう名前の付け方に表れてる。特に、映画とかマンガ、あとファッションとか、風俗とか、そういうものを語ること、そういうジャンルの事柄を、真正面から語ること自体、既に意味があることだったのよ。

でも八〇年代には、もうそういう意識はあんまりなくなっちゃってて、当たり前でしょ、みたいな感じじゃない。で、それを支持する人たちは、あるレヴェルよりすごく増えたから、商売として完全に成り立つようになって。だからほんとに日向に出ちゃって、それでまあ面白くもなったし、でもちょっとインパクトは無くなったかなあ、っていうのはあるよね。

私たちが七〇年代に正統と思ってたものがどこへ行ったのかな、単に幻想に過ぎなかったのかなとも思う。ハイ・カルチャーみたいに思ってたものが、案外、私たちが勝手にそう思ってただけかなっていうのはあるけどね。だから今になって、そういう正統的な文化にしても、映画にしても、私たちが若い頃は一応権威を持ってたけど、あんまり読んだり観たりしなかったものを、ほんとはどうなんだろうと思って、こっそり読み始めたり観始めたりした感じ。それですごくビックリしたり、これは語られ方が良くなかったんじゃないかな、なんて思うこともよくあるわけよ。もうちょっと違う語り方してたら、正統も異端もなく、いいものはいいんだって、自分では発見したつもりでいるんだけれども。やっぱり七〇年代は、〝正統と異端〟っていう、それ自体が図式になってたところってあるよね」

「京大哲学科出身の二大巨星、林達夫と久野収が七四年に行った対談のなかで、《文化における古典文化（クラシカル）と大衆文化（マス・カルチュア）の関係、高級文化（ハイカルチュア）と基底文化（サブカルチュア）の関係が、底ゆれしてきている》と語り合っていて（『思想のドラマトゥルギー』〔八一年／平凡社〕に収録）、そこのところをもっと突っ込んで話してほしかったんですが、サブ・カルチュアを〈下位文化〉と訳さず〈基底文化〉という言葉を当てているのが新鮮で、ハッとしました。「関係が底ゆれしてきた」というニュアンスは、カウンター・カルチュア（対抗文化）と言った方がもっと明快になりますね」

「そう、カウンター・カルチャーみたいな意識よね」

「六〇年代後半から七〇年代半ばぐらいまでは、《サブ・カルチュア＝カウンター・カルチュア》という共通認識が、若者の間にも世間的にも前提として存在していたと思うんです」

「うん。だから八〇年代以降は、カウンター・カルチャーみたいな意識はないでしょ？　そうすると、サブ・カルチャーのなかでも人からヒンシュクを買うものって、どんどん潜っていっちゃって。所謂オタク文化みたいなものが、昔で言うカウンター・カルチャーのようなポジションになった」

「九〇年代後半に一時栄えた〝鬼畜カルチュア〟とかそういうものが、今のカウンター・カルチュアなのかと言ったら、単に地下に潜っただけで、何のカウンターなのかなって……」

「そうでしょ。広がりがないのよ、社会とのつながりはない」

「むしろそこから断絶するみたいな、反社会的という意味はあるんですけど」

「そうそうそうそう。反社会的には違いないんだけれど、どこか違うよね」

「澁澤龍彦のサド裁判（註：五九年、現代思潮社より刊行されたマルキ・ド・サド『悪徳の栄え』が翌六〇年発禁とされ、翻訳者の澁澤龍彦は猥褻文書販売同目的所持容疑で起訴された。特別弁護人に埴谷雄高・白井健三郎・遠藤周作が就任、大江健三郎、大岡昇平ら多くの文学者が澁澤を弁護、六二年の第十八回公判で無罪判決を得たが、東京地検の控訴により、六三年有罪判決が出される。同年ドキュメント『サド裁判』刊行。澁澤は上告するが、六九年最高裁にて有罪が確定）とかも反社会的なんだけど、法律と戦う意識からして違う」

「なんだろうね。あの頃はもっと自分の世界観をアピールするところがあった。それから、政治と文学とか、社会と個人とか、そういういろんな対立の図式みたいなのが、けっこう実感としてあったような気がするのよね。それが今はあんまり無いもんね。いろんなものが溶け合っちゃって、いわゆる対立しあう何かというのが感じられないよね。それがいいんだか悪いんだか、何だかよくわかんないんだけどね。サブがあるならメインとか、何か正統的なものがあるはずだけど、無いんだよね」

「だから、今となっては、《大衆文化＝ポップ・カルチュア＝サブ・カルチュア》というのがいつのまにか出来上がった非常に大雑把な解釈に対して、みんな疑問を持たなくなってしまっている。まして〝サブカル〟という略語には、誰がどういう状況で使おうと侮蔑的な響きしかない。いったい、何時からそうなってしまったのか？」

「やっぱり八〇年代かなあ。七〇年代の半ばくらいからかな」

「坪内祐三さんが一九七二年を分岐点として捉えていますが、経済的には七三年末のオイル・ショックが大きいとして、文化的には七二年がやはり大きな分かれ目だと思います。『an・an』にしても、堀内誠一さんがアート・ディレクターを務めた七〇年三月二十日創刊号から、その任を離れた七二年三月二十日／四月五日合併号までの極初期に限っていうと、例えば《少数者のぺいじ》とわざわざ銘打った、すごく綺麗な撮り下ろしの写真と美文で構成されたグラビアページがあったりして、〈少数者〉という言葉が特権的な輝きを帯びていた。つまり『an・an』の方も実は大衆を相手にしてない。でも、だからといって閉じてはいなくて、バランス的に拮抗してる。それがかっこよかった時のマガジンハウス＝平凡出版の神髄であって、単純に大衆文化で善しとした時から、サブ・カルチュアの輝きが失われた気がしてならないんです。〝正統と異端〟、もしくは〝大衆と少数者〟のギリギリの境界に在る時最も輝く。それは『SUB』も同じです。『SUB』が存在そのものとして提示したサブ・カルチュアの解釈であったり、初期の『an・an』で堀内誠一が築いたファッションと美の王国であったり、そうしたギリギリのところで世間と拮抗している時にのみ、サブ・カルチュアは輝いて見えるのではないか――そんなふうに思えてならないんです」

「『an・an』なんかさあ、その後すごく売れるようになったけど、最初は売れなかったっていう、でもその最初の売れなかった頃がやっぱり一番面白いっていうことになっちゃうわけじゃない？　マガジンハウスの雑誌には、いつも少数者の匂いがするから、小生意気な人たちは飛びつくわけで、だけど後ろにいっぱいいるわけよ。その種の感覚を狙ってるっていうのかなあ、完全に少数派というわけじゃない。ちょっとばかり目ざとい人たちが、喜ぶようなものを必ず提供してたと思うのね。ずるずるっとついてこられるような（笑）」

「ぼくがどうしてもマガジンハウスにこだわってしまうのは、出版界の〝新雑誌開発室〟みたいな感じで、あれだけかっこいい尖端的な雑誌を創っていたのに、いつしかその座からすべり落ちたあげく、今まで死んでもやらなかった二番煎じの保守的な雑誌を出すようになって、部数だけでなく内容面でも他社の後塵を拝するようになっている。それって何かサブ・カルチュアの衰退と非常に密接な相関関係があるような気がするんですよ」

「ほんとそうね」

「今のマガジンハウスでは、『クウネル』がある意味、少数者のために創った雑誌の最新版だと思います」

「嫌いじゃないんだけど、あれだと先がない気がするというか、自己完結してるっていうか、もう少し壊す感じが欲しいのよね。読んでてワクワクする感じではないわねえ」

「間違いなく良い雑誌ではあるけれど、毒とか華がないところが少し物足りないということですよね。だから、女性誌で言ったら『ＪＪ』『Ｃａｎ Ｃａｍ』の流れ、ああいう所謂コンサバなものって、ぼくらが学生の頃からずーっと在り続けていて、それはそれで確固としたものがあって、八〇年代にはもはやそういうものが主流になった感があった。だけど一方では、『an・an』とか『Ｏｌｉｖｅ』を読んでる子も少なからずいて、ある種の均衡が存在したわけです。ところが、〇五年の今は前者の方が、妙なアウラを発しちゃってる。あれって大衆文化といえばもちろん大衆文化なんですよ。でも、サブ・カルチュアと言えるのかっていったら、言えないと思うし、あれの適切なネーミングがまだ無いような気がして」

「私は読んだことないけど、『ＮＩＫＩＴＡ』（註：二〇〇四―〇八年、主婦と生活社から刊行された月刊女性ファッション誌。「艶女《アデージョ》」というコピーに象徴されるように、「ちょい不良《ワル》」「ちょいモテ」をキーワードにしてバブル層にヒットした、〇一年創刊の男性ファッション誌『ＬＥＯＮ』のパートナーを読者に想定。両方とも誌名は創刊編集長・岸田一郎のお気に入りだったリュック・ベッソン監督作品から採られた）とかも、読まなきゃいけないんじゃないかと思わせる妙なパワーを、広告のコピーからして発してるよね。《世間雑誌》みたいな感じだよね、私の感じから言うと。やっぱり〈世間〉っていう基準が強い。もうそれしかないっていうか。今って全部が、喫茶店にしても、洋服の店なんかにしても、すべてが〝ブランドと激安〟みたいに、二極分化しちゃってるわけじゃない。両方とも私、嫌いなの。私はやっぱり路面店で、大きくなくて、好みがわりとはっきりしてる、そういうのが好き。雑誌にしても何にしても〝六本木ヒルズと百円ショップ〟しかないみたいな、そういう感じがしちゃうのよね。もうちょっと気持ちの遊びとか、ゆとりみたいなのがあってもいいんじゃないかと思うんだけど、すべてがそういうふうに二極分化してるような気がする」

「カウンター・カルチュアと言ってた頃は、二項対立みたいなのがあったけど、今は対立しないで分化してる。でも、だからといって《メインとオルタナティヴ》に分かれているかといったら、どうもそうは見えないんですよね」

「六本木ヒルズも百円ショップも、どっちも同じような感じがするのよ。ガツガツしている。あの頃は街で言うと、やっぱり銀座じゃなくて新宿とか、下北沢とか、中央線沿線のそういう街がいいっていう感じだったわけじゃない？」

「だから、サブ的な存在というのがほんとに消滅しちゃったんですね」

「そうね。そのサブとか、サブ・カルチャーっていう言葉に、私なんかは妄想を抱いていたというか夢見ていたというか、あんまり言葉では説明できないけれども、何をかっこいいと思ったのかしらね……。

私がサブ・カルチャーに惹かれた理由の一つは、私が〈世間的なもの〉が一貫してわからないせいかもしれない。やっぱり何でも大ヒットするものは世間的なものなのよ。あるレヴェル以上ヒットするものっていうのは、絶対どこか下世話なものだし、すごく世間的な価値基準みたいなものを前面に出してるのね。例えば〈負け犬〉とかね、あれも完全に世間的なものじゃない。要するに〈結婚してる〉ということと〈結婚してない〉ということで人間を語る。人間をそういう角度で分類して何が面白いんだろうって私は思うんだけど、それがみんなの心をつかむわけで。

だからそういうものに抵抗の無い人たちが読む雑誌と、抵抗のある人間が読む雑誌とは、違うと思うの。で、私なんかが中学高校、十代の頃は、読む雑誌っていうと『装苑』とか『服装』。そんなに無かったのよ、そもそも。だけどまあその二つがあって、それだと要するに読み物ページが少ないから、そういう価値観を押し付けられないで済むという。『女学生の友』とかさあ、いろんな十代の読む雑誌はもちろんあって、それも読んでたけどね。でもどっちかっていうと、熱中して読んでたのはそういうファッション誌の方。やっぱりそういう読み物ページが少なくて、ほんとにモノだけ、洋服が中心っていう、そっちの方が入りやすかったというか、好きだったのね。

私が大学時代になぜ左翼っぽい思想に感化されたかというと、自分が感じてたそういう違和感にアピールしたんだと思う。別に経済学的なところでマルクスとかをちゃんと読んだこともないわけだしさあ（笑）、でも一所懸命それなりに読んでね、大学では社研なんか入っちゃってさあ、何かしょっちゅう読書会とかやってたけど、それは自分に口実を与えるためでしかなかったような気がするのね。やっぱり基本は、〝自分は世間的な価値観が厭だ〟という気持ちの受け皿に、その頃は社会主義っていうのがなってたわけよ。だから一応そういう文献を一所懸命、かなりの苦痛をもって読んでね（笑）。説明できないわけじゃない、その違和感はなかなか。説明できないっていうか感覚的なものだから、何かそこにリクツを持ってこなきゃいけないわけで、それはもうずっと変わらない。

だから『an・an』が出た時はほんとに嬉しかった。映画にしてもイラストレーションにしても何にしてもねえ、ファッションばかりじゃなくカルチャー的にもうちょっと拡がりがあって、全部が〝待ってました！〟みたいな感じよね」

「ぼくが、かつてのマガジンハウス＝平凡出版の雑誌が好きだったのも、そこら辺の按配がちょうどよかったからなんでしょうね。自分の殻に閉じこもったり、多数派に合わせたりしなくても居場所があるんだ、という嬉しい驚き。その居場所は世間からまったく隔絶されたわけでもなく、しかし世間に呑み込まれてなくて、むしろある種拮抗してる部分もあって、それが自分のなかですごく心地よく感じたのかな……と、今のお話を聞いてそう思いました」

「要するに陰気じゃないじゃない。消費社会みたいなものに対して背中向けてないでね、もちろん七〇年代半ばに『POPEYE』とかが出てきた頃から、もうほんとにカタログ雑誌みたいな、そういう志向はあったけど、消費社会に対してコンプレックスを持ってないというか、禁欲的じゃなくて、でも適正な距離を持ってるような感じが良かったのよ」

「そう、その〝適正な距離がある感じ〟が今、無いんだろうなあ。全身どっぷりか、思いっきり引いてるか、どっちかしかなくて」

「私はねえ、その話とはずれるかもしれないけど、自分で好きな世界とか、結局辿っていくとこれかなあと思うのは、六〇年代とか七〇年代とか、そういうサブ・カルチャーとかいろんな言葉があるけど、それ以前からサブ・カルチャー的な、一筋の流れというのはずーっとあるような気がして、今は上限まで遡って、というかそれより前になるとわかんなくなっちゃうんだけど、江戸時代まで遡っちゃうわけよ（笑）」

「橋本治さんもそうおっしゃってますよね。本当のサブ・カルチュアは江戸時代にしかなかった、と」

「町人文化だからね。そういう意味では、ほんとにはっきりしてたと思うのね。だから私は、若い頃にわりと昭和一けた、一九三〇年代のモダニズム文化って好きだなあ、と思ってたのよね。喫茶店やなんかもそういう匂いが残っていたし、それはその当時、六〇年代末にワァーッと出てきたサブ・カルチャーみたいなものとあんまり違和感ないっていうか、何か同じような部分で惹かれてるんだなあというのは、ちょっとあったのね」

「堀内誠一さんが極初期の『an・an』に渡辺温（註：一九〇二—三〇。横溝正史の右腕として『新青年』の編集に携わる傍ら珠玉の短篇を発表するも交通事故により夭折。七〇年薔薇十字社から作品集『アンドロギュノスの裔《ちすじ》』が刊行され、再評価が高まる。一一年東京創元社より増補版の文庫化が実現、イラストレーターの息女、渡辺東が主宰するギャラリー・オキュルス三十周年と併せてオマージュ展も開かれた）の傑作「可哀相な姉」を再録していますが、昭和初頭のモダニズムを代表するメンズ・マガジン『新青年』の再評価が盛り上がり始めたのも、やはり七〇年前後でした」

「『新青年傑作選』（全五巻／七〇年）が立風書房から出てるよね。あれなんかもその頃に読んでたのよ。

この時代にああいうのが出版されたってこと自体が、それだけでもうかっこいいと思ってたのよね。誰かそういうのが好きな編集者がいて、三一書房から鶴屋南北全集（全十二巻／七一年）が出たりとか、いつの時代っていうことじゃなく、当時で言う異端的な出版物が、わりと七〇年代の前半にワァーッと出てたと思うのよね」

「そういう本を専門に出す小出版社もいろいろありましたよね。薔薇十字社とか」

「そうそうそう。薔薇十字社って麹町か何処かに一時あったんだよね。私、わざわざそこまで尾崎翠（註：一八九六―一九七一／少女マンガの感覚を遥か昭和初頭に先駆けた悲運の小説家。長らく幻の存在だったが、六九年花田清輝・平野謙編の名アンソロジー、学芸書林版『黒いユーモア』に代表作「第七官界彷徨」が収録されたのを機に再評価の機運が高まるも、七一年薔薇十字社からの作品集『アップルパイの午後』刊行直前に逝去。ちくま文庫版『尾崎翠集成（上下）』中野翠編、河出文庫版『第七官界彷徨』、ｋａｗａｄｅ道の手帖『尾崎翠　モダンガアルの偏愛』等が入手可能なほか、近年は若い研究者、映画作家、シンガー・ソングライター等からオマージュを捧げられ、さらなる再評価が進んでいる）の本を買いに行ったことがあった。だからそういう本がその頃けっこう出てて、その時は特にそうは思わなかったけど、今から考えるといい時代だったなあと思っちゃうのね」

「本当に特別な時代ですよ。七〇年代からはファッションにしろ音楽にしろ、本当にいろんなものがリヴァイヴァルしていますが、そういう精神的な高貴さとサブが結びつくような感じは、なぜか一向にリヴァイヴァルしないですね」

「ああ、そうだねー。この一筋の流れみたいなものに対して、まだ名前を与えられないのよ。何なんだろうって感じはずっとしてるけどね。何かそういうものに集まってくる人たちっていうのは、時代に関係なくわかるような気がするし、そこから生まれたものって面白いなあみたいな。それでいろいろ辿ってくと、江戸時代になっちゃうなっていう感じなんだけれども、だからそれはずっと変わんないような感じなのね、自分のなかで。

たぶん江戸時代だったら町人という階層が力を持ってたっていうのと、平和が長く続いて、なかには遊び人が出てきたっていう。町人も武士も俳句とかを通じてけっこう交流があるわけよ。商人の道楽者と、下級武士の道楽者が、場を同じくして同じ文化を楽しむ、みたいな。そういうのでサブ・カルチャーみたいなものが形成されたのかなあと思うんだけどね。で、戦前昭和のサブ・カルチャーに関しては、中産階級にある程度の厚みみたいなのができて、そういう社会構造の変化みたいなものの産物だとある程度察しはつきますね。

でもやっぱり最近は街を歩いてて、そういう江戸時代からずっとある一筋の流れみたいなのがあんまり感じられなくなったという感じがする。こんなに豊かになったのに、そういう筋が見えなくなってるし、窮屈になってきてるような感じがするのよね。そういう人間が暮らしていくのに息苦しい感じは持ってるよ、私」

33.

五月二十二日、中野さんに続いて、トムの店に通った三人娘の一人、岩本富子さんに電話でインタヴューした。中野さんより一足先に、デザイナーとして主婦の友社に入社していた岩本さんが、昼休みに珈琲を呑みによく行っていたのが、トムの店だった。

主婦の友社は家庭的な会社で、社員食堂で賄いが出るため、昼食代がかからない。食後の珈琲は外で、という社風だったので、岩本さんたちは日課のようにトムの店に行き、そのつどマスターは「三人娘が来た」と喜んで、何かと話をした。

建物全体がマスターの持ち物のような、そんな雰囲気があった。喫茶店が好きで、道楽でやっている気配があった。大学で学んでいた心理学の延長のような感じで喫茶店をやっているように見えた。

七〇年当時から、岩本さんは小島氏に対して、変わらず良い印象を持ち続けている。ジョン・レノンそっくりの風貌で、『イマジン』（七一年）やオノ・ヨーコの『フライ』（七一年）などのアルバムを聴いて、「この時代にこんな作品を作るなんてすごい」と感動していた岩本さんは、小島氏がジョンとヨーコを体内に呑み込んでしまっているような雰囲気を感じて、「この人、すごいなあ」と思って見ていたという。

トムさんは、小島氏とは正反対の雰囲気。性格も控えめで、人当たりが柔らかく、少し離れたところから暖かい目で見守る、まさに喫茶店のマスターにぴったりの人だった。小島氏に対しても〝自慢の友達〟というまなざしで見ているのが感じられた。

「そういえば、小島さんはその頃、新婚だったみたいで、トムの店のマッチは小島さんの奥さんがデザインされたと聞きました。片面に黄色地に赤で〈トムの店〉と店名が入って、裏に電話番号が一行入っているだけのデザインで、私はデザイナーだったから、『あれ？』って思ったんです。

その頃の流行っていうのは、もっと字間を詰めるのが新しかったけど、そのデザインは字間がバラバラなんです。一見すると神経使ってないように見える。新しくないじゃないかって。でも、よく見たら黄色に赤というのは、日本人はあまり使わない、わりとアメリカっぽい色使いだから、今の日本の流行のデザインではなく、今の時代のアメリカを持ってきたんだなって。一瞬見た時の印象と、もう一回見た時の印象が違って、『ああ、そうなんだろうな』って思いました。それでマスターに、『誰がデザインしたの？』って訊いたら、『小島さんの奥さんだよ』と言うので、なるほど、と思った記憶がありますね。良かったですよ。すごくさりげなくて、力が入ってなくて、でもそのザラッとした感じと黄色と赤で伝わるみたいな。さらっとしてて、『ＳＵＢ』の表紙のデザインの延長みたいな感じですよね」

岩本さんの義弟・慶三さんは、今も『クロワッサン』『Ｈａｎａｋｏ』などで活躍している写真家で、小島氏とは何度も仕事をしたことがあった。慶三さんが写真集（『CREATORS KEIZOH IWAMOTO 1982–1987』八七年六月）を出版する際、小島氏の紹介で『ＳＵＢ』『ドレッサージ』のＡＤ・片庭瑞穂氏が装丁を手がけている。

岩本さんが慶三さんの結婚式に出席した時、小島氏も招待されていて、十数年振りの再会を果たしたのは、今から二十年近く前のこと。しかし、後で慶三さんに訊いてみると、「知り合ったのは小島さんの全盛期が過ぎていた時で、感性の部分は良かったと思うが、仕事に関しては（金銭面での）アフターケアがしっかりしていなかったので、かなり困った」と言われてしまったそうだ。

京都では、小島氏の案内で行ったお寺で、「小島さんとお寺は似合わないな」と最初は思ったそう。「でも、普通の人が知らないような垣根の作り方を詳しく教えてもらったような気がするんですよ。だから私は、『なんで〝ジョン・レノン〟が垣根のことをよく知ってるの？　でもそういうバランスの違うところが面白いな』と思ったんですけど。きっとどこかで通じるものがあるんだろうな、と私もその時ピンときたんですね。小島さんの感性のなかで、京都とジョン・レノンが結びついているところがあるんだろうな、と。ジョン・レノンのことを死ぬまで好きでいられたというのは、小島さんにとって幸せだったんじゃないでしょうか」

三人娘は、京都旅行の一、二年後、それぞれ退職して新天地を目指す。中野さんはフリーランス・ライターに。イラストレーター志望だった岩本さんは、長友啓典と黒田征太郎のデザイン事務所〈K2〉に入社する。

「七〇年は〝新しい時代が始まった!〟という感じがすごくあった年で、小島さんは、その先頭を切って走っているように見えました。新しい空気を身体にいっぱい入れて、颯爽と歩いていましたよね。あの時、私たちだけでなく日本という国自体が〝青春時代〟だったのかもしれないって、最近思うことが多いんです」

その後、七月三十一日に、三人娘最後の一人・牧野由里子さんと、勤務先の小田急新宿店の近くのティー・ルームで会うことができた。牧野さんは、六九年に主婦の友社へ中途入社、宣伝部では読者調査の担当だったが、中野さんが新聞の求人欄で見つけて教えてくれた資生堂宣伝部の入社試験に応募、見事合格して、いち早く転職を果たす。制作室に配属され、当時売り出し中の写真家・十文字美信と、現在は居酒屋評論家としても知られるグラフィックデザイナー・太田和彦と組んで、月別の雑誌広告を制作、紙・電波・屋外などあらゆる広告制作に携わり、時々『花椿』の撮影を手伝うこともあったそうだ。現在は小田急百貨店商品計画部に移って、ファッション・コーディネーターを務めている。

牧野さんは、トムの店で、ジョンとヨーコが表紙の『ぶっく・れびゅう』創刊号を小島氏からもらった記憶があるという。照れ屋なのか口数は少なく、会話は途切れがちだったというが、ものすごくオシャレだということは一目でわかったそうだ。ブーツが好きでよく履いていた。京都で小島氏が連れていってくれたお寺は〈寂光院〉という尼寺で、「ちょっと寂れているけど、なかなかシブい茶室がある」という理由で案内してくれたらしい。街中にある小さな民家だと思って入ったら忍者屋敷でびっくりしたことも憶えているそう。観光客があまり行かないような穴場をガイドしてもらった感があった。小島氏はカメラを二台駆使して、牧野さんたちやマスターを撮影、大判にプリントしてくれた。

それから十数年経った八〇年代後半のある日、原宿竹下通りで小島氏とバッタリ再会した時、百貨店向けの大型店舗の企画をプレゼンしたいから手伝ってほしいと頼まれ、使い慣れないワープロで頑張って企画書を書いたことがある。すべてお任せで、小島氏から特に注文はなかった。「小島さん、ぜんぜん変わってなかった。髪型も昔と同じだった。その時、《トムの店にも行ってやれよ、三人娘とワイワイやってた頃が、マスターも一番楽しかったみたいだよ》って言われて、御茶ノ水に行ったら時々寄らなきゃ、と思ってたんだけど……」

＊

牧野さんからは、京都で撮った記念写真が収められているアルバムをお借りすることができた。そして、そこに記されていたメモから、マスターの名字が「豊島」さんであることが判明する。下の名前はわからない。

母校の立命館大学に、卒業生でもある小島氏の実姉・木田渚珠子さんを通じて問い合わせてもらったが、名簿の閲覧はおろか、フルネームさえ、たとえ卒業生でも教えることはできないと断られた。

後日、木田さんから「〝TOM〟という名前の次に番号が書かれた弟の手帳が出てきた」という報せをもらい、〝東京03〟を頭に付けて電話をかけたが、豊島さんにはつながらなかった。

34.

「うわ、懐かしいじゃん。『ドレッサージ』は創刊号から知ってますよ。その前に〇号《ゼロ》っていうのもあったと思うけど」

二〇〇四年一月二十七日正午、西麻布がまだ〝陸の孤島〟だった七二年から営業しているという二丁目のアウトドアショップ〈SPORTS TRAIN〉にて、オーナー・油井昌由樹氏と対面していた。

九二年、米経済誌『ウォール・ストリート・ジャーナル』の一面に「世界でただひとりの夕陽評論家」として紹介され、一躍この肩書きで認知された油井氏は、取材を進めて行くなかで、小島氏と生前親交があった人物として、必ず名前が挙がる一人だった。四七年、鎌倉生まれ。七一年に世界一周の旅から帰国後、日本ではほとんど知られていなかったL.L.BeanやRedWingなどのアウトドアグッズを初めて輸入・販売したアウトドア界の先駆者（その経緯は晶文社の名叢書「就職しないで生きるには」シリーズ第二期に収められた油井氏の自伝『アウトドアショップ風まかせ』八五年に詳しい）。〝天皇〟黒澤明監督から『影武者』（八〇年／東宝・黒澤プロ）の徳川家康役に抜擢されて以来俳優としても活躍。他にも商品や店舗の開発、エディトリアル・ディレクター、ライター、写真家、映像監督、TV・ラジオパーソナリティ、ナレーター等々、存在自体が職業とでも言うしかない多才を発揮しながら、嫌みなく飄々と生きるこの人のプロフィールを、森永博志氏のストリートバイブル『ドロップアウトのえらいひと』（九五年／東京書籍）の元になった『週刊プレイボーイ』連載「東京ジャングル・ブック」で知った時から、会ってみたいとずっと思っていた。

持参した『SUB』や『ドレッサージ』のバック・ナンバーを見るなり驚きの声を上げた油井氏は、「写真を撮らせていただいてよろしいですか」と声をかけたQJ編集部・森山に、「もちろんいいよ」と笑顔を向けた。「今度書く本のタイトルを『もちろんいいよ』に決めたんだ。どう、売れそうだろ？」

勝新太郎ばりの風貌で愉しげにそう言われると、思わず頷いてしまう。「すべてを一旦受け入れること」を人生哲学にした者だけが発する、会う者を一瞬で惹きつけてしまう強烈な磁力の持ち主だった。

「早速ですが、小島さんと知り合われたのはいつ頃ですか」

「一番最初の記憶は明白じゃないんだけど、小島さんが東京へ出てきてからだね。『ドレッサージ』にもしょっちゅう出てくるジャン・コクトー研究家の藤沢健二さんという方がいて、彼とは本当に十代の子供の頃から先輩後輩の関係で、たしか健ちゃんの紹介だったはず。当時、俺が〈ウェンズデイズ〉という会を主催してたんだ。俺の小学校からの友達を含めて、こいつとこいつを会わせたら面白いな、という本当の友達に声をかけて、全部で十数人から二十人近い人数が、毎月の毎週水曜日に集まって、呑んだり食ったりしながら話す会。その時だったか、小島さんが事務をやってくれる女の子を探してるんだけど誰かいないか、みたいな話を聞いて、その会に来ていた女の子の友達を小島さんに紹介することになって、ご紹介申し上げたら、気に入られて。それで、ちょっと付き合いが濃くなったのかな。

それ以前にもちろん紹介されて、何かの折にお邪魔したりはしてるんですよ。藤沢さんに『紹介したい人がいる』と言われて、神宮前の、まい泉がある通りの奥のマンションに入ってた〈スタディアム〉という小島さんの事務所にお邪魔したのが最初だった。いきなりジャック・ダニエルを呑んでおられて。まだ午前中とかお昼ぐらいだったから、あれっと思って。あのダミ声で、『俺もアホやけど、おまえもアホやろ?』『よくわかりますね』みたいな調子で、俺も呑むから、すぐに仲良くなった。

もう先に言っちゃうけど、一番最初に『この人すごいな』と思ったのは、彼にロバート・メイプルソープ（註：四六年、ニューヨーク生まれ。美術学校在学中に詩人歌手パティ・スミスと同棲。七〇年代は主に花などのスティルライフ、ポートレイト、男性ヌード、セックス禁忌打破をテーマに、ひと目でそれとわかる独特の美意識に貫かれた作品を発表、八〇年代に入ると伝説的な盛名を馳せる。八九年エイズにより死亡するまで、生涯「写真家」と呼ばれることを拒み、自らを「アーティスト」と呼び、写真を撮ることは空間を彫刻することだと信じた）を教わったんですよ。『Flowers――メイプルソープの花』（九〇年／ＪＩＣＣ出版局）を見せてもらって、びっくりして。別にメイプルソープのここがいいとか、そういう話は伺ってないんだけど、『こいつや、こいつがすごいんや』って。それまで俺は目もくれない。存在は知ってましたけど、どうしたって俺はアウトドア系ですから、知ってるのはそれ系の人、それもバイテン（8×10インチのフィルム）で撮るような、じーっと待ってパシャっていう人たちがやっぱり好きだったんですけど、メイプルソープを知って、『なるほど、写真ってこういうことできるんだな』と思ったのはすごく印象的で、それを教えてくれたのは小島さんだった。うるさいこと言わないでしょ、あとで屁理屈は付けるけど（笑）」

「一瞬で物事の本質を捉える直感に優れていた人だと思います」

「俺が小島さんとお付き合いさせていただいて、一番感じたのはそこんとこかもしれない。『ええなあ、これ』って思ったのを、なんでええんやろかって後付けで積み上げていったというか。先に結論に気がついちゃって、後から公式を考える方じゃないの?

　敵も多い、というのも憧れだった。俺は敵を作らないタイプで、というか取り込みたいのかな、嫌いな人とわざと付き合うタイプだから。その方が緊張感があるじゃない。そこへ行くとあの人は、ズバッと切るというか、相手の一番痛いところから入って行って、いなくなったらいなくなったで、『もう、知らへんそんなものは』という態度。でも、本当は繊細な人で、気の小さい分声が太い、みたいな印象を俺は持ってますね。晩年は電話でお話するぐらいで、京都に帰られてからはぜんぜんお目にかかれなかったけど」

「油井さんから見て、小島さんは京都人らしい京都人でしたか?」

「どうなんだろうねえ。京都人というのは、一束にできない個性を持ってるからね。同じ柳の下でさ、似たような家に住みながら、見かけも同じようにしながら、隣とは違うという意識。そういう人間の本質みたいなものは、ああいう赤の他人の出入りの多いところ、例えば宿場町でも感じるじゃないですか。俺は七十ヵ国は行ってるんですけど、世界中を旅しているなかでも、俺のなかに入ってくる京都人の感じの独特さって、すごいからね」

「東京に出てきた理由について何か語っていませんでしたか?」

「はっきり聞いたことはないけど、小島さんは、やっぱり東京をすごく意識されていたから、もしかすると東京を京都化しようというか、もっと面白い街にしようという気はあったんじゃないかと思いますね。京都はもう完成して終わってしまっているけれど、東京は世界でも一番面白い街になれる可能性がある、という意識がおありだったんじゃないかな。その辺の話を、かなり酒が入った後で振ったことがありますよ。要するに言葉の上ではいつも東京をバカにしてるわけだから、『じゃあ東京来ることないじゃないですか』ってことになるんだけど、俺はそうは言わないで、『そんなこと言って、小島さん、東京をもっと面白くしようとしてない？』なんて申し上げると、『おまえみたいなアホとそんな話してもしゃあないやろ』とはおっしゃってましたけど。でもね、ある時から、俺のことはアホバカ呼ばわりしなくなった。態度は相変わらずだったけど。

本当は、奢りたがりなんだよね。バーに入っても、京都人だからかもしれないけど、現金を出すという行為が好きじゃないし、そのまま帰っていいという、京都の当たり前の夜の世界。カネに触るってこと自体が、向こう風の粋じゃない。まあ、江戸もそうですけどね。ツケが効くか効かないかで生きていく、ってところがあるから。そういう生き方を通した最後の人かなあ。身の回りではね。違う世界でもっとすごい人がいるかもしれないけど、でもその生き方を最後まで死守したところがあるんじゃないかな。

彼にとって、不名誉でもなんでもないから申し上げるけど、年中無心に来るわけですよ。俺もだいたい宵越しのカネを持ってること自体、あんまり好きじゃないから、いつも持ち合わせがなくて、融通してさしあげることができなかったけど。でも、小島さんは詐欺師じゃないからね。俺の昔から知ってる連中で、『これやると一千万儲かる』といった話から、五百万用意するとどうなるというふうになって、最後には五万円っていう（笑）、バブルが崩壊した後、飛んじゃった人たちがけっこういましたけど、そういうタイプでは決してなかった。初めから五万円必要なら五万円とおっしゃるような、それも呑み代が欲しいと言う。なんていうか……素敵ですよね」

「素敵ですよね」という形容が、素敵だった。小島氏への愛情をその言葉に感じた。

「毎日バーボン一本は空けていたと聞きます」

「そうですね。お目にかかった時から既にもう、素面《しらふ》の小島さんを思い起こせと言われると、ちょっとどうしたらいいかなと思っちゃうぐらい。だって、夜、休まれるギリギリまで呑んでおられて、目が覚めたらまた呑むわけだから、切れ目がない。アル中というのは、要するに酒が切れた時に中毒の症状が出るものだけど、酒に浸ってるわけだから、酒がないとどう違うのか、アル中なのかすらわからない。俺、役者やってますから、酒呑みながら人を横目で上目遣いで見る、小島さんのあの感じは、もしもそういうキャラクターを演じることになった折には、彼のおかげで作れるかなという気はしてる」

「広告関係などのお仕事を小島さんと一緒にやったご経験は？」

「ないですね。俺、人に奢られたり世話になったりするのが、案外好きじゃないんですよ。いや、好きじゃないってことはないけど、お世話になったら必ず返すというふうに思ってますから。小島さんには教わることばっかりでしたけど、対等に付き合ったつもりではいます。だから仕事をもらうとか、俺が出すとか、そういうことはもしかしたら避けてたかもしれない、彼には」

「小島さんの方から仕事の話を切り出されることはなかったですか」

「向こうは俺のことアホだと思ってるわけだから、何か頼むということはないですよねえ。カネねえか、って言うぐらいで（笑）」

「『ＳＵＢ』の編集室を兼ねていた神戸北野町の洋館やマンションに呼ばれたことはないですか？」

「ないです。あの人はだから、ちょっとこれは言い過ぎかもしれないけど、東京人のある意味での平均的なタイプを、俺のなかに見てたんじゃないかなというのはある。余所で会う必要ないんじゃないかな、小島さんにとって。東京にいるやつ、という。俺、実家が日本橋浜町で、生まれたのは鎌倉なんですよ。だから自分のことを、鎌倉生まれの江戸っ子と言ってるんですけど。わりとコウモリ的に気楽に生きてるんでね。自分で買ったものはひとつもなくて、もらったものだけで生きてたり。小学校二年から高校まで横浜で育ったんですけど、そういう意味じゃ、一番多感な時期を最も混沌とした場所で過ごしたことになる。その前は、それこそ戦後の闇市の時代は東京の真ん中が面白かったですけど、その後は港町に、神戸もそうでしょうけど、面白さが移って行った時、ちょうどそこにいた。おかげですごく稀有な生き方ができて、面白かった」

「ナポレオン党の時代ですか？」

「俺、ナポレオンですよ」

二〇〇四年公開された日本初のロックバンドのドキュメンタリー映画『ザ・ゴールデン・カップス ワンモアタイム』（アルタミラピクチャーズ）にも、カップス結成前夜の六六年、東京を超える尖端エリア、横浜・本牧の象徴的存在として登場する伝説のチームの、油井氏が一員だったとは――！

「『平凡パンチ』に載ったナポレオン党の記事に出てくるY君っていうのが俺のことです。女を乗せないナポレオン党。乗せてましたけどね（笑）。横浜から東京まで、国道一号線レースっていうのをやるんですよ。よくその時に死ななかったと思う。何人も死んでますけど、そのレースでは死なかった。トヨタS８００でぶっちぎって、原宿まで出るんですよ。で、騒音防止法の垂れ幕ができたんです。俺たちがうるさくて。懐かしいですね。まだ十八歳で、免許取り立ての頃」

35.

今回の取材で確かめたいことがあった。ウェブサイトを見て知ったのだが、九六年、油井氏は一日二十八時間で過ごそうという〝28h / DAY〟を提唱、九八年にはセイコーから、油井氏原案による「オリジナル MONTU28h 腕時計」を発売している（六曜表を装着した一日二十八時間対応時計だが、二十四時間でも使用可能）。この、いかにも洒落が効いた大人の「遊び」は、何をヒントに生まれたのか。ここで思い出すのは『SUB』第六号で小島氏が作った、レコード・ジャケットだけを誌上ギャラリーのように並べたページのタイトルが「Coffee Break: 28Hours」だったことだ。例によって何の解説もないため、なぜ「28時間」なのかは謎だが、油井氏はもしかするとこれを見て、ピンとくるものがあったのだろうか？

「『SUB』の最後の号で？　俺、それ知らない。そのページ見せてよ。あ、これは気づかなかった。この号は俺、ぱらぱらっと読んだだけど。本当だ。すげえ」

「これが七三年の夏に出てるんです。一日を二十八時間で過ごす、みたいな発想はいかにも小島さんが好きそうだし、お付き合いのなかで、そういう話が出たりしませんでしたか？」

「いや、それは憶えてない。もしかしたら話に出たかもしれないけど、憶えてない。俺の二十八時間の発想というのは単純で、『ゾウの時間 ネズミの時間』という本に、地上で暮らす哺乳類は、一番小さいコマネズミから大きいゾウさんまで、一生に打つ心拍数が同じだという記述があって、それを読んで俺は目が覚めたの。その心拍がどうもそのサイズの生き物の自然時間だと。では、一心拍を一秒と捉えたらどうだろうか。人間がだいたい七十回ぐらいだったかな。そこから割り出していって、計算の結果、二十八時間になったんですよ。学生時代とかに、だんだん生活時間帯がずれていって、夜中に目が覚めて朝寝るみたいなことがある。でも、ほっとくとまた元に戻る。ということは、一日きっかり二十四時間じゃねえな、どうも二十八時間ぐらいだと。それでやってみたらすごく便利で、一分間を七十秒と設定すると十秒余る。一日に四時間食い込むんだよね。時計を作る前にカレンダーを作ったんですよ。そしたら季節とかむちゃくちゃになっちゃうわけ、四時間ずつずれていっちゃうから。それでどうしようか考えてたら、四時間で六日間、4×6＝24だから、六曜表を作ってしまえば、少なくとも月の日数は変わらないことに気がついた。それなら一日、曜日を抜いてみたらどうかと思って、MONTUEという時計を作ったんです。MONTUEというのはMONDAYとTUESDAYをくっつけた曜日。四時間分、TUESDAYに入っていって、次にTUEWEDという日を作る。そうすると、最後にSATSUNという日でお終いになって、また月曜日とMONTUEに戻るから辻褄が合っちゃう。週七日じゃなくて六日になるわけ。そうすると季節も変わらない——という発想で考えていったことなんで、小島さんが二十八時間についてどうおっしゃってるかはわからない」

九二年、東京工業大学生命理工学部教授・本川達雄氏の著書『ゾウの時間 ネズミの時間——サイズの生物学』（九二年／中公新書）は、発売と同時に大きな反響を呼び、その後も版を重ねている。

動物のサイズが違うと寿命が違い、総じて時間の流れる速さが違ってくる。ところが、一生の間に心臓が打つ総数や、体重あたり消費するエネルギーの総量は、サイズによらず同じなのだ。それはつまり、同じだけのことを速くやるか、ゆっくりやるかという生きるペースの問題ということになる。本川教授は、「それぞれの生き物が生きるペースを基準にして、エネルギー消費量で測ってやることで、自分自身が主役になって考えられるような時間の基準ができるのではないか。そうすると世の中が違って見えてくるはず」と述べている。短期集中・長期休養という小島氏のライフサイクルにぴったり符合する、当節流行のスローライフ／LOHAS（健康や持続可能性を重視するライフスタイル）に科学的根拠を与えたこの提案が、バブル崩壊後の大衆心理にアピールして、ロングセラーになったのだろう。

もっとも、不節制を絵に描いたような小島氏の28 Hoursは、「ここに載せたアルバム四十三枚分の時間だけコーヒーブレイクしよう」という意味かもしれない。LP一枚四十分として計算すると、トータル二十八時間十五分になる。ただし、小島氏はアルバムのなかの一曲をピックアップして指定しているから、それだと2.8 Hoursになってしまうのだけれど。

余談だが、スヌーピーが表紙の『relax』〇〇年五月号のもう一つの特集「サバービア・スイート2000」の〈カフェ・アプレ・ミディ〉のパートが、正午から二十九時まで、十分間に一枚ずつ、合計百二枚のレコードと共に過ごせるように設定されていたのは、『SUB』の「Coffee Break: 28Hours」の〝変奏〟ではないか？

「でも、すごい偶然ですね」

「ねえ。俺、ぜんぜんわかんないというか忘れてたというか、今、初めて知った。これ知ってたら、小島さんとその話したかった。失敗したなあ。だから、死んでしまうってそこだけだよね、困っちゃうのは。でも、遠くで亡くなってくれたおかげもあるけど、まだ亡くなったとは思いもしないもんね。記憶のなかに、小島さんのあの感じ、こう横目で上目遣いで『あいつアホやなあ』って言ってる感じが生きてるからね。俺が生きてるうちは、小島さんは生きてるでしょう……という感じはありますけどね。黒澤さんも同じ。黒澤さんが亡くなった時も随分考えたけど。小島さん、もしかしたら黒澤さんのことで俺をアホとおっしゃらなくなったのかもしれない。黒澤明が一応認めたわけじゃないですか、俺のこと。黒澤さんと出会って、その後亡くなるまで、本当に毎週お目にかかってて、一緒にカンヌへ行き、アメリカにも行き、っていうぐらいずっと居たから。そういうことで小島さんが、俺の内面というよりも、俺が過ごしてる事実そのものが面白いというところから、アホバカ言うことがなくなったのかなっていう気はするけど。だから、俺自身というよりも、俺を通しての黒澤明というものにご興味があったんじゃないのかな」

「たしかに一種のセレブ志向はお持ちで、ビッグネーム好きだったようです」

「平たく言えばミーハーだね。ミーハーが似合ってると思う、小島さんは」

「最後に小島さんと会った時のことを憶えていますか？」

「ある日車に乗って、ここへぶらーっと見えて、前かがみで。それが最後かな」

「最後の会話は？」

「特にないですね。紹介してくれた藤沢さんに、『迷惑かけちゃったかもしれないね、小島さん紹介して』みたいなことを言われてる時期でしたから。俺はぜんぜんそれは感じてないですけど。人にそういう思いを与えるっていうの、俺はあんまり好きじゃないけど、どうせ迷惑かけてんだからさ、はっきりしてる方が、どっちかというと紳士かなとも思うし。難しいよね。

でも、小島さんのことをこうやって考えてくと、自分が本当に十代とか二十代の小僧で、小島さんが酔っ払ったちょっと憧れのオヤジ、みたいな感じだよね。しょうがねえなっていうか、中学生ぐらいで、おふくろってなんてバカなんだろうと思う時期があるじゃないですか。何かその頃の気持ちになる。それは違うんだということを知ってて、結局、通り過ぎてやっぱりおふくろは偉大だったことに気がつくわけだけど、それにちょっと気がつかない頃だったというかね。だから、失礼はもちろんなかったと思うけど、でも、少しそういう気持ちがあった時代。あんまり思い出したくない、思い出しても別にいいけど、何かこう、時の流れの起伏の一番下とか一番上とかを感じます」

　自分の想いを自分の言葉でここまで的確に表現されたら、小島氏も今頃草葉の陰で、「アホが、わかっとるやないけ」と憎まれ口を叩くしかないかもしれない。

「小島さんの編集者としての仕事、例えば『ＳＵＢ』や『ドレッサージ』については、どのようにご覧になっていますか」

「もう全部大評価ですね。だって、ショックがあるじゃない。その後のあらゆる雑誌に影響与えてると思うけど、（小島さんのことは）別に知らないという感じでね。だから、一番親切なクリエイターですよね。黒澤明はパクるとすぐにバレちゃうから、そういう意味では親切じゃねえなって思う。力のない人はそっくりやる以外あのカッコよさを表現できないから、オリジナルを咀嚼できる人たちの力が必要なんだけど、小島さんは、そういう意味では咀嚼させる人。だから、黒澤明に対して、山本嘉次郎さんみたいな存在かもしれない。嘉次郎さんは自分を主張しないで、黒澤明が育つことの方を面白がった人じゃないですか。小島さんにそういう意識がおありだったかどうかは、俺もわからないけど、結果として、人がそれと知らないうちに、才能に気づかせてやってるという」

「『ドレッサージ』を見ていると、『ＢＲＵＴＵＳ』のテスト版に見えてくる時があるんです」

「間違いないでしょ。そういうもんですよね。でも、今はもうこういうものを出せる環境じゃないから、これを目指しちゃったら大変だよね。だからずるいよね、迎合しないで済むように、わがまま言えるような自分の立場というのを、もちろんそれを演出したとは思えないけど、そうやって生きてっちゃってね。死に方も、語り継がれるような死に方だしさ。あんな死に方できないよな。細かいところは存じ上げないけど。そういう意味で、小島さんという人をどうしても気になるというかたちで語り継ぐ、あなた方のその感じはすごく嬉しいですよね。嬉しいっていうのはおこがましいけど、〝ああそうだよね！〟って。派手な世界の、声のでかい人たちには無理だね、気がつかないね。小島さんかわいそうに、スポットライト浴びることに憧れてたくせに」

一見乱暴な物言いのなかに、小島氏を悼む気持ちが溢れるのを感じた。個人が雑誌を成功させる一番てっとり早い方法は、編集長その人がカリスマになることだ。松岡正剛の『遊』（七一―八二年／工作舎）然り、椎名誠の『本の雑誌』（七六年―／本の雑誌社）然り。ところが自分を前面に押し出すことが一度もなかったのが小島氏だった。それが彼の「美学」だった。

「一言もいわへんのに余計なことしやがって、と言ってるうちにスポットライトを浴びるのは、嫌いじゃなかったと思いますね。それはもう間違いなく。でも結局、そうならないのは、小島さんって震えるほどの存在感というのはないんだよね。存在そのものは、変に重いんだけど、でもヴァイブレートしてる、ヴィヴィッドな感じはない。そう言ったら、ないと悪いみたいだけどそうじゃなくて、そういう種類の人じゃなかった。やっぱり黒澤明なんていう人は、常にビカビカだったたからね」

もしも油井氏が、七〇年代初頭の京都か神戸で、『ぶっく・れびゅう』や『SUB』を創っている頃の小島氏と出会っていたとしたら、「ヴァイブレートしてる、ヴィヴィッドな」人として、また別の印象を持ったかもしれない。だが、そのヴァイブレーションは、発しようとして発せられるものではなく、例えば一日二十八時間の速度で生きている時だけ、自然に放射されるものなのだ。

「これは俺の話をしてるようで、小島さんのことでも言いたいんだけど、とにかく今一番の問題はやっぱり経済。カネが少し足りないぐらいの生活感が最高だろうと今でも思ってるんだけど、足りなすぎるんだ、今（笑）。俺が四社やってるなかで〈SPORTS TRAIN〉が一番古い会社で、三十年以上やってるけど、同じ住所、同じ電話番号をそれでも死守してる。西麻布って、何もないところが良かったのに、その後地下鉄ができるとか、マクドナルドができるとか、俺、全部反対運動やったもん。だって麻布十番がいい例でしょ、ああなったら地元の感じがどんどん薄れていっちゃう。西麻布は広いから、俺の力じゃ全部を守るのは無理だけど、少なくとも二丁目を死守しようとは思ってる。それで年に一回〝二丁目祭り〟なんていうのをやってるんだよ。まだ二回やっただけだけど、うちの息子はその気分をわかってるから、これからも続けていきたいんだよな。

息子が二階でバーをやってて、そこに小島さんも来てたわけ。最初〈morg〉（九二―九六年）という名前で、今は〈After The Sunset〉（九六年―）って名前に変えて、やってる。そういう想いも何もかも、やっぱり小島さんが入ってくる。そういうことだよね、人の付き合いって。

俺が小島さんに共感できるのは、どのみち明日なんか一生来ないとわかってるところ。すべて始末をつけて死んでいくのが人間だとしても、てめえの遺体は始末する必要はないわけだから。だから俺自身が、自分に死が訪れるということをあまり考えないんですよね。他人にはありますよ。そういう点では、すごく共通するところを感じてましたね。小島さんは、だからこそ、誰かがいい感じになるような本を作ろうとしたんだろうな。自分じゃなくてさ」

「小島さんの本には、押し付けがましいところが一切ないですね」

「ないねえ。いつの間にか入ってくる。世の中押し付けがましい物ばっかりだもん。そういう意味じゃ、創刊時の『POPEYE』とか『BRUTUS』とか、あの辺は木滑（良久）さんが前面に出てこないで石川次郎にやらせてたってところがある。（『POPEYE』を真似た）『Hot-dog Press』（七九―〇四年／講談社）はそんなのゼロだから、そういう感じも何もない。でも、ホットドッグが出てきたんでポパイが売れるってこと、木滑さんは知っていたんだよね。俺は『POPEYE』の創刊に参加したんですけど、その頃は何も考えてない。その前に木滑さんが『SKI LIFE』（第一集／七四年、第二集／七六年）という本を出してて、『おまえ、ちょっと書けるからやれよ』という話になって、初めて雑誌十六ページを一人で作ったんですよ。すごく面白かった。この人やっぱりすごいな、って未だに思うのは木滑さん。俺より若いんじゃないかと思う時がある。木滑さんが一番面白いのは上っ面なの。本当に雑誌の人なんだから。権化みたいな。でも、昔の雑誌屋さんとはぜんぜんタイプ違うけど」

「油井さんは、雑誌自体はお好きなんですか？」

「どうかなあ、そうでもないかもしれない。そもそもフェチじゃないから。たまたま親父の仕事の関係で、子供の頃、ドイツの雑誌が周りにいつもあって、雑誌というのは、当然横文字のこういうものを雑誌と呼ぶんだというのが染みてるから。だから別に、なんていうかな……」

「小島さんも、日本の雑誌はほとんど歯牙にもかけていなかったようです」

「でも、誰かがいいのを出したら、黙っていいなって認めてたんじゃない？　俺、ガキの頃から映画が好きでずっと観てきて、それもまず百％洋画ですよ。日本の映画はほとんど観ない、とはっきり言えるなかで、黒澤は全部観てるわけ。それなのに、俺は日本の映画は観ない、好きじゃないと平気で言えた、黒澤観てたくせに。だから、いい感じの本があったら、それは黙って洋書と一緒に、小島さんの蔵書となっていたんじゃないかな」

「小島さんとお会いした時、すべての始まりは、六七年のモントリオール万博に行って、カナダ・アメリカを旅したことだとおっしゃっていました。一方、四年後の七一年に、油井さんは世界一周する。海外渡航のことは、小島さんとの間で話題に出なかったですか？」
「出なかったですね。……会いたいね、小島さんに」

＊

油井氏が「黒澤明に対する山本嘉次郎」と小島氏を評した、そのことに込めた意味の深さを識ったのは、後日手にしたこの本の、小島氏の晩年と重なる以下の一文からだった——。（以下、原著より引用）

《山本嘉次郎（一九〇二——一九七四）

おびただしい東宝喜劇映画を作る一方、「馬」「ハワイ・マレー沖海戦」など道標的名作を残し、黒澤明、高峰秀子、エノケンなどを育てあげ、カツドウヤと自称した映画監督山本嘉次郎は、戦後はこれといった作品を作っていない。

しかし、生活を愛し、スコッチウイスキーを好み、親子丼の発明者は自分のおやじ（明治のころ岩谷天狗煙草の支配人）だと唱え、

「ボクは親子どんぶりを食ってから死にたい。それも、そば屋から出前されたようないい加減なものではなく、自らの手で精魂を傾けて仕上げたものでなくてはならぬ」

と、昭和四十八年「文藝春秋」の十一月号に書いたほどであった。（中略）

……外見では生活を愛し、食道楽を楽しむ趣味人と見え、しかし「仕事」のない山本嘉次郎の晩年の実態は、むろんそんなにエレガントなものではなかった。世田谷区会議員となって彼を養った千枝子夫人は記す。

「仕事の方向を失い、常軌を逸した行動に走り出した晩年の夫の姿が目に浮かびます。独特の調子で痛烈な皮肉をあびせかける夫。体をこわすとわかっている劇薬同様のウイスキーをあおって、酔いで自分の良心を殺そうとする小心の夫。いっそのこと、私の手で夫の生命を絶ち、自分も死のうと何度考えたことでしょう。（略）なぜ、そんなに死に急ぐのですか。そう思っても私はそれを口にすることはできませんでした。夫一流のダンディズムがわかっていたからです。敗残の老監督は、夫のいちばんいやがる姿だったのです。（略）」（山本千枝子『カツドウヤ女房奮闘記』）

九月二十一日の昼ごろ、しきりにオスシーとつぶやくのを、やっとウイスキーだと聴きわけ、夫人がスコッチを脱脂綿にひたして口にあてがってやると、うまそうにチューチューとそれを吸った。

午後七時五十五分、眠るように息をひきとった。親子丼とはいかなかったが、からくも食通の最後の面目は果した。》（山田風太郎『人間臨終図巻』八七年／徳間書店）

36.

《10月31日

私の編集における「師」KMが亡くなった、という連絡をうけた。10月のはじめのことだという。

二次情報なので、確認をしないといけないが、たぶん、そうなんだろう。顎の癌で、今年3月より、大阪のM病院で療養中であった。

最期の手紙（ハガキ）は8月7日の消印。広告代理店D社のディレクターへの連絡を頼む、というものだった。

表には、G3 X-GIRLという米軍のヘリコプターのクロッキー風のイラスト。

そこに、「60' past years→90's p.s→21 century NO WAR」という自筆文字。

そして、

……

部屋に冷房が入った。

もう夏が始まっているのだ。

ニッポン国（JAPAN）も、ボチボチ目を覚してもいい季節だ。いま、ジャーナルの日々と真面目に向き合って、市民は確かな市民権を持つように努力してもいいダロウ、と皮肉を言ってみる。

……

という言葉が連ねられた。（中略）

ひとことでいえば、「かっこいい編集者」だった。

昼間からの酒飲みで、音楽と競馬と写真とル・クレジオをこよなく愛し、「一無頼」として広告の世界を泳ぎまわり、金にむとんちゃくで、多くの人々に迷惑をかけて、逝ってしまった。

しかし、私にとっては、どんな末期を迎えたとはいえ、「師」であることにかわりはない。ただ安らかに眠ってほしいと願うばかりだ。

昭和16年、京都市生まれ、である。》

＊

ぼくがそうであったように、『SUB』を読んで衝撃を受け、どんな人が創っているのか会ってみたいと念じて、小島素治氏のもとを訪ねた人たちがいる。

本書でも度々引用させてもらった『神戸青春街図』（プレイガイドジャーナル編著／七五年／有文社）を編集、同書に小島氏へのインタヴュー「季刊サブをめぐって」を収録した渡邊仁氏も、そのひとりだった。しかも、それが縁でスタッフになってしまった。

冒頭の一文は、渡邊氏の主宰するメールマガジン『論々神戸』のウェブサイト（www.ronron-kobe.

com）の二〇〇三年の日記から引かせていただいたものだ。連絡先は、小島氏本人が、病室の枕元に置かれた小さな机の引き出しのなかに大切にしまっていたノートを開いて教えてくれた。

神戸港内のポートアイランドにある渡邊さんの仕事場を訪れたのは、〇三年九月十五日、小島氏とのインタヴューを終えた翌日のことだった。現在も編集者として神戸発のさまざまな仕事を手がけつつ、日本トライアスロン連合の理事を務めている関係で、東京への出張も多いという渡邊さんは、髪を短く刈り込み、プレスの効いたシャツをぴしっと着こなす折り目正しいブルータス、といった風貌。小島氏の九歳下ということは、一九五〇（昭和二十五）年生まれの団塊世代。十四階建てのマンションの一階にあるガラス張りのオフィスは、九五年の震災で一度完全に崩壊、美観を取り戻した今も「時々上からぽろぽろっと、コンクリートの破片みたいなのが落ちてきたりする」という。

挨拶もそこそこに、テーブルにエビスの黒ビールと乾きものが用意され、「昼間から飲みながら、というのが小島流ですから」と、粋なはからい。その時はまだ実物を見たこともなかった『ドレッサージ』を、手元にあるだけ（一、二、四、七、八号の計五冊）見せてくれた。『SUB』と『ドレッサージ』を並べて見比べると、七〇年代初頭と、八〇年前後という時代の空気の差異がくっきりと浮かび上がる。

「七〇年代後半は、もう完全に消費文明という方向に走り始めてる時代ですから。コマーシャルというものが、当たり前に生活のなかにガンガン入り込んできて、それに対する違和感をみんなが持たなくなっていく。七〇年代初頭は、まだコマーシャルというものに対する拒否感がありましたからね」

七四年、前出『神戸青春街図』の取材が小島氏との初対面だった。その時渡邊さんは二十四歳、小島氏は三十三歳。編集室と自宅を兼ねた北野町四丁目の洋館サッスン・アパートの一室には、本棚はおろか「編集室」らしいものは何もない。「こういう所で創っているのか……！」と絶句した。

「もう完全な洋館ですから。グレーのカーペットにくすんだホワイトの壁。ガランとした広い部屋で、中間照明しかない。真ん中に大きな古いテーブルがあって、ウィスキーと、電話がひとつポンと置いてあるだけ。戸惑っていたら『おう、飲むか』と言う。『飲んでいいんですか』『まあ、飲めよ』——真っ昼間からまいったなぁ、という感じでしたね」

ウィスキーをオン・ザ・ロックで飲りながら、インタヴュー開始。「小島さんの、あのぶっきらぼうな独特の口調を生かしたくて」何の説明も註釈も入れず、それを再現することだけに熱心だった所為で、「読者には不親切な原稿になってしまったかもしれない」。確かに読みづらいところもあるけれど、『SUB』終刊直後の小島氏のリアルな肉声を伝える一次資料として大きな価値がある。

『SUB』は、その前身『ぶっく・れびゅう』創刊時の書評を読んで興味を持って以来、愛読していた。すごい人が神戸にいるんだな、どんな人が創っているんだろう、いつか会いたい、とずっと思っていた。

「私はその時は大阪でしたから、ちょっと外側から観てましたけど。書評は神戸新聞、あるいは朝日新聞といった主要紙にちらほらという感じで、サブ・カルチュアの流れのなかでは、ひとつのカウンターというかたちで、かなり好意的に取り上げられていました」

カウンター・カルチュアの視点を持った若い世代の手で作られる全国七大都市のガイドブック「青春街図」シリーズの発刊が決まって、それまで在籍していたプレイガイドジャーナルから有文社という出版社へ移り、数冊出した後、七六年に辞めて、これからどうしようかと考えていた時、『ドレッサージ』には〝シニアエディター〟とクレジットされている旧知の服部真琴氏から声がかかって、小島氏と再会。渡邊さんは、それを契機に小島氏の下で働くことになる。

「服部くんも、神戸でイヴェントをやったりしていて、編集者というよりは関西でのスポンサー集めが主な仕事でした。彼からいろんな情報が私の方に入ってたんです。私が参加したのは確か二号目の校了が終わった時点で、創刊当時はまだ有文社にいましたから、初めはまったくタッチしてないので、創刊の経緯はよくわかりませんけど、『SUB』もあのでっかい判型の第六号で〝朝日のようにさわやかに〟散ってしまって、今度雑誌を出す時には、広告を集めてからでないと絶対やらないという感じだったようです。その時小島氏は、すでに電通その他と仕事の付き合いがありましたから、スポンサー見つけてこい、表紙も売ろうと。〝カヴァー・フォー・セール〟と銘打って、定価が一万ドルでしょう。当時のお金で言うと二百万円ぐらい。もちろん、そんな金額で売れるわけないから（笑）、五十万であるとか、適当にその辺はおまかせで。気は心でスポンサーが出してくれりゃいいんじゃない、という感じでしたね。媒体資料も本当にいい加減な感覚で作ってて、それでいいんかいな、と内心思ってましたけど、まあ行こうぜ、ってことで」

〝The Magazine for Joker〟という創刊号のサブ・タイトルが表す通り、ハーフシリアス・ハーフジョークのノリ。普段は広告の仕事をしながら、資金が集まった時だけ雑誌を作るというパターンで、季刊といいつつ、まったく気にしていなかったのは『SUB』の時と変わらない。

「最後の方は年一冊発行とか、そんな感じだったんじゃないかな。私は（『SUB』以来のパートナーである）はいづか印刷との行き来もしましたけど、印刷部数は、一万は超えてなかったと思います。最初は三万部ぐらいの触れ込みで、スポンサーを射てしまえという感じで営業していたと思いますけど。ただ、八号目ぐらいになると、やっぱり広告の集まり具合がよくなくて、身近なところでの取材記事が多くなってしまって、創刊号から四号目辺りまでのパワーは、だんだん消えていったかな。

でも、面白かったですよ。小島さん、ほんとに何をやるかわからない人だったから。例えば、ロバート・アルトマン監督の『ロング・グッドバイ』（七三年／米）という映画を配給元から借りてきて、アパートメントの一室で上映したことがあって、わずか二十人ぐらいの知り合いだけ集めて、ベランダの方から白い壁に向けて映写して、当時で確かレンタル料七、八万円したと思いますけどね。たぶん、ヒントをもらった服部が映画の好きな奴で、神戸の新劇会館というところに友達がいるからって映写機借りてきて、本当に贅沢な、バカバカしいことやってね。『ドレッサージ』の二号目でも〈ロンググッドバイをプレイバック〉と題して、淺井愼平さんの写真とちょっとしたストーリイを画面の複写と合わせて特集したり。別に世間で盛り上がってるとか何も無いんですよ。内輪で盛り上がってるだけ（笑）。未だに『ロング・グッドバイ』は、自分にとってもすごく印象的な映画ですから、レーザーディスクが出た時にすぐ買って、当時小さかったうちの子供たちが『またこの映画？』って言ってたぐらい、何度となく観てます」

レイモンド・チャンドラー畢生の名作『長いお別れ』（五三年）を、『M★A★S★H』（七〇年／米）の鬼才アルトマンが、時代設定を五〇年代から七〇年代に置き換えて大胆に演出、主人公の私立探偵フィリップ・マーロウ役に、ハンフリー・ボガードに代表されるハードボイルドの定石からかけ離れた剽軽なイメージを持つエリオット・グールドを起用（松田優作主演のTV版『探偵物語』への影響大）、初公開時には批評家筋から酷評を受け、マーロウ信者からも不評を買ったが、カルト的なファンはこのように存在する。マーロウの一人称を〝私〟とする清水俊二の「決定訳」がすべてじゃない、〝おれ〟と自称するマーロウがいたっていいじゃないか、と田中小実昌訳をも愛するチャンドラリアンに一脈通じる心理かもしれない。「『ロング・グッドバイ』はジョン・ウィリアムズの音楽が最高」という淺井愼平の見解には、選曲家も同意するはずだ。

小島氏が贔屓にしていた（お世話になった）神戸三宮の〈ＡＯＩレコード〉店主、鳥山直樹氏によれば、ローリング・ストーンズのハイドパーク・コンサートのフィルムをサッスン・アパートの隣の洋館の壁に映写しながら、グラスをみんなで回し飲みした〝美しい思い出〟があるという。ジョン・レノンそっくりの小島氏と、「眉毛を綺麗に剃って、お歯黒にして、本当に可愛くてセンスがよかった」マリさんの夫婦は、当時はとても仲睦まじく、目立っていた。

渡邊さんが『ドレッサージ』に参加した時、小島氏はすでにサッスン・アパートを出ており、仕事場も自宅も東京に移す一方、神戸にも拠点を残しておきたいと考え、同じ北野町四丁目の異人館通りに面した瀟洒なアパートメント〈イトウ・アパート〉の一室を借りて「サブ編集室」の新住所としていた（それにしても、新雑誌を創刊したにもかかわらず、なぜ連絡先の名義だけ「サブ編集室」のままなのか？　その理由を本人に確かめる術はもはや無い。単純に知名度を優先したのかもしれない）。

「その後、当時付き合っていた今の女房と一緒になるという時に、〝それならここに住めよ、俺が神戸に来た時だけ、泊まるスペースを空けてくれればいいから〟という話になって、上映会をやったアパートメントに私たちが引っ越してきた。小島さんが神戸と東京を行ったり来たりする度に、こっちもそれに応じて、彼が神戸に来てる時には私が東京に行くとか、そういうかたちで仕事をしていました」

この事務所兼自宅が、のちに村上春樹原作（七九年／講談社）、大森一樹監督の映画『風の歌を聴け』（八一年／ＡＴＧ）に登場する、主人公の「僕」（小林薫）が出会う女の子（真行寺君枝）が住んでいる部屋のロケ地となる。ちょっとやんちゃな映画監督がいると言って、旧知の大森一樹と小島氏を引き合わせたのも渡邊さん。『ドレッサージ』の終刊号である創刊八号（八一年十月二十七日発行）掲載の、『風の歌を聴け』公開前に行われた大森一樹インタヴュー「風とトランプの神経衰弱」は、小島氏特有の感覚的な質問が大森を触発する、スリリングな会話の連続だった。

＊

《――あなたの映画「オレンジロード急行」と「ヒポクラテスたち」を観ると、キャスティングの発想のユニークさに気づいたんだけど、嵐寛十郎、岡田嘉子、そして伊藤蘭というね、しかも、それが成功してる。その辺から聞きたいんです。

大森　あの、割とねえ、極端な場合を除いて、イメージにピッタリこなければ、というふうには思ってなくて、選ぶ幅があって、ジャーナリスティックに考えるところがあるわけ。例えば伊藤蘭を使うとすると、俺の映画に彼女が主役をするとなるとまわりがどう思うかなっていうね。カッコ良く言うと、ジャーナリスティックだけど、まあ、ミーハー的と言ったほうがね。でも、そういうふうにやれる、やりたいと思ったことがやれることが、自分が映画を撮れるようになった、ひとつの幸福だと思ってる。それを最大限に生かすっていうか、これは、大学時代の知人で役者にしたらいいなと思ってた奴を連れてきて、自分がスターを作っていく楽しさとは別の楽しさやね。だから、ひとつの批判として、僕らから育った俳優がおらんやないかというのがあるわけ。

――その、僕らっていうのが気になるんだけど、その意識についてはどうでしょう。

大森　僕らの漫画、僕らの映画、僕らの音楽という言葉には、暗に僕らの世代の、という意味が隠されていて、果してそれだけだろうかと思った時に、その僕らの中には、都市《まち》が入ってるんじゃないかと思うわけ。僕らの街のスターとか、僕らの街の音楽とかね。そう考えると限りなく拡がっていきそうで。

僕らの世代がx軸で、僕らの都市がy軸だとすれば、自分の居る点があって、もう一本、z軸は、僕らの学校とか、コミュニティのようなもので、いよいよ、自分の位置がはっきりしてくるということを考えたときにね、割と僕らの世代というものにこだわらなくなってきた。

――自分の位置を明らかにする、そして個人に立ちかえってみれば、或る種のインディヴィデュアリズムが、なかなか根づきにくいお国柄だけに、〝俺はこれだ〟っていうのはね、はっきりしといたほうがいいね。

大森　映画の場合、8㎜と35㎜があって、35㎜は商品としての映画だと思うわけ。そこで、非常にエゴイスティックな部分で商品になるということが、なんか幸福なんじゃないかと思うわけ。自分のおカネで撮るんじゃなくて、これが撮りたいというエゴイスティックなところにおカネを賭けてくれる人がいるということは、やっぱり幸福ですよ。客観的にみて、誰が、大森の都市《まち》、大森の世代にね、カネを出しますか。（中略）僕の映画というのは、単純に言えば、8㎜を持てば、できるわけですよ。それが、「僕の映画」といったときに商品として成って、ある程度の利潤を得るようになると、これはもう万々才なわけですよ。でも、まだ僕の映画はそこまで、いってないですネ。ドレッサージも、そうじゃないですか。

――映画にしても、雑誌にしても、これは本当に好きな奴が創ったんだな、と思わせるものでないと、受け手にとっても、関係としてまずいよね。

大森　それは、何となく希望がもてそうな感じがする。例はまずいかもしれないけれど、食いもの屋にしたって、個人の味を前面におしだして、結構、それが受け入れられていることもあるしね。（中略）

――（原作に）立松（和平）を選ぶか村上（春樹）を選ぶか、或いはその他の作家を選ぶかは、あなたのテイストになるわけだよね。

大森　そう。だから、僕らの都市《まち》です。ただ、僕らの都市という基盤では一緒だけど、世代では違うんやなあ、微妙にね。

——例えば、どんなところが。

大森　うさんくさい話だけど、70年の一歩手前で、俺らと村上春樹では違う。彼は、69年、70年とギリギリのところで、関わってると。そこが決定的に違う。

小説の中でね。機動隊になぐられて、歯を折られたというシーンで、四本指の女が「どうして復讐したいと思わないの」と聞くくだりがあって、それに対して「すんでしまったことだし、第一、機動隊の顔なんて皆な同じで会っても思い出せない」っていうわけ。すると、「歯まで折られた意味がないじゃないの」というと、「ないさ」って答えて、女、つまらなそうにする、というシーンがあるわけ。やっぱり、俺なんか、つまらなそうにするほうなんですよ。シナリオを書いてて、本当にそう思う？　って感じになるのね。

——ところで、都市《まち》、まあ神戸なんですが、が人に与えたもの、大森一樹と神戸という点で、どうですか。

大森　また村上春樹との相違なんだけど、彼は、この町で生まれ育って18年間、大学へ入る時、町から離れることになって真底ホッとしたっていうけど、俺は反対で、京都へ行って、こちらへ戻ってくると、真底ホッとしたわけ。全然違うね。そこでね、ひょっとしたら、俺は間違ったんじゃないかなって思う、というのは、俺は、芦屋と神戸を舞台にして、この映画を撮りたいと彼に言ったわけ。そのとき、あまりうれしそうな顔をしなかったのね。俺みたいな、僕らの都市《まち》の映画監督、僕らの都市《まち》の小説家がやるよりは、彼自身としては、まるで違う都市《まち》の映画監督さんにやってもらったほうが良かったんじゃないかなあという気がしたりして……。

――でも、彼は、イメージで自分の都市《まち》をつくりあげてしまうんだからね。アメリカなんかそうだし。

大森　それと、中国があるわけ。勿論、行ったことなんかないし、自分の知ってる何人かの中国人を通して、自分の中国はもうあるんですって言ってた。

それに関連するんだけど、ジェイ（小説に登場する〝ジェイズ・バー〟のマスター）が中国人であることにどういう意味があるかってね、シナリオの検討会で出たわけ。絶対に無いのは、中国人の民族としての悲劇、ということね、思わせぶりにジェイが中国人であるわけはないし、何かあると思うんだけどね。

――じゃあ京都はどうでした。

大森　大学へ入って京都へ行った時、京都を自分の新しい想い出深い町に選ぶのかなあと思ってたけど、やっぱり合わなかったね。なんか、新しい町について、どうのこうのという柄やないんやな。

――今度の作品では、〝風〟が一つのテーマになり、舞台が神戸で、どういうふうに画面から風が吹いてくるかわかんないけれど、神戸と風というのはピッタリくるんですよ。

大森　やっぱり、吹き抜けの町でしょ。神戸駅へ行けば、東海道線と山陽本線の始点でもあり終点でもあるというね、終着駅じゃないわけよね。吹き抜けたところは、明るい瀬戸内海、というね。で、僕は好きなんだけど、この頃よく「神戸はいい町でしょ」とかよく言われるのよ、そうすると恥ずかしくなってしまうね。これは、何やろな。

ただね、いくら神戸の町を分析してもしょうがないわけ、国際都市だのファッション都市だのってね、やっぱり風あたりの問題やね。（中略）

――「風の歌を聴け」はいつ公開するんですか。

大森　10月には、仕上げて、時期を見はからって公開する予定。時を彷徨う映画やからね。出来上がりにはあまり自信がない。ただね、僕なんかが悪いんだろうと思うけれど、今の映画って、ものわかりが良くなってきたんですよ。大島渚でも、「絞首刑」「新宿泥棒日記」の頃からくらべると「愛のコリーダ」「愛の亡霊」とわかりやすくなってきている。乱暴な言い方だけど、もっとわかりにくい映画があってもいいんじゃないかと思いだしてるところなんだけど。意外とわかりにくい映画をひきずっている感じがあるのね。例えば「去年マリエンバートで」とか、「男と女」とかね。わかりにくいことを、できるだけわかりやすく語ろうと、そういう意味では、村上春樹の小説は、わかりにくい小説だと思うんやけど。

それと、わからないことをわかる楽しみみたいなものを、どこかに入れたいなと思うわけ。サービス精神があるからね、そういう意味でトランプの神経衰弱みたいな映画にしたいですね。》

＊

四九年芦屋生まれの村上春樹は、五二年大阪生まれ、芦屋育ちの大森一樹と同じ中学の先輩で、渡邊氏と同じ兵庫県立神戸高校の一学年上に在籍、渡邊氏はそのことを在学中はまったく知らなかったという。

ひとあし先に帰京したため、この日は同席していなかったＱＪ編集部・森山は、『ＳＵＢ』を見て、感覚的に初期の村上春樹と響き合うものを感じると言った。

「ああ。確かに似てる部分もあると思うんです。でも、病院でお会いになったならわかると思いますが、小島さんには、畳の上じゃなくて、道の上での死というのが最もふさわしい、という感じが私にはしますから。その辺のハードさはちょっと違うのかな、という気はしますけど」

村上春樹が神戸を離れたのは六八年。神戸を舞台にしたと思われる処女作『風の歌を聴け』は、七〇年の八月八日に始まり、八月二十六日に終わる物語だ。ぼくのなかで、或るテーマがゆっくりと輪郭を持ち始める。

「僕」や「鼠」は、同じ七〇年の夏、七月二十八日に発行されたばかりの小島氏編集の『ぶっく・れびゅう』第二号（特集＝チャーリー・ブラウンとスヌーピー）をジェイズ・バーに持っていっただろうか。そして村上春樹は、七〇年から七三年にかけて六号発行された『ＳＵＢ』を読んだことがあっただろうか？

「（作品が生まれる）経緯や雰囲気は似てるやろな」というのが、小島氏の感想だったのだけれど――。

37.

小島氏は、ぼくの質問に対して「渡邊くんなら知ってるやろ」と何度かその名を口にした。仕事の上でも、そしてそれ以外のことでも、おそらく頼りにしていたに違いない。二人はどうして袂を分かってしまったのか。

「小島さんは、編集者として飛び抜けた才能があっても、事業家としてはうまくやれなかった。ああいう人こそ、今だから言えるんですけど、マネージャー的な、表に出ない影の参謀みたいな人が付けばよかったんですけどね。でも、そういう人を厭がってた節もありますから……」

そこまで言うと、渡邊氏は言葉を詰まらせた。

「ある意味で…私にとっては、あの人は編集の師匠ですから。あの…やっぱり師なんですよ。やっぱりね……」

「そのマネージャー役を、例えば渡邊さんが買って出ようとは思いませんでしたか」

「無理ですね。それは無理ですね」

「誰かの言うことを聞くような人じゃない？」

「クリエイションの世界では、デザイナーの片庭瑞穂さんのように良きパートナーがいらっしゃいましたけど、おカネを集めて管理して、収支のバランスをきちっととることが、小島さんは出来ませんでしたから。おカネのことでは、いろんな意味で人に迷惑をかけたと思います。それは、私や、私の友人にもかかった、というのはやっぱりありましたから」

「おカネにはいつも苦労されていたみたいですね、小島さんは」

「ずっとそうだったんじゃないかな。でも、それを外には見せないですから」

「いろいろあっても、師は師なんだと、今はそういうお気持ちでしょうか」

「そうです。それは変わらないですね。学生運動上がりで、どちらかといえば硬いものが好きだった自分に、ファッションや写真といったヴィジュアルの素養を植え付けてくれたのが小島さんですから。小島さんの好きなヘルムート・ニュートン、ギイ・ブールダン、スティーヴ・ハイアット、ジャンルー・シーフ、ロバート・メイプルソープ辺りの写真家の作品を二十代前半の自分はまったく知らなかったし、ファッションにしても、カール・ラガーフェルトにもイッセイ・ミヤケにもまったく興味がなかった私が、そうじゃなくて、ひとつのアートとして写真が成立し得る世界があるということを、確実に教えられましたから。だから絶対、師なんですよ」

「いろんなことがおふたりの間にあったんでしょうね」

「いろいろありました、本当に。でもねえ、すごく楽しかったのが、私は競馬なんてまったく知らなかったのが、ちょうど神戸に丸山千恵子さんという、私より年上の、本当に浅丘ルリ子によく似た美貌のかたがいらして、『ドレッサージ』を手伝っていただいていたんですが、彼女と私と、小島さんが神戸に来た時は、必ず週末に三人で阪神競馬場に行って、競馬の楽しさを味わわせてもらった。小島さんと離れてからは、自分ひとりでは行かないですけど。当時の競馬場は殺伐たる雰囲気がまだありましたから、そこに得体の知れないトリオというか、ロングヘアの美女がすっと立ってて、ちょっとこのひと日本人離れしてるなというおっさんと、私が隣にいるわけですから、面白かったですよ」

「渡邊さんは、小島さんのどこに一番惹かれました?」

「外から見ていた時点では作品が証ですから、こういうことが考えられる精神構造を持ってる人はどんな人かな、と思ってました。小島さんの根底には、六〇年代にアメリカ大陸を旅した経験というのがありますから。原点は、ギンズバーグであり、ケルアックであり、というビート・ジェネレーションなんですよ。アメリカがヴェトナム戦争で本当にのたうちまわってて、カウンター・カルチュアが隆盛になった頃を肌で感じてる。私がアメリカへ初めて行ったのが七四年ですから、そのムーヴメントはすでに終わった後の、しらけた状態の時で、なおかつそれでも私は、アメリカの凄さというのを感じて帰ってくるんですけど」

「『SUB』を見ていると、例えば創刊号の特集「ヒッピー・ラディカル・エレガンス〈花と革命〉」でヒッピーというものを取り上げるにしても、まずビートから入る。小島さんは、常に原点は何なのかということを確実に押さえてる人だな、と思ったんです」

「でも、それが出てくる時、かっこわるいねえ、という世界でやったらもうポーンと、『ダメや、おまえ』と言われますよ。とにかく『バカヤロウ!』というのが口癖ですから、こんなことも知らないのか、おまえはほんとにセンスのない奴だな、と叱られて。そこまで自分に対してはっきり言ってくれる人はいなかった。彼独特の美意識というのが確実にあったので、立ち居振舞いで認めたりとか、その辺で人となりを判断することもありました。京都で、良いものを子供の時から見てきたという自信なんでしょうね。お父さんが短歌の結社を作っておられた方でしたから、子供の時から大人の世界を垣間見ることがあったみたいです。だから、万年筆一本持って生きていくという感覚が、小島さんには早くからあったんですね。試験の時、鉛筆とか消しゴムを使わずに、万年筆で答案を書いた、と言ってましたから。

ヨーロッパも好きでしたね。京都とパリには似ている部分を感じてたみたいです。奥さんや娘さんを留学させてあげてたし、彼にとってパリはすごく好きな都市《まち》だったのだと思います。だから、非常に重たい部分での京都とパリ、神戸とカリフォルニアという軽さの部分、そのバランスが、彼のなかでうまくいってたんでしょう」

「渡邊さんは、小島さんとは年齢的に一回り違いますが、ジェネレーション・ギャップは?」

「あったんです。あった上での面白さというのがどうしても出てくるから、ぶつかり合うことがあって、音楽のことでも言い合いをしたり」

「例えばどんなことで?」

「小島さんの場合は、日本の音楽というものに対しては、ほとんど関心がないように見えた。今はどうか知りませんが、私が知ってる段階では、日本の〝に〟の字も感じられないような人でした。私と同世代のバンド、例えばはっぴいえんどとかが、日本語のロックをどうやって創るか格闘してる時期だったから、その辺のギャップに関しては、いろいろ言いたいことは言ったつもりではあったんです。でも、南佳孝がすごい面白いよ、と小島さんに言ったら、『おまえ、ほんとか?』と言う。で、実際聴いたら『うん、ええな』と認めてくれたこともありました。私は私の世界を持ってましたから、それはそれで、ふーんという感じで見てたみたいですけどね。はっぴいえんどは好きでしたね。あとは頭脳警察、乱魔堂、四人囃子とか」

「俺たちの世代も捨てたもんじゃないんだぜ、ということを言いたかったんですね、渡邊さんは。それを否定されるとムキにならざるを得ない」

「それと、私の場合は政治という部分が学生時代にありましたけど、小島さんには、イデオロギーでモノを語るなバカヤロウ、という部分があるんで、そういうことでも言い合いは確かにあったんです。小島さんが六七年にアメリカ大陸を旅している時、こっちは真剣に悩みまくってるという世界でしたから。楽しいことなんてちっともないという。大学一、二年頃は本当に政治の季節で、たまたま私はそれに関わってしまった。その重さというのは、彼にはわからないから」

「渡邊さんの学生時代というのは何年から何年ですか」

「六八年に関西大学というところに入って、あそこはまだヤワな方だったと思いますけど、六九年で東大闘争でしょう? 七〇年になったら私はもう、何も出来ない状態になりましたから。完全に敗北感で打ちのめされて、怪我もして、何かやろうにも出来ないというのがあったんです。そうすると人間って、すごく弱いですから……弱くなった人間を誰が庇護してくれるのかといったら、結局親の世話にならざるを得ない。いくらえらそうなこと言っててもね」

「『ドレッサージ』は、最後はフェイドアウトという感じだったんですか」

「そうですね。会社としてのおカネ回りがよろしくなくなっていったというのがあったし、はいづか印刷にも負債をある程度ためていったというのもあったと思います。でも、そうなった原因は、やはり小島さんの采配にあったとしか言いようがない」

「渡邊さんが独立される時、小島さんとどういうお話をされたんですか」

「スタディアムを辞める時と、自分で事務所を開く時とでは、二年ぐらい間があるんですよ。確か八三年だったと思いますが……辞める時は良い別れ方じゃなかったですから。単なる社員という感覚ではありませんので、おカネの部分では一緒にやっていくわけですから、会社を回していくおカネをどこから引っぱってくるかという話になっていきますよね」

「ご本人は無借金経営だとおっしゃってました」

「そうかな（笑）。一番厭なところじゃないですか、彼が」

「渡邊さんが辞められた時は残念だったでしょうね、小島さん」

「理由が……そういう理由ですからね。自分も女房と一緒になって、子供ができて、家族を守らなければいけない時期でしたから」

「小島さんは、その後もずっと、雑誌を創りたいという気持ちは持ち続けておられたようです。病院でお会いした時も、お元気になったら何をやりたいかと訊いたら、やっぱり雑誌やりたいね、とおっしゃっていました」

「小説を書くんじゃなくて？」

「ええ。そう言っておられたこともあったんですか？」

「何度か手紙をもらってますから。達筆なんですよ、彼の字は。赤鉛筆や青鉛筆で描いた簡単なカットが添えてあったり、それも味わいのある絵でね」

小島氏に、小説を書くという構想があったとは初耳だった。

「手紙は拘置所のなかから？」

「そうですね。本を送ってほしいと言うので、探して送ったりはしましたけど。筆は立つ人ですから、何か遺してほしいなと思います。私は、つらいけど……病院へは（見舞いには）行かないんです。行くとまた情が出てしまうんで、ちょっと距離を置こうと」

この後、大阪に行く用事があるという渡邊さんと一緒にオフィスを出る。電車の窓から広い港を一望する。震災後は神戸港に寄港する貨物船が激減し、かつては貿易港として日本一を誇った物流がなかなか元に戻らないため、経済的にもダメージが回復しないという。神戸は、今も被災地なのだ。

「タウン誌以外で神戸発の、しかもメッセージ性のある雑誌というと、未だに『ＳＵＢ』がワン・アンド・オンリーかもしれないと思うと、小島さんの存在は本当にユニークですね」

「でも小島さんの場合は、〝たまたま気分がいいから神戸に居るだけの話〟という言い方をされるんではないかな。神戸に居た時も、狙いは別に神戸云々じゃなくて、あくまで東京であり、そして日本であり、ほっといたらヨーロッパまでという視点を持っていましたから」

「『どこに居ようと俺は異邦人《エトランゼ》なんや』――小島さんは、昨日、ぼくにそう言ったんです」

38.

《「Nへの伝言」

1

何もなかった。この二日の間に起ったことだって憶えていない。いま読んでる探偵小説は、最初の書き出しからして印象が悪かった。マリオが、どんなトラブルに巻き込まれたのか、いつ死んじゃったのか、事件が一体どこに向っているのか、まったく思い出せない。頭のほうが、どうもはっきりしてこない。物語を一時中止した。

金曜日の夜から日曜日の午後まで、二つの競馬新聞に夢中になっていたせいだろう。二日にかけての、二つの大きなレースは的中した。すぐ忘れてしまうことだろうが、少しの間は興奮する。それでいい。

日曜日のメインレースは、ちょっと複雑な組み合せになっていたが、簡単な賭け金であっさり手に入れた。どうせ、明日の夜には酒場の親父に持ってかれるんだ。あの親父は酒の飲み方は心得てないが勧める態度では抜群のセンスとフットワークを発揮する。

2

チューリップを逆さにしたような等身大のフロアースタンドの下で、続きを読み始めた。カサの回りを一匹の銀バエが、ぶんぶんとうるさく唸っていた。ページを開いたまま親指でしっかり押えたまま、カサの裏側の布に強く叩きつけてみた。相手は気を失った飛行機のように、ふらふらと落ち、横になり、足を動かせていた。読んでるページが少し破けた。力みすぎたせいだろう。ハエを拾って、ゴミ箱に捨てた。僕はリンドバーグのようには行かない。パリに向う途中でハエと信頼関係を結ぶほどの人格者ではないからだ。その時、物語の続きは本当に中止になり、終った。

3

カメラマンの堤一朗君と久し振りに飲んで、話した。彼はいま、まだ若い。
たしか、クレオパトラの鼻の話しだった。何センチかで歴史が変っただろう、というのは出鱈目で、嘘だと言った。女が男と軍隊を動かすこと位はいつの世にも出来ることだろう。国家と軍隊を中心にした歴史への考え方には、間違いを起す要因がいっぱいある、といった内容を話し合ったような気がする。何んでそんな古めかしい、旧式の教科書みたいな話しをしたんだろう。
彼はビートルズの映画を一本も観たことが無いとも言っていた。

4

一九六九年に雑誌を一つ出した。七〇年代のいま、また一つ編集している。一〇年の差はどこにも見当らない。

5

神戸の街に住んでた頃、気になる本は生活のなかで見える場所に置いていた。ヘミングウェイやティグジュッペリのものが多かった。見えてるだけの風景が好きだったんだろう。僕は御機嫌だった。それに魅力的な時間だった。それは、季節とも関係していた。そんな生活は無駄な洒落だと、言った人がいた。僕はその人のことを田舎者だと思った。そして、馬鹿と言ってやった。

おそらく、その人は都会がいつも未完成のままひとに影響を与えるものだという事に気付かなかったに違いない。

6

軽い問題が起ると酒を飲んでいる。もう少し傷が深そうになると、なるだけ難解な本を読むことにしている。理由はよく判らない。

以前から、逃げ込みを企てたときには、読んでいるのが習慣だった。

夏の午後、ノーマン・メイラーの世界に夢中になり、ぷいと休んで、ジャン・ジュネーをどこかの箇所から始めたりもした。とてもバランスの良い日常だった事を憶えている。

クレジオも好きだった。ページを開いた印象がいつも現代的だった。

最初の一行が格好良く思えて買った小説はたくさんある。翻訳ものの「あとがき」に騙されるよりは、下らない小説でも「書き出し」で騙された方が、まだ許されていいことだ。好きな作家のものは、ほとんどと言っていいぐらい持っていたが、まともに読んだものは余りない。

7

最近はレイモンド・チャンドラーをまともに読んでいる。テンポの快適なのが気に入った。それに、酔っ払いの作家で優れているのは、フィッジェラルドとシェイクスピアの二人だと言っているのもいい。

8

いよいよだ。この一〇年間を単位として変化した事は一つある。吸ってる煙草の内容が変った。ゴールデンバットからウィンストンへ、そして、いまクールを吸っている。

編集室に新しい女の子が入ってきた。容姿といい、人柄といい申し分はない。名前は「けい子」という。

けい子はセンスも勘もいい。洒落たオフィスで働く身のこなしを充分に備えている。生まれつきのようにも見える。タイプライターを打つ音に合せて、尻でリズムを取って歩くにはもうちょっと時間がかかりそうだ。彼女には、きっと、マンハッタンの事務所が似合うだろう。

9

本当は、この前のカコミで終っていたかった。手としては余り使ったことがないが、⑧枠までの総流しというのが、僕の考えには近い。野球には⑨回の裏というのがある。すっかり忘れていた。守るにしろ、攻める側にしろ面倒なだけで、余り面白いイニングとはいえない。

いま、少し酔いながら、神戸の風景が絵になっている小説を読み始めた。村上春樹というひとの「風の歌を聴け」というのがタイトルだ。荷揚げ倉庫あたりを佐々木マキが描いている。彼のイラストレーションと出会うのは久し振りだ。彼女だったかな。男の子だったのか、女の子だったのか忘れてしまった。まったく失礼な話しだ。

小説の文章は、良質のものだった。新しい二回戦ボーイの登場だ。頑張って欲しい。

ここ数十年の日本の内容には、自由さが無くてうんざりしていた。それに、ぎこちない欲望がありすぎた。もういいだろう。時には、かけ声だけでもジーン・ビンセントのようにやろうよ。

ニッポンの諸君へ。

小島素治》

『ダブダボ』四十七号（七九年十月一日発行／オルターナティヴ・ジャパン）

39.

二〇〇四年一月二十六日、東京・西日暮里の喫茶店で、小島素治氏の雑誌作りに不可欠の存在であった、片庭瑞穂氏とお会いした。草森紳一氏が『『サブ』以来のよき相棒」とも「腐れ縁の仲に違いない」とも評する両者のコラボレイションは、七一年に始まり、小島氏が財政的に破綻する九〇年代初頭まで、二十年以上の長きに渡る。雑誌が印刷物である限り、グラフィックでない誌面などあり得ない。たとえ活字中心であっても、編集者とデザイナーのセンスにずれがあっては、絶対に良い雑誌は創れない。故に、「この人となら心中できる」と思えるデザイナーと出会えたら、それは編集者にとって一生の財産になる。

小島氏にとって、片庭氏は得難いパートナーだった。その理由は一見してわかった。小島氏が好んで起用した諏訪優、伊藤勝男などの書き手（いずれも故人ゆえ、生前接した人たちの証言から、素顔を想像するしかないのだが）に共通するジェントリーな雰囲気を、片庭氏も漂わせていたからだ。激しい気性の持ち主である小島氏が、心を許して付き合う相手は、自己主張も口数も少ない物静かな紳士に、どうやら限られるようだった。

「小島さんとは、かなり最後の方までお付き合いがあったと伺っています」

「そうですね……『ドレッサージ』の後の、所謂コマーシャルの仕事や何かでもずっと一緒にやってたから、青山の事務所にはほとんど毎日のように通って。なんだかんだでいろんなことがあったんですよ、仕事に関して。神戸には何回も仕事で行きましたし、小島さんが住んでいたサッスン・アパートや、その後移ったイトウ・アパートにも足を運んでいました。

今みたいに観光客がまだ来てない時代なんで、良かったですね、空気が。近くのバーとかレストランへ行っても、けっこう静かで。イトウ・アパートも良かったですよ。床が全部フローリングの洋館風で、広々として。異人館通りに面して大きいベランダがありましてね、そこで昼飯なんか食べてると、なかなかいい雰囲気だった。たまたまオーナーが日本人だからイトウという名前になってるだけで、サッスンと似たような建物だったと思いますよ」

「小島さんとはどのような経緯で知り合われたのですか」

「『SUB』のビートルズ特集号（季刊二号・七一年四月二十五日発行）で、写真家の淺井愼平さんに、淺井さんのページだけレイアウトを頼まれてやったのが、関わった最初です。小島さんにも、その時紹介されて初めて会いました」

四〇年生まれの片庭氏は、四一年生まれの小島氏とは一つ違いだが、早生まれゆえ学年は二個上になるという。三歳年長の淺井氏とは名古屋にいた時代からの仲。「六七年に、モス・アドバタイジング（六五年、アート・ディレクター佐野寛により創立。現・モスデザイン研究所）という赤坂にあるデザイン会社に淺井さんが入るというので、一緒に東京へ出よう、と僕を誘ってくれまして。一年半ぐらいそこに居て、会社以外の淺井さんの個人的な仕事も、いろんなかたちで手伝ったりして。同じ会社に、当時デザイナーだった写真家の稲越功一さんもいました。稲越さんは、小島さんとは『SUB』交流があって、仕事も何度かしているはずです」

ちなみに、片庭氏の出身校である名古屋市立工芸高校の二年後輩に写真家の加納典明、六年先輩にイラストレーター／デザイナーの宇野亜喜良、加納氏の同期に写真家の長濱治、『ドレッサージ』にも広告写真を撮り下ろしているデザイナー／写真家の宮崎皓一は、淺井氏の中学の同級生だという。時代の磁力というのか、ある時、同じ場所に才能が集中することがある。片庭氏は「たまたまね」と、何でもないかのように頷くのだが。

「初対面の小島さんの印象は？」

「まぁ、かなりの自由人というか。仕事っぽい感じでは会ってないんで、趣味の話、音楽の話とか、最初からしてました。僕は六〇年代、ちょうど十代の後半から二十代の中盤ぐらいにかけて、モダンジャズが好きで、ずっと聴いてたんです。その後、七〇年代にさしかかってから、ロックや何かのレコードを買うようになって。やっぱりアメリカで生（演奏）を観たかったんで、グレイトフル・デッドとか、まず来日しそうにないバンドのライヴを観るために、六九年、ウッドストックのあった年の秋ですけど、僕はニューヨークへ初めて行って、そのちょっと前ぐらいに小島さんもアメリカへ行ってたから、その頃の話も合ったし、わりと共通点がありました。映画もだいたい似たような映画を観てましたよね。『オーシャンと11人の仲間』（ルイス・マイルストン監督／六〇年／米）とか、ハリウッド映画でもちょっと洒落たのが好きだったですから」

「『SUB』の三号目からは、アート・ディレクションは全部片庭さんが？」

「いえ、それはしてないです。表紙は淺井さんですけど、なかのレイアウトは全部違うと思います。僕が全ページのレイアウトをやったのは、その小さいやつ（季刊四号）とこれ（季刊五号）と、その大きいの（季刊六号）と」

「毎号どんな感じで打ち合わせを？」

「あんまり打ち合わせらしい打ち合わせはしてないんですよ。例えば四号だったら、こういうちっちゃい判型でやりたいんだけど、っていうだけの話で、あとはもう任せると。いつもだいたいそんな感じでした」

「マクルーハン『The Medium is the Massage』のペーパーバックは？」

「ありましたね。それを渡されてちらっと見たぐらいで、他にもこのサイズの本が、あの当時アメリカからけっこう出てましたから、いっぱい持ってたし、だいたいその感じはわかってました。（『SUB』四号を開いて）後半で突然ノンブルを大きくしたりしてますよね。これはアメリカに『カウントダウン』という、こういう大きさの反体制的な雑誌があって、完全にカウントダウン方式で、最初のページからずっと、〝1〟に向かって逆に進んで行くノンブルの付け方をしているんです。それの影響があったりして」

『カウントダウン』は残念ながら未見だが、畏友・赤田祐一氏によれば、ペーパーバック・サイズの『宝島』の元になった『US』と同時期に出たおそらく一号雑誌。表紙にはきれいなタイポグラフィで大きく〝1〟と打ってあるだけ。アンディ・ウォーホル『a』と同じ趣向で、当時の流行だったのかもしれない。「六九年のアポロ11号有人月面着陸成功の影響もあるのでは」とは赤田氏の指摘。七〇年前後の『美術手帖』で書評を見た憶えがあるそうだ。

「この四号は、レイアウトも横組みと縦組みを併用するなど、縦横無尽です」

「そうですね。デザインに関しては、ほとんど（小島氏と）話はしてないですね。例えば、本文にちょっと小さめのゴシック体を使うというのは、英字の感覚になるべく沿った形にしたいというのがあって、そういう文字の選び方とか、レイアウトの仕方をしてたんですけど。小ぶりのゴチックって、ちょっと遠くから見ると横文字っぽく見える。その方が、わりとレイアウトはしやすいんです。あとは、ところどころ明朝体にして変化をつけて」

「台割は、もちろん小島さんが作りますよね」

「そうですね。ページ割みたいなものは、ほとんど落書きみたいなかたちではありました」

「この号の目玉のひとつである、淺井さんと湯村輝彦さんのコラボレイション『What Are You Doing This Weekend?』はどうやってできたか、教えていただけますか」

「これも湯村さんがバーッと描いた、束になったイラストを持ってきて、載せる順番とか全部任せるからと。全部タイトルが付いて一覧表になってて、それに合わせて大きさも自由自在に。なかに一点だけ混じってる写真も僕が撮ったものだったり、いろいろ入ってますね」

「この写真、淺井さんが撮影したんじゃないんですか!?」

「ええ、それは違うんです」

「意外ですね……このマギーというモデルは？」

「マギー・ミネンコってタレントいましたよね。それがこの娘です。彼女が子供の頃から知ってましたから。まだ十歳になるかならないかの頃、モデルで使ったのが最初で、それ以降も家族ぐるみで付き合っていて、ニューヨークへ行った時も、彼女の家に居候してたんですけど、家族と一緒にニューヨークに移住した。和田アキ子に〝ゴッドねえちゃん〟の異名が付いたＴＶのヴァラエティ番組（『金曜10時！　うわさのチャンネル!!』制作・井原忠高／NTV系／七三～七九年）にレギュラーで出てたんです。今はもう結婚してロサンゼルスに移って、子供も四人います」

七〇年代の東京における最もヒップな溜まり場のひとつ、原宿セントラルアパート一階の喫茶店レオンに集った常連客のなかでも、彼女の飛び抜けたファッション・センスは、未だ語り草になっているという（『原宿セントラルアパートを歩く』君塚太編著／〇四年／河出書房新社）。

以上の談話は、このページを作った三人（小島氏を入れると四人）が、いかに決まり事から自由だったかを物語るのに最も相応しいエピソードかもしれない。湯村輝彦は、のちにこのセッションのことを、こんなふうに回想している。

《最初のグァム島での浅井さんとの出会いの後、今ではコレクターズ・アイテムになっているミラクル・マガジン「サブ」（季刊4号）の数ページに浅井さんと一緒に南の島への熱き想いを叩き込んだ。（中略）あのトキ飲んだ「ブラディ・マリー」の味わいが、ゆっくりゆっくりボクの記憶に蘇ってくる。》（『浅井慎平 人と作品』七九年／玄光社）

六六年六月のビートルズ来日公演から四十周年を記念した雑誌の特集や写真集の出版が、〇六年に入って相次いでいる。『SUB』二号にもその一部が再録された浅井慎平のデビュー作『ビートルズ東京100時間のロマン』（六六年／中部日本放送）こそ、「ビートルズ」と「日本」の一瞬の交錯を捉えた最良のドキュメントである。前出『浅井慎平 人と作品』によれば「事情があって見本刷りができただけ」でついに市販されなかったと言われる、この「幻の第一写真集」がオールカラーであることを、後日、片庭氏に実物を見せていただいた際に初めて知って、あまりにも鮮烈なその発色に衝撃を受けた。

表3には、浅井氏から片庭氏に宛てられた次のような献辞が、淡いブルーのインクで記されていた。

《片庭君　私の机のセピアに変色した写真／過ぎ去った夏の色のセピア／セピアのビートルズ／セピアの私の心／いつだって／過ぎ去った夏はセピア　淺井愼平》

最初に目にした瞬間から、『SUB』二号のセピアの刷り色が好きだった。

『ビートルズ東京』から五年——「ジス・イズ・マイ・ファーザーと少年が叫んだ雨の夜 ハード・デイズ・ナイトがラジオから流れていた」（『SUB』二号）として再び焼きつけられたあの「夏の記憶」が、カラーでもモノクロでもなくセピアであった理由《わけ》を、この時初めて、痛みと共に了解し得たのだ。

40.

「四号の巻末に、昔のハリウッド映画のスチール写真を使おうと言い出したのは小島さんですか？」

「そうですね。どこで入手したかは僕も知らなかったんですけど、バサッと持って来て、これ何かで使えないかなぁ、なんて言って」

「この号は、目次が見当たらないんですが、これも、目次はなくていいよ、と言うだけですか？」

「そうだったと思います」

「あうんの呼吸ですね。この用紙に決めたのは？」

「これはペーパーバックの感じがいいな、というのでいろいろ印刷会社と相談して、この紙になったと思います」

「次の五号では、紙を変えてますよね。これはどうしてですか」

「テカテカしたのがちょっと厭だな、という感じがあって、これにしたんです。刷り色は藍一色だったと思います」

「この色を選ばれた理由は？」

「どうだったかな。何しろモノクロというイメージで全部レイアウトしてますから、最終的にはその辺どうだったのか。墨では厭だな、ということはあったと思います」

「表2に、先ほど話に出た『オーシャンと11人の仲間』のスチール写真が使われていますが、その上に字幕のように浮かぶ〝is a post script of the editor〟、〝I am a tripper／I live in a magazine／open the page and take a look〟という、小島さんのメッセージとも受け取れる謎めいた言葉の出典が、ずっと気になっているんですが、ご存じですか」

「ちょっと記憶にないですね。小島さんは気に入った文章を雑誌のなかに忍ばせるのが好きで、歌詞だとか、誰かの言葉とか、いろんなところから採ってました。『ドレッサージ』でも毎号一行、必ず表紙にそういうコピー的なフレーズが入ってて」

「例えば、創刊二号の〝With a Little Help from My Friends〟はビートルズの曲名から。創刊五号は〝勝手にしやがれ！　ジーン・セバーグに捧げる〟と珍しく日本語で」

「かなり個人的な趣味でやってる、ってことなんでしょう」

「そういえば『SUB』五号の巻末に、高松次郎がル・クレジオに捧げた、ダダの詩みたいに記号的な英文がいきなり載ってて、びっくりします」

「僕は文学とか、あまり得意じゃない方ですけど、小島さんはル・クレジオとか、当時ヌーヴォー・ロマンと呼ばれてた新しいヨーロッパの文学も好きでしたから」

「最初にサッスン・アパートに行かれたのは？」

「ウエストコーストの号（六号）で一緒に仕事した記憶があるんで、たぶんその時だったと思います」

「A3という判型と余白を生かした、素晴らしいデザインだと感動しました」

「ちょうどこれの少し前ぐらいから、アメリカでアンディ・ウォーホルの『インタヴュー』とか、わりと大判の雑誌がいっぱい出てきて、それに刺激されて作ったんですね。フランスの『ファサード』がこれよりちょっと小さいぐらい。判型を大きくしようなんてことも、それでやったような気がします」

「元々、吉田大朋さん、淺井愼平さん、鋤田正義さんの三人の写真が先にあった企画だと、小島さんはおっしゃっていました」

「ウエストコーストにこだわってたことはこだわってたんですよね。それを大判だから写真メインでやりたいという案があって、それでたまたまその前の号で、大朋さんの撮ったアンディ・ウォーホルの写真を載せましたよね。僕が紹介したんだと思うんですけど。大朋さんがちょうどニューヨークでウォーホル撮ってた頃だったんで、小島さんに、五号の特集（「アンファンテリブル〈恐るべき子供たち〉」）を作る時、大朋さんとやるといいんじゃないかって提案して。そこから大朋さんと小島さんも、いろいろと交流が始まった。大朋さんもウエストコーストにその当時関心があって、個人的に写真を撮っていたから、ちょうどタイミング良かったんです」

日本のファッション写真を確立した一人、吉田大朋は、フランス版『ヴォーグ』『エル』と専属契約を結んだ初の日本人フォトグラファー。VANがサポートしたメンズ・マガジン史上に残る豪華季刊誌『NOW』（文化出版局）の創刊に発起人の一人として尽力するなど、雑誌とは深い関わりがあった。

「一方、鋤田さんと僕は、この号が出たのと同じ年、七三年にロサンゼルスに一緒に行ってて、その時に鋤田さんが撮った写真なんですよね、これは全部。たまたま友人の結婚式もあったんで、サンディエゴとロサンゼルスとサンフランシスコ辺りを回るツアーを絡めて行った所の写真が全部入ってる」

「すると、片庭さんが、この号のキーパーソンですね」

「そうですね、これはわりとそんな感じだったかもしれないですね。鋤田さんとは、モスの次にお世話になったデルタモンドっていう会社で一緒だったことがあって。一緒にロンドンにも行って、デヴィッド・ボウイがまだぜんぜん売れてない頃の、七一年くらいのライヴを観たこともあるんですよ」

「ロック・フリークとしての片庭瑞穂」の名前を思わぬところで目にしたのは、坪内祐三『一九七二』（〇三年／文藝春秋）の「第二十三回 キャロルとロキシー・ミュージックが交差した瞬間」の、この件だった。

《雑誌『音楽専科』の一九七二年十二月号（音楽専科社）に、片庭瑞穂という人がその年の夏にイギリスのウェンブリーで見たあるロックバンドのコンサートの見聞記が載っている。バンドの名前はロキシー・ミュージック。》

片庭氏は、東芝ＥＭＩの敏腕ディレクターとして鳴らした石坂敬一（現・ユニバーサルミュージック相談役）の依頼を受け、天才ギタリスト竹田和夫率いるクリエイションのファーストアルバム（『クリエイション』七五年）の、子供たちが裸でおしっこをしている有名なジャケット（撮影：沢渡朔）をデザインしたほか、サディスティック・ミカ・バンドの『Mika Band Live in London』（七五年）、サディスティックス『Sadistics』（七七年／いずれも撮影：鋤田正義）など、レコードジャケットのデザインも、この時期、数種手がけたという。

「ちょうど内田裕也さんが全国縦断のロック・フェスティヴァルを始めた頃で、フランク・ザッパを呼んだ時（七六年二月一日〜五日）、浅草ロック座の公演ポスターとか僕が作ったんです。裕也さん絡みの仕事は、石坂さんと組んで、けっこういろいろやりましたね」

その内田裕也がプロデュース、オノ・ヨーコをスペシャル・ゲストに招いた、日本における最高の野外フェスとして今も語り継がれる「郡山 One Step Festival」（七四年八月一日〜十日／〇五年、CD及びDVD化が実現）のポスター・デザインも片庭氏による（撮影：淺井愼平）。

「雑誌のレイアウトは、『SUB』以前にご経験はおありでしたか？」

「その前に『メンズクラブ』を全ページ、レイアウトしてた時代があるんですね。『メンズクラブ』に入る雑誌広告なんかの仕事をしてましたから、それで婦人画報社の広告部の人から、今レイアウトできる人を探してるけど、やってみないか、という話がありまして。それで三年ぐらいやってました。『SUB』に関しては、一般の雑誌ではできないことができる自由さがあったから、そういう点で魅力があって、そこに惹かれて参加するようになったという経緯ですね。この当時は、青山の事務所の頃みたいに毎日は会っていないですけど。数ヵ月に一回とか、今度これやるから手伝って、と言われて会うぐらいで。僕はもうフリーになっちゃってたと思います。その頃、原宿に住んでたんですが、そこには小島さんもよく来てましたから」

「『ドレッサージ』は横組みですが、日本語の横組みは、雑誌ではあまり例がないですよね。最初は横組みを試していた『ローリングストーン』日本版も、途中から縦組みに変えています」

「ああ、そうでしたか。専門誌ではありましたけどね。杉浦康平さんがデザインしてた『音楽芸術』（六〇〜六二年）という現代音楽の雑誌がこれより一回り小さい判型であったんですよ。それは全部横組みだったですね。日本の雑誌ではあれが代表的なのかな。とにかく『ドレッサージ』は、最初から全部横組みにしちゃおうという話でした」

「これをデザインする上でイメージされた雑誌は、何かありましたか」

「個人的にはね、『ドレッサージ』とはだいぶ違うんですけど、『SHOW』というアメリカの雑誌のアート・ディレクションが一番好きで、ああいう雑誌をやりたいというのがずっとあったんです。まだ何冊か持ってますけど、名古屋の洋書屋にもちゃんと毎月入って来ましたから、リアルタイムで毎号買ってました。あれは表紙がいつも楽しみでね。毎号すごいことをやってましたからね。一度なんかタイトル・ロゴが逆さまになってて、それは何故かというと、ショーウインドウのガラスに向かって、子供たちがワーッと覗いてるようにその顔を撮ってるから、何もかも逆なんです。そんな凝ったことまでやってました。何しろ（サブ・タイトルが）〝The Magazine of the Arts〟ですから。あそこまで洒落てると、さすがにアメリカでもそうは売れなくて、三年ぐらいしか続かなかったはずです」

スタンダード・ナンバーのタイトル（「ショーほど素敵な商売はない」）をもじって「『SHOW』ほど素敵なマガジンはなかった」（マッド・アマノ）とオマージュを捧げられたこともある同誌は、六一年九月（十月号）創刊の、イラストや写真を贅沢に使った大判のハイブラウな月刊誌。植草甚一が、同時期（六一年七月〜六四年八月）の朝日新聞連載「ぼくのコラム帖から」（『知らない本や本屋を捜したり読んだり』七四年／晶文社収録）で同誌の創刊をいち早く伝え、「この欄に『ショー』誌がよく登場するが」という枕を用意するほど頻繁に紹介、《表紙からうける感じがフレッシュなので、つい手にしたくなる》と賞賛している。そのウイットとエレガンスに富んだ美しいヴィジュアルを創り上げたのが、〇五年八十歳の生涯を閉じた、二十世紀最大のアート・ディレクターの一人ヘンリー・ウルフ。文字に頼らない、ピクトリアルそのものに意味を持たせるその手法は、まさに洗練の極致であり、余白を充分に取った整然としたレイアウトは、とりわけ『SUB』の六号に影響を与えたことがわかる。

「彼のデザインがすごく好きだったんです。『SHOW』の前にADをやってたのが『ハーパーズ・バザー』で、その前は『エスクァイア』のADですからね。彼は『SHOW』がつぶれた後、雑誌を離れてTVコマーシャルか何かのディレクターになっちゃった。自分でも写真を撮ってましたしね」

「そういった洋雑誌は、ずっと取っていらしたんですか?」

「はい。『エスクァイア』『ハーパーズ・バザー』『マッコールズ』『サタデイ・イヴニング・ポスト』……全部大判だった頃ですね、好きなのは」

「小島さんとは、いつもそういうお話を?」

「そうですね。洋雑誌や何かのそういう話はすごくありました。(定例のコラム以外は)内容に関しても、ウォーホルの『インタヴュー』には影響受けてたかもしれないですね。(定例のコラム以外は)ほとんどが小島さんの、いろんな人とのインタヴューでしょう。『SUB』の頃はどっちかというと文学系の雑誌だったんですけど、『ドレッサージ』はファッション雑誌に近いようなものにしようという感覚で作ってましたから」

「片庭さんが特にお好きな号というのは?」

「好きな号というよりページによって、やりやすかったとか、楽しかったとか、そういうのはありますけどね。(創刊二号の)『ロング・グッドバイ』っていう、レイモンド・チャンドラー原作の映画に引っかけた特集なんか面白かったですよ。これは十六ミリを借りてきて、そのなかからフィルムごと切り取っちゃいましてね。当時はヴィデオ化もされてないし、シネマスコープ・サイズだから、そのままだとこういうふうに縦長になっちゃうんですよ。

アメリカとハードボイルドが好き、というのは小島さんと僕の共通項でした。昔、日本でも『マンハント』（五八─六三年／久保書店）っていうハードボイルドの雑誌があって、僕はあれをリアルタイムでずっと買ってて、大好きだったんです。コラムも長沢節さんとか、植草甚一さんとか、大橋巨泉とかいろんな人が書いてる。変わった雑誌でしたよね。ちょうど僕が二十代前半の頃ですから、かなり影響されました。面白かったですね、あれは」

「そんなふうに、『ドレッサージ』は一号一号楽しんで作られたんですね」

「ええ、楽しかったですね。毎号、表紙もぜんぜん違う、いろんなことができたし。（創刊五号の）野球選手の表紙は、スタジオで外人のモデルを使って撮ったんですが、バックの写真は僕がヤンキース・スタジアムで撮ってきた写真を合成して使ってるんです。ユニフォームにも、この号の表紙のスポンサーがアラミスなので、『９００』という、この香水に合わせて背番号を付けて」

「創刊四号の巻頭特集『コマーシャル荒野の七人』の、この表がよくわからないんですよ」

「わかんないでしょう。これねえ、ニューヨークに行った時に、小島さんが好きだったっていうこともあって、競馬場へ行ってみようと思って、ベルモント競馬場っていうところに行ったんです。そこで買った競馬新聞の一部を取って、それをそのまま使っちゃった。パッと見、アメリカの競馬新聞ぽくしようというのでそうしただけで、ぜんぜん意味はない。当時何かしらのコマーシャルに出ていた七人の外国男優を競馬の枠順にして、それぞれのデータが表になってる感じにしようと。まったくの冗談ですね。この、Trojanっていう紳士服の広告にジュリアーノ・ジェンマと映ってる背番号35番のユニフォーム着た人が伊藤勝男さん。自分の草野球チームごと、この広告に出ちゃった。伊藤さんが生きてると、この頃の話が聞けて面白かったんですけど、亡くなっちゃいましたからね。彼も最後はこの近所、日暮里に住んでたんですよ。ちょうど僕がこっちへ来たのと同じぐらいに西麻布から引っ越して来て、よく一緒に帰って来たりしました。映画とジャズと野球と、この三つにすごい詳しい。それで小島さんとも意気投合して」

「小島さんも野球好きでしたか」

「そう、小島さんは中日ファン。伊藤さんは巨人ファン。で、僕はヤクルトファン。野球の話は、みんなしょっちゅうしてました。関西の人で中日ファンというのは珍しい。子供の頃、たまたま親父と観に行ったのが中日の試合だった、って言ってましたけど」

このCM特集は、遊び心溢れるヴィジュアルに比べて、テクストの弱さが目立つのが惜しい（それは同誌にとって、ついに克服されざる課題でもあった）が、それに続く「Man and Woman」と題された二人の都会派シンガーのインタヴューは、小島氏の洒脱なセンスが発揮された出色の出来映えだった。何より、「わたしはオードリーが好き。」（豊島たづみ）、「僕はオードリーが好きになれない。」（南佳孝）と、シンメトリーな見出しからして最高だ。

「小島さん、南佳孝のこと好きでしたね。生活感がないところがいいって。この号にインタヴューが載ってる、よしろう広石っていう人は日本のラテン歌手で、僕の趣味で入れたんです」

「片庭さんは、デザインだけじゃなくて企画にも参加されてたんですね」

「ええ、まあ。あと、荒木一郎のことはけっこう気に入ってましたね、小島さんは。荒木一郎の、ちょっと突っ張った生き方が好きだったのかもしれない。『ドレッサージ』でインタヴューしてますよ」

41.

片庭氏は、九〇年から九一年にかけて創刊準備号、創刊号の二号のみ発行された、小島氏が手がけた最後の創刊誌である幻の競馬文化雑誌『ギャロップ』にも参加、アート・ディレクションのみならず、表紙を飾る有名騎手のイラスト・ポートレイトも描き下ろしている。

「『ギャロップ』は、表紙のタイトルの下に〝Magazine for Dancer's Image〟とありますが、この洒落たコピーはどこから……」

「創刊準備号で伊藤さんが書いてますけど、これはフレッド・アステア〈註：〈アメリカの生んだ最高のダンサー〉と讃えられた不滅のミュージカル映画スター〉から来てるんです。アステアは自分の馬を持ってましたからね。そんなこともあって」

「馬に絡めるだけでかなり幅広い要素を含む雑誌になるんですね。こうして実物を見て驚きました。競馬に特化しているがゆえに、逆に小島さんのやりたかったことが鮮明になっている気がします。雑誌というターフの上で、いろんな角度から、競馬の持つロマンティシズムを表現したかったんだな、と。『ギャロップ』は書店で売られたんですか？」

「書店売りはしてないと思います。これは競馬場で売ろうとしたところもあって。この号なんか、確か府中辺りに行って売ったはずなんです。詳しいことはわからないですけど」

「でも競馬場で売れますかね？」

「ここまでやると、さすがにちょっとね」

「それこそ、競馬新聞しか読まない人にニューヨーク・タイムズを読ますような感じじゃないですか」

「これの三号目の時は車内吊り広告の準備もしてたんです。電車一両広告出すのを申し込んでいて、雑誌が上がればやるばかりになってたんですよね。ところが、マディソンアベニューっていうおカネを出すことになってた会社と、どういう事情か詳しいことはわからないんですけど揉めて、結局は向こうも手を引くかたちになって、原稿は全部揃っていたのに、刷ることができなかった」

「スタディアムがつぶれた理由はご存じですか」

「いや、それはあんまり……」

「事務所があったのは、青山のどの辺ですか？」

「青山三丁目のVANがあった角のところを、ずっと西の方に入って行くと、最初に歩道橋がありますよね。左方に桝田屋というお蕎麦屋さんがあって、そこを左に曲がると、とんかつ屋のまい泉に抜ける道に出る。そこから、ちょっと左に入ったところにある四階建てのビルの最上階。そんな大きなマンションではなくて、八畳一間ぐらいの小ぶりなワンルームという感じです。キッチンは付いてましたけど、四、五人居るとけっこういっぱいになりますね。家具とかはそんなに置いてなかった。ソファか何かが二つあったぐらいで、仕事をやるようなデスクはない。ガラス板の大きいテーブルが真ん中にあって、僕はレイアウトの作業とか、だいたいそのテーブルでやってました」

「編集会議ってあったんですか？　ぜんぜんなさそうですね」

「あんまりないんじゃないですかね。事務所に呼ばれて、次の号の内容がだいたい決まったから、あとは全部任せるよ、っていう話がほとんど。探してほしい写真や材料があるって言うと、ちゃんと持って来てくれるし、レイアウトに関しては何も言われないし」

「片庭さんのセンスを全面的に信頼してらっしゃったんですね」

「いや、そんなことはないと思いますけど」

穏やかではあるがきっぱりとした口調だった。表情はほとんど変わらなかったが、再び元の寡黙な人に返っていくように見えた。

「小島さんとは、雑誌以外にも広告の仕事を一緒にやられていたんですよね」

「そうですね、広告でも好きなことをやりたい、というのがあったんじゃないですか。僕もかなりいろいろ、広告のプレゼンテーションはやりましたからね。ちょうど『ドレッサージ』を作ってる八一年頃、パーカーっていう万年筆のPR誌を新聞形式でやったのは面白かったです。それは二号で終わっちゃったんですけど。あとは『パピエゲオール』っていう、大阪のゲオール化粧品という会社のPR誌、あれも新聞形態だったかな。それからラピーヌっていう大阪のファッション・ブランドの『花のように』というPR誌も全ページやってました。執筆者も多彩だったし、内容的にもけっこう面白かった。こういうものは、誰に頼んでどういうふうにしようとか、ほとんど小島さんの奥さんがアレンジしてたんです。『ドレッサージ』でもスタイリストみたいなことをやってますよ。文章も書いてて、パリでフランソワーズ・アルディをインタヴューしたのは彼女です（註：創刊二号掲載）。事務所にはほとんどいなかったけど、ちょこちょこ来ては、一緒に僕なんかと撮影に立ち会ったりしてた。

要するに、PR誌のかたちを借りて、雑誌でするようなことができないかって、ずっと模索してたんですね。企画倒れになっちゃったんですけど、美容院とか化粧品の店にスタンドを置いて、そこでカネボウをスポンサーにして美容院専門の雑誌みたいなことをやろう、っていう面白い企画があったんですけど、結局実現はしなかった。今、街のあちこちに置かれてるスタンドで、フリーペーパーが配られてるでしょう。ああいうことは考えてましたね。純粋に出版物を作るって難しかったですから。やっぱり雑誌だと、かなりの数売れないと成立しないじゃないですか。婦人画報社でも、『メンズクラブ』が五、六十万部ぐらい出てたんで、あそこの会社はもってたところがありますからね。でも、内容見るとほとんど洋服屋さんのカタログでしょう。編集ページもスポンサー付きで、どこかの洋服使ったりするわけですから、ほぼ全ページ広告みたいなもんですよ。あの頃に始まって、今は全部がそうなってますけど、『SUB』なんか一切広告入ってないし、昔の同人誌みたいな香りをそのまま残してるところがありますよね」

「最後に一緒にやられたお仕事は何ですか」

「何だっけな。『ギャロップ』がダメになった後ですもんね。大したことやってないですよ、その後は。あんまり覚えてないですね。仕事自体、あんまりやってなかったですから。

僕は、今はもう、ほとんど絵描きです。入稿作業が全部コンピュータになっちゃったでしょう。あれがないと、今はデザインの仕事できないですからね。そっち方面のことは苦手なんで、一番アナログ的なものというと、絵になっちゃうんですよね」

元々、『メンズクラブ』の頃からイラストや挿絵は描いていた。〇三年、渡邉仁氏（神戸サブ編集室／現・ワタナベ・エディトリアル）の事務所を訪れた際に、片庭氏の近作を何点か見せていただいたことがある。人の気配がしない、ホックニーのような静謐さが漂う風景画だった。

九八年に東京・千駄ヶ谷で開かれた片庭氏の個展で久しぶりに再会した後、「ちょっと昼飯食わないか」と電話をもらって九段下のホテルで会ったのが、おそらく小島氏と話した最後だという。

「拘置所に入ってたことは、僕はぜんぜん知らなかった。手紙が一度来た時も、本を送ってほしいというだけの内容で、後になって人に聞くまで、それが拘置所から来た手紙だということすらわからなかったぐらいですから」

「誌面を見る限り、小島さんはジェントルマンだと思うんです」

「そう、基本的にはそうだと思いますね。本当にやりたいことはそういうことだったんです。粋な、洒落たことをしたいという。野暮ったいものが嫌いだったですから。いろんな意味でインテリでしたよね。いろんなことを知ってたし、いろんな勉強を積極的にしてました。いろんなカメラマンの写真を見ていたし、いろんな本も読んでたし。トルーマン・カポーティとか、『ティファニーで朝食を』にしろ『冷血』にしろ、随分前から好きだったみたいで、『カメレオンのための音楽』が新刊で出た時、僕がたまたまニューヨークで原書を見つけてお土産に買ってきたら、すごく喜んでくれたことがあって、『ドレッサージ』でも紹介してます」

　同誌最終刊となる創刊八号（八一年十月二十七日発行）に発表されたエッセイ「トルーマン・カポーティに音楽を」の筆者は、気鋭のアメリカ文学者として『ハッピーエンド通信』などで活躍していた翻訳家の青山南。前号に寄稿した「午前4時のスコットとゼルダ」は、これまで日本で書かれたアメリカン・プロフィールズのなかでも一、二を争うだろう『人生はクレイジー・サラダ』（八五年／筑摩書房）所収十八篇の、「甦るイーディ」と並ぶ白眉、「鷹の目のバレリーナ ゼルダ・フィッツジェラルド」の劇的なエンディングとして生まれ変わった。同じ創刊七号（八〇年十一月二十日発行）には、日本に於けるニュー・ジャーナリズム紹介の第一人者で、やはり『ハッピーエンド通信』の主筆であった翻訳家の常盤新平が初登場。前出の写真家・吉田大朋とエディトリアルをテーマに語り合っている。

その前号（創刊六号・八〇年六月二十日発行）で常盤氏は、アメリカ最大のグラフ誌『ライフ』の女性記者第一号、シャナ・アレグザンダーのプロフィールに、アメリカの雑誌との出会いと自身の人生を重ね合わせた感動的なエッセイ「ある女流ジャーナリスト――シャナ・アレグザンダーのこと」を寄稿、《雑誌を人間として扱わなければならないことを『ニューヨーカー』や『エスクァイア』から教えてもらった。》と記し、《アメリカの新しい小説はたいてい紹介されても（その大半はくだらないが）、アメリカのジャーナリズムが紹介されることはめったにない。》と嘆じた。

その想いに対する強い共感が、小島氏に、異色の対談を企画させたのだろう。《常盤さんは雑誌が好きで見てこられて、こんなものが作られればいいなというのがある反面、どうしようもなく出てくる現実とのギャップがあって、50年、60年、70年とみていても、その中から読者を把握することはともかく「創る」ということだけに楽しみをおいて考えていくとすれば、どうですか。》と、性急な問いを投げかける一方、《僕が雑誌をやりたいというときに、どこかでは写真的なこともやりたい、片方ではファッション関係の作家のことをやっていきたい、こっち側で新聞記者を中心にしたことをやっていくというと、非常にちがうことをやっているように見られるんですけれども、そういうことで雑誌創りを進めないと面白くないという気がするんですね。》と、「編集」の核心に迫っている。《日本人がアメリカを解釈する文法っていうのがもしあるならば、それはサーフ・ボードにのっかることではなくて、最終的なアメリカの理解っていうのはニュー・ジャーナリズムという手法にかかっているんじゃないかと思っているんだけどね。》という小島氏の直感は、今日ますます正鵠を射ているように思える。「ニュー・ジャーナリズム」というネーミングの元になったトム・ウルフ編集の同名アンソロジー（七三年）さえ、この国では未訳のまま、言葉だけが一人歩きした結果、本質は忘れ去られている。

アメリカン・ジャーナリズムと女流ジャーナリストについて書かれたエッセイを集めた常盤新平『彼女のアメリカ』（八一年／新潮社）に「シャナ・アレグザンダーのこと」とペアで収録された「ヘレン・ローレンスンのこと」を読んだ時、以下の記述に胸をつかれた。

《結局、「ショー」は三年ほどでつぶれた。毎号十万ドルの赤字で、（社主のハンティントン・）ハートフォードはこの雑誌に八百万ドルも注ぎこんだ。廃刊の原因は、「ヴァニティ・フェア」（註：一九一四年、コンデ・ナスト社から創刊された伝説的な高級月刊誌。三六年に同誌が『ヴォーグ』に吸収される前の、実質的な編集長がローレンスン）と同じで、時代に適応できなかったことだろう。人目をひく雑誌ではあったけれども、内容が退屈だった。》

《それにしても、一号十万ドルというのはべらぼうな赤字ではないか。》と常盤氏は続ける。「ショー」の編集顧問《アソシエイト・エディター》でもあったヘレン・ローレンスンのメモワールを読んで、「ショー」という雑誌のことが初めてわかったという。

《二十年前、私はこの月刊誌を予約購読していて、あまりにも豪華な雑誌だったから、つぶれるのではないかとよく思ったものである。／そのことを書いたら、故人となった植草甚一氏が怒って否定された。懐しい思い出である（中略）。贅沢で前衛的で、いやにハイブラウな雑誌だった。よく日本特集をこころみたことと、ジョン・ル・カレの『寒い国から帰ってきたスパイ』の連載（註：六二年十月―／六三年出版）が私の記憶に残っている。》

早川書房の編集者であった六四年に、ハヤカワ・ノヴェルズの第一弾として常盤氏が手がけた最初のベストセラーが、『寒い国から帰ってきたスパイ』だった。その三年前、『ＳＨＯＷ』の苦闘が始まった六一年には、ひとりの雑誌編集者として築こうとした「夢の砦」――『ホリデイ』が一号で廃刊のやむなきに至っている。

　これを最後の質問にしよう、と思った。

「片庭さんにとって小島さんは、一言で言うとどういう存在でした？」

「いろんな仕事をさせてもらって、神戸のことや競馬のことも知ったし、教えてもらったこともたくさんあります。洒落たことを、もっといろいろやってもらいたかったですよね。そういうことができる環境が整っていればよかったんですけど……仕事らしい仕事ができましたからね、小島さんとは。彼のやりたいことがまずあって、内容の部分ではリードしてくれたし、こっちもそれをわりと気分よくやれた。そういう意味で一番やりやすかったですね、仕事としては。打ち合わせにしても何にしてもほとんど感覚的ですから。あまり事細かく理論立てて言われるよりも、あんな感じ、って言ってもらった方がわかりやすいじゃないですか」

「もう一度雑誌をやる機会があればどんなものを？」と重ねて問うと——七〇年代半ば、ロックが一度パワーダウンするのと入れ替わるように起きたサルサのムーヴメントにやられて以来、元々好きだった音楽はもちろん、映画、絵画、スポーツなど、そのすべてに傾倒しているというラテンアメリカの文化全般を、「専門誌の枠を越えてトータルに紹介・表現する雑誌がない。今の日本に一番欠けているものだから、それこそ『ドレッサージ』みたいなかたちで創れたら、きっと面白いですよ」と、突然瞳の奥に灯がともったように、熱い反応が返ってきた。

　片庭氏は、今は画家として、第二の人生を歩んでいる。しかし彼もまた、小島氏と同じ、雑誌という壮麗な夢に憑かれた孤独なレインボウ・チェイサーなのだ。

42.

有限会社スタディアム

スタディアム（『ドレッサージ』東京編集室）のスタッフには、なかなかコンタクトすることができずにいた。スタッフ・フォトグラファーの堤一朗氏のように、転居先不明で連絡がとれない人もいる。しかし幸いにも、〇五年十月二十七日、東京・五反田の喫茶店にて、堤一朗氏のアシスタントとしてスタディアムに常駐していた写真家・寺館聰氏との面談が叶った。

小島素治氏のポートレイトを見せた瞬間、「これ、私の写真ですよ」と即答される。「この帽子被ってる写真を撮ったのは、小島さんがパリに行って帰って来た時ですよ。これもパリで買ってきたんや、と言ってたのを覚えてますから」

『ドレッサージ』創刊七号（八〇年十一月二十日発行）で初めてスタッフ・フォトグラファーとしてクレジットされた寺館氏は、現在も広告写真や婦人誌を中心に広く活躍されている。大学を卒業した八〇年四月、恩師の紹介で訪ねた広告制作会社が、同誌の発行元でもあった有限会社スタディアム。そして、同誌のメイン・フォトグラファーで、吉田大朋門下の堤一朗氏は大学の先輩。つまり、寺館氏は吉田氏の孫弟子に当たる。当時、師匠譲りのファッション写真家として売り出し中だった堤氏は、女性を撮るのも得意だが男性のポートレイトには定評があった。

「一発目からいきなり出張でした。堤さんのアシストで、京都の太秦に俳優の根津甚八を撮影しに行ったのが最初の仕事だと、今でも鮮明に覚えていますよ。それもスタディアムじゃなくて、『ハイファッション』（文化出版局）のモノクロ十二ページ。それが終わって、帰ってからですね、（社長の）小島さんと初めて会ったのは」

スタディアムでは、人物以外にも物撮りから複写、撮影に必要なものの調達や制作まで、何でもやった。

「ネオン管を小道具に使ったこのレノマの広告写真（『ドレッサージ』創刊八号）なんかよく覚えてます。ネオン管屋さんに発注して、値切り交渉して、出来上がったのを持ってきて、設置まで全部、私がやりましたから」

「それは、レノマのタイアップページということですか」

「そうですね。前田（昌利）さんっていう営業マンが一人いて、広告を獲ってました。小島さんも、電通とか大広とか大手の代理店に知り合いがいましたから。そういう〝顔〟はすごくある人だな、と当時何も知らないアシスタント・カメラマンにもわかるぐらい、なんでこんな大御所がと思うような人が、不思議に出入りする事務所でした」

「寺館さんが、当時ＢＭＷに乗っていらしたと小島さんから伺いました」

「ええ、持ってましたね、途中から」

「堤さんにはベンツを買うたった、うちは助手でもＢＭＷや、と自慢されました（笑）。小島さんが出張の時は、いつもそれに乗って空港まで送られていたとか」

「送ったりはしてましたけど。それもきっかけがありましてね、八〇年の四月にスタディアムに入って、七月になった辺りで、神戸（編集室）の方を任されていた渡邊仁さんが、産経新聞の大阪本社が後援している、アメリカやカナダに留学生を送り込む会社のパンフレットを作る仕事を獲ってきたんですよ。それで、『ちょっと聰ちゃん、二ヵ月半くらい貸してよ』っていう話になって、小島さんも『夏はどうせ暇だからいいよ』って、二つ返事でOKしちゃった。

今でも覚えてますけど、七月二十三日出発で、小田原にある高校の留学生のグループと一緒に行く手はずになって、九月いっぱいカリフォルニアに居ました。まだ一ドル＝三百六十円の時代ですよ。前払いで三十万円キャッシュでボンと持ってきて、『ドルに換えて来い』って小島さんに言われて。予算はそれしかないから、上手くやれって。それでヘリは飛ばさなきゃならないし、レンタカーも借りなきゃいけない。もう、最後はモーテルでホットドッグ、自分で作って生きてましたけどね。まだ助手で入ったばっかりですから、自分のカメラも持ってない。ただ、幸運にも私の大学の同期がキヤノンやミノルタに就職してたんで、そこから機材を借りて行ったというのが実情なんです。みんな快く、広報担当に話をつないでくれて。

私も高校時代にキヤノン主催のフォト・グランプリの特選とか獲ってたんで、一応実績があったんです。そういうのもあって、本当はそう長い期間貸さない十六ミリカメラを広報部長さんがいいよって貸してくれたり、コダックも『ドレッサージ』の創刊当初からスポンサーに入ってたんで、フィルムをもらったり。小島さんがちゃんとそういうこともやってくれて、とにかくいろんなものを貼り付けられて行った覚えがありますね。えらいハードな二ヵ月半だったんですけど。

その時、サンディエゴでホームステイした、一番長くお世話になったベースの軍曹の家で初めてBMWと出会ったんです。奥さんの車が、２００２っていう形の紺色のBMW。それに乗ったのがきっかけで、日本に帰ってきた時、小島さんにそのことを話したら、『おまえ、それは買え』と。そう言ってる矢先に、ちょうどその年の秋くらいに、田園調布のチェッカー・モータースっていう自動車会社の会社案内の仕事を前田さんが獲ってきた。そのままトントン拍子に、そこの常務さんが『このBMW、乗って帰っていいよ』と。当時、私は家賃一万八千円の六畳一間に住んでてね、いきなりそんな車に乗って帰って、銭湯へ行った。それで、鍵かけてエアコンかけて、冷やしといてから、乗って帰ってきた覚えがありますね。

一番目に乗せた人も小島さんでした。神宮前の事務所に車が届いてすぐ、いきなり午後四時のJALに乗って神戸に行くっていうんで、羽田に連れて行ったんです」

北海道・室蘭出身の寺館氏は、二輪から始めて車好きが嵩じ、とうとうA級ライセンスを取得、一時レースにも出たほどのカーキチだという。

「小島さんにお会いした時、寺館さんがBMWで羽田まで送ってくれた、迎えはなかったけどと笑ってました」

「いや、迎えにもけっこう行きましたよ。新幹線なのか飛行機なのかケースバイケースで。乗り物は飛行機の方が好きだと言ってましたね。JALの回数券買いに行こうとか。頻繁な時は週に二回は往復してたんです」

「小島さんは、八〇年代の半ばが、広告の仕事で東京と関西を行ったり来たりで一番忙しかった、とおっしゃっていました」

「八四年くらいがピークじゃないですか。BMWを買ったのが、確か八三年の八月だと思います。その前に、私が田舎から持ってきた三菱ランサーの昔の形を赤く塗ってみたいと言ったら、小島さんにいくらするんだと訊かれて、二十万だと答えたら、塗っちまえと。それを、血の色のような真っ赤な色にしてみろと言われて。アンタレス・レッドというトヨタセリカの車の色なんですけど、『その色の名前、気に入ったからそれにしろ』って。その車もかなり活躍しました。BMWの下取りに出したら、値段は十万円ついたって覚えがある。当時十四万キロくらい走ってました。買った時既に六万キロ行ってたから、（八〇年から八三年の）三年間で八万キロくらい走ったんじゃないですか。

その時買った白いBMWは、今でも値段覚えてますけど、中古で三百八十五万円でした。頭金なんか無いです。いきなりローン組んで三十六回払いですから。毎月十三万いくら払ってましたよ、助手の給料なんか当時五、六万くらいしかもらえないなかで」

「それはどうやって……、小島さんが残りの分を立て替えてくれたとか？」

「いや、仕事をちょこちょこやってました。頭金なんか出してくんないですよ。最初はぜんぜん買うつもりなかったんだけど、そこの常務と小島さんが話つけてくれたからね。そんなの保証人一人立てたって、売ってくれないですよ。半分無職に近いですから。でも、小島さんが『俺が保証人になるから』と常務に掛け合って、ジャックスというクレジット会社に電話して、三十六回払いで強引に通しちゃった。驚きましたよ。

BMWはね、まずそれが一発目じゃなかったんです。最初、同じ形のものを見に来てくれと言われて、小島さんと見に行くだけ見に行こうと。そしたら、『こんなベージュの便器みたいな車はダメだ、シャープじゃない』と言われて。その次に見に行った時も小島さんが一緒に付いてきて、『これがいいよ』って。八一年式の、色は白だった。確か、もっと安いのあったんですよ。それがもう車検が切れそうなんで、それよりはこっちにしろと。あと、ボンネットを上げる時に、『これ昔のGE（ジェネラル・エレクトリック）の冷蔵庫より鉄板厚いし、すげえ車だな』って言った覚えがある。ボンネットを叩いて、『やっぱりドイツの車は鉄板が違うぜ』って。

でも、せっかく買ったＢＭＷも三年乗らなかった。車検取る前に壊れちゃって、八四年の秋には、今度は正規のＢＭＷジャパンの広報車両を買いに行った覚えがあります」

43.

バブル前夜の八〇年代前半、「広告」が最も華やかに活気づいていたこの時代、制作に携わる関係者は、個人経営のプロダクションといえども今では考えられない恩恵に浴した。むろん、クリエイティヴの実力なくしては、何も始まらないのだが。

「グリコの『ドキドキマガジン』というＰＲ誌の仕事も請け負っていたとか」

「はい、それは私が裏の責任者で、おまえ行け、と。それもスタディアムに入って二年くらい経ってからですけどね。当時は、トップ・アイドルのＭ・ＳがＧ・Ｈと密会するのを手伝ってたんです。私の車、その時はまだＢＭＷじゃなくて、赤く塗ったランサーの方で、二人を乗せて移動した覚えがあります。その『ドキドキマガジン』の編集長が、丸山明子さんといって、今はコラムニストの神足裕司の奥さんになってます。彼女は主婦の友社の『ギャルズ・ライフ』という雑誌の編集者だったのを、小島さんが引き抜いてきた。そのために借りたマンションの部屋の鍵を持ってたのは、丸山さんと私だけ。

あとは大阪Ｄ社のグリコ担当が宿泊所代わりに使ってました」

「ものすごい数の葉書が来て、ポストが溢れて大変だったと聞きました」

「それをいつも整理してたのが私ですから。当時は、Ｔ・ＴとＷ・Ｔがグリコの宣伝部と契約してるタレントさんで、コンサートにも付いて行ったり、温泉でコマーシャルのロケがあって、一緒にお風呂入りながら撮影したり。普通は撮れないカットを撮るのがこの本の売りでしたから。Ａ６判、手帳に近いぐらいの大きさで、ページ数はオールカラーで三十二あったんです。商品をいくら買って、応募するとそれが当たるっていうシステム。これはお金を得るための仕事ですけど、けっこう面白いことができたんで、楽しかったんじゃないかと思いますよ」

「神宮前の事務所にはどのぐらいの頻度で行かれてたんですか」

「毎日居ましたよ。堤さんのアシスタントだったんですけど、でも、変な話、飼い主が餌をあげないわけですよ、助手に。まあ、当時厳しかったですからね。師匠は助手に飯なんか食わせない、勝手に自分で何かやれば、っていう。だから、小島さんはそれを見ていて、かわいそうだと。その時、私は四十七キロしかなくて、ガリガリに痩せてたんですよ。事務所に間宮けい子さんという女性がいて、セールで五号のジーパン買ってきて、私が履いてみたらすっと入ったんです。女の人の五号ですからね。それを二千円で売ってもらった覚えがあります。

だから実際、私にご飯食わせてたのは、堤さんじゃなくて小島さんでした。堤さんは、昔の徒弟制度を守っただけであって、別に私が憎くてやってたわけじゃないんでしょうけどね。でも、飯食って来るから留守番してろって言葉には応えたくないなって、二十一歳の助手はそう思ってましたよ」

「吉田大朋さんのアシストをされたことは？」

「ありますよ。伊勢えびが皿の上で宙に浮いてる広告写真とか。当時、ＣＧはあったんですけど、果てしない金額を取られるんで、実写するわけです。簡単に言うと、シンプルな二重写しをするとか、そういう方法をとっていて、また実際にそれをやるのは私だった。東急ハンズの売場の人と、どうしたらいいか考えて。それもね、ウルトラマンの特撮をやってる円谷プロの人の娘が知り合いにいたんで、事務所に何回も行って、『どうしたらいいですか』『簡単だよ、こういうふうに作ればできるじゃないか』って言われて。カネはなかったけど、人には恵まれてましたよね。

平野徳次郎さんっていう、中世ヨーロッパの洋服を京都で作ってる人を小島さんが知ってたんですよ。例えば、貴婦人の格好した人が皿を持ってるとか、宙に皿が浮いてるとか、特撮っぽいのを全部その人に頼んでた。小島さんとは小学校の同級生だったそうです。私は平野さんとは、パークハイアットホテルでカルティエの美術財団が後援するエキシビジョンがあった時、『久しぶりだねえ』みたいな感じで十何年ぶりに再会して、それからまた交流が始まって、今でもお付き合いがあります。ちょっと天才的な特殊デザイナーですよ。日本ではまずいないでしょう。今で言うメイドさんのもっとすごい衣装ですよ。本当の中世の貴婦人の洋服を作っちゃう。美智子皇后が着るスーツを仕立てたこともあったそうです。小島さんのネットワークには特殊な人がいるし、逆に言うと、普通っぽい方はあんまり周りに存在しなかった覚えがありますね。皆さん個性があるわけですよ」

平野氏と、氏が主宰する京都のブティック〈AVEC TARO〉に関して、ここまで具体的な情報を得たのは初めてだった。小島氏自身の口から、「よく出入りしたし、京都新聞の取材で対談したこともあるけど、だんだん合わへんようになった」と聞いていた。「祇園の芸者が集まっていた」とも。店名と電話番号以外は〝GION KYOTO JAPON〟の一行と平野氏自身が写ったポラロイドのみ、あるいは

「ライオンが娘を喰ったのか娘がライオンを喰ったのか」という謎めいたコピーとイラスト以外は墨一色という一ページの広告は、『ドレッサージ』のなかでも常に異彩を放ち、オーナーの強烈な個性が伝わってきた。

「平野さんは、小島さんと喧嘩して絶縁していると仄聞していますが」

「いや、喧嘩したというより、やっぱりおカネのことだと思います。とにかく、十万円貸してくれという話から始まっちゃうと言ってましたから」

「……。こういう特殊撮影はアイディアありきだと思うんですが、そういうことも、寺館さんの発想ですか？」

「いや、それは小島さんですよ。絵に描いた餅を言い出すのはだいたい小島さんで、『そんなのできないよ』って言うのは堤さん。それで投げちゃうんで、『聰ちゃんやってよ』ってことになっちゃうんです。そうすると、アート・ディレクターの片庭瑞穂さんが、『こういうふうにしよう』って話に乗ってくるのがいつものパターン」

「そういうお話が聞きたかったんです。スタディアムの事務所にいつも居らしたのは？」

「小島さんと前田さんと間宮けい子さんですよ。堤さんは一日中居ることはない人なんで、私が代わりに予定を聞きに行くという。堤さんのオフィス代わりをしながら、スタディアムの仕事もやりながら、私が居たわけです。当時は携帯電話もないですしね。本の配達にも行きました。書店回りの足は私の車ですから」

「スタディアムのなかの雰囲気というのはどんな感じでしたか」

「朝は十時から間宮さんが来ていて、小島さんが来るのが昼ですよ。で、その前に十一時頃、滑り込みで入って来るのが前田さん。彼もどういう理由であそこにいるのか、小島さんに『男になれ』と言われて連れて来られたっていうけど、どういう意味かわからなくてね」

『ドレッサージ』には〝Associate Editor〟とクレジットされている前田昌利氏も、現在の連絡先を知る人が見つからず、これまで会うことができずにいた。

「前田さんって、どんな方ですか」

「照れると真っ赤になるんで、営業向きじゃないんですよ。口下手だしね。でも、小島さんに怒鳴られてよく営業に行ってましたよ。広告が獲れるとね、何だかスキップしてニコニコしながら帰ってくるんです。やったーって」

「片庭さんとは、どんなお付き合いを？」

「片庭さんとはキャッチボールの仲ですよ。事務所に来たら、まず裏の団地の空き地に行って、三十分とか、小一時間。やっぱり片庭さんはデザインの師であるし、小島さん、敬語でしたね。片庭さんのところに『ちょっと小切手を持って行ってくれ』って言われて、メッセンジャー・ボーイはいつも私。何かを届けるとか、版下をもらってくるとか、そういう用事で、片庭さんが当時住んでいた参宮橋付近のマンションによく行ってましたから」

「小島さん、その頃も朝からお酒を？」

「いや、朝からは飲んでないですよ。昼には、たまにビールを。夜はもう百パーセント飲んでました。スコッチじゃなくて、バーボンが好きだった。フォアローゼズとかワイルドターキー、あの辺をよく飲んでた。あとは、よくカマスカマスって言ってた（実はカミュ）ブランデー。すぐ真っ赤になって、赤鬼みたいに。六本木テレ朝通りの消防署の手前の地下で〈スピーク・ロウ〉というお店をやってた伊藤勝男さん、あの方も事務所によく来ていて、そこには小島さんによく連れて行かれました」

「その時はどんな感じで飲むんですか？　もう完全にツケですか」

「いや、ツケでもなかったですよ。そこに松田優作が一人で居て、うわっと思ったことがあります。店に誰もいないんです。伊藤さんと優作さんだけ。そこに小島さんと二人で入っていって。向こうはロックでバーボンか何か飲んでるわけです。で、俺も同じの、みたいな感じで小島さんが。私には、おまえはお茶にしとけと。車だから飲ましてくれないんです。

　私には法を犯すことは一切させなかった。クスリにしても酒にしても、私には絶対勧めない。だから、甥っ子ぐらいには思ってたんじゃないですか。可愛がられてたのは確かです。変なところに行く趣味もないので、風俗とかにも絶対連れて行かなかった。ある時はマネージャーみたいなもので、ある時は運転手。

　競馬にもかなり付き合わされました。私は見てるだけでしたけど。だって、賭けるお金はないわけですから。終わってから飯だけ一緒に。それが嬉しくて行ってたようなもんです。だから日曜日は、小島さん、家庭もあるのに競馬場に行って、レースが終わってご飯食べたら、吉祥寺のサウナに一緒にいたっていうことは結構ありましたね」

「小島さんは、女性については？」

「女は、これはないんです。ただ、私が事務所を出る前、誰かの紹介で、シンガーを目指してたけどダメで、新宿のハッスルサロンに勤めてる女性と会うのに、『どういう店かわかんないから一緒に付き合え』って言われて行ったことがあって。でも、小島さん、そこは偉かったのは、私を店には入れなかった。おまえはここで待ってろと。そういうところはいきなり親父になるんです。すぐに出てきて、また入って出てきて、店が終わるのを私と飯を食いながら待って、そのおねえさんと彼氏に焼肉おごったり。なんでそこまでするんだろうな、という感じでしたよ。変なところで人情がある。見方によったらキザっぽいかもしれない。巳年で蠍座でしょ」

44.

片庭瑞穂氏を取材した際、片庭氏が表紙の人物画を描いている『DABUDABO』（八〇年一月一日発行／オルターナティヴ・ジャパン）という雑誌の最終号（四十八号）の編集を、一冊丸ごとスタディアムが請け負ったという事実を知った。そのなかで、「アメリカン・スターダスト 近くて遠い国から来たモノたち」（文・川本三郎）というエッセイと、寺館氏が「日本の中のアメリカ」を切り取った十七葉の写真が組み合わされ、十一ページに渡る「special」として掉尾を飾っていた。これが寺館氏の「デビュー作」だという。

小島氏が神戸で『SUB』を創刊した同じ一九七〇年、東京発のミニコミとしてスタートした『DABUDABO』（一時『だぶだぼ』と表記）は、小島氏が東京・青山に拠点を移し、『ドレッサージ』を創刊した七七年にはもはや顕著となった「〈ポパイ〉の時代」の到来を、「TURNED-ON PEOPLE の暮しに役立つキャタログ」という従来のカウンター・カルチュア路線からの脱皮への好機と捉えて、全面的なリニューアルを敢行、『PEOPLE』など欧米では既に定着していた〝ヒューマン・インタレスト・

マガジン〟という観点から、一号一号を都市に生きる人間《シティ・ピープル》たちのコレクションとして編むことで、「八〇年代」に向けて加速する「東京＝TOKIO」の空気を形にしようと試みた。A4変型中綴じという判型も含め、その立ち位置や指向するところは、「モノ」や「店」に街を集約させる方法論を採らず、「人」をコミュニケーションの中心に置くことに意識的であったインディーズ・マガジン――小島氏の『ドレッサージ』や、アンディ・ウォーホルの『Interview』と提携していた初期の『スタジオボイス』（七六年九月にA3判の新聞として創刊、七九年十月にB4判中綴じ、八二年にはA4判中綴じの雑誌形式に変わる）――と共通していた。

　そのいずれもが編集部を、渋谷区神宮前を中心とする原宿・青山界隈に置いていたのは、そこが「1980」前後のサブ・カルチュアを象徴するキーワード「ニュー・ウェイヴ」の発信地であるという必然があった。だが彼らは、八〇年、『宝島』が前年十二月二日に永眠したゴッドファーザー、植草甚一を二月号で追悼した後、六月号からスタッフを若い世代に交代、定価を四百八十円から〝コーヒー一杯のPRICE〟二百五十円に一気に値下げして内容を刷新、オルタナティヴ・プレスとしての存在感をある意味、七〇年代以上に増しながら加速したようには、ニュー・ウェイヴの風をつかめなかった。否、つかもうとさえしなかったように見える。小島氏が『ぶっく・れびゅう』、次いで『SUB』を創刊した同じ七〇年にはっぴいえんどを結成、日本語ロックの開拓者となり、スタジオ・ミュージシャン／サウンド・クリエイター集団キャラメル・ママ〜ティン・パン・アレイを経て、ニュー・ウェイヴの「神」となったYMOに至る細野晴臣のような跳躍は、音楽なればこそ可能であったのだろうか。

　しかし、『ドレッサージ』創刊六号（八〇年六月二十日発行）における巻上公一（ヒカシュー）と佐藤千賀子（プラスティックス）の対談「スペシャルズ・プラスティックス・ヒカシュー」を読む限り、小島氏が完全にアンチ「ニュー・ウェイヴ」だったとは思えないのだ。

＊

《——今、ロンドンなんかの状況って、変わってきてると思うんだけど、単発で出てきてたヤツが、割とまとまっちゃってるって気がして、ムーヴメントとしてみるには、割とスジが通ってると思うんだけど……、何か変化してるなあ、なんて実感ありますか。

佐藤　それは、もう凄くありますね。今ここでニュー・ウェイヴを聴くか聴かないかってことで、差が出ちゃうと思うの。やっぱり、みのがせない位、周りが動いてるしいいグループがいっぱい出てるし、ためにもなるし、面白くなってきてると思います。そういう意味で、日本でも、ニュー・ウェイヴが、もっと定着してくるんじゃないかって予感はしてますけれど。

——外国の状況って、やっぱり思想的というか、日本でいう思想のニュアンスとは違うんだけれども、何か起こる場合に、いつもあるでしょう、世代の中に、やや芽があるっていう。ヒカシューなんか、割と思想的なことを聞きたいと思うのね。考え方でいいんだろうけれど。

巻上　思想はあんまりないですよね。

——そうかなあ、かなり嘘だと思うんだけどね、それは。時代との関わりかたみたいなものがあると思うんだよね。

巻上　やっぱり、ひとつのアイデンティティじゃなくて、沢山のアイデンティティの可能性を僕なんか、多分見出してるとは思うし、そういうのを、聴いてる人達が気付くような仕掛けをいくつかつくっていますね。（中略）

――プラスティックスを聴いてると、僕は、パズルだと思ったのね。ヒカシューの場合、美しいという感じがするのね。スペシャルズなんか、かなり洗練されてるって感じなのね。大体、僕は60年代ビートルズの人だから、それ以後、あまりひっかからなくて、個人的には、ボウイとかベルベットアンダーグラウンドとか好きだったんだけれども、都会というものの印象で何かある。（中略）

巻上　ボウイ、ロキシー、ベルベットなんかはやっぱり、ロックってのは単一の音楽じゃなくて、社会的な総合であるってことを示した音楽だと思うんです。文化、芸術、社会現象というもの全てをあわせて、繋がりがあるんだということを示してくれたバンドだと思うんですが、スペシャルズ、マッドネスの場合は、あれはイギリスでしか出ないなと思ったんです。詩を読んでて、今のイギリスの状況を見事に反映してると、あれはちょっと日本では通用しないって感じがする。やっぱり、パンクのムーヴメントがあった後に出てきたバンドだと。（中略）ですから、音楽と社会の関わり方ってのをみていかないと、わからないと思うんですね、やる側としても。何でそういう音楽で出てきたのかってことが重要なんであって、フレーズじゃない、ということだと思うんですね。そこを僕達はうたいつづけていきたい、だから、彼らの出てき方なんてすごく興味があります。》

＊

《最近、ショッキングなことっていうか、そうねえ、熱くなることって何かある。音楽的なことでね。》

《最近、楽しいことが何かおこりそうな予感はありますか。それと、ファッションなんかが先行してた時期ってのがあるわけだけど、何か、音楽がまた先行する時期がきたって感じがするんだけど……。》

対談の続きで小島氏が投げかけた上記の質問からは、ニュー・ウェイヴのなかに何か共感できるものを見つけたいという前向きな気持ちと共に、微かな疲労のようなものが漂っているのを感じる。演劇畑出身の巻上公一とスタイリストでもある佐藤千賀子をピックアップする人選の妙や、ヒカシューのシュールなポップに美を見出すセンスには、さすがと言うほかないのだが。

小島氏は、彼のイマジネーションの源泉であった音楽に対する関心を最後まで失わなかった。〇三年九月、亡くなる直前にインタヴューした時も、「あれはまだいるんか、佐野元春」と突然尋ねてきたり、「最近感心しとるのが、桑田佳祐が二十五周年。立派なもんやね。アイツの曲はね、魅力はないけど堅くないでしょ、そこが良いね」と評したりした。シャネルズ（のちにラッツ&スターと改名）にデビュー前から注目、「アイツら紹介したろ思って、売り込みかけたの。絶対出てくると思うとったもん。あのお姉さん（鈴木聖美）がかっこええな」という秘話も明かしてくれた。『THIS』という、『SUB』もその原点にあるビートの血を感じる特集主義のインディーズ・マガジンを自ら編集発行、小島氏が創る雑誌の常連寄稿者であった詩人の故・諏訪優とも親交の深かった佐野元春については、入院中に『レイディオフィッシュ』（TFM系）というFM番組を聴いて、「ディスクジョッキーやってるやろ。すごい丁寧やわぁ、伝え方が。きちんとしてるやん？　俺なんかより遥かにきちんとしとる」と評価しつつ、「興味ありますか」と重ねて訊くと、「興味は特にないね。だって同じような話ばかりするでしょう」と返してきたのが、いかにも小島氏らしかった。

45.

「他に記憶に残るような言葉とか、シーンがあったら、ぜひ」

「いっぱいありますよ。今考えると、洋服はそんなに記憶にない。靴だけは、タニノ・クリスティのブーツ、エルメスみたいなバッグのメーカーなんですけど、ブーツも作ってて、そこの靴しか履かない。それを真似て、前田さんもそのブーツを履いてたことがある。サイズはだいたい二十六センチ弱。馬のマークが付いてて、一年中そればっかり履いてました。色はワインカラーかこげ茶で、黒は履かない。夏暑くて、水虫になろうが、それを履いてました。いつも買うのは神戸の高架下の靴屋で、そこの親父とも仲良かった」

「それは、もしかして〈サブ〉という靴屋さんじゃないですか？」

「そうです」

「神戸を取材した折り、偶然店の前を通りかかって、『サブ』と同名でロゴまで一緒だったから驚いて、お店の人に尋ねたことがあるんです。知らない、とあっさり言われましたけど。何か関係があったんでしょうか？」

「いや、雑誌は関係ないと思います。年末、たまたま一緒に店に行った時バーゲンで、当時八万九千円のものが、四割引で六万切るくらいだったんですよ。『これ今、俺が立て替えてやるから一足買え、クリスマスプレゼントだ』ってこげ茶色のを履かされて、その時、何か仕事をもらってたので、それでチャラだと。今でも持ってますよ、あまり履かないですけど。その時〈サブ〉の親父が、『これは一生もんですからね』と言ったのを覚えてる。その時小島さんも、残り二足か三足しか持ってなかったんじゃないかな。靴のサイドが割れてきていても、裏に薄い皮を張ってまだ履いてたから。

あとは、いつかパリコレを観に行って、グッチの濃紺のコート着て帰って来たんです。パリに留学させた娘さんと奥さんに会いに行った。その費用もけっこうかかったんじゃないかな。事務所も自宅も全部賃貸ですから、どんなに稼いでも追いつかないでしょ。月に二、三百万じゃ足んなかったと思う」

「かなり早い時期から、資金的に焦げ付き始めていたんでしょうか」

「変なところにお金を借りに行った覚えはないですよね。ただ、何かの引き落としが足りなくなって、堤さんのハッセルブラッド（世界最高級のスウェーデン製フィルム・カメラ）を持って質屋に行かされたのも私だった」

「ギャラの支払いは、その頃、既に滞っていたんですか」

「当たり前ですね。私も最終的には、百どころじゃないでしょ。私の友達にも五、六十はあって」

「それは寄稿者に対しても？」

「寄稿者にも、そういうことはあったんじゃないですか、たぶん。ただ片庭さんだけには、給料のように小切手を切ってた覚えがある。やれモデルクラブだ、スタジオだって、しょっちゅう取立てに来ますからね。ヤーさん系の人は、まあ来なかったですけど。そういう場面はよく見てましたね。ただ、なんでそうなったのかと言ったら、やっぱり小島さんの経済観念の無さだと思うんですけど」

「そういう時、小島さんは事務所にちゃんと居るんですか」

「居ないです。間宮さんがお相手して。いつもその役は間宮さんですよね」

「間宮さんは、そういう厳しい局面に、どうやって応対されていたんでしょうか」

「わからないですね。それは厭なこともたくさんあったでしょ。要するに、彼女が全部切り盛りしてたわけですからね、ちゃんと朝十時に出社して。『ドレッサージ』も、実際は彼女が副編というか進行管理の役ですし、ラピーヌという関西のファッションメーカーのPR誌は、小島さんの奥さんと間宮さんの二人で作ってた。間宮さんはそれが縁で、そこの電通の担当者と結婚したはずです。

私は、八四年十二月に堤さんとさよならして、スタディアムを離れるんです。でも、次の助手が来るまでちょっとは手伝ってくれよって小島さんに言われて、八五年の四月ぐらいまでちょこちょこ手伝ってたんですけど、それからは、事務所にもほとんど行ってません」

「小島さんと最後に話したのはいつか覚えていらっしゃいますか」

「九三年くらいに電話かかってきたのが最後でしょうね。『ちょっとよぉ、十万ねえか』って、いきなり。『いや、持ってないですよ、それは』って」

「『今どうしてる?』みたいな会話は」

「それはなかったですね」

「小島さんが亡くなったことをどこで知りましたか」

「それは、渡邊さんから電話がかかってきました。ああ、とうとう逝ってしまったかと思った。で、死因は何だったんですかと訊いたら、癌だと」

「今振り返ってみて、小島さんは、寺館さんにとってどのような存在でしたか」

「やっぱり……二十代前半のあの時期、食わしてもらってたから。三鷹の米軍ハウスみたいなところに奥さんと娘さんと住んでいて、まだ娘さんが小学校三年くらいの時、私は中野に住んでましたから、よく土日は呼ばれて、ご飯を食べに。その時は奥さんが料理を作ってくれて、冬場に一番よく出されたのは水炊き。その家のリフォームは私がやりましたけど。

小島さんがいたから、お金がなくてもどうにか飯は食えてた。小島さんだってお金ない時もあるんですよ。すると、丼食えって、あの当時で確か七百円くらい渡してくれて。三百円で買えるのに。そういう人ですよ。小銭しかねえって。

それから、今は〈まい泉〉っていう名前でやってる、でっかいとんかつ屋さん。当時でも千二百円するヒレカツを食うなんてとんでもない話なんです。隣の風呂屋は百二十円で行けたけど、あのとんかつ屋はやっぱり高級なんだ、っていうような見え方ですよ。でも、小島さんは連れてってくれたわけです。とんかつ食いたいだろって、いつもご飯をぼっちゃんの飯ぐらいついでくれて。当時は井泉っていう名前だった。青山井泉。上野の井泉の暖簾分けだったらしい。その頃の旦那はもう亡くなって、居ないですけど。大きくなる前、まだ二階はなくて、カウンターしかなかった頃です。オーナーは変わっても料理長がいるし、そのことはみんな知ってますから。あの界隈の方が、自分が住んでいた中野より、どこに何があったか、未だに行くとわかりますよ。

お客さんをもてなす時は、近くのピザの出前とウィスキー。王さんという台湾の人がやってる看板もないラーメン屋にも、風邪を引くと必ず行きました。にんにくたっぷり入れたラーメンと腸づめ、豚足が好きで、『王さんのラーメン食えば治るぞ』って。

そういえば小島さん、神戸に行ったら有馬温泉行こうなんて言って、一回も行かなかった。温泉好きだったから。いつも神戸にいる時は、ダイエー本社の直営の店で買い置きしていたパジャマを着ると、まずは〈イスズベーカリー〉か何かでちょっとバゲット買って、あとはどこへ行って何買ってと、それを買いに行くのも私でした」

「行きつけの店があったんですね」

「行きつけというか、食べたいものが決まってた。それを、朝起きたら買いに行くわけです。買ってきて、北野町のイトウ・アパートのテラスで一緒に食べるんですね。じゃなかったら、例えば明治屋中央亭にビフカツ食いに行く、どこどこに何々を食べに行くって、食べ物に関しては、そういうふうにいろいろありましたね。

一番よく行ったのは、三宮の駅のちょっと脇、今の東急ハンズの近くのガード下にあった〈赤ちゃん〉っていう洋食屋です。先日行ってみたら、もうなかったですけど。私が九三年くらいに、たまたま食い物の雑誌をやることになって、絶対そこを取材してやろうと思って、直接、坂東さんというオーナーに交渉して、『絶対そんなものに出るのは厭だ』って言われたんだけど、『実はもう十年どころじゃなく通ってる』と言って、撮らせてもらいました。でも、震災でなくなってしまったみたいです。あそこは場所柄、お客さんになるのは、平日だったら出勤前のホステスか、あとは特攻服みたいなのを着た山口組の使い走りが店に買いに来たりして——昔、『25ans』の記者がでかい声で、『なんであの人、クリスチャン・ディオールのマーク付けてるの』って言ったという笑い話がありますけど、山口組のマークってて似てるんですよ、クリスチャン・ディオールと——そこのビフカツ、本当においしかったんです。ビフカツと千切りキャベツとビールというのが、ホステスさんの出勤前の食事だった。そういうところを、小島さん、ちゃんと知ってるんですよね」

46.

再訪

「つい今しがた、この連載の読者という男性から電話がありました」

〇六年二月七日午後三時過ぎ、QJ編集部・森山から突然連絡を受けた。男性は名乗らないまま用件を告げ、名前を確認しようとすると「いつも愛読しております」と言い置いて、電話は切れたという。

「昔、あるところでトヨシマさんと面識があり、連絡先を知っています。もう変わっているかもしれませんが、連絡してみてください。電話番号は……」

電話の主は声音から察するに五十代位。口調からは、少しでも役に立てれば、という好意を感じた――いつもは冷静な森山も興奮を抑えきれない様子だった。それもそのはず、「トヨシマさん」とは、第十一章「トムの店」（六十一号掲載）の「影の主役」でありながら連絡を取る術もなく見つからずにいた、『SUB』東京編集室と住所を同じくする（千代田区神田神保町一―二二）喫茶店〈トムの店〉のマスターのことなのだ。これまで不明だったフルネームも「豊嶋富夫」と判明した。

早速、教わった番号に電話してみるが、誰も出ない。「やはり引っ越してしまったのか……」

気落ちしつつも諦めきれず、翌日再び電話すると――本人、が、出た！

胸の鼓動が一気に高鳴る。学生時代からの親友に、とうとうコンタクトできたのだ。

豊嶋氏は、小島氏が亡くなったことも、この連載のことも知っていた。去年（〇五年）、インターネットでそのことを知った大学の同級生から連絡が来てショックを受けた。だが、編集部に電話をくれた匿名氏に心当たりはないという。すでに店はたたんで、今は穏やかな生活を送られている。「トムの店があった近辺でお話を伺いたい」という申し出に快諾をいただき、二月十七日、明治大学のそばに古くからある喫茶店にて待ち合わせた。

大病を患ったのが店を閉めた理由のひとつだという。写真で見た若き日の面影を今もとどめているが、そう言われれば幾分やつれて見える。歯切れのいい東京弁が物語るように生まれは下町（板橋区赤塚）で、「京都の学生生活は素晴らしい、と何かの本に書いてあったのに惹かれて」立命館大学文学部心理学科に入学、同級生の小島氏と出会った。

「西田幾多郎の『善の研究』とか、わかりもしないのに読んでみたりしてね。別に哲学をやろうというわけでもなく、ただの憧れですよ。私は二、三年浪人したから、大学に入ったのは六一、二年だったと思う。彼も確か二浪したはずだよ。まだ新幹線も通っていない、東京から京都まで行くのに六時間はかかる頃。東海道新幹線が開通したのが東京オリンピックの年（六四年）だからね」

小島氏と初めて口をきいたのは、大学の掲示板の前だった。「掲示板を見ている時、私が彼に何か言ったんだって。それで、生意気なガキやな、と思ったらしい」

豊嶋氏は一九四〇年十一月二十八日生まれ、小島氏は一つ下の一九四一年十月二十七日生まれ。クラスのまとめ役を小島氏と豊嶋氏が相次いで務めたことから、二人は急速に親しくなった。

「『心理学なんかエセ学問だ』と、小島がよく言ってましたよ。私もデイヴィッド・リースマンの『孤独なる群衆』（註：『ＳＵＢ』創刊号編集後記にも引用されていたアメリカの社会学者による一九五〇年の古典的名著。豊かさと利便さを享受する現代の都市生活者の性格と社会的傾向を「他人指向型」と規定した。五五年初訳、六四年新版『孤独な群衆』加藤秀俊訳／みすず書房）とかフロイトを齧ったくらいで、特に学究的なことをやったわけじゃない。でも、面白かったですけどね、いろんな奴がいて。一クラスで最初五十人位いたのが、どんどん辞めていって、最終的には三十人位しか残らなかった」

二人が在学中の立命館大学は、戦前日本随一の民法学者と謳われながら、一九三三（昭和八）年、滝川事件（註：別名・京大事件。文部大臣・鳩山一郎が京都帝国大学教授・滝川幸辰の刑法学説を問題にし、一方的に休職処分を強行、国家権力による大学自治介入・思想弾圧が拡大していく契機となった）に抗議して京大を去り、戦後民主化・平和運動のリーダー的存在となった総長・末川博（註：四五年十一月から六九年三月まで在任）のもと、総長選の選挙権を学生に与えるなど、学生の意見を反映させる民主的な運営がなされる一方、レッドパージに遭った優秀な学者を多数招聘、早くから市民講座を開講するなど、自主的学習を尊重する自由な気風が横溢していた。同じく文学部英米文学科出身である小島氏の実姉・木田渚珠子さんによれば、小島氏は総長に可愛がられていたのか、「末川のおじい」と呼んでいたという。

「小島は面識があったかもしれない。私も一度位は会ったことがある。末川さんのことはみんな尊敬していたからね」

六〇年を境に学生運動が党派の分裂によって全国的に沈滞するなか、関西では、京都・大阪を中心に大衆的基盤を比較的保持した状況でステューデント・パワーが存続していた。

「私が入ったのは六〇年の安保闘争が一段落した後だけど、確か二年生の時大学管理制度問題が起こって（註：六二年五月、池田内閣が法案を発表）、京大と立命館と同志社で学生運動が再燃したんですよ。学校はずっとバリケード封鎖だし、路面電車は止められるし、これは相当激しかった。私はすぐに影響される質ですからデモとかに参加して一、二年やってましたけど、小島は政治的な人間じゃないから（学生運動は）やらなかった。それでも一回は参加して警官に蹴飛ばされたと言ってたな（笑）。なんだあれは、って怒ってた」

その後、小島氏は「心理学研究会」というサークルの会長に就任、豊嶋氏は副会長、と二人三脚の学生生活を送ることになる。授業を抜け出して麻雀やパチンコにも一緒に行く仲で、小島氏の博才と賭事に費やす並はずれたエネルギーには、当時から圧倒されていた。

「小島はもてましたよ。面倒見がいいから、後輩からも慕われて。小島がサークルの文集に書いた原稿を読んで、『おまえは絶対に評論家になれ』と言ったことがあるくらい、切れる文章を書けるしね。感性も普通の奴とは違ってた。音楽にしても、私なんかミーハーだからロカビリーにかぶれて、東京にいる頃は日劇に第三回ウェスタンカーニバル（五八年）を観に行ったりしてたけど、当時〝ダンモ〟と呼ばれたモダンジャズが大学生の間で流行っていて、小島も最初は大学の周りにたくさんあったジャズ喫茶に通っていたのが、三年の初め頃だったか、ある日突然、ビートルズがいいと。周りに騒いでる奴なんか誰もいない頃に『これはいいよ、豊嶋』と言い出したから、びっくりした。気がつくと髪の毛もすでに長いわけ。美術にしても、京都にダリの個展が回って来た時一緒に観に行って、私は『わかんねえな』と思ってたけど、彼は好きだったよね。大江健三郎に手紙を出して、『遅れてきた青年』だったかな、直筆のサイン本をもらったのを見せてもらったこともある」

ビートルズがイギリス本国でレコード・デビューしたのが六二年十月。日本盤初シングル「抱きしめたい」の発売は六四年二月五日である。海外情報が入ってくるのが現在とは比較にならないほど遅かったはずの六三年初旬に、一介の学生がビートルズに反応するというのは相当に早い。一体どこで聴いたのだろう。草森紳一氏さえ「この題名には悪しく共鳴した」（「記憶のちぎれ雲」／『QJ』六十八号）と回想するほど当時の若者たちの琴線に触れた大江健三郎『遅れてきた青年』（新潮社）と、小島氏に強い影響を与えたと思われるノーマン・メイラー『ぼく自身のための広告』の邦訳（山西英一訳／新潮社）刊行は六二年。日本初のダリ展となる「幻想美術の王様 サルバドール・ダリ展」（主催・毎日新聞社）が、東京に引き続き京都市美術館で開催されたのが六四年十一月上旬である。東野芳明・大岡信と共に図録の編集に当たったのは、のちに『ぶっく・れびゅう』創刊準備中の六九年に出会い、「あの先生と会わなかったら、僕は雑誌の仕事なんかやらなかっただろうと思うんです」（『面白半分』七三年八月号「面白半分対談 小島素治×五木寛之」）と述懐するほど私淑した瀧口修造——。

小島氏は、亡くなる約三週間前に実現したインタヴューで、「大学時代に一番培ったものを社会に還元したのが『SUB』だ」と言った。〝遅れてきた青年〟小島素治に最初のビッグバンが起きたのが、六二年から六四年にかけての、まさにこの時期であったことは疑いない。

47.

前出の五木寛之との対談において、小島氏は、全共闘世代にとってのカリスマ・高橋和巳——戦後京阪神にあった「文学の時代とも呼ぶべき季節」（森毅「あの季節への鎮魂歌」）に出帆、今も航海を続ける同人雑誌『VIKING』出身の作家。京大文学部助教授在職中にも拘わらず「孤立の憂愁を甘受す」と全共闘運動に加担、英雄視されるも病に倒れ、七一年遺作『わが解体』発表後、四十歳で逝去──と接触があったことを打ち明けている。

＊

《**小島**　あの人は立命館に来てらしたことがあったんです（註：五九年から六四年まで文学部中国文学科の講師として勤務）。その頃僕が、図書館へ行って、中井正一さんの『実存的美学』っていう本の貸し出しを頼んだら、永い間貸し出したままになってるんですよ。どうしてだって訊いたら、「高橋和巳さんが借りたままでありますから」って言うわけです。ちょうど『悲の器』で文学賞をもらわれた頃でね（註：六二年十月「第一回文藝賞」受賞）、不遜な言い方をすると高橋さん自身も落ち付かなかった頃だったんです。それで図書館でも平身低頭なわけですよ。僕はアタマに来て、高橋さんの所へ行って「いくらあなたが多忙だからといっても、図書館の本は学生と教授のものなんだから、一度は返却して下さい」って大喧嘩した。

五木　へえ、かなり強気な学生だったんだな、小島さんは。（笑）彼、どんな顔してました？

小島　その時は、あの人は黙ってましたけどね、それから何年か経って、あの人と仕事で出会ったわけなんです。そうしたら、僕のことを覚えてましてね。

五木　そりゃ、よほど印象が強かったんだ。

小島　その時一緒にラーメンを食って、酒を飲んでね、あの人はどういう訳か「網走番外地」なんかを歌うんですよ。それが辛くてね、聞いてて。》

小島氏は、梅原猛が文学部助教授在任中に担当していた美学の講義にも「カチンときて」口を挟んだと語っていた。「アカデミックに育った人間が美学なんかとるのは珍しいんだから」と笑いながら。

これらのエピソードからある「仮説」を導く時、戦前と戦後を結ぶサブ・カルチュアの地下水脈を流れる「精神の系譜」が浮上してくる。

*

日本における美学の第一人者・中井正一に抱いた関心は、果たしてどのようなものであったのか、踏み込んで訊けなかったことが悔やまれる。なぜなら若き日の中井正一は、三一年満州事変、三二年満州国成立・ナチス第一党に進出、三三年ヒトラー政権掌握・日本の国際連盟脱退と内外の情勢が雪崩を打つなか、久野収らと共に前述の滝川事件に対して抗議を行った京大の学生・大学院生グループの支柱であり、特高警察による言論弾圧が激しさを増すさなかに京都で刊行された、美術・映画・音楽・写真など世界の新しい芸術の前衛的動向と尖端文化情報を伝えるアクチュアルな月刊同人雑誌『美・批評』（三〇年九月—三四年十月／美批評社）とその発展形である『世界文化』（三五年二月—三七年十月／世界文化社）、そしてフランスの人民戦線《フロン・ポピュレール》運動から生まれた文化週刊紙『金曜日《ヴァンドルディ》』（三五年十一月—三八年秋）に呼応、「読む凡ての人々が書く新聞である」ことを目指し、書店のみならず喫茶店を販路とする画期的なアイディアで広汎な読者にアピールした月二回刊の大衆文化新聞『土曜日』（三六年七月—三七年十一月／土曜日社）といった、真にインディペンデントな雑誌メディアの中心人物であったのだから。

《中井美学を築いている今一つの柱は、アリストテレスからくる技術《テクネー》とフランツ・コルマンの『技術美《シェーンハイト・デル・テクニーク》』の柱であり、さらに今一つのは、コルビュジエなどの建築学からみた余剰を切り捨てた機能美とカッシーラーの機能概念の柱であり、これはスポーツの感覚からも裏打ちされていた。》（「『美・批評』『世界文化』『土曜日』の誕生前後 中井美学の周辺2」藤田貞次）

小島氏は、『SUB』の後に創刊した『ドレッサージ』について、「〈機能と美〉というものを中心に考えて作ったファッション誌みたいなもの」と説明した。

《ドレッサージは、オリンピック競技にまで種目化された馬場馬術の一種で、馬とそれに騎乗するジョッキーとで演じられ、そのシルエットとフォームの美しさによって競われるゲームです。》

毎号目次の端に掲載されたこの一文に映る「美学」に、中井正一の影を感じるのは深読みだろうか。

小島氏に『VIKING』との関係について尋ねた時、父・清氏のような関わりはない、『ぶっく・れびゅう』『SUB』の連載（富士正晴『同人雑誌「VIKING」小史』）もたまたま決まったと一見クールな口振りをよそに、「もうひとつあったね、もうちょっと大きい雑誌が。同人に売り出しかけの三島由紀夫や、他にも不思議なのが何人かいた。富士さんは関わっていない」と、関心がなければ知るはずもない細かい知識を披露した（四六年五月、島尾敏雄・庄野潤三・林富士馬・大垣国司・三島由紀夫により同人雑誌『光耀』創刊。四七年八月に三号を出して解散）。「『SUB』が神戸から出てきた必然性は？」「あるやろな」という会話の後に、「戦前から面白い雑誌はいろいろあったと聞きます」と水を向けると、「あるある、京都もあるにはあった、大阪もないことはない」と間髪入れずに返してきた。

具体的な誌名こそ挙がらなかったが、京都発の先駆的な雑誌に小島氏の目配りが届かないはずはない。戦火が拡大する非常時下に反ファシズムを標榜、既存のジャーナリズムやアカデミズムに対する批判精神に溢れ、文化的にもジャンルを横断する自由な編集がなされた「三〇年代のリトル・マガジン」こそ、洋の東西を問わず小島氏が密かに意識していた『SUB』の源ではなかったか？

五木寛之は、前出の対談でもう一つ興味深い指摘を行っている。

《一九三〇年代に大変面白い雑誌が二つあって、一つは『新青年』でもう一つは『セルパン』なんですね。この二つは非常に対照的で、『セルパン』はどちらかと言うとまあ『SUB』的なんだな。今の『SUB』は、音楽とか写真とか、或はアメリカのロックの詩人なんかをよく扱っているけど、あの時代に『SUB』があったら、きっとスペイン戦争の問題なんかもあんなふうに扱っただろうと思います。まあ、おおざっぱな言い方だけど、かりに『セルパン』を『SUB』だとすると、『新青年』は言わば『話の特集』かな。（笑）小島さんがさっき言われたように、一九三〇年代にフランスなんかで小さな雑誌が乱立した時代がありますね。それがそんなに長く続かない。》

この指摘が究めて示唆的なのは、中井正一を『土曜日』に誘った同紙編集発行人・斎藤雷太郎の夢が、「『セルパン』の大衆新聞化したもの」であったからだ。『土曜日』は七四年に三一書房から復刻版が出た際にも、散逸したまま見つからない欠番が数号あったほどの「幻の新聞」ゆえ、小島氏が実物を目にした可能性は少ないかもしれないが、『SUB』を『セルパン』に喩えた五木寛之の勘は、存外的を射ているように思える。

大正から昭和初頭にかけてのモダニズム文化を象徴する名雑誌として早くから多面的な回顧や研究がなされた『新青年』（二〇年一月―五〇年七月／博文館）に比べ、『セルパン』（三一年五月―四一年四月『新文化』と改題―四四年三月／第一書房）は、名のみ高く長きに渡って知る人ぞ知る存在であった。

なかでも第四代編集長・春山行夫は、昭和初頭を席捲した前衛詩運動の導火線となった季刊誌『詩と詩論』（二八年九月―三一年『文学』と改題―三三年六月／厚生閣書店）並びに叢書「現代の芸術と批評」（二九―三一年。『コクトオ抄』堀辰雄訳、ボオドレエル『巴里の憂鬱』三好達治訳、ブルトン『超現実主義と絵画』瀧口修造訳、春山行夫『植物の断面』、北園克衛『白のアルバム』、飯島正『シネマのABC』など計二十二冊／同）を二十代で編集、自らモダニズムの驍将をもって任ずる詩人・論客・オルガナイザーとして、『セルパン』以前から盛名を馳せ、戦後も『ハッピーエンド通信』（註：常盤新平・川本三郎・青山南・村上春樹らが参加したアメリカの同時代文化の息吹を伝える画期的情報誌／七九年四月―八〇年八月／ニューミュージック・マガジン社）のモデルとなった『雄鶏通信』を手がけるなど一貫して海外の最新の文芸思想の紹介に努めた、「いままでに存在していない、新しいジャンルの雑誌をつくりだす」（春山行夫「私の『セルパン』時代」）達人である。彼は、旧来の総合雑誌が扱わなかった「海外の文学・芸術、海外ならびに日本の映画、その他生活文化、レジャー、スポーツなどの分野を動的に、ニュース→インフォメーションとして取りあげること」（同前）に焦点を絞って部数と広告収入の倍増をもたらし、名実ともに黄金時代を築いた。

アカデミズムの「岩波文化」、大衆性の強い「講談社文化」に対して、堀口大學『月下の一群』（二五年）の刊行を起点に徹底した反アカデミズムの在野精神とラテン的な明るさを併せ持つ「第一書房文化」を一代で築き、最盛期の四四（昭和十九）年に自らの手で幕を引いた伝説の出版人・長谷川巳之吉については、小沢書店創業者・長谷川郁夫畢生の大著『美酒《びしゅ》と革嚢《かくのう》　第一書房・長谷川巳之吉』（〇六年／河出書房新社）に詳しい。

「政治や社会の問題を美術やスポーツと同じように文化問題としてとりあげる」斬新な編集方針と、A5判六十四頁・定価十銭という廉価軽装（全盛期には百四十四頁・定価二十銭）が当たって、同名の喫茶店が都内に数軒出現するほどの「流行現象」となった『セルパン』と、わずか六号を数えるのみの不定期刊行物『SUB』をそのまま同列には論じられない。

それでも、前者が東京・麹町一番町の、後者が神戸・北野町の洋館で編集発行された「気取り」を含めて同じ匂いを感じてしまうのは、長谷川巳之吉が「出版書目をもって自己の自叙伝を書く」と自負するひとりのヴィジオネール＝「夢をみる人間」であった（長谷川郁夫氏評）ように、雑誌を創ることで「この世に二人といない自画像」を描いた（草森紳一氏評）小島素治もまた河上徹太郎が『日本のアウトサイダー』（五九年／中央公論社）で定義するところのアウトサイダー＝「自分の幻想《ヴィジョン》を追う人」の系譜に属する幻視者の宿命を生きたからだ。

《ヴィジオネールとは、妄想を意識的に自己の生活の拠りどころとし、日常坐臥それに親しむことによって平板な現実からの脱却を企てたという点に、単なる妄想者とは違ったものがある。そこにはより本質的に、従来の意識の流れに対する一つの反逆、つまり潜在的内部意識に対決させることによってそこに新しい現実を構築しようという試みがあったわけである。》（安東次男『幻視者の文学』六〇年／弘文堂）

48.

〈トムの店〉という名前は、小島氏が付けたようなものだという。

「心理学科を卒業した後、小島は大学院の日本文学科に二年くらい行ってたと思うんだけど、その頃一緒に山陰へ旅行したことがあって、汽車のなかで私が『喫茶店をやろうと思うんだけど、名前は何がいいかな。やっぱりトムかな』って言ったら、『トムの店でいいじゃねえか』と。それで決めたわけ」

「富夫さんだから、トムという名を？」

「別にそういうわけじゃなくて、『トムとジェリー』みたいな感じでわりといい加減に。〈トム〉という名の喫茶店はけっこうあったんです。でも〈～の店〉まで付くのはない。私が開いてから一、二年後には中野に同じ名前の店ができて、それ以降あちこちにできましたけど、その時はどこにもなかった。電話帳を全部見て調べたからね。店の名は気に入ってたんですよ」

「開店したのは何年ですか」

「大学出て二、三年経ってからだね。小島がアメリカ行ったのはいつだっけ。六七年か。その時はもう店をやっていたな。羽田まで迎えに行った帰りに、九段下にあったフェアモントホテルの小島の部屋で酒を酌み交わしながら、向こうの話をいろいろ聞いた覚えがあるから。バランタインっていうウィスキーの二十一年物、これが美味しくてね。こんな美味い酒があるのかなと思ったけどね」

「フェアモントホテルは、その頃から小島さんの常宿だったんですね。お店の二階を小島さんが事務所として使うようになったのはどういう経緯からですか」

「たまたま空いていたからね。私が結婚する前は一人でやっていたから営業は一階だけで、二階に席は置かなかったの。二階は広いですよ。階段を上がっていくと物置みたいなスペースがあって、中二階みたいになっていて、二階の一番奥が三階みたいな感じで、手前半分とは段差がある。奥の方は天井が低くて、手前はすごく高い。小島は前の方を使ってた。泊まることもあったけど、寝られるような場所じゃなかったし、テーブルと電話だけ置いて。本当に間借りみたいなもんだろうね」

「『ＳＵＢ』の奥付を見ると、七二年六月二十日発行の第四号から、それまでは《渋谷区桜ヶ丘一四－一〇渋谷コープ二二一号》となっていた東京編集室の住所が、こちらに変わっているんです」

「うちに来る前どうしてたのかが、わかんないんだ。東京に出てきてから、吉祥寺の成蹊大学の裏に二軒あった米軍関係の長屋に奥さんと娘さんと住んでいたのは、私も女房子供を連れて行ったりしたから、これはわかるわけ。その前がパカッと抜けちゃってる」

渋谷の住所が『ＳＵＢ』の前身『ぶっく・れびゅう』の版元・日本書評センターの「東京事務所」であったことは、両誌の編集顧問を務めた美術作家で小島氏の義兄でもある柚木伸一編集による、七〇年一月創刊の同社会報『本・その批評』の初期の四号を幸運にも京都で入手した際、第二号（七〇年二月二十日発行）に記載されていた新住所移転の「お知らせ」で判明していた。

《第四号をお届けします。この会報の発行と殆ど同時に、姉妹誌『ぶっく・れびゅう』創刊号が書店の店頭に姿をあらわす筈です。（中略）ここ数ケ月、同誌の取材・制作にかかりきりだった編集者のＫ君「ボクのほうが、カッコいい！」と初校の段階で盛に宣伝してまわっていますが、所詮、私も彼もチョンガ。おまけに〝猫さえふりむかない〟という形容詞が二人に、どこからか献じられている始末。せめて『ぶっく・れびゅう』をうんと買って、若い彼に（ちなみに、彼はレノンにソックリの面貌です）本当のカッコよさを保証してやって下さい。》（『本・その批評』第四号・七〇年四月二十日発行「編集後記」より署名〈柚〉）

＊

ちなみに、『本・その批評』は第十号（七〇年十月三十日発行）で誌名を『ぶっく・れびゅう』と改め、再生を宣言している。本書の担当編集者・宮里潤から「『ぶっく・れびゅう』の十号が存在するらしい」との報せを受け、現物を入手した。奥付に〝編集者〟とクレジットのある千葉篁一氏は、小島氏の口か

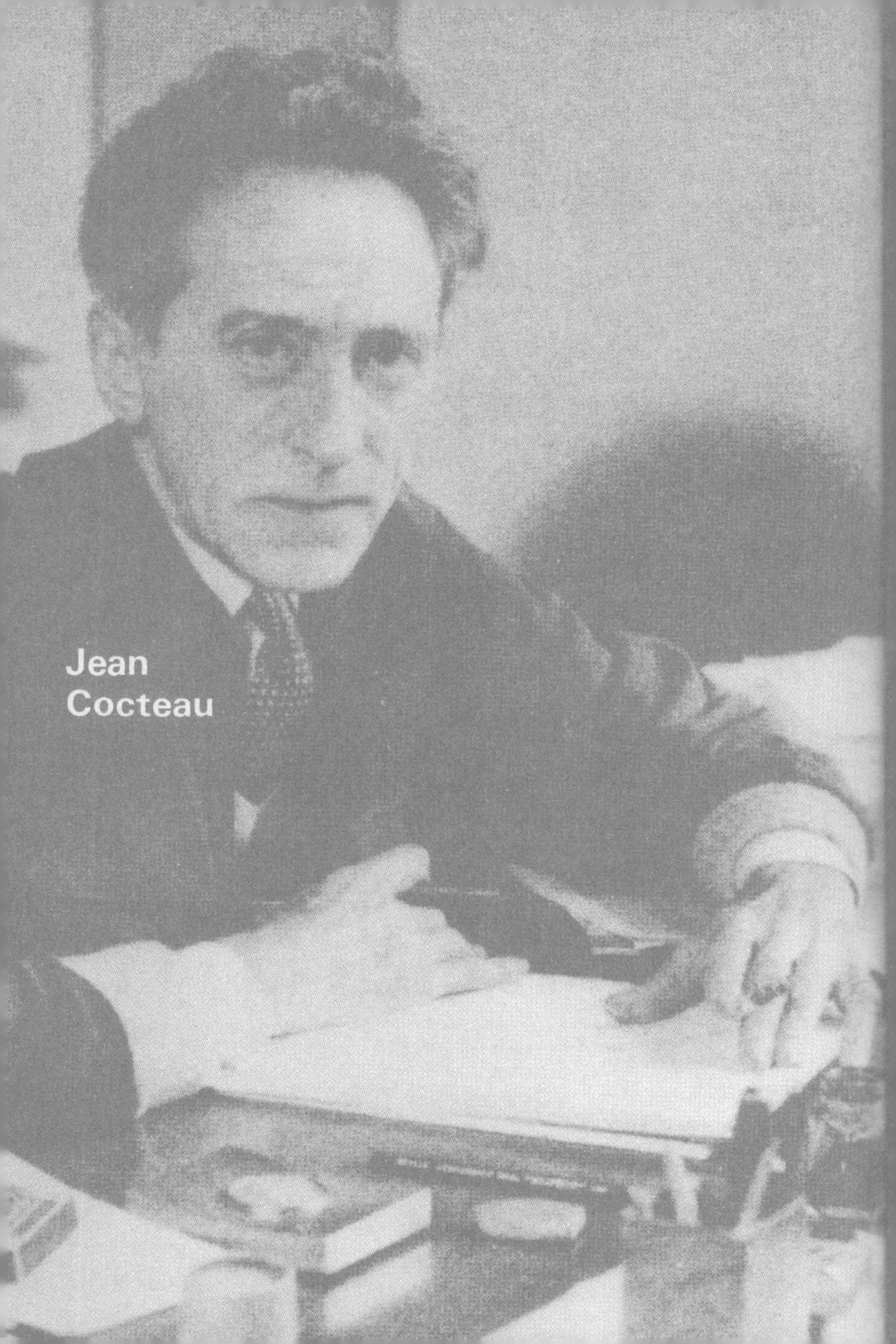
Jean
Cocteau

tradition

NEXT SPECIAL
Beatles 4-ever

ら、『ぶっく・れびゅう』創刊号と第二号の編集も手伝った、と聞いていた。第十号の特集は「もうひとつの文化・名ずけ《ママ》られぬ波」。巻頭の扉に渡辺武信の詩を引用し、「そして編集中記」なる寄稿者紹介欄を設け、「行方」と題する巻末のページには無署名の（おそらく自作の）「友よ」というパセティックな詩を後記に代えるなど、誌面の端々から、小島氏とは異なる種類のフォーキーな詩的感受性の持ち主であったことが窺える。国会図書館所蔵の第十一号（七〇年十二月発行）の「総目次」を見る限りでは、『ぶっく・れびゅう』の三〜九号は存在しない、と思われる。

持参したジョンとヨーコのウェディング写真が表紙の『ぶっく・れびゅう』創刊号を見て、豊嶋氏は「あっ」と声を上げた。

「これはよく覚えてるんだ。この号が出る前に、私が車を運転して、横尾（忠則）さんの事務所の近くまで、小島と一緒に行ったことがあるんですよ。その時、『面識もないのに直接行っちゃっていいのかよ』と、私は言った覚えがある。『大丈夫だよ』なんて小島が言うから、えーっと思って。だってあの当時の横尾さんっていったらスーパースターですもん。そしたら、すぐに話を付けて戻ってきた。本当にゼロから交渉して（人脈を）作っているのを目の当たりにして驚きましたよ。これは何かに載っているかどうか、いつなのかもわからないけど、岡本太郎にインタヴューしてるんです。その時も、岡本太郎に『これでいいですか』なんて言いながら、写真撮ってね」

小島氏の弁によれば「心理学科を四年で卒業して、修士課程を二年延ばしている間にアメリカへ行って、そのままずるずるっと京都の雄渾社という出版社に就職、編集と制作を兼ねて『対話シリーズ』などの書籍を手がけた」。ラインナップにはノーベル賞を受賞した物理学者の湯川秀樹、中国文学者の吉川幸次郎、そして前述の高橋和巳と岡本太郎の名を挙げていた。

雄渾社から刊行された柚木伸一の第一評論集『いけにえの美学』（六九年三月十七日発行）に、岡本は序文を寄せている（あとがきには担当した小島氏への謝辞が記されている）。著者の故郷・長崎県島原に岡本太郎を案内したと本文にあることから、小島氏は柚木氏を通じて知遇を得たのかもしれない。豊嶋氏が見たのは、おそらく雄渾社在職中の六八、九年に行われた「対話シリーズ」のための取材だったのだろう。

「小島さんが自分で写真も撮ったんですか」

「そう。今日は大学時代のアルバムから写真をいろいろ持ってきたんだけど、小島が写ってる写真が案外少ないのは、彼がカメラマンをやることが多かったから。小島によく言われましたよ、駅のホームで撮る時は必ず駅名を画面に入れろ、場所がわかるように撮るのがカメラマンだと」

大学三、四年の時、小島氏を含めてクラスの仲間（男性四人・女性三人位）と、九州に二回旅行したのが一番の思い出で、そのなかに大学時代の小島氏の恋人もいたが、卒業後数年して早世、小島氏が男泣きしていたのが忘れられないという。

「その時の仲間とは今でも良い友達だけど、なかでも〝ハナちゃん〟って呼んでた植田晴信、大阪の天王寺にある〈花幸〉という花屋の旦那と小島と私は、大学を出てからも何かと付き合いが続いてたんです」

「『SUB』の創刊号の表4に出広している〈上六花幸《うえろくはなこう》〉が植田さんなんですね。特集が〝花と革命〟だから花屋さんの広告を入れたのかなと思っていたら、お友達だと小島さんのお姉さんから聞いて」

「ハナちゃんの結婚式の時、お姉さんが司会をやったからね。ハナちゃんも小島のことを、そういうかたちで随分応援してあげたと思うよ。私も少しは援助したけど、『SUB』も大学時代の友達や先輩のつながりで出来たところがある。(『SUB』を印刷していた)はいづか印刷だって、私ら〝灰ちゃん〟と呼んでましたけど、灰塚輝造さんといって心理学研究会の一年先輩ですから。発行人の初田達彦さんという人は灰ちゃんの同級生。みんなそういう関係ですよ」

地元・関西と東京の両方で小島氏の拠り所となっていたのは、何よりも学生時代の絆だったのだ。さらに豊嶋氏の口から、消息を知りたかった人たちの名前が次々に飛び出してきた。

「東京で『SUB』を手伝っていたクリちゃんっていう若い女の子は、うちの店の常連だったの。そう、栗田郁子さん」

小島氏や草森紳一氏の口振りから、初期のスタッフのなかでも貢献度が高かったと思われるのが彼女だった。連絡先がまったくわからず、今日まで会えずにいたのだが、まさか中野翠さん、岩本富子さん、牧野由里子さんの三人娘同様、トムの店の常連だったとは……!

「うちのお客さんで一番多かったのが明治大学の学生なんだよね。やっぱり店の常連で松永順平っていう、最近フジ子・ヘミングの絵本(『紙のピアノの物語』〇三年/講談社)の原作を書いた、カンヌで金賞も獲ってる優秀なクリエイターがいるんだけど、クリちゃんは当時順平のガールフレンドで、二人とも明治の広告研究会だった。小島とはうちの店で知り合ったんですよ」

「小島さん曰く、栗田さんに頼まれたと」

「それは知らないけど、普通のお嬢さんだったよ。たしか王子の医者の娘で、今はどこで何してるのかぜんぜんわからない。もう一人、スタディアムという小島が作った有限会社に入った前田昌利という人も店の常連」

思わず息を呑む。スタディアムのスタートにまで、トムの店が関わっていたのだ。

「彼は明治の仏文か何かで、たぶん卒業はしてないと思うんだ。麻雀が強くてね。うちに麻雀やりに来てたの」

「トムの店で麻雀を?」

「明治の学生や卒業生が、夕方になると麻雀相手を探しに店へ集まってくる。最低でも二組は集まるから、そこに小島も来ていたんだ。夜八時か九時になって店を閉めた後は、店のなかでもやる。私も、まぁやりましたけどね。小島は負けてると必ず『もっとやろう、もう半チャン』と言うから、結局徹夜になっちゃう。前ちゃんは小島よりむしろ上手いくらい腕が立つんだけど、口で負けちゃうわけ。スタディアムを作るにあたっては、彼も相当お金を出したんじゃないかな。これは私の想像だけど」

「前田さんにお会いしたくて、ずっと探していたんです」

「今も付き合いはあるし、連絡は取れますよ。だってうちのウェイトレスと結婚したんだから。ただね、小島のことは話したくないって言うかもしれない」

「それはお金の問題も相当絡んでいるんでしょうか」

「実際のところ何があったかはわからない。でも、小島は金にだらしがないというより、執着がないんだよ。私も店やってたけどぜんぜん儲からないし、二人とも大学時代からそういうことには無頓着だった。金なんて、日本銀行が、あるいは日本国民が『こんなの紙きれだ』って言ったら何の価値もなくなっちゃう。価値というのは、もっと他にあるんだよ」

「金は天下のまわりものだと」

「そう、そういう考えはありますね。それが嵩じて、小島はあんなふうになっちゃったんじゃないか。だけどその考え方は、一般的には受け入れられないと思う。経済的に許すものがあって初めてできることだしね」

豊嶋氏の表情がブルーにくもった。

「だから小島は、銀行から金を借りて起業したわけじゃないんだよな。そういうことができない奴なんだ、彼は、たぶんね。こんなこと言っちゃあ悪いけれど、仮にどんなに良い本だとしてもだよ、趣味の域を出なかった。……でもね、けっこううちの店にも来たんだよ、『サブ、ないですか』とか『ここが編集部ですか』って、訪ねてくるのが。たとえそんなには売れなくても、見る人は見ているんですよ。『ドレッサージ』はどうかわからないけど、『SUB』までは本当にいい雑誌だし、誰をも魅了すると思う。それは私にとってもすごく喜ばしいことだったんだけど、東京に出て来たでしょう、神戸とか京都と違ったストレスがいっぱいあると思うわけ。私なんかは東京で育ったから、鈍感になって生活できるけど、彼の場合は引っかかるものがすごくあったんじゃないか。それで元々好きだった酒でも飲まなきゃ生きていかれない人になっちゃった。小島は東京の水が合わなかった。私はつくづくそう思う。本当は酒飲んで麻雀、競馬やるのなんて非日常だよね。彼は、それを日常にしてしまったんだ」

49.

「小島さんはトムさんに仕事の話はあまりしなかったですか」

「私は、正直言って避けてました。仕事とプライベートの話は意識的にシャットアウトしていた」

「そこに踏み込むと友情が壊れるんじゃないか、と?」

「それはあったね、私は。一番良かった大学の頃の楽しかった思い出を壊したくない。だから、長い間付き合っているようで案外わかってないんです、小島のことを。大学時代、『SUB』、本当に知ってるのはそのくらいまで。最後の方はぜんぜん知らない。最後にどこからかコレクトコールで電話がかかってきた時、私は大きな手術をした後で、店もたたんで、あまりいい状態じゃなかったわけ。その所為にはしたくないけども、そんな時に誇大妄想的な、すごい金儲けの話をし始めるから、『おまえ、いつまでそんなこと言ってんだ』と。『今度東京へ行ったら会おう』と言うから、『もういいよ、会いたくねえよ』って切っちゃった。それからもう電話もないし会ってもいないし、それが最後になった。私と小島のね」

カップに残ったコーヒーを静かに飲み干すと、豊嶋氏はスタディアムが二度目の不渡りを出し、倒産に追い込まれた経緯について語り始めた。それは、トムの店のやはり常連だった印刷業者に、小島氏が請け負った某大手マスコミグループのパンフレットの印刷を発注、その代金として小島氏が支払った手形にまつわるトラブルだった。その時点で、スタディアムの「自転車操業」はとうに破綻していた。

「喫茶店をやるなら、私は学生街でやりたかった。大手町のようなビジネス街ではなくてね」錦華公園の手前にあったというトムの店跡地に向かって歩きながら、豊嶋氏はようやく口元に微笑を浮かべた。

「だから日大のある江古田か、明大のあるお茶の水か、どっちかに決めようと。そしたら、ちょうどいい場所がお茶の水に見つかって、たまたま幾らかお金を持ってた親父に開店資金を出してもらって、それで店を開いたんです。小島の雑誌作りを趣味だって言うなら、トムの店も私の趣味なんだよね。結婚してしばらくは夫婦二人で働いたからお客さんも入ったけど、あとはずっと赤字みたいな感じ。そんなもんでしたね、人生振り返ると。だから私が病気をして、店をどうしようか悩んだ時、女房が私に言ったんだよね。『もういいじゃないの、十分やったんだから』と。でも、未練はありましたよ。学生もいっぱい来てるしね」

「昔は中央大学もこちらにありました」

「そうだね。でも中央の学生は来なかった。むしろ日大の学生が来たかな。でもやっぱり明治だよね。あそこの学食、旨くないから、みんなうちの店に食べに来る。サンドイッチとかもメニューにあったからね。それと、やめるちょっと前にはピザを出したんだ。すごく原価が高くて失敗したけど、それを目当てに女の子がたくさん来たの。ところがでっかいオーブンを置く場所がなくて、注文が追いつかないから弱ったよ」

豊嶋氏の楽しげな語り口から、学生好きのマスターが商売抜きでやっていた「学生街の喫茶店」の、在りし日の姿が思い浮かんだ。

「開店当初は、コーヒーをサイフォンで淹れる喫茶店なんて、うちぐらいのものだったんだよ。そういうのも演出だから、小さい店のわりに客は入っていたのね。でも、入ったからといってもそんなに儲かるわけじゃない。一番最初はコーヒー一杯八十円ですよ。当時一般的には百円の時代。うちもすぐに百円にしたけどね。それがやめる時には四百円」

バブルの時家賃がどんどん上がって、最初二万八千円位だったのが、やめる頃には二十万円以上になって、それがきつかったという。

トムの店があった場所には、一階に不動産屋が入っていた。二階は入居者の気配もなく半ば朽ちかけているように見える。驚いたことに、そこはかつてのぼくの勤め先に近い、よく歩いたことのある通りに面していた。それと知らずに、トムの店の前を毎朝のように通り過ぎていたのだ。

50.

その後、〈トムの店〉のマスター、豊嶋富夫氏の紹介で、前田昌利氏とようやくコンタクトが取れ、〇六年五月二十一日、表参道の喫茶店にてインタヴューが実現した。

小島氏が渋谷区神宮前三丁目に開いた、広告制作とPR誌の編集を主な業務とする有限会社スタディアムに創業から参加した同伴者である前田氏は、小島氏が『SUB』の次に創刊し、インタヴューとコラムを軸にエディトリアルと広告の融合を試みたファッショナブルなシティ・マガジン『ドレッサージ』、そして最後の創刊誌となった、「競馬」を文化として多角的に捉えるロマンティックな感性の遊戯誌『ギャロップ』の両誌で、主に広告営業を担当していた。

芳賀一洋氏は小島氏の魅力に「声の良さ」を挙げていたが、前田氏も素晴らしい声の持ち主で、最初にお電話をいただいた時、よく響く男性的なバリトン・ヴォイスにしびれたことを記憶している。

「お会いするのはかまいませんが、とんちんかんなことを言いますので、あまりお役に立たないだろうということはご了解ください。私は小島さんに愛想づかしをした人間ですから、そのこともお含みおきください」

取材を申し込んだ時、こんなふうに念を押されたものの、「場所は原宿か表参道で」と前田氏の方から提案されたことで少し光明が見えた。もう長い間行っていないという、かつての仕事場の近くで、かつての「ボス」について心の内を明かしていただけたのは幸いだった。

「小島さんと知り合ったのは、そう、トムの店です。〈トムの店〉っていうのは、あの頃はしゃれた名前だったんですよ。可愛いなというので、そこに通うようになって。それで小島さんたちと麻雀ばっかりやっていた。その頃からジョン・レノンみたいな格好で来ていました。長髪でね。その頃は、私もその位まで伸ばしていたんですけど」

〈トムの店〉の常連客の集いに前田氏も参加するなど、今でも当時の仲間とは交流がある。明治大学在学中に〈トムの店〉を最初に開拓したクリエイティヴ・ディレクターの松永順平氏とは、一緒に〝トラブル・メーカーズ〟というビートルズやローリング・ストーンズのコピー・バンドを組んだり（前田氏はベースギター担当）、六八年には富士重工から提供された車でユーラシア大陸を横断する冒険を一緒にやった仲だという。『ぶっく・れびゅう』と『SUB』の編集スタッフとして活躍した栗田郁子さんは、松永氏と共に明大の広告研究会に所属、やはり〈トムの店〉の常連だった。

「小島さんと知り合った頃、私は〝引きこもり〟みたいになっていたんです。家に引きこもってるんじゃなくて、麻雀に引きこもっていたんですよ。誰でも若い時にはあるかもしれないけど、厭世観にとらわれていてね。スタディアムに入った理由は、編集とか広告とか、そういうことに興味があったわけじゃなくて、小島さんからこういう仕事があると。なおかつ、小島さんは昔の編集者特有の編集スタイルみたいなものが嫌だったんでしょう。素人でもいいから、何か新鮮な編集者になるというのも一つの方法だよ、ということは言われたんです。

『ＳＵＢ』は、こういうのがあるんだな、という程度の印象で、別にそんなに興味はなかった。無理矢理買わされたというか（笑）、義理で買ってました。あの頃、雑誌って見てなかったんで、本を読んだとしてもハードボイルドとか、そのくらいのものだったかな。チャンドラーは私も大好きでね。あと、リング・ラードナーを教えてもらったのは小島さんからです。面白い世界があるんだなと思いました。（『ＳＵＢ』第三号まで「東京編集室」とクレジットされていた）渋谷の桜ヶ丘には一度行ったことがある。マンションの一室が事務所で、そこでも麻雀やっていたんですよね。私が遊びに行った時、そこに栗田郁子さんがいました。常駐スタッフというわけではなく、編集作業の時のお手伝いだと思いますよ。たまたま時間があるから手伝っていた、ということじゃないのかな。

でも、小島さんとは、基本的には麻雀、競馬――要するに遊びですよ。遊びでは非常に気が合った。ちょっとした軽口を叩いて、冗談言い合って。一番楽しい思い出じゃないですか。サッスン・アパートにも遊びに行ったことがあります。面白かったですよ。小島さんに呼び出されて、新幹線乗って神戸まで行って、ポーカーやって麻雀やって、また違う時間はルーレットやって、最後の五百円まで巻き上げられちゃってね。

あれ、読みました？『九蓮宝燈は、極楽往生の切符』（八九年／三一書房）という草森紳一さんが麻雀について書いている本。そのなかに名前は出していないけど小島さんのことが書いてある。神戸の友人という形でやりとりが出てきます。とにかく草森さんは麻雀やると、やめようと言わない人なんですよ。往生しても止まらない。小島さんも、草森さんに対しては絶対合わせる。サッスン・アパートで二人がコイコイをやるわけです。小島さんって、ゲームとか勝負事に強い人なんです。ポーカーも強かったけど、なぜかコイコイはすごく弱かったらしい。それで草森さんがずっと勝ってる。草森さんは絶対にやめようと言わないし、小島さんは負けてる時にやめようとは言わない人だから、延々やりとりしていて、とうとう体力の限界に達した草森さんが、もう気分がおかしくなってきたから、一時間だけちょっと休ませてくれと懇願する——そういうエピソードが書いてあります。

草森さんの担当は私だったので、ギイ・ブールダンの原稿を依頼した時も、たしか私が一晩お付き合いして、スタディアムにご足労願って書いていただいたんです（『ドレッサージ』創刊二号「ギイ・ブールダンの世界「ギャァッ！」」）。これは完全な気まま誌（不定期刊）だから、あちらも切実には対応しない。麻雀やったり、何だかんだとうだうだしながら……面白かったですね、草森さんの話は」

＊

小島氏は名うてのギャンブラーだった。麻雀は、四人集まれば「できる？　できる？　じゃ、行こか」。いつでも誰とでもＯＫで、「麻雀を一緒に打って、初めてリラックスできたんじゃないか」という説もある。麻雀の面子が揃わない時はポーカーを好んだ。

八〇年代半ばより、麻雀、ポーカーなどの賭け事を通して小島氏と親しく交流し、「美学」を教わった（アート・ディレクターの片庭瑞穂氏らと一緒に福島競馬に行ったこともあるという）、元編集者で現在は占星家として女性誌を中心に活躍されている村上さなえさんによれば、ルールには厳しく、席を途中で変わるのもだめ、駆け引きがダサいとばかにされる。支払いにもシヴィアだった。

好きな言葉は「風」。「風通し」のいいことが好きで、いつも「風向き」を観察していた。「なんで麻雀が東南西北なのか、わかるか。ゲームなんやから、一でも二でも、ＡでもＢでもええと思うやろ。

ちがうんやで。麻雀はな、風が吹くんや。自分の力では、どうにもならない風が吹く。そこがおもろいんや。そやから、やばい時は、寝とったら、ええねん」——そんな講釈を披露したかと思えば、その後ディランの歌を口ずさんでいた。

「合うてる」というのが、口癖だった。「お前はわかってる」という意味。「大体合うてる」、「合うてへん」とか。「わかってないやつ」が嫌いだった。八三、四年頃、雑誌好きのボーイフレンドが持っていた『SUB』に興味を持って、村上さんがスタディアムを訪問した際、初対面の小島氏に「バック・ナンバーを一セットください」と頼んだ。「欲しい、言われても、こっちはかまへんけど、おまえはどうするつもりだったんや」と詰問され、「お金は受け取ってもらえないだろうから、お酒を買ってきました」と献上すると、「わかっとるやないけ」と誉められた。

小島氏が二十代半ばの頃、まだ十九歳の奥さんと出逢ったきっかけは、京都の喫茶店でアルバイトをしていた彼女が、裸足で店の外に走り出て、小島氏に花を摘んでプレゼントした時、「盗んだらあかんやろ」と言った小島氏に、「花泥棒は、罪にはならへん」と返したワイズ・クラックにビビッと来たから、と聞いた。こういうひとつのフレーズやひとつの行動で、好き・嫌いを決める人だった。

*

麻雀の腕前はむしろ小島より強いかもしれない、と豊嶋氏は前田氏を評したが、「小島さんの方が麻雀は強いですね」とは前田氏自身の見解である。「私もテクニックでは負けないけれども、勝負事の最終的な強さでは勝てないな、と思った」。つまり、小島氏は駆け引きの才に長けていただけでなく、勝つことに対する執念が尋常ではない、ということだ。

「いろんな手を使うわけですよ。口で相手を怒らせたり。負けてる時は人の足を引っぱるような言い方をする。ついカッときちゃうことをうまく言うんです。うるせえ、って一度言ったこと、ありますけどね（笑）。あとは、点棒はよく借りました。借りるよ、とか言ってね。要するに、負けて払う時に忘れちゃうことがあるから。それを使い分けてる」

「ドレッサージ」という馬術競技の名前を雑誌のタイトルに付けるほど、「馬とそれに騎乗するジョッキーとで演じられ、そのシルエットとフォームの美しさによって競われるゲーム」（同誌の目次に毎号添えられた解説より引用）の奥深さに魅せられていた小島氏は、競馬に対する熱中ぶりも只事でなかった。競馬は、前田氏もちょうど同じくらいの時期に始めた。

「競馬場にもよく行きました。東京の中山競馬場は冬の寒い時に二人で行ってるし、新潟の競馬場にも行ったし。私は寺山修司さんの競馬エッセイを読んでそこから入っていったんですが、小島さんも寺山さんのことは好きだった。だから青山葬儀場でやった寺山さんの葬式（註：八三年五月四日逝去）には二人で行きました。私は、競馬はヘタクソだからだめです。もう、ぷっつりやめました。小島さんは、話では勝ってることが多かったという印象はありますけど、本当はどうなのかはわからない。一緒に競馬場へ行っている頃は、勝ってることがわりと多かった。勝負事には強い人だと思います。競馬なんて、百人やって九十九人負けるわけですからね」

小島氏愛用のタニノ・クリスティのブーツを前田氏も履いていたというエピソードが物語るように、小島氏の洒脱なセンスを吸収したいという気持ちで接することも多かった。

「いろいろ影響を受けましたよ。煙草の蓋の開け方とか茶漬けの食べ方とか、こういうのがいいな、って。あの人はお酒ばっかり飲んでるから最後に茶漬けを食べるんですが、昆布の佃煮とか乗せる時、なかなかお洒落だったんです。ちょっとご飯をよそって、あとゴマかなんかかけて、ジャーっとお茶をかけて、おいしい大阪の漬け物と一緒に食べる。そういうのは真似しちゃいますね。いい所は真似したいじゃないですか。

とにかく野暮ったいことが嫌いだった。基本的に小島さんは、お洒落な人が好きなんです。文章のセンスとか、生き方のセンスを重視してた。ＰＲ誌か何かをちょっと読んで、ああ、この人がいい、と言い出しますからね。この人が書いたものだったらまとめて本にしたいな、と言ったのが『ドレッサージ』で競馬のことを書いている石崎欣一さん。スポーツ新聞のライターで、なかなかお洒落な人だった。お茶屋の若旦那の藤沢健二さんも、原稿はまだ書き慣れていない感じだったけど、感覚的にはとても良かった」

51.

《青山通りの傍の画廊で寺山修司さんの個展が催されていた。その頃、ぼくは友人の片庭瑞穂さんに手伝ってもらって、我がままなひとり遊び、ひとり雑誌を作っていた。不定期ではあったが、数年間にわたって続けて出していた。寺山さんとは久し振りだった。数冊のバックナンバーを話題に、数時間、楽しく語った。競走馬の話もした。ぼくは、石原慎太郎さんの「価値紊乱の光栄」から二〇数年を経て、瑞々しい胞子が飛び散って点在する価値の行方と可能性について聞いてみた。「日本人ってね、元来、いくつもの問題やイメージを瞬間に判断して解決してゆくといった術には、不得手なのかも知れないね」。答えは簡単だった。文化的で精神的なものをマルチなプレーで整えてゆくには、まだトレーニングが足りないのかなぁ、でも、「これから」とちょっとの期待が残って、話は終わった。それから、数カ月して寺山修司さんはお亡くなりになられた。》

(『百人力新発売　新しい「知」を担う百人一論』〈八八年/ネスコ〉所収、小島素治「つれづれ草〈アンダー・マイ・サム〉」より抜粋)

多額の制作費がかかり収支が引き合わない『ドレッサージ』は、小島氏自身の言葉を借りれば、畢竟、「我がままなひとり遊び、ひとり雑誌」であったかもしれない。しかし、完全なる個人雑誌だった『SUB』とは根本的に異なる点がひとつある。小島氏がこの時小なりとはいえ会社を経営し、幾人かの社員を抱える身である、ということだ。

「スタディアムは有限会社です。取締役は小島さんで、役員っていうんですか、それが私。よくわからないけれど、とにかく二人いなきゃだめなんでしょう。一旦辞めてタクシーの運転手してた時も、名義は一応残ってたんです。その後、マディソンアベニュー(『ギャロップ』の発行元)に私が入って、裁判の問題が起きたんで、もう嫌だなということで、はっきり外してもらいましたけど。

私の仕事は経理と広告営業。経理っていったって、領収書集めてどうのこうのって、それだけの話です。まあ、大した仕事はしてませんけど。資金繰りは自転車操業だと思いますよ。電通から融通してもらったり、早めにギャラを払ってもらったり。その頃はまだ広告関係はゆるかったから、井勘定でやっていたんじゃないんですか。

配本はうちの車を使って飛び込みで、お願いします、と言って回りました。原宿ラフォーレの並びに小さなお店があったんですよ。今はクレープ屋になってるけど、そこのスタンドに置いてもらったのが、『ドレッサージ』に一番似合ってるな、と思った。あとは虎ノ門とか、全部で二、三十軒くらい置いてもらったかな。渋谷の大盛堂なんかも置いてくれた。それから六本木のセイフー、六本木の青山ブックセンターにも置いたな。新宿の紀伊國屋は置いてないですね。取次を通さないアンダーグラウンドで、どこでもだいたい十部か二十部くらい。(売上げを)回収に行かない時もありますから」

原宿の表通り、陽光きらめくスタンドで、『ドレッサージ』の大人っぽく都会的な表紙はきっと映えたにちがいない。片庭瑞穂氏の証言によれば、小島氏はこの当時から、今は当たり前になった、街のスタンドでフリーペーパーを配るような構想を持って、企業にプレゼンしていたという。ニューヨークやパリの街角のように、雑誌と街の景色が鮮やかに調和する「風景」を、彼はいつも夢見ていたのだ。

「洋雑誌みたいな世界をやりたかったんでしょう。あの頃は『ファサード』とか面白かったですよね。写真が過激で、フランス語が読めなくても十分面白い。しかしこれはちゃんとしたスポンサーというか、資産家のパトロンみたいな人がいないとできないですよ。日本の雑誌はセンスが違うから、小島さんはあまり相手にしてないというか、意識していなかったんじゃないかな。『POPEYE』が出た時は、コラム・マガジンだったから、ちょっと話題に上りましたけど。

原稿料は……たしかに払わないことは多かったです。きちっと払う所と払わない所をはっきり分けているように見えました。稲葉明雄さん(註:ハメット、チャンドラー、アイリッシュなどの名訳で知られるカリスマ的な翻訳家。『ドレッサージ』創刊二号の特集「ロンググッドバイをプレイバック」にエッセイ「ギムレットとジン・ライムの間」を寄稿。九九年逝去）から電話があって、脅かされましたもん。若いもん寄越すからな、って。

そんなふうにお金の面では大変でした。『ドレッサージ』がまだ出ている頃、国民金融公庫に二、三百万、借りに行きましたし。金策はよくさせられていましたね。大したカネじゃないけれども、どこかから借りてこいとかいう話は、最初から私はやらされてましたから。

それでも付いて行ったということは……小島さんにやっぱり魅力があったんだと思うね。お洒落だし、一緒に遊んでて面白いし。仕事に関しては、そんなに気持ちよさはないですよ。良かったのは『ドレッサージ』の最後くらい。（〝COVER FOR SALE $10,000〟という謳い文句を掲げた）表紙だって売れてないですから。〝The Magazine for Joker〟というサブ・タイトル通り、全部ジョークですよ」

＊

小島氏のあまりにも杜撰な経営手腕はともかく、スタディアムの業務のメインである紙媒体の広告制作については、社員一丸となって、というクリシェが思い浮かぶほど、雑誌を作るのと変わらない情熱を注ぎ、高いクォリティをキープしていたことは、残されたプロダクトに明らかである。その代表作ともいえるファッション・メーカー〈ラピーヌ〉のPR誌『花のように』（七九―八六年／年二回刊、オールカラー）は、大阪電通の扱いで、やはりスタディアムの社員である間宮けい子氏が担当し、「俺よりセンスは上」と小島氏も認めていたといわれる前妻、マリさんも編集を手がけていた。

片庭氏にバック・ナンバーを見せていただいたが、資生堂の『花椿』と同じ薄い中綴じの判型で、ページ数は『花椿』より多く、創刊当初の三十二ページからだいたい四十四～五十二ページの間を推移。毎号様々なキーワード（夢、化粧、髪、花、色など）をテーマに特集を組み、タレントや著名人へのインタヴューだけでなく、巻頭に必ず写真家の作品（デヴィッド・ハミルトン、ピーター・ナップ、英隆、フランコ・フォンタナなど）を配するあたり、写真への一貫したこだわりを感じさせる。ファッションやメイクの撮影は主に吉田大朋門下の社員契約カメラマン、堤一朗氏が担当。執筆者も料理研究家の入江麻木、ファッション・ジャーナリストの有泉静江らのレギュラーに加えて、五木寛之、岡田隆彦、海野弘、砂山健、中井英夫、川本恵子ら『ドレッサージ』以上に豪華な顔ぶれを揃え、スタディアムの総力を結集し、意欲的に編集していたことが窺える。

クリエイティヴの閃きという点においても、ニューヨーク在住のイラストレーター、ペーター・佐藤がモデルにメイクアップを施し、堀内大學の耽美的な詩と交配させた八一年秋冬号の特集「化粧Ⅱ」の一見開きなど、殊に出色の作品といえる。八五年秋冬号の特集「赤」では小島氏を見守ってきた二人の義兄、画家・評論家の柚木伸一氏と写真家・木田茂之氏のエッセイと写真を掲載、京都以来の小島夫妻の盟友であった奇才デザイナー、平野徳太郎氏が真紅をモチーフとするファッションフォトにドレスを提供しており、〝ファミリー〟の絆が誌面にも反映されている。

またPR誌や企業パンフレットの編集の他にも、〈たち吉〉の洋食器リッチフィールド（写真：吉田大朋）やクリスタル・グラスのスワロフスキー（写真：堤一朗）の雑誌広告をいずれも片庭氏のデザインで制作するなど、「広告仕事の最盛期は八〇年代の真ん中／海外取材にもしょっちゅう行った／千五百万ぐらいの仕事もやった」という小島氏自身の証言と照らし合わせるかぎり、少なくとも八四、五年までは、ある程度業績を上げていたものと思われる。

＊

八〇年代も半ばを過ぎた頃、前田氏は小島氏と袂を分かち、個人タクシーの運転手に転職する。しかし九〇年に再び小島氏に請われ、『ギャロップ』の創刊に参加、発行元の株式会社マディソンアベニューに出向する形で広告営業を担当する。デザイナーとコピーライターが二、三十人いる広告制作会社で、編集の関係は一人もいなかったという。住所は、九〇年十二月九日発行の創刊準備号の奥付には「千代田区富士見二ノ四ノ十三 エーコービル三F」とあるが、翌九一年五月二十五日発行の創刊号では番地が変わり、「千代田区富士見二ノ二ノ十二ニュー太郎ビル三F」となっている。

『ギャロップ』の表4には「発行人 舞田和憲／編集人 小島素治」と記されているが、目次のスタッフ・クレジットを確認すると、〝パブリッシャー・アンド・エディトリアル・イン・チーフ〟（編集発行人）が舞田氏、小島氏の肩書きは〝エグゼクティヴ・エディター〟である。大阪明生病院で聞いた小島氏自身の弁では、「マディソンアベニューの人間とたまたま競馬場で知り合い、編集の面倒を見てくれと言われた」そうだが、なぜ『ギャロップ』をやったのかという動機は、前田氏にもはっきりとはわからない。

「カネが絡んでるのかなということは、ちらっとは頭にはありますけどね。私が一旦離れた小島さんのところに二度目に呼ばれた時は、すぐにお金の話になりましたから。でも、雑誌をダシにしてお金を引っぱろうとしたということはあり得ない。やっぱり小島さん、雑誌が好きなんだろうね。私自身もタクシーの運転手を三年やって飽きてたし、タクシーってきついじゃないですか。

『ギャロップ』は、東京競馬場に行って、これから競馬場へ行く人に、見てください、と駅前で配ったことは一回ぐらいあるのかな。こういう雑誌を作りますからお願いしますと。みんな捨てないで持っていったね。ただ普通の競馬ファンは見ないでしょう。これを見ても競馬に勝てるわけじゃなし。競馬必勝法みたいな記事は一切ないですからね。小島さんはそんな本作らないだろうし。

だから変な雑誌ですよ。百人のうち九十九人勝てないのと同じように、九十九人必要ない。日本でこういうアプローチの競馬雑誌を出そうとした人は、未だに小島さんだけなんじゃないですか。どう考えたって、まず売れないですもん。売れるわけないじゃないですか。マディソンだって、これ以上被害が拡大しないように、早めに撤収しようとした。そりゃそうですよ」

五十歳を目前にした小島素治騎手が騎乗する新馬ギャロップは、walk（並み足）－trot（速足）－canter（普通駆け足）と来て、いよいよgallop（駆け足）に入った瞬間、第一コーナーで図らずも転倒、賭けははずれたのだ。わずか二号で終刊――その結果起きたトラブルで板ばさみとなった前田氏は苦境に陥る。

「結局、マディソンと小島さんの間で裁判沙汰になって、私も何回か証人として出廷しました。お互いの弁護人のやりとりも（法廷に）聞きに行きましたし、小島さんが証言をする時も聞きに行った。小島さんの方の言い分は、約束が違うと。私が舞田さんと小島さんの話に全部立ち会ったんですが、その時はカネを貸してくれという話で、ただ証文とか取っていませんから、それでややこしくなった。

私は思い切りが悪いので、『ギャロップ』が出なくなってからも、しばらくはマディソンに勤めていた。向こうもそんなに歓迎はしてなかったと思いますけどね。結局三年くらい在籍しました。四十歳から四十三歳まで。私の方は舞田さんから給料もらっているわけですから、どうしたって舞田さんの立場で考えることになりますよね。だから小島さんには、飼い犬に手を嚙まれた、とかチクチク言われました。その辺からもうぐちゃぐちゃになって、『ギャロップ』のスタッフに会うと、私一人責められたり、とにかく金回りとかぐちゃぐちゃだったんですよ。私もお金のことでは迷惑かけられているから。そのすぐ後に、産経新聞社から『ギャロップ』という同じ名前の競馬雑誌が創刊されたんですが、まったくこちらの存在を知らずに出したみたいです。商標登録はしていました。私がやりましたから。その辺は私が（マディソンアベニューを）辞めた後に、小島さんと産経新聞社の間で何かやりとりがあったんじゃないんですか。例えばお金で解決するとか。

裁判の行方を見届ける前に、私は辞めちゃったから、最終的にどうなったのかはわかりません。私は営業的な仕事には興味ないし、そこで見切りをつけて、自由にできる個人タクシーをまたやろうと思った。そういう意味では、はっきり思い切りがついたから、それはそれでよかったかなと。それ以降は接触なし、ですから。

小島さんとしては、私に裏切られたという感じがずっとあるんでしょう、夜中の二時とかに変な嫌味の電話がいろいろかかってきました。その頃は小島さん、完全におかしくなってましたよ。ご連絡いただいた後、そういう記憶が一気にどーっと出てきました。一ヵ月以上、仕事の運転しながら嫌なことばかりずっと考えてて……今ではすっかり消化しちゃいましたから、もう大丈夫ですけど」

最後の言葉とは裏腹に、よほどしんどかったのだろう、それまで平静だった口調は乱れ、苦しげな表情に変わっていた。それでも自分に言い聞かせるように、前田氏は会話を前向きな言葉で締めくくった。

「私はとにかく引きこもりだったから、営業のやりとりとか電話とか、そんなの大嫌いだったけど、そういうことも少しは出来るようになった。だから、（世の中に）引っぱり出してやろうと思って声をかけてくれたんだと思います。その前に五、六年間、ずっと悩んでいた時代があったわけですから。そこから抜け出すきっかけをくれたという意味では感謝してます。楽しい世界も見てますから。小島さんに出会わなかったら、面白い変わった世界というのは見られなかった。もっと普通の生活をしていただろうし。散々な目にも遭ったけど、こういう世界を見せてもらって、人生に変化をつけさせてもらったという意味では、よかったとは思ってます。ただ、今はあんまり考えないことにしてるんです」

「前田さんから見て、小島さんが破綻した最大の原因はなんだと思いますか」

最後の質問に、前田氏はきっぱりとこう答えた。

「一言でいえば、怠け者だったからじゃないですか。だってあれだけ魅力あるスタイルの文章を書ける人が、きちっと努力して根気よくやったら、それなりに生きていけたと思いますよ」

52.

《ぼくは、一九八〇年代が始まろうとするとき、密かに一九九〇年代に向けてのスケジュールを企てていた。なぜだかよく分からないが、また身震いする時代が来るんだといった直観と向きあっている。》
前出の『百人力新発売』（八八年十一月二十日発行）所収のエッセイのなかで、小島氏は九〇年代に向け密かに助走していたことを明かし、熱い抱負を述べている。肩書きは「エディター」ではなく「プランナー」。世はバブルの時代だが、スタディアムに昔日の面影はなく、八〇年代末には仕事も激減する。前出の村上さなえ氏によれば、その頃小島氏から発注された仕事を請けても集金は容易ではなく、押しかけて小切手をもらえたとしても、「絶対に来月末までカネに換えたらあかん」と言われたという。

一方、元々好きだった競馬熱が俄然盛り上がり、そこから派生した競馬関係の新しい人脈（『ギャロップ』のスタッフ・クレジットでは〝エディトリアル・アドヴァイザー〟となっている大川博靖氏は〝競馬の神様〟と呼ばれた競馬評論家・大川慶次郎の甥。小島氏とＪＲＡをつなぐパイプ役だった）とスポンサーを得たことが、『ギャロップ』の創刊に結びついていく。小金に換えることが目的のプランニングではない。エディターの血が騒いだのだ。むろん、じり貧状態からの起死回生を計る「仕掛け」でもあったはずだ。

大阪明生病院でインタヴューした時は、まだ『ギャロップ』の存在を把握しておらず、小島氏も多くを語らなかったため、その後現物を目にするまでは、さほど面白い雑誌ではないのかと思っていた。ところが実際に手にしてみて、未知の可能性に挑む勇気と意気込みに感銘を受けた。

前例のないものを形にしようとする時、そこには必ず試行錯誤が生まれる。だが、それは「意義ある失敗」なのだ。九〇年冬の創刊準備号は、いささか生煮えに感じられる箇所が散見する。特にインタヴューでは、脈絡のない人選に統一感を与えようとしてか、聞き手が〈ギャロップ感覚〉なるキーワードに絡めて、無理にこじつけるところが気になってしまう。それでもシーナ&ロケッツのロックンロール・ギタリスト鮎川誠、暴走族ブラックエンペラー元会長／全日本シュートボクシング協会事務局長のイカンガー岩崎、エアドーム劇団・天象儀館の創立者で『朝日のようにさわやかに』（大和屋竺監督／七四年）、『ツィゴイネルワイゼン』（鈴木清順監督／八〇年）、『陽炎座』（同上／八一年）、『どついたるねん』（阪本順治監督／八九年）等数々の名作をプロデュースした映画製作者の荒戸源次郎といった、語るべきものを自分の言葉で語れる大人の男たちの話は、さすがに読ませるのだが。

九一年春の創刊号の巻頭企画「オグリキャップ大特集 黄金の輝きの行方。」は、小島氏の長いキャリアの掉尾を飾るにふさわしい見事な出来映えである。地方競馬出身ながら劇的な走りで競馬ファンの枠を超える人気を博したオグリキャップは、ハイセイコーやシンボリルドルフのように常勝を約束された〝怪物〟ではない。三度も馬主が変わり、クラシック登録もされなかった所為でダービーへの出場機会さえ持てなかった不遇が、かえって民衆の思い入れを誘う「ロッキー」のようなフォーク・ヒーロー。勝ち続けたかと思えば信じられない惨敗も度々喫し、もはや燃え尽きたと言われた。そのオグリキャップが、九〇年十二月二十三日の有馬記念GIにおいて、武豊騎乗のもと、引退の花道を一着で飾った奇跡のエンディングに、日本中が沸き立った。

その時、小島氏の編集者魂が鮮やかに甦った。時代の〈最良の精神〉が発するメッセージを受けとめ、それに対するパーソナルな感応を宝石のように蒐めて、魂の記念碑《ソウル・モニュメント》を創り上げ、〈雑誌〉というタイムカプセルに刻印する。編集者・小島素治の本領《エレメント》は「捧げること《トリビュート》」にあるのだ。

1971＝『SUB』＝「ビートルズ・フォア・エバー」、1991＝『ギャロップ』＝「オグリキャップ」――小島素治というひとりのエディターが編んだこの二つの雑誌の特集は、どちらもトリビュートとして同じ価値があり、そこには何の落差も感じられない。重要なのは、この二つの特集が同質のものとして、二十年の時を超えて、ぼくというひとりの読者に届いたことだ。つまり、風化していないのだ。

特筆すべきは、『ギャロップ』創刊号の特集に寄稿した四人の書き手のうち三人までが編集部のスタッフという、著名人をずらりと並べた『SUB』とは真逆の方法論を採っていること。唯一、現在書評家として人気の高い豊崎由美の名前が目を引くが、この時点ではまだ現在のような売れっ子ではなかったはずだ。

〝競馬といえばこの人〟の寺山修司も、「シャガールの馬」の虫明亜呂無も、ここにはいない。両人が健在であれば、小島氏は原稿を依頼しただろう（虫明氏が長い闘病の末亡くなったのは、この号が発売されてから数週間後、九一年六月十五日である）。この二人のテクストジョッキーの名前が並んだ目次を想像するのは愉しい。しかし、それはあくまで夢想であって、ここに現実としてある四本の原稿すべてが力のこもった素晴らしい作品であることの方が、よほど重要なのだ。

巻頭を飾る力作、福田マリの「本能的オグリキャップ論」は、そっけなさすぎるタイトルとは裏腹な骨太のルポルタージュ。生産者、調教師、調教助手、装蹄師、厩務員といった〝育ての親〟たちの証言を丁寧に拾い集めてさわやかな感動を呼ぶ。真野少《まのしょう》の「ハイセイコーにたてがみを」は、オグリキャップにファンが何を夢見たのかを小説仕立てで描いた好読物。特集をしめくくる片山雅光の「LAST RUN　偉大なる敗者《グレート・ルーザー》の復活祭。」は、数字や成績といった正統的な評価基準を飛び越えて〝我が道〟をひた走ったオグリキャップへの賛歌。同じ日に違う場所でオグリキャップとシンボリルドルフのレースが別々に行われるとしたら、「もしかして起こるかも知れない、何かとてつもなく素晴らしい出来事の中に、心地よく身を預けに行くために」迷わずオグリキャップを選ぶ、という台詞にグッと来る。

残る一篇、先に触れた豊﨑氏の「ニュー・ロスト・ジェネレーションの競馬熱」は、アメリカン・コラムへの日本からの回答とも言うべき、一種の世代論である。彼女は同じ六一年生まれのアメリカの作家デイヴィッド・レーヴィット（註：八〇年代に流行したミニマリズムの作風で知られる。邦訳は短篇集『ファミリー・ダンシング』など）の「わたしたち世代は〝あらかじめ失われた世代〟なのだ」という言葉を引きつつ、自分たちは生まれた時からテレヴィジョンがあり、映像メディアを通してフィクションが日常的に消費されていくなかで育っていった世代である、と定義する。「与えられる立場にとって、唯一残されたカッコイイ身の処し方が、フィクションずれしてみせることだったから、斜に構えてみたり、鼻先でせせら笑ったり、ギョーカイ用語を駆使してフィクションの構造と力を解説してきただけだったのかもしれない」という指摘は、そのような空気が主潮を占めた八〇年代に二十代を過ごした世代なら、大なり小なり腑に落ちるだろう。

オグリキャップをめぐる物語は、「与えられたフィクションではなく、自ら紡ぎ出すフィクション」を見つけ出したいという本能的な欲求をめぐる物語であり、それはおそらくわたしたち世代が発見した初めての能動的なフィクションだった。だからこそ、自分もそのひとりとして、有馬記念での奇跡の逆転劇を「思いつめたような眼差し」で見つめていたのだ——豊﨑氏はそう告白する。

ぼくのサブ・カルチュアに対するオブセッションに近いこだわりも、そうした世代的な属性に対する「本能的な欲求」の、一つの表れなのかもしれない。

計四篇の原稿を読み終え、特集の最後の見開きに置かれたラスト・ランの写真と、「オグリキャップ全競走成績」の記録（中央　通算20戦12勝　2着4回　3着1回　着外3回）を一つ一つ確かめながら、ある意味、『SUB』を超えたか、とさえ思った。なぜなら、ルポルタージュを柱に据え、ジャーナリスティックかつ文芸的な、方向性としては『Number』より米版『エスクァイア』を思わせる（しかもほとんど内部原稿で！）求心力の強い特集を組んだ例は、過去の小島ワークスにはなかったし、それこそが『ドレッサージ』でやりたくて果たせなかった大いなる目標の一つと推察するからだ。

著名人の寄稿を大前提とすることは、別の視点から見れば『SUB』の限界でもあった。

充実しているのは特集ばかりではない。書き手の持ち味、テーマの選択、雑誌との相性を勘案し、草森紳一、伊藤勝男、藤沢健二ら旧レギュラー陣を適材適所に起用、見事活かしてみせた会心の監督術《マネージメント》。この号が刷り上がり、小島氏が見本を手にした時、胸中にたしかな達成感があったのではないだろうか。

*

《「共感の向正面。」SYMPATHY FOR THE DEVIL

「私たち、彼（賭博のこと）と私とはある年の六月二十一日に出会った。夏至の日に生まれた私は、二十一歳になったその晩、彼と対決するために断乎たる足どりで出かけて行った。私は、緑の厚布上での私の初陣ぶりを見ようと好奇心満々の二人の代父に付きそわれてカンヌのパーム・ビーチ賭博場へと入って行ったのだ。彼らはじじつ私の競技の初舞台こそ見たが、その続きを見ることはなかった、私は彼らの目をのがれて、カジノからカジノへと彼らなしで駆け廻ったからである」……作家のフランソワーズ・サガンが自身の思い出を綴った「賭博」という文章の一節です（朝吹三吉訳）。彼女は「駆け廻った」という箇所にgaloper《ガロペ》という動詞を使用しています。

英語のgallop《ギャロップ》はもともと馬が疾駆することをさす馬術用語で、walk（並み足）―trot（速足）―canter（普通駆け足）―gallop（駆け足）の順に、馬は、そして人は、走ることを学ぶのです。フランス語のgalop《ガロ》には同じ馬の駆け足の意味の他に、ハンガリアを起源とする二拍子の速く軽快な舞踏や楽曲の意味があり、サガンにいわせれば、カジノからカジノへと駆け巡る興奮や自由な気分は、そんなgalop の感覚に似ているということになるのでしょう。

ギャロップという言葉をこのように馬術用語にとどめず、いま〈競馬〉というフィルターを通してみると、疾走感、熱狂、飛躍、自由、旅……そこにはさまざまな意味が乱反射しているようです。編集者、カメラマン、デザイナーがそれぞれ思いおもいに、ターフに落ちているその意味を拾い集め、できあがったのが季刊誌〈GALLOP〉です。

オグリキャップを讃えるシュプレヒコールに沸きかえった昨年暮れの中山競馬場、有馬記念。もう半年も前になるけれど、人々の記憶に焼きついて離れない、あの圧倒的な共感はいったい何だったのでしょう？　あの圧倒的な共感の中から何が次に生まれようとしているのでしょう？　また一つレースが終わり、熱狂が過ぎ去ったターフの上を読者の想像力が自由に駆け巡るとき、その隣を前になり後になり、疾駆しているのがこの雑誌です。（編集部）》

（『ギャロップ』Spring 1991 創刊号〈NIGHT CAP – EDITOR'S PAGE〉）

53.

放浪

《渡辺仁　様

翌朝、わたしはタクシーでマンハッタンのボンド・ストリート24番地にあるメイプルソープのロフトに赴いた。歩道には麻薬中毒者が腕に注射器を突き刺したまま寝そべっていた。メイプルソープのいる建物の玄関へ行くために、わたしは男をまたがなければならなかった。

これはRobert Mapplethorpeの自伝風のものを書いた、パトリシア・モリズローの序の章《はじまり》である。パトリシア・モリズローは女性のジャーナリスト（あるいはエディター）で、感性豊かな記録を綴っている。例の横尾忠則さんとの神戸の仕事でモデルだったリサ・ライオンの写真を沢山撮っていた、カメラマンの物語です。

私は「lɔg buk」と言うノートを持っていて、思いついた事や書き残したい事をそのノートに思いつくまま走り書き、描《か》いています。メイプルソープの本文のなかに、《それは、彼の写真の本質を突いている。つまり作品の中にある、彼のいう「境界」[edge]、聖なるものと邪悪なるものとの拮抗を表わしていたのである》と。

私はいま、映画のシナリオにでもなればと、幾つかのテーマで書こうとしています。その一つにメイプルソープの中から閃いたアイディアが〈edge〉でタイトルは[edʒ]です。あるプロフェッショナルなキラー（殺し屋）のストーリーです。この閃き（イメージ）も、ル・クレジオの『調書』のあの、何頁《どこのページ》からでも読め、眺め、風景、情景の見えてくる手法にあるのです。タクシーのバックシートに座って、深く深く。

渡辺君、色々とありがとう。また面白そうな図書やシナリオに関する勉強書（？）など見つかったら、その時は宜しく。》（〇一年八月二十五日付　京都伏見拘置所からの手紙）

＊

「小島素治」という秘密を解く鍵は、「聖なるもの」と「邪悪なるもの」との境界に、無造作に放り出されているようだ。

〇四年一月二十九日、『ギャロップ』にスタッフ・カメラマンとして参加した写真家・神尾幸一氏の恵比寿にあるご自宅のマンションを訪ねた。吉田大朋氏の第一アシスタントだった神尾氏は、スタディアムの社員契約カメラマン、堤一朗氏の兄弟子でもある。小島氏とは七〇年代中頃からの長い付き合いで、仕事を共にしただけでなく、ホームレス状態の小島氏を八ヵ月間居候させるなど、放浪の一時期に大きな支えとなった人である。

神尾氏によれば、『ギャロップ』は、参加した人間がやりたいことをやらせてもらえた雑誌だという。「中沢新一にインタヴューしたい」と神尾氏が希望した時、それはちょっと……と言われたが、その次に、「加山雄三は〝宇宙好き〟らしいから、そういう話を訊きたい」と再提案すると、「じゃあいいよ」とゴーサインが出て、本職はカメラマンの神尾氏がインタヴュアーとなって（写真は他のカメラマンに任せて）、加山が所有するスキー場へ赴き、「宇宙論」を語らせるといった按配で、これでいいのかなと思うほど何も言われなかった。

会いたい人に取材という機会を通じて出会えたことで、人生が変わったスタッフもいる。ベルリンの壁が崩壊してから百四十一日後、東ベルリン郊外のホッペガルテン競馬場にて行われた、一九四九年の東西ドイツ分離以降初の交流競馬を創刊準備号でルポしている真野少氏は、歌人の阿木津英《あきつえい》をインタヴューしたのがきっかけで、弟子入りして自らも歌人となった。

音楽家や美術作家のインタヴューを多く手がけ、創刊号に馬頭琴の歴史にまつわるエッセイ「馬たちの調べ」を寄せた彩草じん子氏は、幻の創刊二号のためにミラノで取材した、イタリア在住の世界的彫刻家、安田侃《やすだかん》との出会いを著書『安田侃、魂の彫刻家』（〇五年／集英社）に結実させ、故人となった小島氏にあとがきで謝辞を献じた。

『SUB』六号にエッセイ「ミンガスの『直立猿人』」を寄稿した評論家・鍵谷幸信の息女が『ギャロップ』の編集を手伝っていた、と小島氏の口から聞いていたが、それは競馬レポーターの駒木舜のことで、片庭氏が表紙画にしたスター騎手たち、イヴ・サンマルタンとウィリー・シューメーカーのポルトレ（目次の下半分をカヴァー・ストーリイのスペースに当てたレイアウトが洒落ている）を、血は異ならずの感を抱く流麗な筆致で書き下ろしているほか、対談コーナーも持ち、〝ギャロップの顔〟として売り出している。

ギャラの支払いに関するトラブルがなかった、とまでは言えないが、『ギャロップ』の編集部内で、小島氏に対してネガティヴな気持ちを抱いている者は少ないのではないか、というのが神尾氏の説である。

しかし小島氏が同誌終刊後に手がけた最後の仕事、石原裕次郎の七回忌（「あじさい忌」九三年七月十七日）に参列者に配られた写真集は、関係者や参列者には好評だったが、実際に編集を担当したフリーランス・エディターに小島氏がギャラを支払わず、大問題となった。

「裕次郎の七回忌に配るものをどうしようかという話が、なぜか小島さんのところに来て、小冊子を小島さんと作ったりして、昔から付き合いのある原田英子さんという書籍編集者に企画・編集制作を頼んだんです。原田氏が以前所属していたデザイン会社で出版した、デニス・ストック（註：一九二八―二〇一〇／ジェームズ・ディーンが雨のニューヨーク・タイムズスクエアをくわえ煙草で歩く伝説的なポートレイト写真で知られるマグナム・フォト所属の米写真家）というカメラマンが撮った『ジェームズ・ディーン・ポートフォリオ』の写真集と同じようなスタイルで、昔のブロマイドとか若い頃の写真を集めて写真集を作って、参列者に渡せばいいんじゃないか、という原田氏の案で決まった。それがかなり好評で、一説によると三万から五万部くらい刷ったのに、参列者がそれ以上来て、足りなかったらしい。

調布にある石原プロの事務所に何度も通いながら作ったんだけど、小林（正彦）さんっていう専務が酒嫌いなんです。だから絶対に酒気を帯びてはいけない。小島さんとしては非常に苦しい感じでその場にいて、原田さんはちゃんと打ち合わせをするんだけど、『小島さんったらぜんぜんだめ、一言も喋らないんだから』って言ってたね。小島さんに訊くと『いやあ、専務と仲良くなっちゃって』とか言うんだけど（笑）。

仕事としてはうまくいって、それは元々石原プロと付き合いのある代理店からの外注だったんだけど、その頃はスタディアムにもあまり人が来なくなっていて、私がたまたま行ったら、小島さんがソファーにごろっと横になって、寝たり起きたりしながら落ち着かない様子で、何をしてるのかなと思ったら、電話を待ってた。やっと電話が来て、『はい、わかりました』って電話を切ったら、小島さん、『神尾〜、やったよ！ 入ったよ!!』って。カネが入ったと言って喜んでるから、これで私が手伝った分も払ってくれるかなと思いきや、ぜんぜんそんな気配はなくて。私もおとなしいから、文句言ったことないんだけどね。

でも原田さんは、何百万という額の未払いだから、さすがに怒って、『小島さんとはいえ許せないわよね』って知り合いの弁護士と相談したみたいですが、その人は財産も何もないわけだから、裁判を起こしてもお金は取れませんよ、って言われてやめたんです。最近、小島さんが亡くなったと連絡したら、じゃあ、小島さんを弔って一回呑みましょうよ、っていう話になったけどね。そういう感じで、古い付き合いの人にまで不義理をするから、だんだん周りに誰もいなくなっていった」

「病院で小島さんにインタヴューした時、『二十三人に不義理している』と自分で言っていました」

「ああ、そう（笑）。公然と悪いことをするんだけど、〝不義理〟という言葉は自分でも使ってますよね。実際に二十三人かどうかはわからないけども、数えるかぎりは十人よりは多く、まあ、二十人は超えるのかなあ」

「前からお金に関してはルーズなところがあったんですか？」

「そうですね。でも鷹揚なところもあって、メシ食いに行くぞ、カネはなんとかする、って言われて、我々がくっついて行くと、払っちゃうんですよ。そういうふうに、自分が使ってる人間に対しては親分なんです。『十回メシ食いに行ったら、一回か二回は、今日は私が払います、って言えよ』とは言ってたけどね（笑）。お金の出入りに関してどうだったかは、私はよくわからない」

「お金の計算をするのが苦手だったんでしょうか」

「いやあ、どうだったんでしょうね。計算を立てながら入金を待って、入ったら『メシ食いに行くぞ』って、たしかその足で行きましたからね。神宮前の事務所と神戸のイトウ・マンションと自分の住んでる所と、三ヵ所の家賃を一時は全部払っていたわけですよね。奥さんと娘さんが神戸のイトウ・マンションに住んで、小島さんは東京に単身赴任していた時期があった。結局、奥さんとも別れて、最後に借りたのが娘さんと二人でしばらく住んでた西日暮里のマンションの二部屋。明治通りに面して、デニーズが一階にあるマンションの九階だった。初めは青山・赤坂近辺で事務所と住まいを一緒にできるようなところがないか、私の車に乗っけて探し回ったんですが、見つからなくて、小島さんが西日暮里で決めた。そこではもう仕事をしていたわけでもなく、娘さんの姿はそこで見たことはないんだけども、しばらくして娘さんは神戸に行ったのか、小島さん独りになった。


そのうちに、小島さんが前以上に酒びたりになってきて、痛風とか腰痛とか、前からよくなかった身体の具合がどうしようもなくなってきたので、小島さんのお姉さんの計らいで、北海道の千歳にある知り合いの病院に入院させようということになったんです」

「私は一週間ぐらいかけていろんな人に声をかけて、片付けを手伝ってもらったんだけど、小島さんは酒瓶に囲まれて、せんべい布団一枚で、自分はもう起き上がれない状態だった。鞄が近くにあって、そこからいろんなものを出しながら、来た人間に『おお、何とかちゃん。そこのあれ、全部持ってってていいよ』とか、形見分けみたいなことをしてた。私にも、しゃれたガラスの花びんや小物類、バカラの酒びん、ラディックの灰皿と煙草ケースのセットなんかを持ちきれないほどくれた。あとは神戸のイトウ・マンションの窓辺に飾られていて、きれいだな、って私も憶えてたんだけど、最後の最後まで大事にしていたふくろうのランプを『これはカツさん（片庭瑞穂氏）にあげる』って言ってね。小島さん、片庭さんのことを、俺が一生めんどうみる、って言ってたことがあるくらい大事にしていましたから。

いろんなものを部屋から出して片付けたなかで、一番大変だったのは冷蔵庫。電気を止められて何週間か経ってたみたいで、中身が腐り放題になって、すごい臭いがしていたのを全部出して、三人がかりで毛布でずるずる引っぱり出して、エレヴェーターに乗っけて、それだけは頑張りましたね。それで千歳に行く前にあと一週間どこかにあずけなきゃいけなくなって、宮崎ノブヲっていう、元々自主映画を撮っていて、今は新宿二丁目で中華料理屋をやっている人の家に連れて行ったんです。子供もいるから迷惑してるだろうと思って、様子を見に行ったら、『いやあ、ノボちゃんはメシ作るのが上手くて』とかなんとか言いながら、楽しそうにしてた。昼間からビールを呑みながらね。それで一週間後に車で迎えに行って、羽田まで運んだんです。でも『チケットも何もないんだよ。女房が来るはずなんや』って言う。そのうち奥さんと娘さんが現れて、頑張ってらっしゃいよ、ってチケットを渡した」

「今生の別れという感がありますね」

「私の方にはあったんだけどね。病院から出て来れないんじゃないか、っていう感じがあったから。私は、これで小島素治という名前が世の中から消えたと思ったんですよね。そしたら、いつの間にか退院して京都に戻ってたんです。

電話がね、そういえばコレクトコールでかかってきた（笑）。それは何回もかかってきた。『カネ送れ』とか、なんだかんだで話をして。その後に小島さん、ここに来たんです」

54.

《渚珠子　様

少し落ち付きました。放浪《デラシネ》と旅とは違うのです。ホテルの一室に閉じコモッテ、闇《ヤミ》の中でテレビを観ています。色々と考えさせられる事が沢山あります。気持は「動け」と拍車を掛けているのですが、まあ、むずかしい事もあるのです。

千歳に入院させてもらった時に考える事が幾つかありました。時間があったのです。ね。入院するということが初めての経験だった事もあって、色々と判る事がありました。病院で、本気でカ、ウ、ン、セ、リ、ン、グの仕事を考えたのです。唯の相談係みたいなものなのですが。心の病気と言ってしまえば、簡単なものですが、人は傷を負って、いても、それだけ、とは。

まあ、そんな気持を経験させて頂きました。それが千歳で学んだことです。いま、その事は考えています。手仕事としての具体的なことにも努力はしています。二足のワラジなのです。(中略)

広告関係とかジャーナリズムとか、それは何時だって出来るのです。が、やはり、もう一ツか、二ツ、別のテーマ（僕のなかで）を追っかけるつもりです。シナリオの事も残っているのですが。

資生堂の二時間番組「名取洋之助」のモダニズム。

石原裕次郎さんに捧げる。

先にお伝えした「ひとのこと」それを学ぶために、あれコレ、心理学の本を読んでいます。高齢化社会の事も含めて。なんてったって、心理学を専攻していたんだから。大学では。ヤッテヤロージャないか。　素治》

＊

小島氏の常宿であったフェアモントホテルの便箋を使った実姉・木田渚珠子さんへの手紙から、城も家も失い落ち武者となった小島氏が、自己を見つめなおし、懸命に再起を図ろうとしている姿が見えてくる。《心の病気と言ってしまえば、簡単なものですが、人は傷を負って、いても、それだけ、とは。》という切れ切れの独白が痛ましいが、「カウンセリング」「高齢化社会」「ひとのこと」などのキーワードは、個人的な「痛み」の治癒だけでなく、かつて見られなかった社会福祉活動への志向、奉仕精神の芽生えを示唆して心境の変化が窺える。

小島氏があたためていた二つのシナリオのうち、石原裕次郎のものは、九八年の三月、四月と木田さんに送った別の手紙でも構想を披露している。

《キャサリン・ヘップバーンとヘンリー・フォンダの『黄昏』のような美しい映画の年老いて行く男と女の物語を書いてみたいのです。裕次郎さんは、その企画にコダワッタみたいです。専務と渡哲也さんの話では。》

《ガールフレンドが土産にとスリランカを旅した、紅茶を送ります。なんだか、とてもいいものだそうです。別便で。競走馬が好きな女性で、お互いに感じるものがあるのです。恋なのでしょうか。違いますね。いま、シナリオのことは懸命に考えています。例の石原プロの年老いてゆく男と女のエロティックな生き方を書きたいのです。舞台は東京―小樽―カナダを考えています。》

石原プロモーションとの縁をもう一度形にしたいという思いが切々と伝わってくる一方、この頃京都に親しい女性がいたことを匂わせる記述に秘められたドラマを感じる。

もうひとつ、名取洋之助の名を小島氏が挙げている事実は、小島氏が名取にインスパイアされたのではないかという個人的な仮説を裏付ける重要な発見だった。

一九三〇年代、日本では未開の分野だった『LIFE』のようなフォト・ジャーナリズムと、留学先のドイツで身につけたバウハウスの思想に基づくグラフィック・アートのモダニズムとの融合を目指し、日本初の報道写真とデザインの制作プロダクション「日本工房」を結成した名取は、戦前・戦中の激動のさなか、自ら編集長／アート・ディレクター／写真家の一人三役を兼ねて伝説の豪華版・対外文化宣伝グラフ季刊誌『NIPPON』を創刊、山名文夫、河野鷹思、亀倉雄策、土門拳ら精鋭中の精鋭を束ね、「雑誌一冊作って、清算してみたら、家が一軒なくなっていた」と語り草になるほどの情熱と生家の資産をも注ぎ込んだ。

大阪明生病院でインタヴューした際、小島氏は「グラフィックに凝った雑誌を読みたい」「カメラマンを大事にしたい」「でも読むよりは創りたい。いらいらするから」と言った。名取が終戦からわずか二年後に創刊した『週刊サンニュース』で挑んだ「日本の『LIFE』を創りたい」という見果てぬ夢。無理を重ねて借金をしても美食はやめない、坊ちゃん育ちの「わがままいっぱい」な生き方。小島氏にとって、名取洋之助は良くも悪くも〝大先輩〟、密かな指標だったように思えてならない（藤沢健二氏によれば、ある時何気なく名取の名前を口にした途端、「なんで知ってるんや!?」と詰問に近い反応が返ってきたという）。『ＳＵＢ』二号で、なぜビートルズに草野心平なのか、小島氏にその真意を訊けなかったのが残念だが（両者を繋いだのは、おそらく『ぶっく・れびゅう』以来の寄稿者で草野が主宰する詩誌『歴程』同人の辻まことだろう）、日中戦争を背景にした草野と名取のつながりさえも、『ＳＵＢ』の地下水脈に見えてくるのだ。

もしも小島氏の人生に、名取における小林勇（岩波書店）のような名伯楽、良きスポンサーとの出会いが用意されていたら、名取の後半生を実りあるものにした「岩波写真文庫」のようなヒットを小島氏が飛ばさなかったとも限らない――それもまた夢想に過ぎないのだろうか？

北海道千歳市の病院を退院した九四年の夏以降、小島氏は京都の岡崎、藤の森と移り住むが、いずれも家賃を滞納して長くは居られず、ある人の好意で約八ヵ月間神戸のホテルに逗留して以降は、終夜営業のサウナや友人宅で雨露をしのぎながら、やむを得ない場合は野宿もするという、四年間に及ぶ放浪の日々を送った。関西の心あたりが一巡してしまうと、今度は東京に出て縁のある人たちを訪ね、無心をしては断られていたようだ。

小岩の茶舗ふじさわ園のオーナー、藤沢健二氏は、地元のソウルバー〈ＳＴＯＭＰ〉で最後に小島氏と会った時、「去っていく歩調がものすごく小刻みでよぼよぼの歩き方なのを見て」胸を衝かれたという。そんな苦境のなかで、神尾氏のマンションは、小島氏にとって、まさにアサイラム（保護施設）となった。

「小島さんから、とにかく二、三日泊めてもらっていいかな、って電話があって、『ちょっと厄介になるわ』っていう感じでここに来たんです。そしたら二、三日が一ヵ月になり、三ヵ月になりという感じで

（笑）。こっちから出て行ってくださいとは言わなかった。変な言い方だけど苦にならないし、あれを食いたいこれを食いたいと我がままを言うわけでもない。ともかく煙草を吸って、酒を呑んでいられればいいという感じだったし。居候としてはマナーを守ってた、というか、最小限の迷惑しかかけない、というのを守ってました。結局、八ヵ月居ついちゃいましたけど、毎日そういう生活で、楽しかったですけどね。日曜なんか、朝からテレビで競馬とか観てる。一時くらいに私が起きてきたりすると、『神尾〜、ここに一万円置いてあったら、それが十万円になったぞ』。予想が当たったって。『そうですか』って、後日五千円くらいテーブルに置いといたら、『神尾〜、駄目だった』って（笑）。

出て行ってもらった理由も、子供が留学先のアメリカから一時帰ってくると言うんで、前々から『その時は出て行ってくださいね』って念を押していて、小島さんも『わかった、わかった』って言ってたから。そしたら、皇居の隣にある、もうなくなっちゃたホテル（フェアモントホテル）に泊まるって言い出してね。『神尾、カードで先にチェックしといてくれ。二日だけだから』って言われて、三日目に電話したら、まだ部屋に居たからびっくりして、『小島さん、もう出てってくださいよ』って頼んだら、やっと『わかった』って、その次の日に出て行った。結局四日分、計八万円くらいはかかったかな。その後はたまに電話が来たり、手紙が来たりして、それが最後かな……いや、その先がまだあるんだよな」

「その先を聞かせてください」

「子供が帰って来て一、二ヵ月したら、またアメリカに戻ったんですよ。その前に、小島さんとの生活は何だったのかなって考えながら、あれはやっぱり常識を越えたような生活だったな、という感じが自分のなかであった時に、小島さんがなぜか知らないけど、フラフラッと帰ってきちゃったんです。その時私が、『もう泊める気はないんで、他へ行ってください』って頑強に言ったら、『そう言われても行くトコねえんだよ。二、三日泊めてくれよ』って……。

私は心を鬼にして、『小島さん、前に言ってたじゃないですか。迷惑かけるつもりはないから、もし居てほしくなかったら、いつでも言ってくれ。そしたらいつでも出て行くからって、そう言ってたじゃないですか』って言ったんです。小島さんは『そうは言っても、行くとこがない』とかぼそぼそ言いながら、何時間か部屋にいた後、小島さんが芳賀（一洋）さんに電話したんです。芳賀さんが外人向けの小さな貸しアパートを持っていて、たまたま一部屋空いてるから、次に入る人が来るまでの二、三日だったらいいよ、って言ってくれてね。

その後、芳賀さんに様子を尋ねたら、『いやあ、まだ居るんだよな、困っちゃうんだよなあ。次に入る人間がもう明日来るのに、小島さんが出て行かないんだよなあ』って。それでビールと缶詰か何かを持って、芳賀さんと様子を見に行った。引っ越し前だから、がらんどうなわけですよね。たぶん、小島さんにとって、あれは一番つらい一夜だったんじゃないかな。また私のところで酒呑みながら、テレビ観ながら生活できると思っていたのが断られて、三畳ぐらいの狭い何もない部屋で凍えながら。

それから一、二年経った頃に、大阪の検事から電話があった。『小島素治という人が、今年の春か夏頃にあなたから何万円もらって京都に帰った、と言ってるけれども本当ですか』。『いや、うちにいたのは本当ですけど、それはもう一年も二年も前の話ですよ、どうしたんですか』って訊いたら、『いや、たいしたことはないんだけど、悪いことをしました』と。

小島さんがこの部屋を出た後にかけてきた電話のなかで、『自分の鞄のなかにはチャカ（ピストル）が入ってるんだ。どういう生活をしているかわかるか』とか、馬鹿なことを言ってたから、何をしたのか気になってね。小島さん、最後は鞄ひとつだったから。ガバッと開けるとがま口状になる、なかなか立派な鞄。昔は文学だとか音楽だとか言ってた人が、出刃包丁持ってるとか、ピストルがどうだとか口走るようになって。どうしてそうなっちゃったのか。自分はいい人生を送ってきた、っていつも言っていたんだけどね」

「ぼくにもそうおっしゃっていました。なんの後悔もないと」

神尾氏は声の低い、繊細な人だった。自身の口で言うよりもっと迷惑をかけられたことは想像がつくけれど、小島氏のことを語る口調は優しく、時々思い出し笑いをしながら、しんどい場面では顔を曇らせた。

小島氏が現実にピストルを持ち歩いていたとは思えない。だが、逮捕されたのは事実なのだ。

55.

神尾氏が初めて小島氏のことを見知ったのは、まだ二十三、四歳の頃、吉田大朋氏のアシスタントをしていた時だという。

「小島さんが大朋事務所を訪ねて来たんです。何しに来たのかよくわからないけど、なんだか随分暗い人だな、っていう印象があった。あとで気がついたんですが、それは『SUB』の最後のでっかい号に載せる写真を提供してください、という依頼をしに来たみたいでした。うちの師匠と小島さんの間では、その前にも（『ＳＵＢ』五号に掲載された）ウォーホルの手とか、同じようなやりとりがあったんでしょうけども、初対面ではないのに、すごく丁重でほとんど喋らないような感じだったから、あまり印象がなかった」

その後、吉田氏が再び渡仏する際に、事務所をそのまま使っていいから独立するように指示され、三人いたアシスタントのうち、神尾氏と堤（一朗）氏がしばらく共同で事務所をやっていた時、場所をシェアした知人たちのなかに、小島氏もいた。その頃ちょうど東京に拠点がない時期で、月に何度かそこに顔を出しては、電話魔ぶりを発揮していたようだ。

事務所をシェアしたメンバーには他にビートルズの訳詞などで知られる落流鳥《おちるとり》（『ＳＵＢ』にビートルズの原稿を寄せている鳥居幹雄の別名）、同じく訳詞家の山本安見らがいたが、当時山本氏と東芝ＥＭＩのディレクター・三好伸一氏の夫妻が住んでいた、吉祥寺と三鷹の間、成蹊大学の裏手にあった米軍関係のフラットハウスを小島氏が気に入り、その三、四軒先の一軒を借りて、東京での住まいとした。

「私は一年間事務所をやって、それが立ち行かなくなって、小島さんが別に自分の事務所を作るというので、青山の紀ノ国屋の裏の今はもうない小さいビルに事務所を借りたんです。その時堤が大朋事務所をやめて、小島さんにくっついて行った。私は自分で事務所をやってもうまくいかないんで、師匠筋のデザイン会社の社長に声をかけられて、そこの社員になったんです。

小島さんは、その後すぐに神宮前のスタディアムに移って、そこに堤も一緒に移って、私は小島さんとはしばらく交流がなかった。それがある時、私が入った会社の社長に会いたいと言って来たから、会わせたことがあるんだけど、その後社長に『どうでした？』って訊いたら、『うん、あの人は悪人だね』って（笑）。

その先を突っ込んで訊けなかったんだけどね。何か商売の話を持ちかけたのかわからないけど。そこはうちの師匠とか稲越（功一）さんとかいろんなカメラマンと付き合いがある、主に西武の仕事をやっていたデザイン事務所で、アート・ディレクターが社長なんです。私はそこのスタッフ・カメラマンをあと三年ぐらいやってました。

堤はそのまま小島さんのところにずっといて、何かの拍子に突然辞めたと聞いて、私の周りでもけっこう波紋が広がった。小島さんも落ち込んでるっていうから、慰めに行ったら、誰かに助けを求めてたのか知らないけど、それからまた小島さんと付き合うようになったんだよね」

「神尾さんを通じて吉田大朋さんにインタヴューを申し込みましたが、NGでした。やはり小島さんのことは、あまりよく思っていないということでしょうか」

「インタヴューを受けても、いい話が出てこないから、と言われた。まあ、小島さんが思ってるほどには、あんまり気にしてなかったということかもしれない」

「小島さんの片思いだったんですかね。でも『ドレッサージ』を見ると、大朋さんにかなり傾倒している様子が窺えます。大朋さんの特集もあったし、常盤新平さんとの対談を組んだりもしていて。そこでは雑誌論がテーマでした」

「でも大朋さんは、思い出したとしても悪いことしか言えないかもしれないと。みんなだいたいそうみたいですね。自分のことを良いふうに扱ってくれる時はいいけれども……っていう。そういう意味では、小島さんは人がよかったんでしょうね」

「落ちぶれ出すと人は一斉に離れていく、といいますから」

「それは落ちぶれる前に、自分で言ってましたね。でも、私の今の人脈の三分の一は小島人脈。そう思うとやっぱり感謝の気持ちはあります。そういえば横尾（忠則）さんはどうなりました？」

「インタヴューは断られました。理由は、たぶん大朋さんと同じでしょう」

＊

神尾氏に「この部屋は小島さんが居た時と変わらない感じですか？」と尋ねると、「ええとね、ソファーがなかった。向こうのテーブルでメシ作ったりしてて、小島さんはこの部屋の絨毯の上にせんべい布団一枚敷いて寝てました。頭は窓の方に向けてたかな。酒瓶は脇にあった気がする」と、身振り手振りで教えてくれた。

「こちらで小島さんが呑んでいたお酒は、ウィスキーだけですか？」

「ウィスキーばっかりですね。セブン-イレブンの向かい側の裏に山本酒屋っていうのがあって、そこの御主人はビルのオーナーで、あんまり酒で儲けなくてもいいみたいで、けっこう安値なんです。そこではバーボンの類を買って、駅に行く途中の別の酒屋では〈ティーチャーズ〉っていうスコッチか何かの瓶が九百いくらで買えたから、それを自分で買っては、毎日一本ずつ。『神尾、千円くれ』って言って。私が寝ていて、ちょっと遅くなって午後過ぎに起きてくると、ほとんど呑み終わってたからね。そうなると、何かちょっともじもじして（笑）。いや、一日一本じゃ足りなかったからもっと呑む、ということはなくて、そういう割り当てだったのか、一日一本を守ってた」

「小島さんのお酒って、どういう性質の呑み方だったのか、よく考えるんです。例えば、呑んでいる間だけは鬱屈を忘れられる、というような酒の呑み方をする人もいるし、酒を呑むと楽しくなるから飲むという陽気な酒もあるし」

「陽気な方じゃないですか。呑んでるとだんだん声が大きくなってきて、豪快になっていく。逆に酒が呑めなくなって、ここでもそうでしたけどね、朝呑む酒が夜中のうちになくなっちゃうと、じとーっとしてる。仕事をしていた頃も、酒が呑めないところで打ち合わせがあったり、仕事が長くなったりすると、つらい感じだったみたいですね」

「アルコール中毒ということでしょうか」

「わからないけど、人によるんじゃないですか。中毒と依存症は違うらしい。だから小島さんの場合は依存症だったんじゃないかな。アル中っていうのはもっとすごくて、呑んだ途端に、一瞬のうちに人格が変わってしまうんだって」

「小島さんの場合はそういう感じではなくて、元気が出てくるんですよね？」

「そうですね。朗らかになって、鷹揚になって」

「素面では内気で、酒を呑むと元気が出てきて、活発になる」

「そんな感じがしましたね。酒を呑まない時に話をしていても、途中で話がサーフィンしちゃうんだよね（笑）。話題がいつの間にか別のところに行っちゃって」

小島氏のお気に入り映画『ロング・グッドバイ』『さらば愛しき女よ』の原作者、レイモンド・チャンドラーは、一時自らの健康を危険にさらすほどの病的な酒呑みだった。

《彼はその病いを意志の力で克服したのだが、彼が言うには、アルコールは彼にほかのものでは代替の利かないエネルギーと自信を与えてくれるので、彼の場合、絶対禁酒というのはことのほか大変なことだったらしい。しかしそこからが話の核心だった。彼はスタジオ内で素面で『青い戦慄』（註：チャンドラーが書き下ろしたオリジナル脚本）を完成させることはできないし、またそれはもうしたくないと繰り返したあと、しかし家で酔っぱらってなら完成させる自信がある、と明言したのだった》（ジョン・ハウスマン「失われた二週間」）

チャンドラーは元アル中の常として、大変な皮肉屋だったという。小島氏もシャレはきつかったようだ。おそらくは幻滅から来るシニシズム。卑しい街をゆく孤独な騎士として、チャンドラーが己の理想を託した主人公、私立探偵フィリップ・マーロウは『長いお別れ』のなかで、心を許した酔漢テリー・レノックスに「飲むのなら自尊心を忘れないようにして飲みたまえ」と言った。小島氏は、チャンドラーのように自分の意思で禁酒することはできなかった。それでも正気を保っている時は、自分で決めたルールを遵守するハードボイルドな酒呑みではあったのだ。

「小島さん、『ロング・グッドバイ』（七三年・米／ロバート・アルトマン監督）を観ていない人間とは口もききたくない、っていうぐらいの感じで、堤（一朗）は大船の映画館まで観に行かされた（笑）。私も観ました」

神尾氏から、奇妙な話を一つ聞いた。三鷹の住まいが区画整理のため立ち退きになった時、小島氏は最後までねばって、一千万ないし二千万単位の立ち退き料を得た。

「その時借金を返すわけでもなく、あとで聞いてすごいなと思ったのが、国民年金を自分の分、奥さんの分、娘の分と、一度に生涯分を払ったというんです。いろんな人に訊いてみたけど、『三人の生涯分がそんな額で済むわけないから、それはあり得ないだろう』と言われた。でも国民年金の話は、私に面と向かって言ってましたからね。本当はどうなのかな……払おうと思えば払える気がするし」

その話自体は冗談《ジョーク》としか思えなかった。だが、いざという時保険をかけておきたいという〝綱渡り人生〟を渡る者の心理、どう転んでも誰かに迷惑をかけるのが人生というものなら、せめて妻子だけは守りたいという気持ちが、小島氏のなかにあったことだけは真実だろう。

「一時期は奥さんと娘さんをフランスに遊学させていた時があったそうですね」

「そういえば奥さんがフランス語を習いに行くと聞いたことがある。家族については、お金のこともちゃんとしていたんじゃないですか」

木田渚珠子さんから見せていただいた写真のなかに、顔立ちに小島氏の面影をたしかに宿している小学生くらいの娘さんと、小島氏が一緒に写っている一枚があった。パリでバレエを習わせていた娘さんのことを、小島氏は文字通り目のなかに入れても痛くないほど可愛がっていたという。

＊

インタヴューの終わりに、神尾氏はふと気になることを呟いた。

「私には小島さんの、俺はこうなんだ、という核心が見えなかったんです。例えば、『写真はメイプルソープがいい』って言うから、『じゃあ、メイプルソープの何がいいんですか』って会話していても、突きつめた答えは出てこない。それがいつももどかしかったところはありましたね。物事をとことん突きつめて、根っこをつかんでいる人ではなかったんじゃないか、でもいろんな知識があって、それで話がうまく回転していくようなタイプかな……と、私はずっとそんなふうに思っていたんです。

でも一回ね、小島さんが見せてくれた、昔、誰かと対談した時の記事を見たら、すごい抽象的な言葉が並んでて、こういう言葉を持っている人なんだ！と思って、驚いたことがある。近頃しゃべっている感じとは違う、もっと観念的な感じの言葉。それはかなり若い頃じゃないですかね。そういえば小島さんは、私が憧れていた高橋和巳と仕事をしたことがあるんですよね。生身の高橋和巳と会って、原稿をもらったのを知って、びっくりした。私は難しい漢字も高橋和巳の本を読んで覚えたぐらいで、大江（健三郎）より鋭いと思ってる。特に論文集がいい。一番好きなのは『捨子物語』ですけど、『悲の器』も『憂鬱なる党派』も全部読んでます。憧れの人と握手したことがある人の手を握るような感覚で、小島さんを大事にしたところはあったかもしれない」

これまでに確認できたインタヴューや対談のなかで、小島氏の語り口は決して言語明瞭とは言えなかった。むしろ言葉で言うのがもどかしくてしかたがないように見えた。時には性急で、論理は飛躍していたけれど、それでも感覚は常に冴えているように思えた。

実際に会えた時、癌と闘っていた小島氏の舌はもつれ、しゃべることそのものが大変そうだったけれど、時折ハッとするような閃きを感じさせてくれた。「好きな写真家は？」と訊くと、ローレンス・サックマン、ギイ・ブールダン、ヘルムート・ニュートンときて、「ニュートンの天地二メートルくらいの写真集あるやろ。あれ一冊あったら、ちょっとした喫茶店が開けるな。京都の丸善で見たことある」と、その一言だけでイメージがパッとふくらんだのを憶えている（二〇〇〇年に出たニュートンの『ＳＵＭＯ』は世界最大の写真集だが、さすがに天地一メートル弱だろう）。

神尾氏が例に挙げたロバート・メイプルソープについても、渡邊仁氏や芳賀一洋氏らに京都伏見拘置所から書き送った手紙のなかで、彼の写真の本質は「聖なるものと邪悪なるものとの拮抗を表す〈境界《エッジ》〉にある」とするパトリシア・モリズローの言葉を引用し、それを自分に引き寄せてつかまえている。

酒に溺れ、感覚を麻痺させてしまった晩年の小島氏が、冴えていた時の「自分」を取り戻すためには、まず「国」、次いで「癌」という「闘う相手」が必要だったのだ。

フール・オン・ザ・ヒル

56.

《「俺だよ《セ・モア》」。

台風が近づいているのか、外は強い雨と風で少し騒々しい。下したブラインド越しに差し込む街の明りを頼りに、明日のＴＶ番組をガイドブックで調べている。午前ゼロ時を廻った処だ。

先程まではクリント・イーストウッド監督・主演の映画『トゥルー・クライム』を愉しんで、いまも、その余韻に浸っている。ラスト・シーンでカー・ラジオから流れるジャズの気懈《だる》い音色が一層の心地良さを誘った。ブラインド越しの光《あかり》、荒れ模様の雨と風、気懈いジャズが聴えて、これは、もう、ちょっとしたハードボイルドの演出なのだ。ロバート・ミッチャム主演の『さらば愛しき女よ《フェアウェル・マイ・ラブリー》』（レイモンド・チャンドラー作）を思い出した。どちらもジャズの似合う役者だと思う。そしてどちらも、私の贔屓スターなのです。『トゥルー・クライム』はアメリカン正義が息衝いていて中々面白かったよ。観ましたか？

そう言えば、クリント・イーストウッドはどっかの州の知事になったのではなかったのかな。

癌の症状は進行を止めるのが精一杯で、完治の見込み、希むのは恐らく困難な事だと思います。不快感を避けたいので、自らの肉体に色々と工夫して、彼れ此れと努力を重ねています。まるで猫がペロペロと毛並を整えてるようで独り苦笑しています。まあ、いまの処は、元気そのものの日常を過していますす。多種類の投薬剤を使用するのはいいんだが、副作用が出るので、自分で調整するプランを立てている訳です。

外の世界から遠ざかって、時間を静かに停め、発想の視軸を俯瞰していると、結構、諸々の事象が顕えて来るので、次の仕掛けのイメージの予備軍として、日々丁寧に一ツ一ツ、スケジュールを熟していきます。

消燈の後はラジオ（FM）をイヤホーンで、君が言っていたNHKの深夜便も毎日のように聴いています。日替りでジャズやロックやetcが有り、番組としては良い企画になっているので快い気分にしてくれます。君もきっと深夜の創作の励みのひとつになっているのでしょうね。芸術は体力なのだ。

例の七〇年代の雑誌を調べている人の事ですが、私の現役時代の事だけに、伝えておきたい話は沢山有ります。その人が幾つくらいで、どの様なフィールドの人かは知りませんが、興味がおありの様でしたら、直接連絡を下さるように、とお伝え下さい。私の時代を嗅ぐ動物的交感からしてみると、六〇〜七〇年代に関心を持っているこの御仁《ごじん》に、私もまた興味が有ります。犬の交感神経というヤツです。仏国でのヌーベル・バーグ、ヌーボー・ロマン、英国のアングリー・ヤングマン、米国のビートニックなど、世界（六〇〜七〇年代）は今とは状況は少し異なりますが、新しい思潮の芽ばえという意味では、今はどこか似ています。個人が志す創造の資質は異なるものの、エネルギーのヴェクトルは其方《そちら》の方向を向いている様な気がします。地球を取り巻く環境（特にテクノロジーの分野において）

が変ったという意味での〈異なり〉です。技術的に急速に発展した地球環境と人間の関係が、少しばかり以前よりは希薄になりつつあるという事で、一般人にとっては生きる上でキャパを超えているといった意味です。各々の創造的精神に集中するのが困難な時代に入っているから、私は思い考えるからです。時代の舞台は変っても、何か〈爆発ダ！〉のキッカケを人は待っている気配を嗅いでいるからです。思い上った自惚れですかネ。

時に君はどちらを向いていますか。新しいアイディアが生まれたら、また、知らせて下さい。ソレ！　元気で、いずれ。

P.S.　ノーマン・メイラーの『大統領のための白書』『ぼく自身のための広告』（上・下）が探せる様でしたら、見つけて下さい。インターネットのホームページででも。いずれも今から三十年位前に出版されたもので、文庫は有りません。版元は新潮社です。》

＊

『SUB』編集長・小島素治氏が帰らぬ人となったのは、二〇〇三年十月五日、享年六十二。大阪・明生病院の個室でインタヴューが実現してからわずか三週間。愛娘との涙の再会を果たした後、最後の一週間はほとんど意識不明だったという。本人には伝えなかったが、八月には「あと一ヵ月」と診断されていたと後で知った。

立体画家・芳賀一洋氏に宛てた先の手紙にあった「交感神経」を英訳すると〝the sympathetic nerve〟――nerveには気力・体力・勇気などの意味もある。最後の力を奮い起こして、共鳴し得る誰かが来るのを、小島氏は待っていてくれたのだ。

「拘留されるにあたって何があったのか、伺うことは不躾ですか」

九月十四日に病室を再訪した時、三日前のインタヴューでは教えてもらえなかった最大の謎、逮捕拘留の理由について思い切って尋ねた。

「国を相手に三年間も闘っていらしたのですか」

「闘ってたよ。今でも闘う。入院するまでは二年やけどな。症状が出てきたんがニューヨーク・テロが起きた年や。だから二年とちょっとや。二〇〇一年の六月くらいから身体の状態、悪かったから。テロは九月でしょ。その七、八年前に腰を悪くして北海道で入院したの。東京では入院できなくて、住む所もないし。北海道に知り合いがいて千歳の病院に入れてくれた。健康ほど有り難いものはないと皆言うけど、確かにわかるわ。俺はTシャツのタグすら重たい、人間はなんで酒で動かへんのや、なんてむちゃくちゃ言うて、酒だけで飯も食わんとずーっとやってきたろ。この様や。後悔はしてないけど、全然。ただ明らかにこういう症状が出てくると、しんどいな思うな。祟りやな」

「北海道での入院生活は長かったのですか？」

「いや、三ヵ月くらいやった。それから一年だけ東京にいたね。神尾くんというカメラマンの友達の家に居候してた」

九三年のスタディアム倒産後、吉祥寺から引っ越した西日暮里のマンションを家賃滞納で追われ住居を失くしてから、北海道〜京都〜仙台〜東京と友人・知人のつてを頼りに宿を転々としながらのその日暮らしは、長年に渡る不摂生と併せ、小島氏の健康を確実に蝕んでいた。実姉の木田渚珠子さん、義兄の木田茂之氏をはじめ、東京における最大の保護者とも言うべき朗文堂の片塩夫妻、宿無しの小島氏を自宅に八ヵ月間逗留させた最後の創刊誌『ギャロップ』のスタッフカメラマン・神尾幸一氏、神尾氏と共に小島氏のマンション撤収を手伝い自宅に泊めた新宿の中華料理店「東京《とんきん》」の店主・宮崎のぶを氏、小島氏に兄事し献身的に世話した京都の写真家・矢鳴裕見雄氏、『ドレッサージ』以来の寄稿家でジャン・コクトー研究家の藤沢健二氏ら数多くの人たちの、再起を願う精一杯の好意が、小島氏の漂泊を辛うじて支えてきた。

「国に対して何が一番納得いかないのですか」

「先ず取り調べやね。迂闊やったな俺が。警察っていうのはホンマ悪い所やねん。アカンわ。取り調べも、してないことをしたように言うねん。お前いい加減に吐けや、と言うわけや。吐けや吐けやと言われても吐きようがないわけや。それを乱暴にな、手首抑えてな、手を広げて指印をするわけや、計算したら（刑期は）一年ちょっとやと。そんならもうええわ、わかりました、ってなるやん。これはもう最終的な調書になりますけど良いんですね？っていう駄目押しがなかったわけ。そういう事情聴取が納得いかへん。上告までしてるんやで」

「その容疑というのは何だったんですか？」

「万引きや」

思いもかけない言葉だった。

「本屋でな、そこにレジがあったとするやん。ドアを挟んでな、表の離れた所に腰掛けがあったん。そこに座って本を見てたの。本屋の本や。そしたらウォーって店員が来て、これはウチの本ですね言うから、ちょっと見せてもろうてたんやと。そうですか、ちょっと奥まで入ってもらえますか、と言われて。警察を呼ぶ言うから、呼んでくださいと。そこで何で謝らへんのやっていうことや。酒で痛み止めしてたから面倒臭いわけや。朝の十時頃にボトル半分空いてるんやで」

「それは足が痛いから、アルコールで……」

「そう、騙してたん。で、警察来るまで俺は寝てたんや。朝四時まで起きてたから。それでまた態度が悪い、ってなってん。警察の階段上るまでは覚えてたん。酔うてるから楽勝で捕まってるさかい。俺が言ったのはな、万引きする気も何もあらへんと。家に金も持っとると。それでも邪魔臭そうな言い方やと。それにワシ飲んでるやん。そしたら初めの頃は俺が酒を飲んでた言いよるんがな、いつの間にか飲んでないみたいなことになっとるわけや、知らん間に。それは絶対おかしい。それが俺が迂闊に指印したということで全部引っくり返る。拘置所を出る時にな、担当刑事が立場悪そうな様子を見せとった。悪いとは思っとるんやな、多少は」

「向こうが小島さんに対してばつが悪いと?」

「俺が裁判所に対して申請したやろ。書類来そうな話やろ、けえへんわ。何でか知ってるか？　先ずはな、事実をもう一回確認しろ言うわけや。こらあかんわ。それは明らかに窃盗であることを認めることになるぞ、と言いよる。で、認めないと言うよりは認めたと言う方が心証的には良いわけや。アホ言うなって。（証拠品の）ビデオがあるいうことを調書を取る時俺に知らさないで、見せようとしなかったのも事実や」

堰を切ったようにまくし立てる小島氏の言い分を信じたかった。しかし書店での行動を聞く限りでは、疑われるのも無理はなかった。

57.

〇二年三月十九日、京都地方裁判所が小島氏に下した有罪判決は、懲役一年二月という厳しいものであった。弁護人は、京都市丸太町の書店において小島氏が窃取したとされる書籍四冊（計一万五百円相当）について、被告人への占有移転がないこと、窃盗の故意及び不法領得の意思がないことから被告人の無罪を主張したが、裁判官の判定は取り付く島もなかった。「被告人は、本件書籍を店外に持ち出すことを店員に断らなかった理由を説明できないこと、返そうと思った本件書籍を手提げ袋に入れた理由について、手に持っていてばらばらになると具合が悪いと言うのみで合理的に説明していないこと、店内に戻った後、本件書籍を棚に戻さなかった点について質問されると、意識が切れた、記憶がないなどという説明に終始していることなど、被告人の供述する内容は極めて不自然かつ不合理である。また、捜査段階において、被告人が、犯行を認める旨の供述調書に署名指印をした理由についても合理的に説明していない。これらの諸点に照らせば、被告人の公判廷供述は、到底信用することができない」

小島氏に言わせれば「捏造された調書の合理性を私に問うのは無理である。初めから不公正なでっちあげ調書を作為的に作成しているのであって、作為に荷担していない私に合理性を説く根拠はない」

——もはや水掛け論である。

判決の際、裁判官に「被告人は、書籍を脇に抱えたまま店外に運び出して窃取しており、その態様は大胆で悪質である。また、被害品の価額も判示のとおり多額である。被告人の刑事責任は重いものである」と決めつけられたのは、おそらく「被告人は、平成十二年十月二十七日、同種手口による窃盗罪で懲役十月・執行猶予三年に処せられたにもかかわらず、そのわずか半年後に再び本件犯行に及んでおり、被告人のこの種事犯に対する常習性が認められる」「さらに、被告人は公判廷において、不自然な弁解に終始し反省の態度が見られない」と見なされたからに相違なかった。

小島氏は、事実誤認と量刑不当を理由に大阪高等裁判所に控訴したが、〇二年九月十九日の判決は第一審判決を維持して控訴を棄却。これを不服として小島氏は、〇三年一月二十一日、最高裁判所に上告趣意書を提出、「原判決は判決に影響を及ぼすべき重大な事実誤認があり、これを破棄しなければ著しく正義に反すると認むべき事由がある」と主張した。

《一．被告人の当日の行動は、午前十時ころ京都市内の宿泊所であったサウナ・オーロラを出発し、食品店の明治屋を経て、セブンイレブン店で缶入りのバーボンウイスキー二缶とサントリーウイスキーを購入し、川端通りの公園通りに至り、同所でウイスキーを飲み一杯機嫌で丸太通りから本件書店を訪れた。なお、本件書店を訪れるのは初めてであった。

二．被告人は本件書店に入り、やや奥まった場所にある書棚からシリーズ物の「ローマ人の物語」を手に取り、立ち読みを始めたが、酔っておりまた持病の痛風と腰痛の痛みが激しく、膝から下が殆ど麻痺状態であったため、四冊（厚さにして約八センチメートル）を右脇に抱え、店先で読もうと店の出入口の外約五メートルの場所にある花壇に腰かけた。

ここで奇妙にも被告人はその場から立ち去るならばともかく、被告人は書籍四冊を手持ちの自らの布製バッグに入れ再び店内に入り元の書籍の場所に来ている。思うに被告人が元の書籍の場所に来たことは書籍を返そうと思った以外に考えられないことである。

被告人は再び書籍をバッグに入れたままこれを読むため花壇に座ったが、店主がバッグの中に店の書籍が入っているのを発見して警察に通報し現行犯逮捕に至ったものであって、被告人が再び花壇に座っていた時間は僅か四、五分間の出来事であった。

以上の経緯を全体的に考察するならば、被告人には窃盗の犯意はなかったものといえる。

また、刑の量定も甚だしく不当である。本件書籍四冊の購買価格は計一万五百円であって高額とはいえず、また書籍は既に被害者に還付されており実害は発生していない。被告人には前科が二犯存在するが未だに服役歴はない。内一犯は平成十二年十一月十一日確定の窃盗罪による懲役十月・執行猶予三年の刑であって、本件で実刑になると執行猶予が取り消され、その刑と併せて服役しなければならず酷であり、なお被告人は満六十歳を超えているところ平成十三年五月十日に逮捕状を執行されて以来勾留も相当長期に及んでいる。以上、諸般の情状を総合考慮するならば、原判決の刑の宣告刑は重きに失し、刑事訴訟法第四一一条第二号に則り破棄されて然る可く、被告人に対しては刑法第二五条第二項により再度の執行猶予の裁判が宣告さるべきである――。》

最高裁の判決は第一審、第二審を維持し、上告は棄却された。敗訴であった。かつて神戸で小島氏に師事した編集者・渡邊仁氏に宛てた手紙のなかで、収監される前に送ってほしい、と切望した『集英社世界の文学　フランス篇』の収録作品のタイトル――A・カミュ『異邦人』、J・P・サルトル『出口なし』、J・ジュネ『泥棒日記』、アラン・ロブ＝グリエ『ジン』――が、判決直後の心境を正直すぎるほど如実に物語っていた。

だが、急激に悪化した上顎癌の治療のため、収監は急転直下回避された。〇三年二月二十八日、大阪・明生病院に入院することが決まったのである。

＊

「真実はわかりません。でも、変な理屈かもしれませんが、弟が盗んだと言われたものが、お金とかではなくて、本でよかったと。お金もなく、行くあてもなくて、本当にどうしようもなくなって、それで拘置所に入ることを望んだんじゃないか。夫とふたりで、そう言っているんです」

小島氏が姉・木田渚珠子さんに宛てた九八年六月十五日付の手紙のなかに、その推測を裏付けるような記述があった。

《言い訳する訳ではないのですが、警察にはワザと捕まった処もあるのです。あの様な情況の中で「タダ眠りたい」一心で一二日間の勾留を選んだのかも知れません。「情けない」と言ってらっしゃるのが聞える様です。他にも方法があったとは思うのですが、あの時は「眠りたい」と。世間テイも決して良くないことですが、どこか、体を休めたいといった願望があったのでしょう。一般的には許されないことです。これは率直に記しておきます。》

九八年四月十三日付の手紙に、彼はこう記している。

《住所も定まらず、やはり「眠りたい」のです。体調は以前より良いと思います。ひとを頼りに明日、あさってと旅暮して行くことにも慣れました。本当はいけない事なのです。積み重ねる生活に慣れていないのです。だから、ではないのですが、「虚実皮膜」の間を活き、エディターだとかジャーナリスト等と自らに言い聴せて、今日的な事には一生懸命です。山の上の馬鹿者《モノ》なのです。ビートルズの曲に「フール・オン・ザ・ヒル」というのがあります。そんな事なのです。もう少ししたら忘れるモノは忘れ、見えてくる世界《ビジョン》もあるでしょう。動物的な感覚をも含めて目的には向っています。》

別の手紙では「眠れない日々、数十年に及ぶ」と告白している。神戸新聞学芸部記者時代に小島氏や草森紳一氏と深い交友があった中平邦彦氏の記憶によれば、レイモンド・チャンドラー原作、ディック・リチャーズ監督の映画『さらば愛しき女よ』（七五年／米）の冒頭、当時五十八歳のロバート・ミッチャム扮する主人公の探偵フィリップ・マーロウが、老け込み、疲れ果てて二進《にっち》も三進《さっち》もいかなくなった心境を吐露する場面の「疲れた……」という台詞に、小島氏は強い共感を示したという。疲労困憊の窮みに達しながらも、彼は最後まで「格好をつける」ことを忘れなかった。

＊

《「命の底をはたきなさい」
雑誌編集者　小島素治　54
（京都市伏見区）

「財布の底をはたくより、命の底をはたきなさい」。寺山修司さんの文章です。多くの才能を開花させた歌人だけに、やはり言葉の品性を感じています。
人気を背負った競走馬が不覚を取ってしまった時の騎手に対するば声にはすごいものがあるのです。

次のレースのパドック辺りでよく見掛ける光景です。「ユタカ、金返せ」と。武豊君いわく。「人気薄の馬が上位入線したら、当たり馬券の一部はいただけるのでしょうか」と。

すべて冗談です。が、なかなかの名せりふだと思います。さすがに武邦彦騎手（現調教師）の息子だけのことはあります。〝ターフの魔術師〟と呼ばれていた人の息子さんなのです。

華麗な騎乗フォームもどこかお父さんに似ています。美学は受け継がれているのです。世界の競馬場に出かけ、センスのよいレースを組み立ててくれます。国際性が問われる中、競走馬社会への貢献は多大だと思います。規範となるひとつの素材です。武豊君は。

寺山さんの「命の底をはたきなさい」といったせりふが大きく競走馬文化に意味を与えるのは、こんなことではないでしょうか。紳士、淑女の本来の姿の戻った競馬を楽しんではと思っております。》

（九七年九月十九日付・毎日新聞夕刊「馬とわたし――読者の投書から」）

58.

「万引きなんか年中やってたよ。珍しくも何ともない」

朗文堂社長・片塩二朗氏はニヤッと笑うと新しい煙草に火をつけた。

「競馬新聞とかさっと抜いちゃう。高い本は酒代に化ける。ほとんど癖に近かった」

○五年七月十一日、新宿御苑に程近い、一階にミニコミ専門書店の老舗〈模索舎〉が在る新宿二丁目の小さなビルの二階の応接室。日本におけるタイポグラフィ研究の第一人者であり、その方面の著書も多い片塩氏は、古くからの小島氏の友人であり、東京における身元保証人でもあった。

「京都でやったそれは、警察に突き出してくれ、ってことだと思いますよ。北海道の病院から帰ってきたその年の暮れに、小島は東京で無銭飲食やって、正月を留置所で過ごしたことがあるんです。飲むだけ飲んで、金ないから警察へ突き出してくれと。そうすればとりあえず雨露しのげて食べることはできるからね。そのパターンですよ。衣食住、全部ないんだから。裁判に持ち込んだのは、そうでもしないと軽微の罪ってことですぐに出されちゃうからでしょ。それを国家権力に歯向かうとか言って格好つけて、大真面目に演って見せるのが、小島ですよ。国家に歯向かうんなら、国が寺銭二十五％も取る博打なんかやっちゃダメなんだ」

小島氏が姉への手紙に「ワザと捕まった」と書いたのは、この時のことだと思われた。

「もうずーっと金がない金がないでしょ。『ドレッサージ』なんか（取次の）口座取れっこないし、私だって売って歩いたんだから。でも、記事を読ませていただいてね、敗残者にならないで最後までつっぱってたというのが嬉しかった。最後まで格好つける、それが小島ちゃんの良いところですよ。憎みきれないろくでなし（笑）。こいつに付き合ったら絶対引っかかるってわかってるのに。おもしろい男だったなあ。火宅の人っていう言葉があるけど、最後の破滅型。それでもけっこう最後の方まで、みんな何くれとなく面倒みたんです。何百万と貸したまま返ってこない人いっぱいいますよ。私だってマンションとカラー・コピーの保証人になって、まぁ一千万じゃきかないでしょ。でも、魅力がなかったら、誰も一銭も貸しませんよ。やっぱり魅力があるんですよ。あの魅力は言語化できない（笑）。うちの家内だって亡くなるまで、小島ちゃんと麻雀やりたいね、って言ってたんだからね。家内は小島と気が合ったんでしょう、ま、小遣い渡してましたよ。みんなひどい目に遭ってるのに、被害者同士になぜか妙な連帯感を持たせる。その真ん中にいるのが素治。なんでいるんだかわからない（笑）。

私は小島ちゃんの四つ下だから、最初は〝小島さん〟ですよ。それが〝小島〟になって〝素治〟になって、最後は〝ばかったれ〟（笑）。私はね、最初、『SUB』のビートルズ特集の二号を見て、なんだこのあまい編集は！って神戸までケンカを売りに行ったんですよ。私、ビートルズ好きだったから、私の思ったビートルズと、小島が思ったビートルズがずれているのにものすごく腹が立った。当時、私はビートルズを言語化なんかできないです。それをこんな安っぽい文章にしやがって、みたいな。これ見よがしに有名人ばっか並べてみせてね、こんなの俺の方がビートルズ知ってるわ、ってホラ吹いた記憶がある。

例の坂の上のマンションに乗り込んでいったんだ。そしたらキザでね、客が来るっていうとわざわざてね、映画館にあるでかいスピーカーが二個あるわけですよ、それにジョン・レノンのポスター貼り付けてね、ウエストコーストから買ってきたみっともないネオンサイン点けてるわけさ、ベランダに。それでわざと戸を開けて音を外にガンガン流して、そこでオン・ザ・ロック飲んでるんです。なんだ、このキザな親父は！って。やっぱり凄いヤツだな、かなわねえな、って思いますよ。でも私も若いから、あんたビートルズなんて言っといて、かかってるのジャズじゃないか、って議論ふっかけて。そしたら酔ったふりして逃げるから、なんだその態度、ってケンカ売ってたら、草森紳一さんがアポなしで偶然みえたのよ。それで話の焦点がぼやけちゃって、そしたら小島が泊まっていけと。草森さんはすぐにお帰りになったから、一緒に外に食事に行って、坂の途中のママさん一人でやってる店で、馬鹿話した覚えがある。

まぁ、カタチからいえば、負けたんですよね。ビートルズの本質をいち早くつかんだのはやっぱり小島ちゃんだったわけですよ。『SUB』はめちゃくちゃ新鮮だった。ふざけるなこの野郎、と思ったのがあのでかいヤツですよ、ウエストコーストの六号。

……それからしばらく空くんですよ。私も二十四歳で会社創って、なんだかんだで。そのうちに小島が、印刷やってくれねえか、って持ちかけてきて、その頃はいづか印刷と揉めて刷ってもらえなくなっちゃったから、『ドレッサージ』なんか向こうで版下作ったのをうちで刷ったんです。奥付には確かにはいづか印刷と書いてあるけど、実はこっそりうちが刷ってたんだ（笑）。

『SUB』でやめとけばよかったんだけどね。三十五歳を過ぎたら書籍の編集に転じるべきだ、と何度も小島ちゃんにそう言って、一緒に写真集作ろうよ、本作ろうよ、って説得したけど、ヴィジュアルには一家言あっても、本質的に活字には興味がない。だから乗らなかった。ものすごい読書家で蔵書家だった親父さんへの反発もあったと思う。自分はそっちにはいかない、と決めていた節がある。『ドレッサージ』をやったことが、小島の命を縮めたと私は思います。だって、これで何やるの？って訊いたら、答えられなかったんだから。とりあえず走って考えるわ、って。結局、コマーシャルの仕事を獲るためのプレゼン用、食うための販促ツールですよ。私は、それは不純だと。コマーシャルの仕事をやっちゃいけないなんて言ってるんじゃない、マガジンはマガジンで独立したものをきちっと作るべきだと。その資金を得るためにコマーシャルやるならいいけど、コマーシャル獲るためにマガジンやるのは、これは順番が逆だよね。

小島ちゃんの名前が出ていない広告仕事で、みんな知ってるようなものがけっこうあるのをご存じないでしょ。例えば某ハム・メーカーの『超薄切り～』っていうコピーは小島氏ですよ。私らと麻雀やってる時にヒュッと出てきた。そういうのを思いついたら電通とかに売りに行くんです。小島は企画書は書けないから、今パリにいる、当時大日本印刷のコピーライターだった磯田くんという小島教の信者に企画書を書かせて、代理店に持っていく。そうすると金がもらえるんですよ。あの頃（八〇年代）っていい時代でね、一仕事やれば二、三百万くらい簡単に出る仕事がいっぱいあった。他にも某化粧品メーカーのけっこう当たった新製品のネーミングとか。今でもみんな知らずに買ってるようなブランドですよ。広告年鑑なんか見ても、小島のコの字もないけどね。あとは美容院チェーンのプランニングとか、そこに置くPR誌も考えたんだけど、実現しなかった。私、そういうのにみんな関わってますから、ロゴタイプ作ったりして。今でいうブランディングみたいな発想を小島は持ってたよね。どこで勉強したんだかわかんないけど。

で、そういう金を生む仕事でどうにかしのぎながら、やりたいのはいつだってマガジンなんだ。小島ちゃん、広告に関わりながら、それに充足できない自分というのをいつも感じてましたよ。マガジンやりたい、『SUB』やりたいってね。広告に行ったら『SUB』は許されないですよ。二番手の広告なんかあり得ない。シェア争いなんだから、シェア・トップを獲るために広告やっているわけであって、それは厳しい世界なんですよ。その世界にいる自分に対して、いつも矛盾がある。そこから逃れるために、彼は酒飲んで、競馬に走る。それに対して、私の死んだかみさんも、随分きついことを言ったわけです。小島ちゃん、本気で広告やめたら？　あなた、中途半端な金狙って動くより、貧乏しても雑誌作ったら？　うちの主人もそうやって生きてるよ。うちの主人は活字バカだから、活字しか見えない。でも、私はそういう主人を許してるし、この人は一生それでやればいい。あなた、中途半端じゃない、『SUB』の後、何もないじゃない、って。頑として認めなかったけどね。

私はね、この商売やってて、二人、おもしろい人だなぁ、と思って付き合ったのが、一人は小島で、もう一人が杉山登志。『夢がないのに夢は売れない。嘘をついてもばれるものです』って遺書を残して自殺した日天（日本天然色映画）の天才CFディレクター。私、死ぬ二日前に二丁目で一緒に飲んでるんです。あの時はつらかったですね。あの人は小島ちゃんと似てた。それこそ風をつかまえるっていう感覚の鋭さ。小島と登志さんのこと、よく話しましたけど……。

ただ、登志さんの感性の煌きっていうのは、瞬発力。小島の感性の煌きっていうのは、妖刀なのね。で、登志さんの感性は万人にわかるんですよ。だけど、小島の感性の光り方は万人にはわからない。だから妖刀なんです。あの妖刀に切りつけられると、傷はでかいんですよね。自分も渦中に巻き込まれる。

小島だって、わかってほしいという気持ちは人一倍強いんですよ。でもわかってもらえないもどかしさ。みんな『SUB』のことしか言わない。周りが今の自分をおまけの人生だと見ていることがつらいんです。私だってつらかったですよ。だって、私、一緒に『ドレッサージ』作ってるんですから。ある意味、編集にだって加わっているわけですから。でも、誰も『ドレッサージ』の話なんかしない。内心、忸怩たるものがあったでしょう。

そうなってしまったのは、やっぱり広告をやったからです。広告って、嘘言いますから。全部、嘘ですからね。ところがこの広告の虚飾のなかに、本人がある意味、居心地のよさを見つけたんです。当時、今とちがって、エディトリアル系の広告やれるところって少なかったから、小島が作るようなものが、よそではなかなか作れなかった。デザイナーはいる、エディターもいるんだけど、広告ができるエディターはいなかった。そんなジャンルないんですから。それに対して、小島氏がとりあえず大阪電通にうまく食い込んだんですよね。で、おいしい思いしちゃったんです。これはいける、と。私はね、広告の技法をマガジンに引っくり返したのが『ドレッサージ』だと思ってるんです。読者は敏感ですから、表紙を売ろうがなんだろうが中身が肝心で、なかが広告と同じだと。それでリアリティを感じない、だからシンパシーも感じない、誰も買わない、っていうふうになっていくわけですよね。登志さんは、夢がないのに夢を売る、それが嫌なんだ、と言って死んだ。小島はそれをやっちゃった。自分で墓穴を掘ったな、っていうね。それで借金まみれになって、友人失って、誰とも付き合わなくなって、最後は万引きで捕まった――哀れですよね」

59.

《「重いな。何だ?」
「奴らの夢のかたまりさ」
ハンフリー・ボガート主演『マルタの鷹』(1941年、アメリカ映画)》

あの頃、競馬場にやってくる女たちは、その頭に巨大ともいうべき帽子をのせ、羽飾り、果物などをくっつけていたものだ。

なにより、あたしがいやだったのは、その帽子は頭にちゃんと入らないということだった。

カンボン通りにある建物の二階に、あたしは部屋を借りた。扉には〝シャネル・モード〟と書いた。

ポール・モラン著『獅子座の女シャネル』（秦早穂子訳、文化出版局）

それは年老いたケンタウロス族のケイロン、大空の下なる万物のうち一番賢い存在であった。腰より上は人間だが、下半身は高貴な馬である。

ケイロンはにっこり笑って少年を引き寄せると、その黄金の髪の上に手を置いて言った。

「おまえはわしの馬のひづめが怖いか、美しい少年よ。それとも、今日からわしの弟子となるかな」

C・キングズレイ著『ギリシャ神話　英雄物語』（船木裕訳、ちくま文庫）

「何してたの？久しぶりね」

「何も。旅してた」

ジャン・ポール・ベルモンド主演『勝手にしやがれ』（1959年、フランス映画）

俺がその身になって考えられるものがあるとすれば、逃亡する馬の気持だろうな。

さっきの農夫は馬の正面から近づいて、説き伏せようとした。あれはへまだ。逃げようとしている馬は、前に立ちはだかっても、だめなんだ。自分の行く手は開いている、と思わせることさ。

それにだよ。逃亡しようとする馬は、聞く耳など持ってはいないんだ。

マルティン・ヴァルザー著『逃亡する馬』（内藤道雄訳、同学社）

十月二十五日、町中に、いろいろの色で描かれたわたくし流の獣たちが揺れていた。

労働者たちは、インターナショナルを歌いながら進んだ。彼等の微笑を見て、私は、彼等は私を理解してくれたんだと確信した。

コミュニストの指導者たちはあまり満足しない様子だった。

なぜ牝牛は緑なのか、そしてなぜ馬は空をとぶのだろうか、どうして？

マルク・シャガール著『シャガール　わが回想』（三輪福松ら訳、朝日新聞社）

中庭は馬と落書と
かぞえきれぬかすかな割れ目と
擦り傷と刺し傷と
処刑された男の記録で
洗濯籠のようにいっぱいだ
むりにドアをあければ
囁きと絶叫が流れ出すだろう
ビールの巨大な泡が襲いかかるだろう
岩田宏「プラハの血」（思潮社『最前線』所収）より抜粋

昔は強気な奴だった、今ではすっかり衰へた、僕の心よ、
拍車で蹴立てて情熱をあんなに沸かせた「希望」奴《め》も、
お前にもう乗らうとしない！　泰然として寝ころぶがよい、

ひと歩《あし》ごとに事ごとに物に躓く老いぼれ馬奴《め》。

僕の心よ、諦めて、駑馬《どば》の眠りを眠るがよい。

ボードレール「虚無の味」（堀口大學訳、新潮文庫『悪の華』所収）より抜粋

おどろいたことに馬はこのサアカス一座の花形だったのだ。……息をつめて見まもっていた馬が、いま火の輪くぐりをやり終わって、ヤグラのように組み上げた三人の少女を背中に乗せて悠々と駆け廻っているのをみると、僕はわれにかえって一生懸命手を叩いている自分に気がついた。

安岡章太郎著『サアカスの馬』（講談社『少年少女日本文学館⑳』所収）》

＊

「雑誌編集者・小島素治」のラスト・イシューとなった『ギャロップ』創刊号（九一年五月二十五日発行）の巻末に、「À Votre Guise!」と題するカラー・グラビアがある。馬をモチーフにした山本昌男の幻想的な写真九葉に、古今東西の映画や文学から抜粋した九つの台詞や文章を添えた、夢の残照が透明に漂うそのページは、『SUB』の魂が設《しつら》えた、彼自身のための墓碑銘ではなかったか。

《わたしは不用心な振舞いを次々と行う、――盗んだ自動車に乗ったり、盗みを働いた店の前を歩いたり、偽造であることが一目瞭然であるような身分証明書を差出したりする。わたしは、まもなくすべてが壊滅するだろうという気持を味わう。わたしの不用心な行動は重大な結果を招きうるものであり、そ

してわたしは、光明の翼を持った大破綻はごく小さな、ほんのちょっとした過失から生じるだろうということを承知している。しかし、わたしが禍《わざわい》をあたかも恩寵であるかのように待ち望んでいる一方、この世の慣例的な活動に精励することはよいことなのだ。わたしは最も類い稀な運命に自分を成就したいのだ。わたしにはこの運命がどのようなものであるかよくわからないが、わたしはそれが、かすかに夕方の方に向って傾いている優美な曲線を描くものとしてではなく、それがかつて見たことのない美しさを持つもの、それに作用し、それを震駭させ、それを侵蝕する危険ゆえに美しいものであることを望むのである。ああ、願わくは、わたしがただ美のみであるものとなることを……。わたしは、速く、あるいはゆっくりと進んでゆくだろう、しかしあえてなさねばならぬことは、断じてこれを行うだろう。わたしは外見をすべてぶち壊すだろう。幌は燃え落ちるだろう、そしてある夕方、わたしはそこに、あなたの掌《てのひら》の上に、現われるだろう、小さな硝子《クリスタル》の彫像のように静かで純粋な姿となって。あなたはわたしを見るだろう。わたしの周囲《まわり》にはもはや何ものも存在しないだろう。》

ジャン・ジュネ『泥棒日記』（朝吹三吉訳／新潮文庫）

＊

「私です《セ・モア》」。

——確かに、ぼくはあなたを見たのだ。古書店の一隅で……。

ロング・トリップ——長いあとがき

あの男はほんとうに
ここにあらざる人
ここにあらざる国に坐って
誰のためにでもなく
ここにあらざる計画を
たくさんつくっている

「ここにあらざる人」Nowhere Man（Lennon/MaCcartney）
——『ビートルズ詩集2』片岡義男訳（七三年／角川文庫）より

I.

『Get back, SUB!』の連載がスタートした頃、ちょうど『Let It Be... Naked』がリリースされたばかりで、街のあちこちでビートルズが流れていた。メンバー自身の手で完成させることを放棄し、お蔵入りしていたスタジオ・セッションのテープをフィル・スペクターが編集した最後のアルバム『Let It Be』（七〇年）を、自分の曲にコーラスやストリングスを勝手にダビングされたポール・マッカートニーが気に入らず、もう一度自分が納得する形で発表したいという意図が強く反映されたのが『Let It Be... Naked』だった。意識的にビートルズを聴こうとしたわけではなく、自然にそれが耳に入ってくる状況のなかで、ぼくは連載の原稿を書き始めることになった。

『Let It Be』というアルバムは、もともと『Get Back』というタイトルになる予定だった。「もう一度原点に戻ろう」。すでにバラバラだった他の三人のメンバーにポールがそう呼びかけて、ドキュメンタリー映画とレコードを作ろうとしたが、結局バンドは元には戻らなかったことは周知の通りだ。

時は残酷に過ぎていく。今、ぼくらは「元には戻れない」ことを痛感している。それでも「なすがまま」ではいられない。『Get Back』という使われなかったタイトルに、後ろを振り向くのではなく「原点に返ろう」というメッセージを込めて、ぼくは連載のタイトルを『Get back, SUB!』としたのだった。

この永い物語を語り終える前に、ここまで「小島氏」としてきた表記を「小島さん」と改めることをゆるしてほしい。その方が、ほんとうはしっくりくるからだ。

「行為の唯一の基準は優雅《エレガンス》さだ」

スーザン・ソンタグのエッセイ「〈キャンプ〉についてのノート」を読み返していた時目に飛び込んできたこの言葉が、ジャン・ジュネの引用であると知った時、よもやこの物語がジュネの『泥棒日記』で完結するとは、夢にも思わなかった。

ジュネの書くものは花のイメージに彩られている。小説第一作のタイトルは、小島さんの愛唱歌「花のサンフランシスコ」ならぬ『花のノートルダム』。『泥棒日記』の後半に突然現れる、あの忘れがたい鮮烈な挿話——二人の兵士が喧嘩して、片方が相手のこめかみを鉄のメリケンで割って殺してしまう場面を描くのに、流れる血を「優しい紫色の密集した花々」に譬えた恐るべき「優雅《エレガンス》さ」——は、言語感覚というものの底知れない可能性を、肌に粟立つほど思い知らせてくれた。小島さんとジュネの結びつきは、ぼくにとってもうひとつの「花と革命」だった。

もう一節、『泥棒日記』から引用したい小島さんの像と重なるジュネの独白がある。

＊

《わたしがそれに対立しているところの世間によって境界づけられ、それによって截然《せつぜん》と輪郭づけられているわたしは、わたしを傷つけ、わたしに形を与えているこの線の角度が鋭ければ鋭いほど、わたしを切り取る線が残忍であればあるほど、わたしはより美しく、より燦《きら》めくであろう。

人はすべて行為をその成就にまで続行しなければならない。そうすれば、その出発点がなんであろうとも、終極はすべて美しいはずだ。行為が醜いのは、それがまだ完全に成就されていないからなのだ。》

＊

小島さんの義兄、柚木伸一氏の元恋人で、七〇年代初頭に渡仏後、特殊メイクアップ・アーティストのパイオニアとなり、ヴェルナー・ヘルツォーク監督や名優クラウス・キンスキーらの信頼を勝ち得るなど国際的に活躍、先頃フランス文化省より芸術文化勲章を受章した〝ば化粧師〟ことレイコ・クルックさんは、木田渚珠子さんとは大阪の化粧品会社の商品企画開発部で共に働いた縁から、小島さんとも親しかった。弟ともいうべき小島さんの人生についてどう思いますか、という問いに答えて、レイコさんは「最近では稀なデカダンス。なまじ変に生き延びるよりは、いいんじゃないですか、彼の生きかた」と認めた。デカダンスの国、フランスで、エレガンスの神髄を極めたレイコさんの、感傷を排したこの一言を、泉下の小島さんが聞いたら、どんな弔辞よりも嬉しかっただろう。

小島さんは罪を犯したことで国に裁かれ、収監される寸前で、天命によりそれを回避した。その代わりに上顎癌とのデッド・ヒートが待ち受けていた。勝ち目のない闘いを誇り高く闘い抜くことで、小島さんは自らの終極を美しいものに変えようとした。それを貫徹できたのは、小島さんが最後まで優雅さ《エレガンス》を失わなかったからだ。

芳賀一洋氏への手紙のなかで、小島さんは写真家・神尾幸一氏のことを次のように気遣っている。

《表現者として生き切るには大変な時代を生きるしかない時代は時代ですが、なんとか創造《クリエイティブ》の世界に生きて欲しいものです。その内に手紙を書くことにしましょう。

日常生活の中で、ひとつの歌、タバコ一本の紫煙の揺ぎ、一杯のコーヒーの香りの中にも鮮やかに感じる何かは有ると思うのですが、そんな時間が彼にも持てると気分は優雅に成ると思うんだけど、どうだろうね。》

ここでもう一通、小島さんが最後の日々をどのように過ごしたかをよく伝えてくれる芳賀氏への手紙を紹介したい。

＊

《「私です《セ・モア》」

少し眠れるようになったのか、最近は快適な時間を過していています。

お国（福祉）からの手当が幾何《いくばく》かは入金されるので多少の余裕も持てる様にもなりました。結構な事です。

早速に買い物に出掛けたものの、ここ数年来、現金での受け渡しを忘れていたので、面喰ったりしていて、ひとり苦笑《にがわらい》をしたりもしています。世間からズレたのでしょうか。

シェービングクリーム、ムース、ボディソープ等々と調味料を少し揃えたりもしています。特筆すべきはスキッピーのスーパーチャンプスタイルのピーナッツバターとフランスの名品ジャム屋のサン・ダルフィーの瓶詰（オレンジ・ママレード、イチゴ、アップルにブルーベリー）を発見した事です。

週に一度の外出許可しか許されてはいませんが、やはり町や路地をキョロキョロ散歩するのも悪く有りません。そんな訳で朝食は昔の普通の生活者の様に優雅でゴージャスな時間を愉しんでいます。バッハのフーガをＦＭ放送で聴きながらです。どうだ。

病院食にはどうにも馴染む事が出来ず、スプーン二口《ふたくち》のゆるゆるのお粥を食するのが精一杯といった処です。他には牛乳とバナナ等の果物が中心で、まるで森林原動物群の如くに生息している始末。キーキー、キャッツ、キャッツの世界です。君たちのエキシビションは上々の運びなのでしょうね。美《よ》い作品と善《よ》い人たちに恵まれる事を希んでいます。

ラジオから流れる——

楽曲が変って、いまはヨハン・シュトラウスの喜歌劇「こうもり」を演っています。ラグジュアリーなひとときです。

症状の方は決して良くは有りません。上顎の骨をも溶かして、腐った癌細胞の膿が流れ出るばかりで、この時に激痛が走っているのでしょう。確かな事は判りませんが、いまは「これ以上」を食い止める治療を続けるしか無いのでしょう。還暦を仏様のおっしゃる60歳を人生の一周の再立脚点と考えてみると、現在の私には二周目をスタートしてやっと2歳になったばかりです。と活気付けていますので安心下さい。
皆様にも宜しく、元気でいずれ。気が向いたら、又、手紙を書いてよ。　（K）》
本書のゲラを戻すギリギリの段階で、諦めていた、あるいは思いがけない取材が実現した。そのすべてを再現することは残念ながら難しいが、この機会に少しでも記録しておきたい。

二〇一一年九月三日、神尾幸一氏の紹介で、書籍編集者の原田英子さんにお話を伺った。若き日の原田さんが企画・編集し、ロングセラーとなった『ビートルズ事典』（香月利一編著／七四年立風書房より初版発行、八八年改訂・増補版発行、〇三年ヤマハミュージックメディアより改訂・増補新版発行）は、ぼくの少年時代の愛読書だった。日本におけるビートルズ研究の元祖である香月氏は、九九年に五十歳という若さで早世されたが、ビートルズがレコーディングした全二百十三曲の目録と資料の編纂を通じて「好きなアーティストの作品は全曲網羅して聴き込む」という視点と楽しみ方を教えてくれた香月氏と、同書の生みの親である原田さんは、大切な「恩人」であった、と今にして思う。

黒地のカヴァーに緑のリンゴをあしらった『ビートルズ事典』のオリジナル版は、実家の押入れのどこかに眠っているはずだが、同書には、関連書籍を集めた「ビートルズの本棚」というページがあり、その国内篇の最初の方に『SUB』第二号の表紙も掲載されている。原田さんに頂いた新版を喫茶店のテーブルの上で開いた時、それを完全に忘却していたことに気づいてショックを受けたが、その瞬間、遠い昔にかけられた魔法が解けたような、不思議な気持ちに充たされた。

原田さんが小島さんと知り合ったのは、七〇年代の半ば頃、写真家二名（神尾幸一、堤一朗）と訳詞家二名（落流鳥、山本安見）とで吉田大朋事務所のスペースをシェアしていた、青山のビクタースタジオに程近いマンションの一室。初対面の小島さんは、紺と白の長袖のボーダーシャツに白か紺のコットンパンツを合わせたマリンルック。原田さんが神戸出身と知って、一気に打ち解けた。「お前、おもろいな。六〇年代の女のこみたいやな」。原田さんも小島さんのことを「このひとに、私、何でも言えそうだな」と思った。それから東京に来る度、「酒呑もうや」と声がかかった。原田さんのことは〝可愛い妹〟みたいに扱い、女性関係は匂わせなかった。

「小島さんは淋しがりやだから、いつも誰かしら事務所にいた。スタディアム、懐かしいな……ちっちゃいマンションでね。キッチンなんか一人立つのが精一杯。私が行った時一番よくかかってたレコードは、セルジュ・ゲンスブール。小島さん、憧れてたんじゃないかな。私が『小島さん、ゲンスブールに似てる』って言うと、『当たり前やんか』って喜んでた。『ロング・グッドバイ』っていう映画がお気に入りで、冒頭でフィリップ・マーロウが猫のエサを買いに行くシーンが特に好きだと。私も同じところが好きで意気投合した」

原田さんは、仕事の上でも小島さんに頼られるようになった。ワコールに企画をプレゼンする時、京都の本社まで同行したこともある。仕事は基本的に「丸投げ」だった。小島さんのことは「感性はいいけど、具現化はできない人」と原田さんは観ている。「全部ハッタリでしょ!?」と感じる場面も度々あった。『ドレッサージ』については、「こういうセンスがわかる人が増えたらいいな」と思っていた。「ギャラの支払いさえきちんとしていたら……でも小島さんはケチじゃない。本当はおごりたがりで、周りの分まで払いたい人なのね。ギャラの入金が遅くて、たまに嘘をつかれても、『ごめんな、堪忍して』って言われると、つい情にほだされてしまう」

小島さんの借金がかさんでいることは、原田さんもわかっていた。九三年、石原裕次郎の七回忌法要の写真集を制作後、別の企画をプレゼンしに石原プロに同行した時、小島さんの手が震え、あぶら汗をかいているのを見て、精神安定剤をあげた。それが、小島さんとのラスト・シーンとなった。

原田さんから気になる情報を得た。小島さんが東京に移ることを決めた理由の一つではないかと思えるほど、当時の小島さんにとって、落流鳥＝鳥居幹雄氏は、東京人脈のなかでも要の一人だったという。原田さんによれば、小島さんから「スポンサーを見つけた。音楽雑誌を創刊するので原稿を集めてほしい」と言われた鳥居氏は、ダミー版まで作ったが創刊に至らず、立て替えた制作費が負債となり、苦境に陥った。

もしかすると、それが七二、三年頃、小島さんが創刊を計画していた幻の月刊誌『ウエストコースト』ではないか、という直感が走った。今は以前とはまったく関係のない仕事に就き、昔の知り合いとは誰とも会わないという鳥居氏を、原田さんがぼくに代わって説得してくださった結果、幸いにも九月七日にお会いすることが叶った。

七〇年代の洋楽ファンで「落流鳥」の名前を目にしなかった者はいない。原詞のニュアンスを大胆に意訳する独特の訳詞術、超人的な仕事量、ミスティックなネーミングに、以前から想像をかきたてられていた。『SUB』第二号に掲載された鳥居氏のエッセイ「アクロス・ザ・ユニバース」のおそろしくトリッピーな筆致には飛ばされたが、まさか「落流鳥」と同一人物とは思わず、そのような因縁が小島さんとの間にあるとは知る由もなかったのだ。

結論から言えば、小島さんに創刊を持ちかけられた音楽雑誌が『ウエストコースト』かどうか、判定しきれなかった。鳥居氏にも具体的な内容についての記憶がなく、時制的にもいつのことか特定できなかったからだ。

四八年生まれの鳥居氏は、学生時代にビートルズ・オフィシャル・ファンクラブの幹部を務めるほどのフリークで（『ビートルズ事典』の香月氏とは高校の同級生）、六九年五月から七〇年二月にかけてロンドンに滞在、アップルレコードに通いつめ、〝精神上の父母〟と敬慕していたジョンとヨーコに面会が叶った。帰国後、早稲田大学四年の時、小島さんとの出会いがきっかけで、就職せずにフリーの道を歩もうと決意する。「小島さんのことをジョン・レノンに似てると思ったことは一度もない」と辛辣な評を口にするが、「一度は師と仰いだ人ですから」と付言するところに複雑な心境が伺えた。開口一番に出た話題が『SUB』のスタッフとして度々名前が挙がる栗田郁子さんのことで、「芸能人もたくさん間近で見てきたけど、それを含めても五指に入る素敵なお嬢さん」だという。「彼女が原稿依頼に行けば、まず断られない。栗ちゃんは小島さんの〈秘密兵器〉だったと思う」

小島さんが神戸の商工会議所に呼ばれ、何を名産にするか意見を訊かれた時、「神戸の売り物は風や」と答えたエピソードが一番印象に残っているという。「でもね、風って、すぐにキナ臭くなるものなんです」鳥居氏は少し窪んだ頬に苦い微笑を浮かべた。「小島さんにとって、ぼくは著者というより編集者だった」。それゆえ、件の音楽雑誌を任せようと白羽の矢が立ったのだろう。それ以来、小島さんと会うこともなく、ビートルズに関する仕事も、ジョンが撃たれて亡くなった時、民放ラジオ五局からオファーが来て、ニッポン放送で追悼番組をやったのが最後になった。

そして最後の最後に、スタディアムの社員であった上野恵子（旧姓・間宮）さんと事実確認のやりとりをするなかで、九月十一日、メールでのインタヴューを受けていただくことができたのは、望外の喜びだった。七九年から八七年までスタディアムに在籍、電通大阪支社クリエイティヴ局でラピース担当だったご主人と結婚されたのを機に退職したが、その後も小島さんから、電話や手紙はよくもらったという。放浪中、カフェで夜どおし手紙を書いて過ごしている、と聞いたこともあったそうだ。今は海外のテレヴィ制作チームの日本取材番組コーディネイター、制作の現場責任者として全国の取材に同行されている、とのこと。

——スタディアムに入社された経緯と入社年を教えてください。

「七九年の五月から、スタディアムで仕事をし始めました。すでに青山のベルコモンズに入っていた書店で『ドレッサージ』を見つけて購入、『こんな雑誌をつくる人って!?』と以前から気になっていました。知り合いの藤沢健二氏がそこに原稿を書いていることを知って、紹介してもらいました。

事務所はご存じの通り、青山三丁目のワンルーム・マンションの四階で、イタリアの家具メーカー、アルフレックスのテーブルと、小さな肩肘付きのソファーが二つ。白い棚とレコード・プレイヤー、そして長いコードの付いた、部屋のどこでも歩きながら話せるアイヴォリー色の電話二台、雑誌フレンチ・ヴォーグがたっぷりと、写真集。それだけでした。

テーブル(六人くらいはかけられました)の脚とフレームはシルヴァーのパイプ。天板はガラス。レイアウトも原稿書きもポーカーも、そこの上で繰り広げられました。

最初は電話を受けることぐらいしか、仕事はなかったですから、積んである『Vogue』を見たり、棚にある『スキャバロ・オン・ビューティ』やホックニーの画集、さまざまなカメラマンの写真集を観ながら一日が過ぎていきました。

仕事は何でもしました。最初は何もできませんでしたが。旅行会社のチラシ、化粧品メーカーの化粧品につける小さな小冊子、新聞広告のコーディネイトなど、です。そしてゲオール化粧品の『パピエゲオール』(マンスリーのタブロイド新聞形式のもの)、年二回のラピーヌ『花のように』が始まって急に忙しい日々がやってきます。この時期は、ひとりで明け方まで仕事をして始発で帰る日々でした」

――スタディアムの日常や、小島さんとのやりとりについて、憶えていらっしゃることがあれば何でも。

「小島さんは、自分の好きなものについて、それを他人にわかるように語ることはあまりしなかったように思います。その曖昧さをつきつめたい、と思うと『こういうことですか？』と返すしかないのですが、『そんな質問は野暮やろ？』といつも目が語っていたように感じていました。村上さなえさんがおっしゃっているように、答えは決まって『合うてる』とか『けいこも、まだまだやなあ』でした。

曖昧な、『好き』という感覚を自分のなかに漂わせている、それで心を満たしておく、そこが編集者の大事なところなのかな、と駆け出しの私は小島さんを観て感じていました。それをライターや、カメラマン、アート・ディレクターにぶつけて誌面ができる。それが予測を超えたおもしろいページを生み出す、そんな感じです。

音楽はいつも流れていました。各レコード会社から新譜をもらって、そのなかで気に入った数枚や、ジャズなど元々の愛聴盤を事務所で一日中、一枚を最初から最後まで聴いては、次の一枚を選ぶことを繰り返していました。ザ・スペシャルズが流れる時期もありましたし、『踊るリッツの夜』『チーク・トゥ・チーク』のTACOもよくかけていました。ジャンゴ・ラインハルトや、もちろんフランク・シナトラも。

さまざまな曲が流れていましたが、季節と時間、気分で変わり、選曲はもちろん、小島流でした。そして片庭さんが作業に来ると、彼が持参するサルサに。今でもサルサを聴くと、あの時代のたわいもない会話や時間がぼうっと浮かんできます」

――『ドレッサージ』は、どのような過程を経てつくられていたのか、印象に残っているシーンがありましたら、ぜひ。

「ロラン・バルト『モードの体系　その言語表現による記号学的分析』（七二年／みすず書房。フランスの現代思想家バルトがファッション雑誌の写真に付されたキャプションなどを対象にファッションを記号論として読み解いた大著）からインスピレーションを得た企画がありました。面接の日、事務所に何気なくでも意識して置いてあったのがこの本。私が履歴書に「美学」を専攻していたと書いたので、ちょっと試していたのかな、と思います。緊張していたけれど、『あっ、バルトの本』と一瞬目をやったところを小島さんは観ていて、にやっとしました。

私も、この本にはすでに出会っていて、ファッションの記号論はおもしろい、と思っていました。ですから、ドレッサージの六号の特集になった時のことはよく覚えています（註：「Active Adventure／MESSAGE PHOTOGRAPHY SYSTEMÉ DE LA MODE」。写真：堤一朗。全五ページ。男女のスーツ〔女性はCHANEL、男性はGIVENCHY〕のモノクロファッション・フォト。キャプションは「Silk 100% No.413 Colour Size 36」という具合に記号のみ。扉に『モードの体系』からの引用をリード替わりに掲載）。写真のスタジオ撮影が終わってレイアウトが始まった時、キャプションの入れ方について小島さんにいろいろ意見した覚えがあります（それまで『ドレッサージ』の編集に意見することはありませんでした）。

『モードを素材で語ったり、価格で語るぐらいした方がインパクトありませんか？』と。

『そう、あんまり向きになるなよ』とさらりとかわされました。

『ドレッサージ』はあくまで小島さんのニュアンスで編集されていました（もちろん小島マリさんのインスピレーションも加味されて）。

骨董通りの入口にあった嶋田洋書で見つけた一枚の写真や写真集から触発されたものもありました。小島さんがずっと大事にしてきたもの、好きなもの、ある時出会ったおしゃれだなと思うものが、自身で、ある『時代の風』をつかまえた瞬間に再構成され、表現として出てくる感じでした。企画書なんて無く、とってもアバウトで、いつも突然でしたが」

——『ドレッサージ』の他にスタディアムで手がけられたお仕事について、できるだけご教示いただけますか。

「PR小冊子はジバンシーの香水、パーカー、ウエラ（ヘアケアメーカー）など単発になってしまったものもありましたが、化粧品メーカー、ゲオールのタブロイド判新聞は毎月制作していました。ラピーヌの『花のように』は年二回制作、七九年からスタートし、八四年から八七年の四年間はカタログ撮影も兼ねて海外ロケに同行しました。一緒に仕事をしたいと思うカメラマンを口説いて（ギャラは決して多く支払えなかったので）、現地のコーディネイターにお願いして、ロケハン、モデルオーディション、撮影と三週間ほどの旅でした。小島さんが『大きな仕事もしてた』というのは、この事かもしれません。

大阪電通の依頼で、新聞広告も作りました。電機メーカーの十段広告では著名人の奥さん五十人にインタヴュー、小説家の著作で紹介された『名店散歩』のようなものでは掲載許可をいただく作業など。故吉田健一夫人とお話したのも、そんな時期でした。その時私ひとりで行ったのですが、やっぱり話題は「競馬」に。

『辻留の主人と明日は府中に行くのよ。このギャラで愉しむわ。昔はパリのシャンティ競馬場、それもジプシーたちがいるような場所を好んで健一と一緒にレースを観たものよ』と。そんなお話が聞ける、それは何よりも貴重な時間でした。

　私の祖父は明治生まれでしたが、昔は羽織袴で競馬場に行き、馬を観ていました。その馬の背景にあるストーリイが好きだったようです。私も小さい時に場外馬券場へ祖父に連れられて行った記憶があって、一番仕立てのいいワンピースを着て、帽子をきちんとかぶるように言われていたようです。夕方、場外で外れ馬券（昔は薄い素材の紙でした）が花びらのように舞っているのが、とてもきれいだったのを覚えています。

　小島さんは、そんな話もおもしろがっていました」

――小島さんといえば長電話、というくらい、しょっちゅういろんな方にお電話していたそうですが、小島さんは淋しがりやに見えましたか？

「小島さんは淋しがりや、と皆さん言いますけれど、私は、そうかもしれないけど、そうでもない、と思っていました。語ることで何かに出会うかもしれない、と思っていたように私は感じています。営業的にも、誌面のアイディアでも」

――訊きにくいことですが、スタディアムの経営はいつ頃から悪化していたのでしょうか。

「最初からです。私が出社初日（小島さんは神戸だったので、一日中誰もオフィスにいませんでした）、最初にとった電話はあるカメラマンからで、『数ヵ月も前に貸したポジに対するギャラが振り込まれていない、先月も先々月も末には支払うと言ったじゃないか』と。ラピーヌ『花のように』のカタログ撮影分まで請け負って、少し資金繰りがよくなっていったという感じでした。

でも、お金に関しては、皆さんのおっしゃっている通りです。ギャラを滞納して、カメラマンやヘアメイクの方と一緒に仕事ができなくなったり、印刷屋さんに迷惑をかけたり、執筆者に原稿依頼できなくなるのは辛いことでした。

スタディアムを退社したのは結婚もきっかけでしたが、もうその前から、この辺のことが負担になってきていたことも大きな原因です。

そうそう、余談ですが、初めの頃、私のアルバイト料は馬券を当てて支払っている、といつも言っていました」

――おかしな質問に聞こえたら恐縮ですが、小島さんは守ってあげたくなるひとでしたか？

「いいえ、そんな感じをもったことはありません。

小島さんは独特のチャーミングさをもっていましたが、スタディアムの内側にいた人間には、会社を維持していくさまざまな場面での大変さがありましたから、そう思うことはなかったんじゃないでしょうか」

――皆さん、「あの魅力は言語化できない」とおっしゃいますが、上野さんは、小島さんのどのようなところに魅力を感じておられましたか？

「私が思っていた小島さんの魅力のひとつは、気に入った人物に対して「雑誌」というフィールドを提供するから、自分のやりたいこと、実現したいことを楽しみながらやったらいい、という姿勢です。

例えば、『ドレッサージ』のある号で、女性カメラマン数名にページを提供し、自由に企画した作品を仕上げて掲載する特集を組みました。まだ駆け出しの方もいて、誌面のクオリティを考えると再撮を頼んだ方がいい、と私は思っていたのですが、小島さんは『いいやん、雑誌なんだから。失敗だっていい』と。

元々『ドレッサージ』は雑誌の形態をとっていますが、スタディアムの戦略的会社案内、名刺、との位置づけを私はしています。社内的にもそういう側面で制作されていたと思います。

時代的に輝いていた広告業界で、〈編集〉という切り口でクリエイティヴなアイディアを提供しながら、『おもろいこと（単純な言い方ですが、小島さんはよくそう言っていました）していこうや』と思っていたのではないかな、と振り返ってみると思います。うまくいくか、いかないかはわからない。でもどうせ人生はゲームみたいなもんだから、まあ、行こうや、みたいなニュアンスです」

Ⅲ.

小島さんは、自分より一つ年上のジョン・レノンに終世兄事していた。最後の入院生活で小島さんを世話した大阪明生病院の看護師、岡村美紀さんに、ジョン・レノンの写真を見せて、「俺の兄さんや」と言っていたという。

小島さんは、なぜそこまでビートルズに傾倒したのだろうという問いが、ぼくにはあった。連載の時には見つからなかった重要な資料がある。東海教育研究所が発行している『望星』という月刊誌（註：七〇年創刊。現在も刊行中。三山喬氏によるルポルタージュの秀作『ホームレス歌人のいた冬』は同誌に連載された）の七二年十月号。特集「若者の日常感覚」のテクストの一つとして、小島さんを含む三者の鼎談が掲載されている。一見意外な組み合わせだが、実に的を射ているともいえる人選の妙に、興味は尽きない。

一人はイラストレーター／グラフィック・デザイナーの小島武。〇九年に逝去した際、桑沢デザイン研究所の同期だった盟友、アート・ディレクターの長友啓典に「あいつはイラスト界のイチローになれたのに、なろうとしなかった」と惜しまれた天才肌の絵師。別役実、沢木耕太郎らの本の装丁や挿絵、六文銭『キングサーモンのいる島』（七二年）、高田渡＆ヒルトップ・ストリングス・バンド『バーボン・ストリート・ブルース』（七七年）などのアルバム・ジャケットが代表作として知られている。酒と音楽をこよなく愛し、井上陽水との親交は有名だが、同じく交流の深い六文銭には自ら作詞した「12階建てのバス」、作詞作曲を手がけた「今日はいい天気だな」を提供している。

小粋で男っぽく、それでいて繊細きわまりない彼の描線に、ぼくはいつも魅了されてきた。小島武のイラストは、書籍やレコードはもちろんだけれど、雑誌で見るといっそう引き立って見える、と同時に掲載誌そのものをグッと引き立たせるという稀有な特質を持っている。ゆえに〝雑誌好き〟なら彼のファンになってしまうのは自明の理なのだ。日本で『エスクァイア』の〝ハート・アンド・マインド〟をイラストにできる唯一人の絵描きが小島武であることを想えば、米国版創刊五十周年記念号を邦訳した常盤新平監修のアンソロジー『「エスクァイア」で読むアメリカ 上・下』（八五年／新潮社）、『アメリカの歴史を変えた50人 上・下』（八八年／同）の装丁を手がけ、彼自身の挿絵入りで書籍化されたのは、まさに記念碑的な快挙だった。

六九年の創刊当初から毎号のようにイラストを寄せるなどディープに関わった『ニューミュージック・マガジン』では、増刊号のアート・ディレクターとしても素晴らしい仕事を残している。七〇年代をいち早く総括した『年鑑'78』は、内容の濃さもさることながら、詩人・吉増剛造の写真を全扉に起用するシャープな誌面構成が出色だった。七七年十一月増刊号として邦訳が刊行されたロック評論の金字塔、グリール・マーカス『ミステリー・トレイン　ロック音楽に見るアメリカ像』における、雑誌と書籍の両方の要素が見事に合致した装丁は、未だにぼくの「理想の本のかたち」の一つである。

小島武は一匹狼を貫く「孤高のクリエイター」だった。逝去の二日後、〇九年十月六日に長友啓典が自身のブログに掲載した追悼文を引用させてもらえば、「ほんとうの、ほんまもんの無頼派だった。天才、無頼ゆえの波乱万丈な人生だった」。その続きに衝撃を受けた。

《先日何年ぶりかの電話があった。「ホームレス状態だったのよ」「失明に近かったのよ」「イラストも描いてないのよ」と凄い話をあっけらかんと話す電話の向こうの小島の顔を想像して目頭が熱くなった。「何かまた桑沢のころに帰ってやろうやないの」と話をして、はじめかかったばかりの訃報だった。》

小島素治と小島武。同じ姓を持つ二人の「ほんまもんの無頼派」は、ジャン・ジュネのように「破滅」や「下降」を志向する強い衝動を抱えながら生きていたのかもしれない。仕事を共にする機会はなかったのか、未だに確認できていないけれど、互いに三十代にさしかかった頃、雑誌の鼎談というかたちで、語り合うひとときを持っていたのだ。

もう一人の出席者は、石浦信三。はっぴいえんど（註：七〇年代初頭に『風街ろまん』など三枚のアルバムを残し、現在につながる〝日本語のロック〟の基礎を築いたバンド。メンバーは細野晴臣、大瀧詠一、松本隆、鈴木茂）を支柱とするマネージメント集団〈風都市〉のリーダーである。石浦は、「日本では珍しいメンバー・プラス・ワンという形のミュージシャンと同時代のマネージャー」（『ＣＩＴＹはっぴいえんど全曲楽譜集』〔七三年／シンコーミュージック〕〝ぷろふぃーる〟より引用）だった。はっぴいえんどのファースト・アルバム『はっぴいえんど』（七〇年、〝通称ゆでめん〟）の歌詞カードに強烈な印象を残す「あの独特の学生運動みたいな字体」（『風都市伝説　１９７０年代の街とロックの記憶から』〔〇四年／音楽出版社〕より前島邦昭・談）の書き文字は、石浦が手書きで清書したものだ。

〈風都市〉は、「数学の天才」と周囲の誰もが認め、学生運動にも携わっていた石浦の「カリスマ性」のもとに成立しているところ大であったという。

石浦は一九四九年生まれ、生家が渋谷の松濤という生粋の都会っ子で、はっぴいえんどのドラマー、のちに作詞家となる松本隆とは、青山の青南小学校から慶応中等部、慶応大学と進路を共にした同い年の友人だった。

《石浦とは青南小学校のときからの知り合いなんだ。クラスはちがったけど、休み時間に図書室に行くと必ず彼もいて、最初の会話が「君、円周率を何桁まで言える？」というものだった。円周率をぼくより長く言える奴に会ったのは、彼がはじめてだった。》

《小学校のときぼくのベッドの頭上には父親の本棚があったんです。そこにボードレールの『悪の華』が入っていたので、寝る前に読んで、彼の都市論を植えつけられた。『風街ろまん』のころは、石浦がベンヤミンの『ベルリンの幼年時代』に傾倒していて、ぼくも読んでおもしろかった。ベンヤミンのベルリンやボードレールのパリにあたるのがぼくにとっては東京だと。そんなところから『風街ろまん』

の世界が生まれてきたんです。

石浦とは文学の話ばかりしていたね。ぼくが感覚的に説明することを彼は論理的に説明してくれる。そういう補完のし合いだった。その意味では彼はマネジャーというより親友だったね。》（同書より松本隆・談）

〈風都市〉は、石浦を中心とする二十歳前後の若いスタッフ数名が集まり、ライヴ・イヴェントの企画からスタートした。様々なサブ・カルチュアが交じり合い、坩堝となっていた七〇年代初頭のロック・フェスティヴァルは、「演劇と学生運動とロックがクロスするような場所」（同書より室矢憲治・談）だった。まだライヴハウスという言葉もない頃、今も渋谷百軒店にあるロック喫茶〈ＢＹＧ〉の地下でライヴのブッキングを始めたのを契機に、石浦たちは、「当時の芸能界や音楽業界に合わせようという気は１２０パーセントなかった」（同書より松本隆・談）同世代のミュージシャンとスタッフが一体となって、新しい音楽シーンをつくり出そうとした。〈風都市〉は、独自のレーベル・カラーを育み、独自のサウンドを生み出すミュージシャンをバックアップする「運動体として」（同書より三浦光紀・談）のマネージメント集団だった。

この鼎談が行われた七二年、日本では確立されていなかったプロデューサー主導によるレコーディング、音楽出版や原盤制作などの音楽ビジネスを自分たちの手で行うことなどを目指し、〈風都市〉は法人化されて株式会社ウィンド・コーポレーションとなり、一年後には音楽出版社シティ・ミュージックを設立する。

しかし、経営的な資質を欠き、理想だけを追い求めた彼らの「運動」は次第に経済的に行き詰まり、七四年春には法人としての〈風都市〉は崩壊する。その時点で、石浦信三の名は日本の音楽シーンから消え、「音源」だけが残った。
「ビートルズから歩きはじめて」というタイトルのこの鼎談の冒頭で、小島武は、こう問いかけている。
《ぼくらの日常感覚を語るためには、どうしてもビートルズやロックの体験が中心になってしまいますね。小島素治さんも石浦信三さんも、ビートルズに始まり、ビートルズに象徴される長髪文化とでもいったものを、それぞれのやり方でくぐりぬけられたと思いますが、今日は、いま、ぼくらが何処まで来ているかといったことをお互いに出し合って、現代の若者の日常感覚の周辺を話し合ってみたいと思うのです。
小島さんは最近季刊『サブ』で「ビートルズ特集号」というのを出されましたが、あれはどういう感じだったのですか。》
それに対して、小島さんはこう答えている。
《ぼくは六〇年代はビートルズしかなかったと思います。ものすごく大ざっぱな言い方かもしれないけれど、ケネディが暗殺されたり、世界史上いろんな問題があったんですけれど、ぼくの体験というのは、ビートルズの体験しかなかったんじゃないか。》
《その当時、ぼくはジョン・レノンの、ある意味での政治的部分と、彼の持っている芸術的なバランスがものすごく好きで、彼にいかれたというか、熱狂的な信者になったというわけです。で、やるんだったらそういうふうな展開でやりたいということだったのです。》
『SUB』という雑誌が持っている絶妙なバランスは、そのままビートルズ、あるいはジョン・レノンが持っていた絶妙なバランスだった。少なくとも小島さんにとってはそうだった。

ビートルズは日本に何をもたらしたのか。「黒船の来襲と同じぐらいの」意味を持っていたと小島さんは言う。といっても、それを分析的に語ってしまっては面白くない。それが「いいとか悪いとかという判断をかなりドライにやってしまう世代を生んだ」おおもとこそ、ビートルズだったのだから。

小島さんは『ぶっく・れびゅう』を創刊する前から写真を撮っていて、言語に寄りかかった表現に疑問を抱いていた。そこへ現れたのがビートルズだった。まだ誰も（少なくとも大人たちは）ビートルズをいいと言わなかった時、小島さんにはそれが啓示のように響いた。「六〇年代はビートルズしかない」。ローリング・ストーンズの初来日公演のチケットを購入するため、小島さんも嬉々として行列に並んだというエピソードを聞いたことがあるけれど、あくまで〝気分をよくしてくれるもの〟としてロックを好んで聴いていたのであって、小島さんにとって「体験」と言い得るものはビートルズ以外にない、ただ「ビートルズ体験」のみがあった、と言い切ってもかまわないというのが本心ではないか。

では、一方の出席者・石浦信三はビートルズをどう聴いていたのだろうか。小島さんが一九四一（昭和十六）年生まれなのに対して、石浦信三は一九四九（昭和二十四）年生まれの八歳違い。石浦は松本隆と同級生、はっぴいえんどのメンバーは最年長の細野晴臣が四七年、大瀧詠一が四八年、最年少の鈴木茂が五一年生まれ、とほぼ同世代であるから、小島さんを戦中派の最後尾とすれば、はっぴいえんどは完全に戦後派である。後で話題に上るフォーク・クルセダーズの北山修は一九四六（昭和二十一）年生まれ、この世代以降はまさしく「戦争を知らない子供たち」ということになる。

彼らを「ビートルズ世代」と大ざっぱにくくった上で六〇年代を語ることはできるだろうけれど、戦中派と戦後派では感覚が違う。その違いが、この座談会にも反映されている。

石浦信三は、ビートルズは「あるがままにあった」と言う。気がついた時にはビートルズはもう存在していて、自分は彼らと一緒に育ってきた。「思春期から青春の全部と一緒に育っていった気がする」。つまり同時代者だった。突然やって来て衝撃を与えた存在、というのが小島さんの受けとめ方だとしたら、石浦たちにとってビートルズは最初からすでに「あった」のだ。この違いは大きいとぼくは思う。

ぼくは彼らよりもっと下の世代、一九六二（昭和三十七）年生まれである。ぼく自身のビートルズ体験を今思い出すと、テレヴィから流れる『ミュージック・ライフ』のCMで使われていた「ロング・トール・サリー」、映画でいうと最後の『レット・イット・ビー』あたり。最初に買ったビートルズのレコード（LP）も『レット・イット・ビー』だ。一番すきなアルバムは『ラバー・ソウル』だが、今でも一番よく聴くのは『レット・イット・ビー』である。

つまり最初から終わったものとして、一つの歴史として、ぼくは「ビートルズ」を知った。学校帰りに必ず立ち寄る本屋の店頭で流れる有線や、ラジオから聞こえてくるビートルズの曲には強く惹かれたけれど、文化的な同時代性も「一緒に育ってきた」感覚も、はじめから持ち得なかった。持ち得なかったけれど、ある大きな象徴のようなものとしてビートルズに接してきた。

石浦は言う。

《ビートルズがこういう意見を吐いた。こういう音楽をやったというたんびに、ビートルズのところに立ってまわりを見回すという感じが強かったんですね。（中略）そういう意味のプレイヤーでは、ぼくなんかは他にボブ・ディランという人もいましたが……。》

彼にとってはビートルズだけでなく、ボブ・ディランの存在も大きかった。一方の小島さんは、《ぼくはディランは聞かなかった。それはいいとか悪いとかという意味じゃなくてね。ぼくは大体ジャズを聞いていましたから。ディランはあとになって聞いていますけれど。》と言っている。
しかし、小島氏が『SUB』の創刊号と第二号のなかで一つのメッセージとして引用した、「何かが起っているのだけれど　あなたにはわからないでしょう　ジョーンズさん?」というディランの言葉は、ぼくの潜在意識下に食い込んで離れなかった。『SUB』と出会った九〇年から九三年くらいまでの間、当時勤めていた会社でも、その外でも、何かある度にこのフレーズが、頭のなかで呪文のようにリフレインした。我慢できなくなったぼくは、街でめぐり合った仲間と語らい、自分たちの手で新しいメディアを創ろうとした。それが、『バァフアウト!』という雑誌がインディペンデント・マガジンとして始まる時の、最も初期のかたちとなった。

ここでおかしいのが、ディランの話に続く小島さんのこんな言葉だ。
《ところでフォーク・グループで、「村八分」というのを御存じですか。》
村八分といえば、はっぴいえんどとは別の形で日本語ロックを頂点まで突き詰めたグループである。「あれがいまうちでうろうろ練習するのを見ていたり」と小島さんは言う。小島さんが神戸の北野町にあったサッスン・アパートという洋館の二階で暮らしていた時、一階に村八分が練習に来ていたらしい(フォーク・グループに見えたというのが不思議ではある。まさか山口冨士夫やチャー坊を見て「フォーク」と普通は思わないはずだが……)。
小島さんのレコード・コレクションの供給源だった、神戸三宮〈AOIレコード〉の鳥山直樹氏の証言により謎が解けた。当時の村八分のドラマー、〝ユカリ〟こと上原裕がサッスンに住んでいたのだ。また、村八分のヴォーカリスト、チャー坊とは十代の頃から新宿風月堂などで一緒にたむろする遊び仲間だったという宮崎のぶを氏（石浦信三と同じ四九年生まれ）からは、彼が個人映画の製作を共にしていた原正孝（註：現・原將人。五〇年東京生まれ。麻布高校在学中の六八年、草月フィルム・アート・フェスティヴァルに応募した十六ミリ作品『おかしさに彩られた悲しみのバラード』がグランプリを受賞し、四方田犬彦ら後続の世代に強い衝撃を与えた）が、七三年に十時間を超す大作として完成する『初国知所之天皇』の製作を応援してもらおうと、紀伊國屋書店社長の田辺茂一、作家の瀬戸内晴美（現・瀬戸内寂聴）、そして『SUB』の小島さんに会いに行ったという秘話を伺った。神戸から帰った原正孝は、宮崎氏に「神戸にジョン・レノンがいた」と報告したそうだ。

《フラワー・トラベリン・バンドの内田裕也君なんかと話をしていても結論はそうなるんですが、あまり日本のフォークブームというのはきらいだったわけですよ。京都にいたフォーク・クルセーダーズの連中などのあんなふざけた出現のし方は好きだったけれども、何か説得的な歌い方の、ジョーン・バエズなんか、ものすごくきらいで、というか感性的に受けつけないものがあったんです。そういう意味ではもっと楽天的な世界の中にビートルズがあったので、ぼくはものすごくビートルズが好きだった。》

この鼎談のなかで、小島さんは繰り返し、「楽天的なものが好きだった」と語っていて、「日本では昔から生活ということに密着したものが、ものすごくあり過ぎた。そういうものは非常にきらいです」と言い切っている。ビートルズの存在そのものが体現していた悲しみや痛みと表裏一体の楽天性を、小島さんは愛していた。

小島さんにとって、「生活」とはいわゆる日常のことではなかった。自分の好きな音楽によって、世間から遮断された空間を心のなかに創り上げ、そのイメージの世界から何かをクリエイトしていくこと。

小島さんの言葉を引くと、

《ビートルズというのはすごくパーソナルな形で、ぼくにメッセージを送ってくれた。

それはレコードも、ジュークボックスのヒットポップスから、つまりＥＰからＬＰにかわった時点において、ＬＰを聞こうという趣好《ママ》がぼくの中に出てきて、大体そういうふうな形でぼくはビートルズを受けとめた。その中で学んだことというのは、ステレオの音量をものすごく高くすると、サウンドのボルテージの高まった瞬間に周辺の風景がまるっきり変わっちゃうという、そういう世界があると思うんですね。その中で彼らはメッセージを送り、その中でぼく個人のイメージを守りながら彼らの音楽を聞いた。》

風景を切りかえるほどのサウンドを、自分の肉体のなかに通過させる――そういうやり方は、今までの日本人が持ち得ない、「黒船とは違った意味で日本人としてはすごい体験だった」と、小島さんは「ビートルズ体験」を敷衍《アンプリファイ》する。

鼎談の司会をしている小島武は一九四〇（昭和十五）年満州生まれ、つまり小島さんより一歳上の引揚者である。一歳しか違わないにも関わらず、ここで小島武はこんなふうに問いかけている。

《ビートルズから始まって、ぼくらが享受した長髪文化が自分たちのことだけは非常によく語りもしたし、表現もしたと思いますが、若者以外の、老人から赤ん坊までの世界には、何か目をつぶっていたような気もするのです。ビートルズから始まった長髪文化の目ざしたものは、実は老人から赤ちゃんまでを含んだ人間の生活をかかえこんでいく勢いの筈だったと思うんですけれどね。》

それを受けて、小島さんはこう答える。

《ぼくは権威ということばが日本の中では特に重過ぎたと思う。それは伝統を背景として出てきたというのだったら――ぼくははっきりいってビートルズが出現してくる過程に、権力というか権威というか、ばかばかしいほど重いものを十分にこらえ切って出てきたという感じがします。日本の場合はもっと簡単にその辺の軽いポップスみたいなのがどんどん出てきます。

ところがイギリスの場合は、おそらくビートルズが出てくる前にコリン・ウイルソンとかいろんな連中がいて、その中にふっ切って出てきた。それはつながって出てきたのでなくてその累積の中から出てきたということで、（中略）そういう日本人のトレーニングのしかたにも、伝統とか文化という重みに耐えていくだけの個人の力が、すごくあいまいだということがあると思う。ぼくとしてはその辺のことはとにかくどうにもしようがないんじゃないかと思う。だから、ひそひそ話で仲間をふやしていくんじゃなくて、とにかくやっちゃったということで、どんどん行くしかない。せめてそれぐらいの感じじゃないかなと思います。二十代にジャズを聞いて、それからビートルズやローリング・ストーンズもみんな聞いて、それでいまや三十代ですね。おそらく小島（武）さんもそうだと思うんですが、その辺の昭和の二けたみたいなところは、そういうものを現象的には彼らと何のてらいもなく話し合えるというんじゃなくて、説得とかことば抜きで共感していくみたいなものを本流にすえて、からだを日本に預けちゃうということしかできないと思うんです。》

ビートルズは突然変異的に出現したのではない、というのは重要な指摘だ。まず大英帝国の存在が強固にあった上に、ビートルズの前にもアングリー・ヤングメンという反抗の世代があった。その代表選手が二十四歳でデビュー作『アウトサイダー』（五六年）を引っさげて登場した、イギリスの作家コリン・ウィルソンだ。小島さんはコリン・ウィルソンを読んでいた（『SUB』創刊号のあとがきでウィルソンの『敗北の時代』〔五九年／新潮社〕について触れている）。

ウィルソンの主張とは、《簡単に言えば、もし「革命」がなければならぬのなら、それは「文化革命」として始まらねばならぬ。》というものである。《現代文学の底ふかく存在している敗北主義の原因をなすものは、「文化界」でおこることは実社会とは無関係だという感情である。》とアジテイトするウィルソンは、《人間が自分のおかれている環境にうち克つ力を獲得するためには、直接的な経験から目をそらし、自分じしんの価値という直観に意識を集中することが必要である》と説く。《こういうふうに目をそらすことは、決して逃避ではない。それは隔絶を獲得するための第一歩にすぎないし、その隔絶によって生れる支配力を得るための道なのだ。主体性を深め、そして主体性を保ちながら諸問題を分析することこそ、解決策なのである》。

ぼくが古本屋で購入した『敗北の時代』には、先に引用した箇所にアンダーラインが引いてあった。当時この本を買った最初の持ち主は、たぶん小島さんと同世代ではないか。小島さんもまた「敗北主義」とはほど遠い心性の持ち主だ。ウィルソンの主張はジャストに響いたに違いない。そして、小島さんにとっての「隔絶を獲得するための第一歩」こそ、「ビートルズを大音量で聴くこと」だった。

強固な体制に対する反抗が前世代であった後に、「ばかばかしいほど重いものを十分にこらえ切って」現れた新しい世代、それがビートルズなのである。

アングリー・ヤングメンは文学運動であるから、反抗は言葉や思想の形をとる。対するビートルズは、そこを感覚ですり抜けて登場した。だからこそ革命的だった。けれど、彼らが登場してくるまでには、様々な積み重ねがあったのだ。日本の文化的な脆弱さは、「十分にこらえ切」るまでもなく、突然「ロック文化」や「長髪文化」が海彼のものとして輸入される点にあった。しかも、以前とはまったく違う文化としてそれらを消化できたかというと、それもできなかった。感覚として共有はできても、とうとうそれを自分たちのものにはできなかった——そんな思いが小島さんにはあったはずだ。

では、「ロック文化」「長髪文化」を日本でつくり出そうとしていたはっぴいえんどの世代は、この問題をどう受けとめていたのか。石浦信三が興味深い発言をしている。

《たとえばいまでもいつも思うのは不良少年でいたいと思うんです。そういう感じというのは、感覚としては非常に閉鎖的なんです。その閉鎖性において初めて権力と同質なものを持つような、そういう意味での閉鎖性ですね。(中略)逆にいまの六九年以降の日本には、不良少年はいないと思うんです。そういう意味でいま非常に進歩的な意見として、もっと共感できる開かれた関係をつくろう、しかも権力と関係なくという、何かそういう感じというのはぼくが一番初めに言った言い方でいえば、家とそれ以外のものとの間を結ぶところが増大したおかげで出てきた自分の中の感覚で、それはあんまりおもしろくないわけです。》

「一番初めに言った」のは、次のようなことだ。

《もっと前にはもちろんジャズを聞いていた時代はありますが、ディスコティーク時代というものをくぐり抜けたあと、「ハッピー・エンド」とつき合うようになっているから、ちょうどそのディスコティーク時代というのは学生運動の盛んな時代と重なってます。片方で全共闘みたいなことをやりながら、片方で夜になると青山、新宿あたりをがたがたしている時代でした。》

すると小島武が、《で、石浦君の中で、そういう学生運動と音楽に関係のある部分というのは、完全に別のものとして処理できていたの。》と問いかける。

石浦信三の答えはこうだ。

《まだ六六年までというのは、ぼくにとっては家庭ということばの重みが少し違っていたから、そういう意味で最もごく普通にいわれている意味での家庭を脱出して、新しい空間へ自分が入っていく喜びみたいなものを味わっている程度じゃなかったかなと思います。その意味では町が自分の中に繰り込んできた感じです。一番肌に感じられるのは、ディスコであり街頭だったから。そういう単純な意味合いでした。》

六六年に石浦は十七歳。ビートルズの来日はこの年の六月二十九日、六〇年を境に三派系に分裂した全学連が再建されたのもこの年の暮れである。翌六七年十月八日、時の総理大臣・佐藤栄作の南ヴェトナム訪問を阻止しようとする第一次羽田闘争において、京大生・山崎博昭が死亡したのを契機として、学生運動は一層激しさを増していく。

ここで留意したいのは、「町が自分の中に繰り込んできた」という感覚だ。小島さんの感覚――街と直接的には関わらず、ピンポイントで自分の行きたいところにだけ行き、それ以外は神戸の丘の上の隔絶された空間で音楽に浸りきって暮らす――そうした一種閉ざされた感覚とは対照的に、石浦たちは家を飛び出し、ゲバ棒を持って街へ繰り出して行く。そんな彼らの世代の音楽との付き合い方として、あるいはたむろする場所として、例えばディスコがあった。ここにぼくは両者の大きな違いを見る。

初期の『ニューミュージック・マガジン』に小倉エージという、のちに音楽評論家となる編集スタッフが在籍している。四六年生まれの小倉は、神戸の甲南大学在学中に関西のフォーク・ムーヴメントの機関紙『かわら版』の編集を手伝ったのをきっかけに、ムーヴメントの発信地であるインディーズ・レーベルの元祖、URCレコードに加わり、ここからリリースされたはっぴいえんどのファースト・アルバムのレコーディング・ディレクターも務めた。小島武は、この鼎談の三年前、たまたま小倉と話していた時、こんなやりとりがあったと言う。
《彼はぼくよりかなり年齢が下なんだけれども、「小島さん、ロックを聞くってどういう感じですか」という猛烈な勢いのひたむきな質問をされたわけですね。ぼくは「さてどう言ったらいいかな。君だったらどう思いますか」と聞いたら、「ロックというのは一つの生き方だと思いますよ」と簡単に言ってのけたんですね。そのとき、彼が非常に思い込み過ぎているという感じもあったし、ほんとうにそうだという感じもあった。ただ、そういう生活をも変えるようなロックという音楽を中心にして、ぼくらの生活が変わったかどうかということを、できたら知りたいんだけれどね。》
石浦信三はその問いに対して次のように答える。
《ぼく自身を振り返って、非常に冷たいいい方だけれども生活というのは本質的なところでは変わっていないと思う。それは体制が変わらないように変わっていないんです。》
石浦が本音で語っている右の発言は、注目に値する。続けて、
《じゃ、どこが変わったかというと、一つ街路をとっても町ひとつとっても、ジュークボックスをとっても、水ぶくれ的に、長髪文化のディテールがいままでの生活を隠すぐらい大きくなったということはたしかですね。たとえばぼくもいまそうだけれども。長髪族というのもそれほど革命的には感じなく、ただ着実に自分たちの間でふえていて侵食しているものがあって、それはビートルズが出始めたころ、キャンパスフォークというのがあって、それは少なくとも大学のキャンパス内のいろんなやり方を一掃しました。そういう意味で、ある一つの自分のうちというものがあって、うちから外に出て、また外から戻ってくるときの外の感じが職場という感覚でなくて、職場と家庭生活の中間にあるものの量的な増大みたいなものとして確実にあって、その中で音楽でも何でも考えているということですね。

その量的な増大ということは、ほとんどふだんの生活まであやうくするぐらい増大したことはたしかだと思います。けれども本質は変わらないということです。だから、その感覚は水ぶくれになっているんじゃないかというぐらいに広がっていると思います。》

上の世代が「長髪文化」や「長髪族」に脅威を感じたのにひきかえ、当の彼らはそれを特別なものと思っていなかった。いや、思っていた人もいただろうけれど、本当に醒めた目で現実を眺めることができた者には、「長髪文化」など革命でも何でもなかった。それはただ「水ぶくれ」のように増えていくだけの風俗でしかない。結果的に「長髪族」がなし得たことを見れば、これはまったくその通りだったと言わざるを得ない。

「水ぶくれ」とは具体的には何を指すのか。

一つは、「長髪文化」が企業に取り込まれていったことだろう。ただ取り込まれるだけにとどまらず、積極的にその「文化」を企業に売り渡し、世を渡っていく人間もいた。「長髪文化」や「ロック世代」の代弁者のような顔をして、それを次々と金に替えていった連中だ。

一方、「水ぶくれ」した世代は数を増して、いつしか社会の主流となっていく。彼らを産業資本とつなげる役割を果たした代表的人物として、たとえば小島さんがこの鼎談でも名前を挙げていた浜野安宏がいる。東急ハンズのコンセプト・メイキングや、渋谷駅前「QFRONT」、表参道「FROM-1st」、飯倉「AXIS」、神戸北野町「ROSE GARDEN」など「ニュー・ライフスタイルのための商品・商業施設、新業態の研究開発、企画、デザインなどの総合プロデューサー」(『作家の仕事場　25人のデザイン・ジャイアント』〔〇四年／インフォバーン〕掲載のプロフィールより)として知られている。バリ島ヌサドゥア地区、神戸ポートアイランド・ファッションタウン、横浜ポートサイド地区等、内外の地域開発プロジェクトを数多く手がけ、この鼎談が行われた七二年には、新宿副都心開発協議会の最年少メンバーであったという。建築家の安藤忠雄（浜野総合研究所の元副社長・北山孝雄の兄）をその初期に「発見」した強運の持ち主であり、フライフィッシングに熱中する「ナチュラリスト」でもある。

浜野安宏は小島さんと同い年、同じ京都生まれ。六五年、原宿キディランド裏の木造アパートに株式会社浜野商品研究所を設立。六七年一月には、『MEN'S CLUB』や『NOW』といった男性ファッション誌のメイン・クライアント、VANのライヴァルであるJUNと組んで、先行する『HEIBONパンチDELUXE』と同じ大判平綴じのメンズ・マガジン『Stag』を創刊（発行・映画の友）、メッセージ色の強い攻撃的な編集態度で当時の若者たち（本書の証言者、片塩二朗氏や宮崎のぶを氏も含む）に衝撃を与えたという。同誌は四号で休刊するが、アフリカを横断する画期的な大特集（第三号）など、今の目で見ても大胆不敵で、同時にJUNと「アフリカン・ファッション〈プリミティブ・モード〉」を企画・製作するあたり、小島さんには真似できないしたたかな商才には半ば感嘆せざるを得ない。

両者には接点がある。『SUB』第三号の特集「世紀末としてのファッション　Fashion Democracy」の巻頭に、浜野は「共感共同体――ニュー・ライフ・スタイルの提起」というテクストを寄せている。

《質素革命

一九七一年四月二十五日、日曜日、新宿、歩行者天国、伊勢丹デパート前。僕はここでひさびさにイベントをやった。題して「質素革命――地球の日」である。おだやかに晴れた青空がめずらしく顔をのぞかせている日であった。

アピール

人間主義
三色の旗がめじるし
地球人類の旗、三色旗に集まれ
右も左も、善も悪も、上も下もない
国境もない　階級もない
欲望、感覚の解放
情緒、心情、想像力の拡大
我々は地球人類だ　人間だ　生物だ
我々の本当の平和
我々の本当の生活
我々の本当の幸福
我々のホンネ
我々の実感
我々の本当の生きがい
我々の原点

我々の愛

質素なナマの木で作ったステージの一番高い所にロック・バンドを用意し、その頭上には僕の作った「地球の旗」の三色旗が風にのって舞っていた。人々はしだいに集まってきてその数を増してゆく。バンドがジョン・レノンのマザーを演奏し始めた時にはすでに一万人近い人がステージのまわりをとりまき、そのまわりの人の波がよどんでしだいしだいに止まっていった。ファッション・エコロジカル・レボリューション——質素革命が始まった。「若者達が質素にふるまい、豊かな心情をもとめればもとめるほど固定した産業社会は冷えてゆく」。この言葉はすでに雑誌プレジデントや「日経ビジネス」に僕が発言したり書いたりして日本のカチカチ、ビジネスマンをふるえ上らせ、企業のトップに反省を強いていた。僕は質素革命のそのかなたに、新しい流動的な社会を見ている。「ニュー・ライフ・スタイルの提起。」人間中心の思考に根ざした素直な実感が形成する生産と、その生活化、芸術とその生活化。生活の芸術化、それが最も今日的なテーマである。ファッションは高効率な企業収益を上げるための付加的要因ではなく、常に新しい生活をフィジカルにまきおこしていく、今日における主体的エネルギーなのである。このイベントで僕が発表した服はまず地球の三色旗の色だけで構成されるものであり、素は「カネキン」という日本に古くからある木綿の質素な生地である。》

引用しながらなんとも言えない気分に襲われる。まるでロバート・アルトマン監督の映画（例えばアメリカ合衆国建国二百年を背景とする『ナッシュビル』の舞台を「質素革命」当日の新宿に置き換えてみるといい）に出てくるようなビザールな光景とでも言おうか。「芸術の生活化」というテーマは、ぼくもこの本の冒頭の「三十年後」の章で少し触れているから、よけいに苦い味が舌の上を拡がっていく。

この三号の表4に、資生堂の広告（エムジー5「ギャラック」）が入っている。資生堂のようなナショナル・クライアントが、単発とはいえ『SUB』に媒体価値を認めて出広したことの意味は大きい。この頃から、小島さん自身、広告と積極的に関わり始める。

小島さんは、この時点で雑誌を作るだけでやっていけるという展望は持っていなかった。小島さんは、ぼくとの会話のなかで「表現をすることは気分がいい。自分の場合、それが雑誌なんや」と言った。雑誌は小島さんにとっては一つの表現であって、決して生活ではなかった。いわゆる「生活」を嫌っていた小島さんは、そこに自分を預けようとは思わなかったのだ。

では、どんな形で世の中との接点を持とうと考えたか——小島さんの場合、それが広告だった。浜野安宏のように自身の手足となるチームをシンクタンクとして組織化し、企業と渡り合うのではなく、フリーランスのエディトリアル・ディレクター／プランナーとして企業と関わりを持とうとした。小島さんにとって、雑誌はもはや「表現」であるのみならず、仕事を獲るためにも必要なコミュニケーション・ツールとなっていった。

『SUB』三号のファッション特集のサブ・タイトルに〝democracy〟という言葉が使われているのが、心のどこかで引っかかっていた。小島さんがこの言葉を持って来た真意は何処にあるのだろう、と。アメリカの歴史学者ダニエル・J・ブーアスティンは、大量消費社会について論じた名著『過剰化社会——豊かさへの不満』（八〇年／東京創元社）のなかで、「デモクラシーの社会では、なにが真実であるかということよりは、なにを人びとが信じているか、つまり、真実よりは信じられている程度の方が重要になりがちである」と指摘し、「デモクラシーを政治体制としてだけではなく、すべてがすべての人に及ぶようにするための一連の制度として見るならば、広告とはデモクラシーの特徴的な修辞法（レトリック）である」つまり、説得の問題が知識の問題の重要性を薄めてしまいがちになる、と警告を発した。

ブーアスティンによれば、今日、広告するという意味の〝advertise〟という動詞は、元々は自動詞的に、留意する、考える、ということを意味していた。それが他動詞的に、他人の注目を何かに向かせる、人に注意する、知らせる、などの意味に使われるようになり、十九世紀の後期にはそれがはっきりと商業的な意味を持つようになった。そして二十世紀に入ると、「人びとを好意的に導くよう影響を与えるものはすべて広告である」（ブランチャード『広告要諦』／一九二二年）というところまで変化してきた。マクルーハンの言説を引くなら、映画とラジオという「ホット・メディア」の登場により、「広告とイメージ作りは、経済の中で唯一の真にダイナミックな成長部門となった」。そして、テレヴィジョンという「クール・メディア」の登場以来、「今日の広告は、個々の商品を相手にすることはやめて、大企業の〝イメージ〟という、すべてを包含する終わりのない過程を扱おうとしている」（『人間拡張の原理——メディアの理解』六四年）。二十一世紀にさしかかった辺りから、インターネットが普及すると、企業が提供している回線を誰もが使わざるを得なくなった結果、「受け手に違和感を持たせない広告」から「違和感があろうが受け手に遠慮しない広告」へと、広告主の態度は豹変している。〝アドヴァタイズ〟も、この辺で自動詞の原点に立ち返る必要がある。

広告は危険な陥穽を持っている。利用していたつもりが結果的に利用されていたという事態が、この世界では往々にして起こる。

当然ながら、広告はクライアントである企業の利益に奉仕するのが大前提である。高度経済成長が一段落した七〇年代以降、ものが溢れて飽和するなかで、広告は「気分」を売り物にするしかなくなっていく。そこからもはずれて、何らかのメッセージを送ろう、さらにはみんなで一緒に遊ぼうという方向に時代は進んだけれど、その過程で広告は様々なものを自らの内に取り込んでいった。広告自体がサブ・カルチュアを志向した。音楽もまた広告を補完する重要な要素になっていく。その意味で、七〇年代は広告自体が「水ぶくれ」していく過程でもあった。

文化は剰余から生まれる。剰余のないところに豊かな文化は育たない。言うまでもなく、この剰余は経済活動のなかから生まれてくるものだ。それは大きな矛盾を孕んでいるけれど、だからといってそこから逃れることはできない。とても際どい綱渡りだ。ただし、二十世紀の文化は、この際どい綱渡りから生まれてきたこともまた間違いない。そうであるならば、二十一世紀の今から過去を振り返る時、単に六〇年代、七〇年代という個別の時代の変遷を見るだけでは不十分で、「二十世紀」という一かたまりとして、それらを見直す必要がある。

二十世紀のなかで、若者が力を持ち得て、何かを生み出していった大きなDECADEとして、六〇年代は重要だ。その六〇年代の象徴としてビートルズがあるのだとすれば、彼らの発したメッセージを受けとめた世代は、その後一体何を生み出していったのか。それをもう一度検証したい。そのことで、きっと見えてくるものがあるはずだ。

Ⅳ.

『望星』の発行日は、七二年十月一日。座談会が行われたのは、その少し前だろう。この時点で、小島さんは次のような心境にある。

《いま、ビートルズの話をしているけれども、心境的にぼくとしてはいまやペギー・リーやフランク・シナトラなどを聞きたいところで、ビートルズの中から学んだことは多いけれども、さめてしまって、だからといってそれが古いとか新しいということでなくて、着実にだれかがそれを再現していかないとどうにもならないと思う。いままで、日本というのは体系とか論理というものが好きで、かなり説明していくことにひたりすぎた、そういうものは全然許せないという感じが、ぼくはするわけですね。(中略)そんなことで、外国の詩なら詩や音楽というものの中からこれからのいき方みたいなものはあるだろう。少なくともぼくがいままで持っていなかった別の風景を呼び込むだけのものを持っていると思う。

だからさっき石浦さんが街路に出ていく中で、町を自分の中にトータルして、その中に自分を置いてしまう、というのはわかるけれども、ぼくは日本の中にはその選ぶ風景すらない。(笑い)そういう意味で別の形の何かを選んでいきたいという思いからレコードを聞いているんです。

ニューヨークなんていうのは、どうにもならないところだけれども、そんなところで、サイモンとガーファンクルが、あれだけの音楽をあれだけの歌の中から、あれだけイメージを喚起するものを持っているということに、アメリカの良心とか、そういうものはすごいなと思う。それは、サイモンの資質にかかっているのかもわからないけれども、やはりそれだけのものが売れるというのはすごいなと思う。そ

ういうことで日本の音楽というのは、平均的なレベルが、ものすごくおくれた感じを持ちます。》

それを受けて、小島武が、

《それはOKですね。小島さんのつくってきた雑誌を見ると、いまのことは納得できます。ところが、われわれが住んでいて、これからも住み続けようとしているのは日本であるし、ビートルズに始まった長髪文化は、世界各国共通の体験であったというけれども、日本は日本なりの反応のしかたをしたと思うんです。

問題は二つあるんだけれども、一つは日本人として今後どういうことをやっていくかということ、二つめは、長髪文化が日本ではどういうふうに処理されたかということです。ぼくはそのどういうふうに処理されたかということに非常に興味があるのですが、それを仮に新宿物語と名づけているんです。結局、全部新宿で何でもかんでもうすよごれていくんです。向こうから渡ってくるものがファッションだろうが音楽だろうが、映画だろうが何でも全部東京の新宿に来る。そこで全部うすよごれますね。その灰汁みたいなものが、今、東京全体の若者の間に残っているんです。その特徴は日本的なものに寄りかかった表現で、とにかくすぐ桜が散ったりするような表現なのですが、そういうものに対して、ぼくはその場に居合わせていて、すごくさびしい気がするんです。

ところで石浦さんのところの「ハッピー・エンド」は日本語の歌を歌っていますね。日本語の歌を歌い続けるということについて、その辺はどうですか。》

小島武の批判の矛先は、新宿という街が体現していた、六〇年代の末に隆盛を極めた〝アングラ文化〟に向けられているようだ。七二年のこの時点でも、〝若者の街〟といえば、まだ渋谷ではなく新宿をさしていた。これに対して、石浦信三は、

《小島（武）さんのいままで言われたことのうち、途中でぼくはちょっと違うなと思うことは、まず一つは新宿でうすよごれていく、正直にいえば東京でということですが、これは非常にむずかしいと思うんです。これはぼくも非常に悩んでいるところだけれども、ぼくらが世界性みたいなところでとらえているることが、往々にして地域的であって、地域的であり得るから逆に世界的であり得るわけでしょう。そういう意味で日本に入ってきたもので、その昔から――ビート族やファンキーから、今度のヒッピー、それ以降についても全部そうですが、向こうではビート族という感覚はニューヨークです。ヒッピーはサンフランシスコですよ。ある地域的な特色としてあるわけです。ところが日本に来ると、それがみんな先端的な東京の中にみんなまざっちゃう。そういう問題が一つあります。

ぼくらが日本語でやろうと考えたのは、ちょっと逆説的なんですが東京で、先端のものを、かりに先端ぶって追っていったら、いずれにしても実はあさはかなんじゃないか。世界的なおもしろさが出せないんじゃないだろうか。それだったらあらかじめ見えすいていても、そういうふうにしか地方の風俗を取り入れられなかった日本というのを逆に見詰めたところから、出発したほうがいいんじゃないかという感じがあって、日本をとらえたわけです。それは必ずしも、日本なら日本語でやったほうが受けるだろうとか何とかということでなくして、ぼくらとしては最もモダニズムの感じとしてやったんです。》

石浦信三とはっぴいえんどのめざした方向は、今から振り返ると正しかった。小島武の批判についていえば、新宿とそれに代表される東京の文化は、七二年の時点ですでに「街の文化」ではなく、「街の商業文化」に変質していたという現実がある。例えば浜野安宏が、リアルタイムで〞アングラ文化〟を取り込み、赤坂に「MUGEN」、大阪に「アストロ・メカニクール」というディスコを作ったこともそうした現象の一つだし、あえて言うならば『平凡パンチ』が当時の若者風俗に大きな影響力を持ったこともそうだろう。これらは、若者たちが自前で生み出した文化ではなく、大人が介在して風俗化させられた文化である。いずれも海外の文化を「情報」として持ち込み、海外のお手本をなぞるという発想から生まれた現象だ。『平凡パンチ』や『an・an』は、日野皓正やフラワー・トラヴェリン・バンドは取り上げても、はっぴいえんどには冷たかった。ぼくはヒノテルもFTBも好きだし、「海外のお手本をなぞる」ことも一概に否定する立場はとらないが、ここで肝心なのは、はっぴいえんどは〝ファッショナブル〟ではなかった。つまり「風俗」にはなり得ない、ということだ。

石浦信三は言う。「先端のものを、かりに先端ぶって追っていったら、いずれにしても実はあさはかなんじゃないか。世界的なおもしろさが出せないんじゃないだろうか」。それは、ぼくらはいつまでも「はいからはくち」でいいのか、という松本隆が提示した疑問でもある。

風俗はやがて風化する。風俗は明日には古くなってしまう。古くなってしまえば、それは捨て去るべきものに変わる。石浦信三とはっぴいえんどが考えたのは、「日本的なもの」を自分の感覚で消化、あるいは相対化して、音楽をクリエイトしていく方法だった。そこに生まれた詩やイメージを作品化して、人々に手渡していくこと。そうした本質的な音楽制作を試みたのが彼らだった。

彼らはまた、こうした形で新しい音楽ビジネスを成立させようとした先駆者でもあった。〈風都市〉は、はっぴいえんどの弟的存在だった鈴木慶一率いるはちみつぱい（のちのムーンライダース）をはじめ、元はっぴいえんどのメンバーたちのソロや新たなユニット活動、新人のプロデュースなど多岐にわたる展開のなかで、自分たちの感性だけを信じて行動した。しかし、（ある意味で小島さんと同じく）ビジネスマンではない彼らの「どんぶり勘定」がたたって、わずか数年で〈風都市〉は崩壊してしまう。

石浦はまだ籍のあった慶応大学に戻り、数理科学の研究者をめざしたが、紆余曲折を経た後、他の大学に職を得て、「ガリレオ・ガリレイみたいに、ただパトロンもいない孤高の数学者といった気分で」純粋数学の研究を続けているという。

この鼎談の出席者三人のその後の人生は、順風満帆ではなかった。むしろ過酷な運命と闘う人生を送ったといえる。それでも、地に足のついた文化の創造を試みた彼らの軌跡は、「作品」というかたちで後世に残った。彼らは決して「敗者」ではない。「敗れざる者たち」の魂は、今でもぼくらが触れさえすれば、何時だって蘇るのだ。

座談会に戻ろう。この座談会の時点で登場していた、ある二つの志向に話題は及ぶ。「都市の中に住みつづけようとすること」と、それを離れて「遠くへ行きたいという発想」(いわゆるカントリー志向を含む)の二つである。それについてどう思うかと問いかける小島武に、石浦信三はこう答える。

《その遠くへ行くという感覚についてぼくが思っているのはうまく説明できるかどうかわからないけれども、昔遠くへ行こうという感覚が挫折するときは、サブタレイニアンがつまりそうだったと思うんです。ぼくも事実そういうふうないき方をしてきたし、それがよくわかるんだけれども、サブタレイニアンみたいな感覚のいき方ができるのかどうかにも疑問があります。》

ここで石浦が言う「サブタレイニアンみたいな感覚のいき方」とは、ジャック・ケルアックの同名の小説や『オン・ザ・ロード』の登場人物たちのように生きること、あてどなくさまよい、ケルアックが言うところの「永遠に損失を受け入れる」ような生き方をさしているのだろう。ディランに「サブタレイニアン・ホームシック・ブルース」という曲がある。

石浦はさらにこう続ける。

《ぼくはそれを非常に肯定的に説明できるかどうか疑問だけれども、おそらくより虚構性の強いところで、たとえばいなかでも、それから美しい風景でも、そういう虚構性を信じていて、かつ歌えるんだったら、いまそれぐらいのことしかできないんじゃないかというとらえ方です。

逆にいえば、たとえば風景に頼れなくなったら、その風景そのものを逆手に取ってみるみたいないき方、そういうところに自分がいるんじゃないか。それは肯定的な意味合いなのか否定的な意味合いなのかは全くわからないけれども、そういう感じですね。たとえば、いまの話題でいくと吉田拓郎の「旅の宿」でもいいし、あがた森魚の「赤色エレジー」でも、非常にあやしげですよね。》

それを受けて小島武は、

《でもぼくはいまの話題からいくと、吉田拓郎の「旅の宿」のほうを肯定したいですね。》

石浦信三も言う。

《ぼくもそれはそういうふうに感じます。》

おもしろいことには、あがた森魚の「赤色エレジー」こそ、〈風都市〉唯一のヒット曲なのだ。にもかかわらず、当の石浦さえ「旅の宿」を肯定してしまうのは、両者はいずれも「虚構性を信じて、かつ歌える」という意味では同じだが、虚構を虚構として高らかに歌い上げる前者より、虚構であるにもかかわらずそれを虚構と感じさせない後者のほうに、フィクションとしてのポップソングの、より開かれた可能性を感じたからではないか。

劇作家・岸田國士は「通俗性・大衆性・普遍性」と題する一九三四（昭和九）年発表のエッセイにおいて「大衆的ならんとして、通俗性に陥ることがある如く、通俗的なるがために屢々陥るところの悲惨は、それが大衆的ならざることであり、同時に、真の意味の普遍性を失ふことである」と喝破しているが、まさしく七二年当時の日本のフォーク／ロックシーンは、「通俗性に陥らずに大衆性を獲得し、普遍性に到達するためにはどうすべきか」という命題に直面していた。「芸術的に如何に高級なものでも、普遍性さへもたせれば、十分、現在の新劇運動は支持者を得る自信を私はもつてゐる」と岸田國士は言う。石浦信三／松本隆は、はっぴいえんどでの「実験」を終えて、岸田と同じような自負をもって次に向かおうしていた。「はっぴいえんどの純文学的な方法論に大衆性を加味すれば普遍性を獲得できる」という松本隆の確信は、職業作詞家に転身した直後にアグネス・チャン「ポケットいっぱいの秘密」（七四年）や太田裕美「木綿のハンカチーフ」（七五年）のヒットで早くも実証されるのだ。さらに鈴木茂『バンド・ワゴン』（七五年）の歌詞の純度と強度は、その後ピークを迎えるコピーライターのクリエイティヴに先駆けたのみならず、それを完全に凌駕していた。

続いて小島武が、

《小島さん「旅の宿」は？》

と聞くと、小島さんは「全然知りません。吉田拓郎という人が作曲家であったということは久しぶりに知りました」「全くいまの週刊誌も新聞も読まないから、そういうことに全くうといわけです」と木で鼻をくくったような答えを返したあとで、次のように語る。

《どっちみち人生というのは通過していくものだと見ているから、極端ないい方をすると、こういう話をしてもやはりいい話だけをしたいという心情的にそういうところがありますよ。さっきの話題についてぼくは思うのは、現実の上にフィクションが成り立っているみたいな発想というのが、いままであったと思います。しかしぼくは信じるとか信じないということではなくして、フィクションだけでいこうというふうな、そういうばかばかしさみたいなものでしかその風景を取り入れる、あるいは持ち帰っていくことはできないんじゃないかと思う。

だから、一方脱出するとかしないとか、遠くへ行きたいということではなくて、結局ぼくが思うのには公害がどんどん攻めてくれば、お子さんの背骨が曲がってくるかもしれないし、そういうことを見ながら結局どこかにラジカルな人間は逃げていくということでしかないんじゃないかと思う。東京から逃げるということでなく、ほんとうに太陽に近いところとか、とにかくもっと近いところに逃げていくことしかないじゃないと思う。

だから、公害というのはイデオロギーでは絶対切れないだろうし、音楽でだって切れない。でも若い連中が音楽にものすごく興味を持っているということは、ぼくなりの考えだけれども、せめて自分の持っている夢をいつだって持ち続けられる空間を構成する力はレコード一枚にもあるだろうということを意味してると思います。それで彼らは音楽にすがっているんだ。その辺まで来た人種から見れば、ことば世代からイメージ世代へみたいな発想が出てくるんじゃないかなと思うわけですよね。（中略）最もぼくが言いたかったのは、フィクションならフィクションでもふっ切れるみたいな形がいいんじゃないかと思います。》

「どっちみち人生というのは通過していくものだ」という言葉からもわかる通り、小島さんは終世過客の人だった。どうせ生きるのは暇つぶしなのだから、気分のいいことをしたいし、いい話だけしたい。座談会で集まった我々は、ある短い時間を共有するだけかもしれないけれど、せめてその間だけは気分のいい話をしたい――これは小島さんが作った雑誌にも一貫する姿勢だと思う。小島さんには、自分の作るものを「現実」に近づけようという気はほとんどなかった。それどころか、現実を変えてもっと良くしていこうという気持ちさえ、実は小島さんにはなかったのではないか、という気がする。それより、せっかくこの世界に生まれて、人々との関わりのなかで生きているのだから、なぜそれを気分のいいことで満たさないのだろう？　そんな思いが小島さんにはあったのだと思う。

ただし、それを言葉で説き伏せたり、運動を起こして影響力を行使したりする気は皆無だった。ビートルズがアルバムを作るように雑誌を作る。そのこと自体が、小島さんのメッセージだった。それが存在することで、確実に気分が良くなる雑誌。そんな雑誌を小島さんは作ろうとした。そういう形で、小島さんは小島さんなりに、長い人生という暇をつぶしていたのだろう。小島さんは「現実の上にフィクションが成り立っている」という考え方を否定して、「フィクションだけでいこう」と決意していたのだと思う。だから小島さんは、広告に迷わず手を出せたのだ。

座談会中の話題にも出ているように、当時は公害が大きな社会問題として浮上していた。そうした状況を背景に、広告の世界でも、いかに自社が公害を出していないか——例えば石油会社の広告なのに倹約を謳うといった——をアピールする風潮があった。本来、消費活動を活性化させるべきはずの広告が、逆に倹約を勧めるという矛盾。その矛盾を、クリエイティヴのパワーで強引に着地させようとするアクロバティックな手法が、当時の広告では展開された。そこに広告制作者として関わっていたのが、この座談会の翌年に、「〈夢〉がないのに〈夢〉は売れない。嘘をついてもばれるものです」という意味の遺書を残して自殺してしまったCMディレクターの杉山登志である。広告映像の表現を突き詰めたこの天才クリエイターのことを、小島さんは意識していたという。

この時期、心ある人々が直面していた問題、乗り越えようとして結局乗り越えられなかった大きな問題に深く関わっていたのが広告だった。小島さんのこの問題への対処の仕方は、自身が語っている通り、今より「太陽に近いところ」で生活しよう、逃げて行こう（本当に逃げられてはいないのだけれど）というものだった。「ラジカルな人間は逃げていく」しかない、と小島さんは言う。ロックを聴いている若い世代は、レコード一枚のなかに「自分の持っている夢」を「持ち続けられる空間」を見ているのではないかと。

小島さんは、そうした世代について、大人たちが言葉や論理でもっともらしく解説してみせることの馬鹿馬鹿しさを激しく批判している。その上で、すでにある形態、例えば「雑誌」という形態を使うことで、従来とは違うものを作ることを自分が「代行してもいい」と言う。

小島さんにとって、それはあくまで「代行」でしかない。この頃三十歳になっていた小島さんに、当事者という意識はすでになかったのかもしれない。しかし、フィクションならフィクションでふっ切れるところまで行こう、という強い意志を持っていたことも間違いない。

この発言について、小島武が面白い突っ込みを入れている。

《小島さんの編集のやり方を見ているとソフィスティケイションを愛好していらっしゃる感じがするし、ぼくもソフィスティケイションがすごく好きなんです。ですけれどもずっと雑誌を見て一つ感じることは、やはりぼくらより上の世代にすべての仕事をやらせているという感じがするんだな。それはどうしてですか。》

『SUB』に参加した書き手は、ほとんどが小島さんよりも上の世代だった。エスタブリッシュされた既成の評論家も多く寄稿している。それに対する疑問だ。

小島さんは答えて、

《というのはぼくはやはりプロという人に仕事を頼みたいんです。だから早い話が十七、八、二十歳前後で、少なくとも若さで風を切っていることがありますけれども、すべていろんなものに対して風を切ってくる。そういうふうなところから見ると、いまの時点ではああいう高年齢で、十七、八向けだけれども三十以上の人に……》

するとと小島武は、途中でそれをさえぎって、

《いや、三十以上の執筆者が多いというより、出てくる人たちの実人生と書いていることの差を感じるのです。石浦さんは『ぶっく・れびゅう』とか『サブ』という雑誌をごらんになったことがありますか。》

と言う。これを受けて石浦信三は、

《見たことはありますが、読んだことはありません。》

と答える。『SUB』を目にして気にはなったけれど、手に取って読むには至らなかった、ということか、一読して自己との「距離」を感じたか、そのいずれかだ。

『SUB』という雑誌が、はっぴいえんど世代にどれだけ影響力があったのか、それは現時点でははっきりわからないけれど、少なくとも「これこそ自分たちの雑誌だ」という受け入れ方はされなかったようだ。むしろ、小島武のような、小島さんと同世代の人間に大きな衝撃を与えたらしいということが、この一連のやりとりからはうかがえる。というのは、小島武は次のように続けるのだ。

《つまりチャーリーブラウンが出てくるということは、ビートルズ・フォレバーということは、ぼくらの世代のまとを実によくうってくれていると思うんです。そこにチャーリーブラウンなんかの特集があるということは、ものすごくうれしかったんですよ。東京の片すみで。これまでチャーリーブラウンみたいな漫画の主人公について、一冊の雑誌が特集をするということは、とにかくなかったと思います。

実はそういうやり方が、編集者として前の世代と小島さんが違うところだと思います。ところが、出

ていらっしゃる執筆の人たちに悪いんだけれども、理論的に若い人の現象をネグっていく人種——というか、そういう人たちばかりなので、そうでない方法を何か見つけていただきたいですね。》

小島さんは、

《そういう方法を、いま考えてはいるんですけれど。これは雑誌のつくり方になると、話がおもしろくないけれど。》

と答えると、小島武は、

《いや、そういうつくり方が、前の世代になかったことで、ビートルズを聞いてきた世代の一つのやり方だと思うんです。》

と言う。その評価に対して小島さんは、

《まさにそうだと思いますね。》

と、これは素直にその評価を受け入れている。また一方で、『初国知所之天皇』を製作中の個人映画作家、原将人が神戸の小島さんのもとを訪れたという、先に触れたエピソードからは、ビートルズと「思春期から青春の全部と一緒に育っていった」石浦信三や原将人ら、五〇年前後に生まれた若い世代に、小島さんが〝自分たちを理解し、応援してくれる存在〟として認められていたことが推察できる。

この後、先に紹介したビートルズと大英帝国についての小島さんの見解や、六九年以降の日本に不良少年がいない、という石浦信三の意見へと話題は流れていく。石浦は語る。

《かつて昔ビートニックというのがあり、三島由紀夫が小説を書いたぐらいで、非常に知識人と結びつきがあった。その知識人の結びつき方と不良性とが一致していたんです。そのころはまだ閉鎖性が強くて原宿族というのはまだ原宿にしかいなかった。あるいは六本木族は六本木にしかいなかった。ところが新宿以降というのはそうじゃなくて、ぼくはそのどっちともとれないいんじゃないかという感じを持っています。

ぼくはさんざんイベントをやってきたけれども、あそこで大勢集まってごろごろやっている、ああいうのは何の力にもならないいんじゃないか。それだったら、非常に三島由紀夫的なロマンティシズムを追求して、閉鎖性の極地みたいなところでがんばっちゃって、組織をつくっちゃうのがいいのかというと、それもうなずけない。何かそういうところで、正直にいってどうしたらいいかということは何もいえないんですけれどね。》

ちょっと途方に暮れた発言をしている。小島武は続けて、

《プロダクション「風都市」という発想は、どういうところから出たんですか。あれは石浦さんと、何人かのロック・グループのマネージャーでつくられているものですね。》

石浦は、

《そうです。それも途中で変わったんですが、一応「風都市」というのは「ハッピー・エンド」というグループと、それから「小坂忠とフォージョーハーフ」というグループと「あがた森魚と蜂蜜パイ」それに「乱魔堂」というグループを加えてやったんです。いまは何もできないものだから、良識的な芸能プロダクションをやっています。やり切れないところもありますものね。》

石浦は「長髪文化」は「水ぶくれ」して、数だけは増えているが、そんな人間が大勢集まったところで何の力にもならない、と当事者として言い切っている。といって、その前の世代である三島由紀夫のようなやり方——極端に閉鎖的に、ある種族だけで集まって特権的な世界を作ること——ももはやでき

ない。では、何をしたらいいのか。それがよくわからない。よくわからないから、今はせめて自分たちが関わっているバンドを「良識的」にマネージメントしていくことしかできないのだ。そう正直に告白する。「芸能」という、スタート時には決して使わなかった言葉をプロダクションの前に冠していると
ころに、石浦の疲労と諦観のようなものを感じる。

V.

座談会はこの後、「もの」との付き合い方をめぐって展開する。石浦信三はこんな指摘をしている。

《たとえば、いまの若者がいわゆるフィーリング時代といわれるけれども、そのことばに対して持つ疑問なわけです。実は相対的に特定の服を着なければとても生きていけないという気持ちで着ているわけでもないし、逆に自分の生活がそういうふうに要求した服の着方をしているわけでなくて、商品だなに並んでいるのと同じ感覚で着ることができるということを、フィーリングエイジは非常に服をよくパーソナリティに着ているというういい方をしています。》

もはや誰もがジーンズならジーンズを、店の棚からただ選んで着ているだけであって、そのジーンズを着ることが自分にとってどんな意味を持つのかを突き詰めた結果、パーソナルに着ているわけではない。小島武はこう答える。

《それはコマーシャリズムの側面としてそうなんだけれども、物は物として、その人間に襲いかかって

いるはずだから、そこに新しい音の出方があれば、その音を聞く人間は新しい感受性を自分の中に持ってしまうということだと思うんですよ。その辺はぼくはものに対して楽観的であるし、ものがふえればふえるほどいいと思っています。ものがふえていけば、世の中当然アウトになってきている部分も含めてです。》

かなり楽観的に、新しい「もの」が増えることを肯定してしまっている。もっとも、これはこの時代における考え方のスタンダードだったのではないか、とも思う。続けると、

《それを含めて、さっき石浦君がポップと言いましたが、それは都市の文化ですね。そのポップをめでている人間、ポップを作りだしている人間が、同時に公害をつくっているわけです。そしてなおかついまもポップ・アートは魅力的ですね。だから、ものはぼくらに襲いかかっていてものすごい量でぼくらは新鮮な体験をしているけれども、それと同じぐらいに毒素も得てしまっている。》

石浦信三はそれに対して、

《ぼく自身はその渦中にいる人間だから、それでほかのことを要求しているわけじゃないんです。その中で、そういうものを自分で逆説として、なお生きていくのもおもしろい問題だと思います。だからそれはさっきの風景ということばでも同じ形なんだけれども、たとえばこれは変な例ですが、松田政男という人がいて、どこの駅に行っても同じ駅があって、駅ビルがあって、その中で風景の均一化とか死滅とかいろいろいっているけれども、ぼくはそれをただいうんじゃなくて、それを逆説的に自分の感覚で考え直してみる必要があると思いますね。》

ここから先は問題の核心に触れた会話が続く。

《小島武　もし絵はがきみたいな風景があったら……。

石　浦　もっと絵はがきであるべきですよ。

小島武　そうですね。もし、ジーパンに限らず、たとえば、文房具店に行ってみると、消しごむの種類とかペンや紙の種類というのを何時間もかかって見てみて下さい。文房具というのはあらゆる手ざわりとあらゆる形のあらゆる機能のものがわっとそろっているわけですよ。その中で決して高い鉛筆ではないんだけれども、胴体が黄色でうしろに必ず消しごむがついている鉛筆を多くの中から選び取るというような楽しみがありますね。そこに行けばものがわっとあるわけです。そういう中から一本の鉛筆を選べるということは、そういうものの量に自分が毒されてしまっているということを、もちろん前提にしているのですし、それでもいいと思いますが、どうですか。》

するとそこに小島さんが割って入る。

《それはわかるという気はしますが、実感としてわからないという感じです。たとえば、鉛筆を選ぶときのそうした感情や、自分の状態みたいなものは、ものすごく重要だと思います。》

選択の手段が増えることを単に肯定するのではなく、何かを選ぶ時、自分がどんな感覚でそれを選ぶのか、その心の状態こそが重要なのだと小島さんは言っている。ものが増えるのをただ享受するのではなく、それらをどう選ぶのか。選ぶための感覚が洗練されきっていなければ、選択肢が多いことを単純に歓迎はできない。

六〇年代という高度成長の時代が生み出したポップ・アートや大量生産・大量消費を、受け手としてどう引き受け、どう乗り越えて行くか。どれだけ自分の感覚を研ぎ澄ませ、心の状態を高めていくか――。小島さんはここで、受け手にとてもても高いレヴェルを要求している。おそらく当時の日本では、ほとんど不可能だったレヴェルを。

しかし七二年の時点で、ものが人間に押し寄せる事態は、すでにやって来ていた。感覚を研ぎ澄まさないとその波に飲み込まれてしまうという事態――だからこそ、公害や都市の人口過密が問題化していたのである。

文明の発達の過程に人間が追いつかない。追いつかないまま、ものや情報だけが増え続け、人々はそれをひたすら買わされ、消費する一方という状況。その状況にどう身を処していくかという問題は、現在にいたるまで解決されないままだ。

メディアがあるところ、常に広告が介在する（ぼくは広告を全面的に否定したいわけではない。その危うさについて言っているのだ）。

広告はどうしたってもの（あるいはイメージ）を売るために企業のお先棒をかつぐのだから、「消費についてみんなもっと意識的に、賢くなりましょう」などというメッセージを発することは決してない。せいぜい「環境に配慮しています」程度のことだ。「環境に配慮」しているというその実態にしても、詳しい内容をガラス張りにして広告に盛り込んだりはしないだろう。要するに一つの空虚なムード作り、エクスキューズでしかない。

それどころか、真に危険なものを「安全です」と平気で嘘をつき、その嘘を信じ込ませるためにあらゆる手段を用いる広告主がいることを、ぼくらはイヤというほど思い知らされた。

ソーシャル・ネットワークが整い、〝一人一メディア〟の時代が到来した現在、雑誌の表現方法をもう一度見なおして、本当にぼくらにとって価値があると思えるテクストとヴィジュアルをミックスしながら、誌面から音楽が聞こえてくるように雑誌をつくれないか？　マスアピールとは両立しなくなるかもしれないけれど、その代わり本当に良質のものをつくり、それをパーソナルなコミュニケイションとして人々に手渡していく。そうすることでしか、本当に意味のある雑誌など、もう創れないのではないか？

小島さんたちが七〇年代はじめに直面していた問題は、その後も変わらずあり続けている。受け手として、ものや情報の洪水にどう対処するのか、そのための感覚をどう研ぎ澄ませていくのかという問題は、今まさにぼくらの問題でもある。理屈っぽくいえばリテラシーを高めるという話になってしまうけれど、決してそれだけではない。「本当に気持ちよく暮らすとはどういうことか？」という問いへの答えを、一人一人がこれからも探し続けていくということなのだ。

少し後ろで小島武は、

《そういえば、ハッピー・エンドの最新のデモンストレイション・レコードを聞きましたが、ビーチ・ボーイズ風とか、プレスリー風とかがあって、あれはおもしろいですね。》

と言っている。これははっぴいえんどのラスト・アルバム『HAPPY END』のことをさしている。

《石　浦　あれはさっき言ったアンティーク趣味ですね。いまの時代のソフィスティケイションのやり方を追求したものですけれど。

小島武　あのLPはほとんど全部パロディですか。

石　浦　そうです。全部ではないけれども。アメリカのいまのヒット、最近のリズム・アンド・ブルースはとりわけそうだけれども、そういう感じのところをやってみたい。できるかできないかというよりやる以外にないから。それこそできるかできないかだったら、伝統的なほうへ行ったほうがいいから。》

（傍点筆者）

小島さんはこの時点で、すでに気持ちとしてはビートルズに冷めてしまっていて、それ以前のペギー・リーやフランク・シナトラを聴きたいと言っている。一方、はっぴいえんどのラスト・アルバムもまた「アンティーク趣味」で作られていて、今の時代のソフィスティケイションはそういうものだと、石浦が答えている。そして、『HAPPY END』は、それ以前の二枚に比べても、いっそうソフィスティケイトされていて、今現在の新譜として聴いても十分聴けてしまう音づくりがなされている。

小島さんが作った『SUB』の終刊号は、「ウエストコースト」をモチーフに、一つの風景――フィクションとして徹底したところの風景と、「太陽にできるだけ近いところに行こう」という意味での「今ここからの脱出」を試みた、一枚のトータル・アルバムのような作品になっている。はっぴいえんどと『SUB』の活動期間がほぼ一緒であることを思うと、この鼎談と併せて、時代が用意した不思議なめぐり合わせを感じないではいられない（そういえば、はっぴいえんど解散の記念碑として作られた『CITY』という楽譜集は、『SUB』終刊号にもイラストを寄せている矢吹申彦がアート・ディレクションを担当していて、どちらも同じ七三年の透明な空気が流れている）。

一部の尖鋭的な人たちが、ソフィスティケイトされた表現に向かって大きな成果を挙げたのが、この七二、三年頃だった。その意味で、石浦信三率いる〈風都市〉が、この座談会の翌年にリリースしたアルバム、例えば吉田美奈子の『扉の冬』や南佳孝の『摩天楼のヒロイン』は、そうした成果のなかでも最も純度の高い結晶といえる。この二つのアルバムは、『HAPPY END』と同様のソフィスティケイション、あるいはアンティーク趣味の極致をフィクションとして作り上げる方向を打ち出している。吉田美奈子のアルバムは彼女の心象風景を形にしたという意味でのフィクション（私小説）であるし、松本隆がトータル・プロデュースした『摩天楼のヒロイン』は「虚構としてのハリウッド」を都市の音楽として一枚のアルバムに表現したという意味で、ソフィスティケイションの極致だ。

この二枚のアルバムには、ぼくが日本のポップミュージックに本気でのめり込むきっかけを作ってくれたという意味で、個人的にもつよい愛着がある。もちろん後追いではあったけれど、八〇年代初頭にトリオ・レコードから再発された時、同時に手に入れて繰り返し聴いた。この二作にかかった千万単位の膨大な制作費が、〈風都市〉を破綻に追い込んだことなど知る由もなく――。

『SUB』の最後の号も、写真の見せ方を妥協なく追求した結果選択したA3判というサイズが、大判すぎることを理由に取次から拒否されて、やはり千万単位の借金を残して終刊となった。この両者の似たような顛末は、限りなくほろ苦くはあるけれど、ここで言わせてほしいのは、リアルタイムでこれらと出会えなかったぼくが、ずっと後になってそれぞれの作品に接したにもかかわらず、八〇年代の少年時代に聴いたこの二枚のアルバムと九〇年代になって出会った『SUB』、そのどちらもが、時代性とは関係なく、直接作品そのものの魂《ソウル》に触れることができたと感じられたことだ。

何かを創造する際、それは必ずしも直接的に時代と接点を持たなくていい。そんな方法論を、ぼくはこれらの作品から学んだ。その時代に生きていない人間、後から来た世代の人間にもコミュニケイトでき、何らかのヒントを与えてくれる表現――後から来た人間でも深く入り込むことができる表現――は可能である。そしてその時に必要な感覚こそ、ソフィスティケイションなのだ。

ソフィスティケイションとは、単にものを口当たりよくソフトにしていくことではない。とことんまで研ぎ澄ますという意味でのソフィスティケイションこそが重要であり、それがない表現は、結局雰囲気だけのものに終わってしまう。また過度な洗練はパワーを失うことにもつながるから、それは永遠の課題でもある。

座談会の終盤、小島武は次のように問いかけている。

《この間日本語ぺらぺらの相撲の研究家のアメリカの青年と話をしたんですが、『ともかく「ラブ」とか「ピース」とかいって二本指つきだしたって、何も始まらないじゃないか。結局だめじゃない』と言ったら、『いやそれはそれでいいんだ』と言うんです。

『たとえば昔は警察官に石を打ちつけたけれど、フラワー・チルドレンは花を投げつけてみた。そのやり方は非常にソフィスティケイテッドでぼくは好きだけれども、何も事態は変わらないじゃない』と言ってみたら彼は自信ある口調で、『でもその花を投げられた警官は、絶対、愛ということについて考えるはずだ』と言うんだよね。

だからそういうたぐいの話で言うと、やさしさとかのどかさということが、これはひょっとすると上の世代が若者の現象をネグっているときにできたことばかもしれないけれども、長髪文化の中の言葉としては非常に大事にされましたね。

けれどやさしさとかのどかさとかということばは、何となく長髪文化の中ではゲームの時に使うルール用の言葉ににていて、プレイボールとかアウトとかいうような言葉と同じつかわれかたをされたという気がします。》

それに対して石浦は、《これはそういう意味で、非常に記号的なことばですが、何か使い方にもう一歩突き抜けるようなところが得られればいいんですがね。》という言い方で、記号になってしまった言葉を再生させる術があれば、「もう一歩突き抜ける」ことはできる、と示唆している。

本書の冒頭で記した通り、ぼくが古本屋の店先で見つけた『SUB』創刊号のタイトルには「ヒッピー・ラディカル・エレガンス〈花と革命〉」とあった。「ヒッピー」「ラディカル」から「エレガンス」と続けて、「花と革命」に着地するそのタイトルからは、フラワー・チルドレンやラヴ・ジェネレーションが果たした役割が何だったのかが、どんな解説書を読むよりはっきりと、一つのメッセージとして伝わってきた。

警官に向かって、石ではなく花を投げるエレガンス。そんな闘い方が出来たこと、それこそが六〇年代の最も研ぎ澄まされたソフィスティケイションだったのだ。

では、その先に何があるのか。

大事なメッセージは、そんなにいくつもあるわけじゃない。例えば七五年に、アメリカで、カテリーナ・ミリネアとキャロル・トロイという二人の女性ジャーナリストが、〝お金をかけないでシックに着こなす法〟を実践する人たちに学ぼうというテーマで一冊のヴィジュアルな実用書を編み、その本に『チープ・シック』とタイトルを付けてロングセラーを記録、書名自体が流行語となり、定着した。日本でも七七年に草思社から片岡義男訳で黄色い表紙の大判の邦訳書が刊行され、今も版を重ねている。「ファッション・メーカーに命令されて服を着る時代は、もう終わってます」と前書きの冒頭で宣言し、「あなたの服装は、あなたが自分でえらびとっている自分自身の生き方にぴったりそったものであるべきなのです」と説く『チープ・シック』の哲学は、持続可能な社会を目指す現在、ベーシックな価値観として生活全般に応用が効く。ものを使い捨てるのではなく、直して使う時代には、デザインやファッションもそうした価値観に寄り添う必要がある。地球規模で再び価値転換の時代が訪れた今、六〇年代ヒッピーイズムの結晶である『ホール・アース・カタログ』の展覧会がMOMAで開催されることには、歴史的な必然性があるのだ（二〇一一年四月十八日〜十二月十日／Access to Tools: Publications from the Whole Earth Catalog, 1968-1974）。

ここでもう一度、「ヒッピー・ラディカル・エレガンス」に立ち返ってみたい。六〇年代にヒッピーが「花と革命」を志向した時、それは非人間的な生き方を押し付ける高度資本主義社会に対する〝オルタナティヴ〟としての意味合いが強かった。しかし、今やドロップアウトしてヒッピーになるまでもなく、全員が根源的《ラディカル》に思考し、それに基づく生活様式を選ぶしかない。そして、そこにはエレガンスがあってほしい。たとえお金がなくても、工夫次第でエレガントに暮らすことはできる。チープ・シックは、今の時代のラディカル・エレガンスなのだ。

〇六年、ぼくも参加した『団塊パンチ』創刊号の六〇年代特集に、文筆家の征木高司氏がポップ・アートに絡めて次のような文章を寄せている。

《ポップ・アートのポップはポピュラーの略ではなく、「うたかたの恋」と同じく儚く消える泡沫の謂である。ＰＯＰとは古典とは異なり成長や成熟を拒否する文化だ。だからこそ伝統文化の抑圧感とは無縁だった。》

《五〇年代には初々しい青年だった彼らもやがて六〇年代七〇年代には現代美術を牽引する大家になっていった。物と意識の関係を追求してある意味でマティスを凌ぐほどに本物の巨匠となったラウシェンバーグは今や八〇歳である。成熟しない大家も名匠もあり得ない。いまやポップアートは堂々たる主流である。》

《大人になったＰＯＰとはＣＨＩＣを憶えることであった。取って付けたような豪奢でも身に余る贅沢でも不恰好なデラックスでもない簡素な洗練とでも云うべきシック。新しいスタンダードを持った大人になろう。拝金主義者に屈しないポップでシックな大人になろう。真剣な優しさに溢れた大人になり、真摯で優雅に微笑む老人になってから死のう。》

ソフィスティケイションやシックに辿り着くかどうかは、結局のところ個人の問題になる。個人の問題だから、そこから世の中を大きく変えることは容易ではないかもしれないけれど、少なくともそれは、「水ぶくれ」への対抗手段にはなるに違いない。

今や髪を伸ばしたり、特定のファッションを身にまとうことで一つの「族」になることなどできないし、何らかのファッションや音楽に自分を全的にゆだねてしまうこともできない。

それでも、音楽や雑誌を一つの媒体として、本当の洗練＝ソフィスティケイションやシックに近づいていくことはできるのではないか。

「やり残したことは何かありますか」とインタヴューの最後に尋ねた時、小島さんはぼくに、「あるね。また雑誌を作りたいね」と即答した。「雑誌〝らしき〟ものを。俺が作っているのは雑誌やないもん」

小島さんが最後にそう言ったのは、自嘲混じりではあっても謙遜ではないと思う。むしろ瀧口修造が、自身の詩作のことを「詩的実験」と呼んだのと同じ意味だと、ぼくは受けとめている。

《……それは詩形式というよりも、言語の実験に近いもので、そのなかでぼくはぼくなりにいろんな詩的可能性をためしているといったところがあり、いわば意識的な要素と無意識的な要素とが反射し合いながら、奇妙な合成物を形づくっていた。》(瀧口修造「夢の記録——詩と美術の周囲1」)

小島さんや石浦信三たちが思いのままに作品を作っていた七〇年代初頭に比べて、音楽や雑誌そのものが持ち得るパワーは、現在とても小さい。けれども、それらによって自分の生活を今よりずっと気持ちのいいものに変えることは、きっとできる。

音楽も雑誌も、商業ベースに乗せることが困難な今の状況を逆手にとって、それを作りたい個人がやりたいようにやることから始めればいい。

《「ひとりぼっちのあいつ」の歌詩に、「お前は、ウスノロのろくでなしだけれど、もう少し頑張ったら〈愛〉の届く世界に行けるんだけど」というのがありますが、そこから始める必要があるようです。》

この言葉を、小島さんはビートルズのレコードに寄せた唯一のライナー・ノーツ（『アーリー・ビートルズ初期傑作集』一九七〇年九月二十五日発売）のおしまいに記していた。〝Nowhere man, the world is at your command〟（ひとりぼっちで行くあてもない、どこにも属せない人よ、世界はあなたの号令ひとつでどうにでもなる）という一節を、小島さんが訳すと、こうなるのだ。これを書き終えた時の小島さんのように、まっさらな気持ちで、ぼくもこれから何か気分のよくなることを始めよう。

二〇一一年九月

Get back, SUB!

跋

草森紳一

『サブ』は、「私です」

小島くんが、夢に出てきた。ちょっと出てくるのが早すぎて、びっくりしている。これまで、身内をふくめ、友人知人とずいぶんこの世を去っていったが、なぜか夢に彼らが出てくるのは、その二、三年後だから、である。

そのうちの何人かには、生前のうちから、もしお前が死んだら、あの世があるのかどうか、幽霊になって出てきても、夢の中でも構わぬから、きちんと報告しろといってあり、うんと肯いたくせに、約束を守った奴は、これまで一人としていない。

夢に現れた小島くんといっても、なんということもない夢で、別にあの世の報告もないのだが、ここで書かせて頂く。

私は、小島くんがプロデューサーだというジャズの演奏会場へ来ている。演奏の模様は、どうも一つはっきりしないのだが、観客はみな立ちん坊で、その汗くさい渦の中に私は紛れこんでいる。終わって帰ろうとしていると小島くんの女房が近寄ってきて、草森さんの批評をぜひ亭主がお聞きしたいと言っていますという。なにもないよと、すげなく答える。草森さんの批評を耳で聴いているのと楽しいのだそうです、となおも彼女はいう。なんだ、妙な世辞を使う奴だな、俺は楽隊屋かよ、まあいいやとしぶしぶ彼女に従い、会場の裏手にある一室へ連れていかれる。

なんだか、神戸で彼が事務所を兼ねて住んでいたサッスン・アパートの雰囲気にも似ている。ひさしぶりですねと満面笑顔の彼に出迎えられるが、すでに客が二、三人いて、その一人は前衛音楽家の林光（何度か彼の雑誌に原稿を書いていた）だという。みな椅子に座っている。余った椅子がないので私は立ったままだ。林光とは、初対面である。サングラスをかけているので、顔がはっきりしない。林光の前で、批評なんかできるもんかと、私はむくれていて、なにもいわんぞと心にきめている。そんなフキゲンを知るもんかという風に小島くんは無視して、私のことを音楽家達にしきりに紹介しようとする。

「草森さんのジャズの作曲、なかなかいいんですよ」

「バカな！　俺は、そんなもの、一度だって作ったことはないぞ」

「いやいや、これまで僕はきいていますよ。短いの二、三本は」

どう考えても作った憶えがないので、妙ないいがかりをつける男だと、困った顔をしていると、「ほら、僕の家のピアノで、ポンポンといたずら半分に弾いたじゃないですか、あれですよ」と心地よさそうに笑っていう。とんでもないことをいいだす奴だ、そもそも小島家にピアノがあったかしらと首をかしげていると、それまで前かがみ気味に椅子へ腰かけて、二人の会話をじっときいていた林光が、とつぜん私に声をかけてきた。

「君、僕の前をすこし歩いてみたまえ。その人の歩き方を見れば、作曲の才能があるかどうかが、たちどころにわかる」

小島くんは、さも嬉しそうな顔をして、そらそらとばかり手でさし示しながら、林光の前で歩いて見せることをすすめる。ふざけるな、誰が歩いて見せるか。作曲の才なんか、あってもなくても、どうでもいいんだと心の中で腹を立てている。

ここで夢の場面はプツリ切れているのだが、それでもまだ半眠半醒の状態にあるのか、急に待てよと思う。確かに人の歩き方のリズムというものは、案外、音楽家の作曲の質と深く関係しているのかもしれんなと、あれこれ考えはじめている。これも夢のうちなのか。この思弁の反復がなんとも苦しく、一方でそこからなんとか脱出しようと試みていて、ようやくそれに成功した時が、ワッと目が完全に醒めた時である。

それにしても、この早々のわが夢への到来は、不思議な小島くんとの出逢い(憑依といってもよい)をした北沢夏音氏、そして若き『QJ』編集長の森山裕之氏を相手に、じっくりと彼の作った雑誌『サブ』についてや彼の人となりとやらを「愉快に」しゃべりすぎたせいであろうか。とすれば、三人であの世から小島くんを召還し、私が代表して受信したようなものである。

なにも最晩年の謎について、自ら語りに来てくれたわけではないが、あの喜色満面、はじけんばかりに嬉しそうだった彼に夢で逢えたのは、幸いであった。

彼は、容貌魁偉な上に一度逢ったら、忘れられない男の色氣をもっていた。彼の魅力は、バリトンばりの声もあるが、私には笑顔である。新撰組の近藤勇は、開いた口の中に拳がスッポリ入ったというが、彼もまた大きな口の持主である。照れると、大きく口を開いて笑い、その照れを隠そうとする。彼が照れる時というのは、自分の言葉に対してでなく、むしろ人の発言に対してで、つまり話をきいていて自分の方が氣恥ずかしく感じられる時で、すこし唇はねじれるが、豪快にシャリッと両の唇は開口し、笑い声をあげながらなにかをいう。言葉を意味なくぶつけるという感じで、その時、花の香りがパッとはじけ飛ぶようなところがあった。

人が悪いともいえるが、やさしいともいえ、そういう彼の神経の動きを見ているのは、嫌いではなかった。それは、彼独特の社交術というより、生き方そのものである。それが彼の雑誌づくりにもそっくり立ちあらわれていたと思う。

たとえば、彼の手がけた最初の雑誌『ぶっく・れびゅう』の題の視覚化とそのロゴ。おそらく彼が編集者として仕事を引き受ける以前に決定していた題で、本人は氣にいってはいなかったと思われるが、彼流のみごとな外科手術がほどこされている。

普通、片仮名で『ブック・レビュー』とするか、横文字で氣どるかするところを、あえて平仮名にしているのである。平仮名にするのも、へたをすれば、いや味になりがちだが、ロゴの選択とその下に按配したジョン・レノンと小野洋子の写真との組合せによって、きわめて乾きのきいた、しかし湿りをなお残した味のあるものにしあげられている。

つづく彼が自ら創刊した『サブ』にも、それはいえるだろう。私は、うかつというか、北沢、森山両氏に逢う前まで「サブカルチュア」の「サブ」だと思ったことはなかったし、一度も小島くんからその由来の説明を受けなかった。てっきり私は、人の愛称を題にしたものとばかり思いこんでいたのである。三郎の「さぶ」（山本周五郎の小説にあった氣もする）、あるいは石ノ森章太郎の『佐武と市捕物控』の「佐武」、それを片仮名にしたのだと。「サブカルチュア」の語は、すでにマスコミにメキメキと台頭してきていたが、何か私は自らやってきたことをおとしめるようで、どうしても好きになれなかった。むしろ、世の風当たりは強かったが、本道（王道）意識で、それらの雑文を書きとばしていたからである。

ふりかえり見れば、六冊の『サブ』のうち、そのロゴの大きさが、氣まぐれのように、或いは固定をきらって逃げまわるように、毎号変わっているのに氣づく。私のうかつもあるが、「サブカルチュア」の「サブ」と思わせない詭計を試みている。そのことは、そのまま、一冊として同じもののない雑誌の判型の大小となっても現れる。すべて小島カラーで統一されていながら、一冊一冊の趣きは、脱皮する蛇のように変容している。こちらは、フーン、さすが小島くんらしいねと、ただ、面白がっていればよいが、そのこと自体は、出版常識からすれば、それこそ型破りにすぎる。小島くんは、いけしゃあしゃあとした顔をしていたものの、その裏では、出版するたびに、取次先との激闘暗闘が、あったはずである。

『ぶっく・れびゅう』の第一号（一九七〇年四月）で、私は、ビートルズのことを書いている。「なんて幸せな御時世だ――やりきれないものの殺意」という題で、ジョン・レノンの詩について書いている。原稿依頼の電話がかかっていた時、俺、ビートルズの音楽に今、興味をすっかり失っているが、彼の絵や詩についてなら書いてもよいといえば、至極あっさり、何でもどうぞ、お好きなようにという答である。

そもそも、ジョン・レノンと小野洋子の結合には、なにやら不吉なるものを感じて、けっして好意的でなかった。後年の暗殺事件を予測してのことでなく、レノンの東洋への傾斜に「平凡な危険」を看取していた。

『ぶっく・れびゅう』の第二号は、シュルツのマンガ「チャーリー・ブラウン」の大特集である。そのころ、鶴書房から、谷川俊太郎の訳で、陸続と日本版ペーパーバックスが出版されており、私も五、六回はその解説を書いていた。「空《そら》恐ろしいスヌーピー――青年は徒《いたずら》に空《くう》をなせり」と題して書いた。この依頼の時、彼と喫茶店で、長い時間、とりとめもなくおしゃべりしたことをよく憶えている。ジョン・レノンと小野洋子からチャーリー・ブラウンへ跳躍したのだから、いつか思い切って「二・二六事件」なんかも、小島くん流に料理できるんじゃないかと私はいってみた。いいですねと答えてくれたが、御愛想だろう。ほとんど、この日の会話は、ジャズの話だったと思う。私と三つ歳下の彼は、ジャズ全般に詳しく、「お芸術」になりさがったフリージャズは、暑ぐるしくて痛ましくて嫌いだという点では、意見が一致した。ああなっちゃったモダン・ジャズ(ダンモと言っていた)は、もうおしまいだと思っていたころ(「もうおしまいだ」は、感覚動物である若者の特権である)、ビートルズの声が天籟《てんらい》の如く空から二人の上にも降ってきたのである(小島くんの恋人は、関西のビートルズファンクラブの会長だった)。

その時、ロサンゼルス(白人中心)の「ウエスト・コースト」のモダン・ジャズについても話が及んだ。ジェリ・マリガン、リー・コニッツ、シェリー・マン、バッド・シャンク、チェット・ベーカ、レッド・ミッチェル、ラス・フリーマン、ジミー・ジュフリー(彼のクラリネットは、私の大の好みだった)、バニー・ケッセル、ショーティ・ロジャーズ、アート・ペッパー等々、そしてスタン・ケントンまで、演奏者の名がとめどなく二人の間で舞いあがったが、興味のないものには、お経の呪文のようなものだし、衒学的ないやみな遊びにも聞こえるにちがいないが、名前をキャッチボールの如く交換し合うもの同志にあっては、その背後にまがうことなく、各人の音が耳底に轟きわたっているのである。五〇年代後半のモダン・ジャズは、ニューヨークのソウルフルなイースト・コースト(黒人中心)がリードしていたが、私はお口直しのように、かならずウエスト・コーストも聴いた。とかくイーストとウエストと対立しているようにとらえるが、そんな簡単なものでないというのが、二人の一致した意見だった。

小島くんも、私と似たかたちで「風」のように切りかえして、聞いていたのだろうか。むしろウエスト・コースト好みだったのかもしれない。その成果が、『サブ』終刊号の特集「WESTCOAST '73」である。この号では、その写真に「風」が涼しげに吹いているようなファッション・カメラマンの吉田大朋の写真(扇風機をつけっぱなしで撮影しているのではないかと冗談をいうものがいた）を大々的に活用している。

『サブ』の創刊号の特集は「ヒッピー・ラディカル・エレガンス」である。私は書いていない。五〇年代の終り、原著まで手に入れてヒッピーに興味を抱いたが、しだいに私はその思想と生きかたに暑苦しいものを感じるようになって、退却していた。彼はみごと新装開店し、新しい風を送っていたのである。

第二号の特集は、「ビートルズ・フォア・エバー」である。「またやるの」と水をかけたが、「何度でもやります」と笑って答えた。私は、それまで歌詞やレノンの絵や詩についてのみ語ってきたが、ビートルズの音楽を正面から論じていないことに氣づき（論じたくない氣も強かった）、「ビートルズと極楽浄土」を書いた。

サブ調で書かないからな、というと、「もともとサブ調なんてもの、どこにもありません。どうぞお好きなように」と彼は喉を転がすかのような声で笑い、大きく肯いた。今でも「ビートルズと極楽浄土」は、氣にいっている原稿である。この年（一九七一年）の暮れ、私は、まだ一橋大学院生だった高平哲郎くんの乞いによって、幸せにも、『ナンセンスの練習』という本を晶文社から出版できた。何冊目かの本だったが、出世作だといってよい。この中に『ぶっく・れびゅう』『サブ』に書いた二本の原稿も収録した。

三号、四号には書いていない。この頃、小島くんは、明治の末葉から上海、香港を根城に稼ぎまくったイギリスの財閥、サッスンの持家であったアパートに移っている。ビートルズが来日した時（一九六六年）、一緒に仕事（『ビートルズ東京』）をした淺井愼平の良質な感傷のセンスが一挙に開花した号でもある。「氣分」なる語は、五〇年代、六〇年代のサブ世代が、そんなことうと顔をしかめる大人世界に対し、抵抗的にやや偽悪的にあえて使う言葉のひとつだった（クールにしても、ウエスト・コーストのクールジャズが先行してある）。私などはカッコでくくらずに文章で用いたが、カッコをつけて表現したのが、淺井愼平の写真である。

七〇年代は、一九七三年のオイル・ショック後、不景氣のトンネルに入る。この間にあって、ブームとなって有効な働きをしたのが、このカッコつきの「氣分」である。「時代の氣分」として吹きまくった。ただ、まもなくこのカッコつきの氣分は、暑苦しい二重カッコの『氣分』へと変化していく。

世の中が沸騰し、若者達が反乱した一九六〇年代の終りころから、その余熱がまだくすぶる一九七〇年代のはじめにかけて（私の二〇代の終りから三〇代の始め）、あわれ、私は月産三〇〇枚近く雑文を書きまくった。雑誌の数がそれだけあったということだ。ほとんどが、長らくつづいてきた既成の雑誌で、どう作ってよいか悩んでいた。悩んでいる故に、かえって私のサブ主体の雑文の場にもなった。当時突出した雑誌をあげろといわれれば、自分が書いていた雑誌ばかりで恐縮だが、六〇年代の『話の特集』『芸術生活』、七〇年代前後の既成の雑誌では建築雑誌の『SD』、写真雑誌の『カメラ毎日』、デザイン雑誌の『デザイン』、リトルマガジンの『新宿プレイマップ』である。そういう中にあって、もっともソフィスティケートな雑誌（日本では成功しない。せいぜい戦後では都筑道夫が編集長の『エラリークイン・ミステリ・マガジン』、戦前では『新青年』くらいか）はなにかといわれれば、小島くんの『サブ』をあげる。

書きすぎのためか、体調の不良を感じはじめていたある日、女の子から、草森さんの右肘、一体どうしたの、真黒だわよと指摘された。みるとその通りだった。痛くもなんともないが、おそらくペンを用いる右肘の甲が、机の上で力をいれすぎるため、充血してしまい、それを通り過ぎて黒く凝血してしまったのだろう。天罰である。今なお、その色は、いくら石鹸でこすっても、消えていかない。

一九七二年の秋、小島くんと逢った。第五号の特集「アンファンテリブル」の原稿を依頼されたからである。人物の選定は、例によってまかせるというので、私はずっと氣になっている俳優の「三國連太郎」ではどうだといったら、すぐにいいですね、という返答だった（のちに三國連太郎が氣にいったと、三〇冊買い上げてくれましたよ、と嬉しそうに報告してくれた）。

それからしばらくして原稿を手渡すために逢ったが、私の血色の悪い顔を見てか、とつぜん小島くんは「草森さん、東京はよくありませんよ。東京は死んでいる」というのだ。「東京砂漠」という文句をふくむ歌が流行していたころだ。「人間の住むところじゃありませんよ。どうです、神戸へいらっしゃいませんか。部屋なら、僕が探します」という。私は、タノムと即答した。自分でもビックリするほどの即決ぶりだった。私のからだは、よほど一服したがっていたのだろう。すこし仕事のしかたを変えようと思った。

小島くんは、すぐ自分の住居の近くに旧アメリカ軍人の家族が住んでいたという、海が遠望できるアパートを見つけてくれた。山の中ほどにあり、時には窓辺近くまで白雲が棚曳いてきた。その時より、私は寄りつかなかった故郷の北海道へも帰るようになり、東京の部屋も残したから、三つの空間を行き来するようになる。ぜいたくといえば、ぜいたくだが、仲間は、そんな私を見て、喰えなくなるぞと脅した。原稿で喰おうと思わなかったら、必ずなんとかなるものだというのが、私の哲学だったので、平氣であった。そんなある日、サッスン・アパートに寄ると、急にかしこまって小島くんは、妙な忠告をした。

「草森さん、絶対神戸の文化人とは、つき合わぬようにしてくださいね」

はじめからその氣でいたし、神戸がらみの原稿も書かないつもりでいた。中里介山の『大菩薩峠』と神戸の関係を調べてみたい氣もすこし動いていたが、それもよすことにしていた。なにをいい出すかと思ったら、そんなことか。そのつもりだよと答えれば、「だったら、いいですが」と口をすこしにごした。神戸へ来てすることは、といえば『話の特集』に連載した、唐末の「黄巣の乱」を扱った「洗城」という小説体の文章を徹底改稿して、一冊の本にできればよいとだけ考え、できるだけ他は欲ばらぬ決心をしていた。

月に一度来ると、かならず一日は（それ以上は、自粛した。神戸は、彼の戦場だからである）、生まれたばかりの赤ん坊のいる彼のアパートに立ち寄って、お酒をごちそうになり、リング・ラードナの小説（マーク・トウェーンの再来といわれた野球小説の名手）は、やはりいいね（ハードボイルドの小説は、私はダシール・ハメット、彼はアーネスト・ヘミングウェイ、多分、淺井愼平はレーモンド・チャンドラーだろう）、などとだらだらとおしゃべりしたり、時に麻雀を囲んだりした。彼は鉄腕の持主で、ほとんど、いつも私の完敗であった。ただ花札のコイコイだけは、私の札の棄て方がどうも予想に反しているらしく、不思議と彼は勝てなかった。

一九七三年七月、結果として『サブ』の最終号となる特大版の「WESTCOAST '73」特集「朝日のようにさわやかに」が刊行される。私が神戸に部屋を借りて住んでいた時に出た唯一の号である。終刊にふさわしい出来栄えである。題は「千年ふたたび朝あらず」。おそらくモダン・ジャズについて書いたはずである。神戸で執筆するのが尋常というものだが、なんと東京で書いた。

小島くんも、苦労しているなと思ったのは、この号の編集中だと思うが、「草森さん、京都（いや、大阪だったか）へでも遠出しませんか」と、電話がかかってきた。わがアパートは、すごい急坂の上にあるので、地元の人間である彼とて、火を吐く思いをしなくてはならぬ難所で、私のところへは、一度しかアソビにきたことがない。たいていは、向こうから電話してきて、麻雀しませんかなどと呼び出しがかかるのである。

私は、彼の遠出の勧誘に対し、まあ息抜きにいいかと承知し、電車で出かけることになったが、どこかの公園のようなところで、ある印刷所の営業の人にひきあわされている。著者の草森さんだと紹介され、向こうは、渋い表情のまま挨拶を返したものの、私がそばにいるので彼を責めるわけにもいかぬといらだたしげな風情であった。

それでも話がついたのか、またある場所に電車で移動した。「どこか見物しても、しかたないでしょう。もう一つヤボ用につきあってください。神戸へ戻ってから一杯やりましょう」と、たしか富士正晴の『ヴァイキング』の同人であったとかいうお父さんに逢わされている。こんどは公園でなく、なんと路上である。「草森さんは、むかし（一九六二）奄美大島へ行って島尾敏雄夫妻に会ってきたんですって」と紹介している。うむと肯くだけで、黙りこくっていた。お父さんは、神戸時代の島尾さんの夫人であるミホさんと親しくしていたらしい。

この時、あまり氣にもしなかったが、『サブ』をめぐる金策のことで、お父さんは、怒り心頭に発していて、息子と口もききたくなかったのではないか、と今では憶測したりしている。とすれば、残念ながら、一時しのぎにもならなかったのかもしれぬ。私はあまり小島くんの役に立たなかったことになる。

この年、まもなく、オイル・ショックが日本中を駆けめぐる。私は、そろそろ一服をやめて、仕事を始めようとしていた矢先だったが、この石油不足、紙不足の騒動が、まもなく世界的陰謀だったとわかった時、もうサブカルチュアの仕事は、やめようと思いたった。なぜと理由を問われると返答に窮するのだが、オイル・ショックとサブカルチュアの隆盛は、深い底のところで一つにつながっているように思えたからで、これまで自分がやってきたことが、すべてむなしく急に感じられてきたのである。「この身をひたすら世の風に曝して、流れよ」と「半隠遁」を決意していた。

世の中を見渡せば、もはやサブカルチュアは、「サブ」ではなくなっていた。文化の主人公は、「サブカルチュア」である。ならば、わざわざサブカルチュアという必要もないわけだ。アカデミズムの砦が崩壊したのも、サブカルチュアの腕力、馬鹿力だが、喜んでばかりはいられない。サブカルチュアに属した新劇や純文学の停滞は当然としても、政治や経済すらも、サブカルチュア化し、空洞化しはじめている。あたかも私が王道のように、それまで無視されていたサブ文化を正面に据《す》えて啓蒙してきたことも、ただ世界規模の愚民化に手を貸したに過ぎない。オイル・ショックとその後の世の変化に対し、そう象徴化として考えるようになっていた。マクルーハンの指摘が、ロコツに現実化してきたのだ。世は、不景気だったが、グローバル化の準備が着々と進行していた。東京では、わかりにくいが、神戸や北海道にいると、その変貌していく姿が音をたてて氷の下を流れていくさまが、よく見えた。その牙をはっきりと剝きだしにしたのは、バブル景気の八〇年代である。

人間の記憶には、時制なるものがない。『サブ』の最終号は、てっきり一九七六年ごろと勝手に決めこんでいたのだが、実は空洞化したサブカルチュアに対し、私が幻滅したオイル・ショックの起こった同じ年だったと知る。

『サブ』を休刊するという報告を「小島くん」から受けとった記憶はない。そのかわり、一年ほどして東京へ出るという話なら聞いた。これから雑誌をしばらくお休みして、企業にアイデアを提供したり、イヴェントをおこしたりするプロデュースの仕事をするという。これには、いささかムッとしたものの、そうかとだけ答えた。それはそうだろう。「東京はよくありませんよ」とのたまわったのは、当の「小島くん」ではないのか。だが、『サブ』の裏奮闘ぶりを垣間見てしまった（いや、特別に見せてくれたのだろう）という負い目もあり、まあ、しかたなしと思うしかなかった。新しい仕事そのものは、彼に向いているが、そのサブ感覚で企業に参加しても、彼の繊細さが、どこまで耐えられるかという心配もあった。いずれにしろ彼が決心したことである。「小島くんよ、往け！」である。

私の神戸住いは、たしか一九七九年ごろまで続く。彼と顔合わせする楽しみはなくなったが、唯一この地で認める存在として紹介してくれていた『神戸新聞』学芸部記者中平邦彦氏とは、神戸に行った時、かならず一度は逢って、酒を飲んだ。土佐っぽの彼とは、氣が合った。私と同じ齢で、将棋の観戦記者としても有名であったが、麻雀も花札も強かった。のちに将棋の世界を書いたエッセイや病院のルポのベストセラーを出している。その彼が、甲子園の巨人阪神戦の全席を確保するから『デイリー・スポーツ』に観戦記を書けといってくれたが、その時は、神戸の部屋をたたもうと決心してしまっていたあとであった。多少とも後ろ髪がひかれはしたものの（つまり、手がけてみたいという助平心）、今さら意をひるがえすわけにもいくまい。小島くんは、東京を否定して私を神戸の住人としたが、私が引き払うころの神戸も、じゅくじゅくと酸化しはじめていた。

私のアパートの周辺は、外国人の建築物が密集しているところであったが、東京を脱出してきた『アンノン』族と呼ばれる女性たちが群れをなして、その急な坂にもけなげに耐えつつ、造花のようにうろつきまわるような場所へと変貌しつつあった。

「もう、神戸はよかろう」という氣持にもなろうというものだ。これでは、小島くんの言う「ウエスト・コースト」の涼風も吹いてきやしない。小島くんのセンサーは、それをいち早く察して「神戸」を脱出、逆に自らも信じている悪場所の「東京」で、なんとか活路を見出そうとしていたのかもしれない。ならば、『サブ』の役割は、もう終っている。

あらためて『サブ』のバックナンバーの目次を見やる時、その執筆者の豪華さと多彩さに、一驚する。当時はそうも感じなかったのだが、よくぞ集めたものだと思う。森茉莉も書いている。大きく分けていえば、三〇前後の新鋭群と、六〇前後の変わった老人たちのとりあわせからなっている。富士正晴、瀧口修造、植草甚一は、後者である。前者の代表者は横尾忠則、その中間に谷川俊太郎、諏訪優らがいる。

良くぞ彼の好みの人物を集めたものよともいえるが、どうだったのだろう。書いてほしいと思うような人って、日本には、あまりいないんですよねと、さして困ったふうでもなく呟いたのをよく覚えているからだ。小島くんは、けっして口では言わなかったが、文才もあり、写真もとり（私は、京都の寺を彼が撮影した写真集を一冊もっている）、おそらくデザインの才覚もあり、できるなら、すべてを自分一人で皆やりたかったのでなかったか、と思うことがある。どこで、自らの多様な才を「あきらめ」てしまったのであろう。その「あきらめ」方の方法として自らの雑誌を創りあげるということがあったのかもしれない。創った雑誌の姿が、自分の肖像である。とりわけ二年たらずで作った『サブ』の六冊は、それである。

ふと誰かに似ているかといえば、『暮しの手帖』の花森安治みたいな人だったかもしれないと思うが、小島くんは彼のように誌面へしゃしゃり出たりしない。

このような個性的なタイプは、この世にいないわけではないが、執筆者に対しては、選んで原稿を依頼した時点ですべて終りであるという態度で、自ら希望を述べたりはしなかった。

無責任といえば、無責任で、やりづらくもある。頼まれたほうは、なんら注文の束縛がなく自由なのであるが、その代わり全責任を負うことになり、注文に対して反発もできない。内容はあなた次第です、といっているようなものだからである。後は、一冊の中の駒（材料）として私が料理いたしますから、といっているも同然であり、事実そうであり、出来上がってくると、自分の原稿がなかなかのもののようにみな思えたのではないか。そんな氣もする。わがままな私にとって小島くんは、ただ自分の仕事を精いっぱい、氣を抜かずにやればよいわけで、やりやすい相手であったともいえる。

私は、毎号で見せる小島くんのつくり（料理）に興味があり、そのつど感想を述べたが、同時代人のものは読むべからずという自戒もあって、己の原稿以外、ほとんど読まなかったので（といえどもアナーキスト辻潤の息子である辻まことの「石族譜」のみは読んだ）、今はそのできふできを検証しえない。

内容のできふできは、かえって雑誌の内在律的リズムからいえば、よき凸凹の浮き沈みする波になっていたのではないかと思える。その凸凹の波動が、洒脱で、ぎりぎり、すれすれの妙を尊ぶ小島くんの料理ぶりとあいまって、魅惑的な殺人光線を雑誌から放射していたのではないか。

一口にいえば、「こいつは、なんだ！」である。『ぶっく・れびゅう』をふくめた『サブ』の八冊は、編集人「小島素治」の、この世に二人といない自画像であり、心やさしい無頼漢ともいうべき彼の趣味の本である。その趣味たるや、不敵なメッセージでもある。同時代の空氣を撃っただけでなく、その射程距離は、長く遠くまで、らくらくと届いている。

ボードレール流にいえば、命がけでない趣味は、趣味ではない。『サブ』は、それ故に、オイル・ショックの年、滅ぶべくして滅びた。私は本誌『QJ』で開始された北沢夏音氏の連載『Get back, SUB!』により、小島くんの意外にしてかつ劇的な死を知った。なんという豪奢な野垂れ死にであることか。友人・芳賀氏に宛てた彼の手紙の書き出しである「私です」と「カッコ」でくくった書きかたの妙の他に、「跨ぐ」という言葉への彼のこだわりとを知った。このこだわりは、彼のサブカルチュアへのこだわりにほかならず、大いにひっかかるものがある。私はその後も、小島くんが出した不幸な二冊の雑誌『ドレッサージ』と『ギャロップ』とかかわっている。さらにそれらを通して「サブカルチュア」なるものの運命を考えてみたい。

風流漂泊

「アッ、いらっしゃいましたね。小島です。おひさしぶりです。神戸にも何度か電話したんですよ。ようやく、摑まりました」

この時、私は、たまたま東京にいた。寝床のそばにあった電話のトゲのあるよな呼びりんの音で、ガバリと目を醒まし、といっても目をつむったまま、反動的に腕を伸ばしてとると、受話器の向うから、小島くんの例のさわやかな声が、ころころと鳴っている。

もともと東京べったりのころから、喫茶店を周遊しながら原稿を書くたちだったので、私は、なかなか電話で摑まらないことで、有名であったらしいが、この七、八年は、そもそも東京にあまりいない。

本人その人（つまり私）は、あちこちに移動しているので、そのたび、ぶつかってくる光景に目を奪われ、新しい体験に心がふさがれているため、誰から掛かってくるかわからない東京の電話のことなどは、すっかり忘れているのである。「風流漂泊」の旅のありがたさだ。

根が、電話恐怖症なので（携帯電話が日常化し、路上でも応答している当今でも、電話恐怖症はいるのか。まあいるだろうな）、「風流漂泊」は、一種の脱走、逃亡ともいえる。家は、電話つきの牢獄でもある。それでも、小島くんの声があまりになつかしく、嬉しくもあり、

「すみません」

と謝したあと、

「本当にひさしぶりだね、仕事のほうは、順調にいってますか」

とすぐに問うた。神戸にいても、時々、東京へ移った彼のことを想いだし、うまくいっているかなと心配していたのも、事実であるが、たいていはじぶんの「風流漂泊」にかまけて、彼のことなど忘れている。これは、お互いさまで、久闊を叙すという挨拶は、ありきたりのようでいて、悪いものでない。

「フフフ……まあ、なんとか」

自信ありげな彼の答えが返ってきたので、そうかと安心したが、つづいて、

「草森さん、また僕、新しい雑誌、はじめたんです」

嬉しそうに彼がいうので、少し皮肉っぽく、

「えっ、またなの。あなたも凝りないな」

といい返せば、彼はからからと笑って、いっさい言訳などせず、

「ところで一度、青山の僕の事務所にいらっしゃいませんか」

と話を切りかえた。自宅は三鷹か吉祥寺にあるとかいっていたが、仕事場は、青山なのだという。ひさしぶりに彼の顔でも拝むか、とただちに承知した。

それから何日かして、地下鉄の「神宮前」で私は降り立ち、駅近くの電話ボックスから彼の事務所に「今、着いた」という連絡をいれた。ものの五分もたたぬうち、長身の小島くんは、ニコニコ笑いながら、出迎えにきてくれた。私が土地音痴であるのをよく承知なので、道順を教えるより、出迎えに行ったほうが安全なのである。なにか、いかにも氣楽げに彼は下駄かサンダルをはいていたという記憶もあるのだが、おそらく思いちがいだろう。

『季刊ドレッサージ』の創刊号は、一九七七年の冬の発刊である。私がこの雑誌に「ギイ・ブールダンの世界〈ギャアッ!〉」という原稿を寄せたのは、翌年の春号である。とすれば、彼の仕事場を訪れたのは、一九七八年の春先だったであろうか。

彼の東京の仕事場は、かなり古い昭和初期のアパートメントの風情で、外観はなかなかに洒落たモダーン集合住宅である。神戸のサッスン・アパートほどではないにしろ、いかにも小島くんらしい選びかただなと思ったものの、二つ三つある彼が借りている部屋のほうは、編集室として使っている。机の上にごたごたと物が置かれたり散っていたりするため、狭苦しく感じられるのは、いたしかたないが、あいかわらず彼の好きな音楽だけは、威勢よくヴォリュムをあげて鳴っていた。

ただ、彼は出版社を起こしたわけでなく、あくまでメ

インは、企業がらみの仕事のようで、六〇年代にアイビ・ルックで一世を風靡した「ヴァン・ジャケット」の手伝いもしていると彼の口からきいた。

私が、一九六一年に婦人画報社に入り、はじめて担当した雑誌は『メンズクラブ』で、石津謙介が主宰する「ヴァン・ジャケット」とかかわりが深かった。そのことを彼は、よく知っているので、自分の展開している営業種目の一例としてあげたのだ。そのころの「ヴァン・ジャケット」は、倒産していたはずで、再建のためのアドバイスでもしていたのだろうか。よくわからない。ファッションに興味を失っていた私は、詳しくきこうともしなかったし、彼もいおうとしなかった。

たしか、この編集室で新しい雑誌の創刊号を見せられたのだと思う。私は彼の目の前でページをめくりながら、心の中では、しきりと首をかしげていた。

表紙が広告というのは、いかにも小島くんらしい斬新なアイデアなのだが、ヴィジュアル効果としては、ひとつ、いただけなかった。魅力がない。フラットすぎる。いや、それこそが表紙に広告をもってくることの彼独特の戦略で、あえて表層化してみせたにしても、それ自体が人をだまくらかす新しい魅力になっていなければ、どうにもならぬのではないか。

これまでの彼の作ってきた『ぶっく・れびゅう』や『サブ』は、広告を排除した雑誌である。もともと私は広告のない雑誌は、あまり好きではなかった。にぎやかさ、猥雑さを欠くからである。というより、編集経験者としては、しばしば自分の企画頁を犯してくる広告の存在が邪魔でならなかったのだが、一方では、広告のない雑誌は、まるで無菌状態で、魅力に乏しいとも思ってもいた。

それは、おそらく雑誌の生命である「雑」がかけるためだと考え、むしろ雑誌を持続させるための必要悪として積極的に認め、広告という邪魔者と競合するしかないと思っていた。それを教えてくれたのは、一九六〇年初頭のやたらに自信をもちだしたアメリカの雑誌群だった。しかしながら一九七〇年初頭に小島くんの作った雑誌は、いっさいの広告の手助けもなしに、みごとハイブロウな「雑」空間を作って見せてくれたのだ。

「雑」とは、草森流には、「世界」そのもののことなのだ。神戸時代から、小島くんは、『サブ』の編集のかたわら、生活のため、雑誌道楽の資金調達のため、「大丸」のPR誌（？）やパンフレットのファッション頁を制作したりしていて、たまたまサッスン・アパートで、そのゲラ刷りがテーブルの上に投げだされているのをうっかり私が見てしまい、やれやれ見られてしまいましたねと恥ずかしそうに彼が笑っていたのをよく憶えている。そのころより彼は「広告」なるものに敏感であり、東京に進出していく際の動機となり、道具とするだけの準備は整っていたはずである。広告の仕事は、莫大な金が動く時代に突入している。しかも、たんに広告の下仕事をするのでなく、企業そのものに外部からかかわるという大きな抱負をたずさえての船出なのである。

その時、小島くんは、リスクの大きい雑誌作りをあきらめたはずだが、またぞろ『ドレッサージ』という新しい雑誌を作るというのだ。しこたまそのような仕事でかせいだので、その余裕でもって、またまた趣味性に富んだ雑誌を作ってみたくなったのか。いや、敗者復活戦、はじめからそう思っていたと見るべきだろう。「雑誌」には、それくらいの魔力がある。

まあ、それなら構わぬが、こんどは広告を排除せず、あろうことか、表紙に広告をもってきて、しかもそれを表層化するという危険な綱渡りをはじめているのである。プラス志向のスポンサーは、けっして喜ぶまいと思ったし、なにより魅力がない。

表層文化論が、しきりとアホ鳥が啼きさわぐように呼号されたのは、バブルの八〇年代、バブルのはじけた九〇年代だが、こういう外来の発想の下敷きは、実は六〇年代からあり（中国では宋代、日本では江戸時代）、カンのいい小島くんは、いちはやく知っていたはずなのである。私は、ソフィスティケートな雑誌『サブ』こそが、よい意味での表層主義の成功例だと思っていた。なぜならソフィスティケーションの作業には、物に対する「表層」化の手続きが、どうしても不可欠であるからだ。

『ドレッサージ』の創刊にあたり、雑誌の内部に広告を招くにとどまらず、表紙にまで招待する大胆さは、小島くんらしい発想であるにしても、すこし逆撫でしすぎはしないか。もともと広告は、ホットな媒体である。たとえクールに処理しても、それは見せかけで、その内質には、企業の欲望が渦巻き、大衆の欲望をひきださんとするホットなものである。まもなく国際電子社会の根幹をなす表層主義に対し、かならず広告界も先頭を切って、それをとりいれるにちがいないが、かならずやその表現の外面は、クールを装いつつ、欲望の煮えたぎったものになると私は思っていたが、その観点からすると、表層の表層、なにやら不毛な冒険を小島くんは企てているようにと思えるのである。

こんなことを目の前で頁をめくる私の反応をうかがっている小島くんに向かって述べたわけではない。時たま、「うーん」「うーん」という擬声音を入れただけである。

表紙は、淺井愼平の広告写真で、ポスターイメージ調査で、ナンバーワンにランクされたものという。全国の都市空間でポスターとして貼られている時は、まわりの雑な環境により、かえって際立つにしても、雑誌の表紙としてそのまま移動した時は、さびしく枯れて見えるのである。

さて本文の内容はといえば、まずはソフィスティケートなものである。だが、読まぬ前から薄味なものに思えた。活字にも、風姿がある。読まないでも、活字群の中から実体が透けて見えてくる。

私と彼が好きなリング・ラードナの名翻訳家である加島祥造が、短篇小説の名手「デイモン・ラニアンの世界」について書いているのは、よしとしても、私の好きな女優シャロット・ランプリングのヌードを一九七三年に撮ったヘルムート・ニュートンの写真がのっているのは、他愛なく個人的によしと思えるにしても、全体としては、たよりないのである。毒が薄い。

ソフィスティケーションにとって、最も重要なことは、スノビズムの質なのである。スノブを自任する私は、そう心に呟く。つまり俗物性のありようなのである。どうもその軽薄性に毒を欠き、へらへらしている、小島くんのスノビズムは、こんなものではなかったはずだ。

一九八〇年代への展望を語らせている小特集もある。私が七〇年代の「風流漂泊」の間、いまいましく看取していた、これから来るべき「メジャ志向」の嵐の襲撃に対し、とうてい立ち向かえると思えない卑弱な高踏性しかもたないスノビズムなのである。ただ、それらの文章を読まないうちから、そう感じているにすぎないともいえるので、まあ黙っていた。

一九七〇年前後のマイナー志向の嵐にも、へいこうしたものだが、八〇年代のメジャ志向（不景気な七〇年代の半ばごろから、時代の匂いをいちはやく感じとっているものは、メジャメジャとすでに口にしていた）は、狂乱の台風となるはずで、こんなスノビズムでは、一服の清涼剤たりえない。どうも小島くんは、そのへんの事情も広告宣伝の住人として察知しているようなのだが、そのまま台風に乗るか、否定すべきか、心が不安定なままに、創刊号を作ってしまった感じなのだ。どこか、悪い意味でズレている。

私は、この原稿の中で、自らの半隠遁の生きかたを示すものとして、あえて「風流漂泊」という言葉を何度か使ってきたが、あえて種明しすると、一八世紀の英国の奇人作家ローレンス・スターンの小説の題名なのである。

高校時代、新潮文庫『センチメンタル・ジャーニー』という題の小説として、すでに読んでいた。一種の旅行小説なのだが、まったくといってよいほど風光描写などのない破天荒なものだった。そのころ英国とフランスは、いがみあっていたが、その敵国のフランスへ、わけもなく旅に出てしまう話だ。いたたまれなくなったイギリスから国情敵情かまわずに一時退避した、一種の逃亡記である。

センチメンタルの本質たる感傷なるものは、旅で見た風光に触れて生じるものだが、それを期待して私は読んだので、あっさりと裏切られた。ほとんどが、旅先で出逢ったフランス人との決闘のようなものだ。スターンは、すさまじいまでに己を七分八裂して見せるスノッブ魂の持主で、ウィットをもって鳴る高級貴族をふくむフランスの俗物たちと、つぎつぎと言葉の刃を交していく決闘小説、あるいはナンセンス小説ともいうべきものであった。

後年、私は古本屋で、L・スターンの『風流漂泊』なる翻訳本（昭和二三年刊、新月社）を見つけた。四〇代で夭折した英文学者織田正信の訳で、なんと『風流漂泊』は、新潮文庫の『センチメンタル・ジャーニー』と同一の邦題なのである。スターンの原題も『SENTIMENTAL JOURNEY』なのだが、織田は、浮薄に日本化し、片仮名化しているセンチメンタル・ジャーニー（感傷旅行）をとらなかったのである。

「風流」は、本来、禅のもので、人間の業《ごう》たる言語の決闘ともいうべきすさまじいものだと知っていたので、「うーん」上手につけたものだなと感心した。「風流」の下につけた「漂泊」にしても、観光氣分の「旅」とちがって、わが俗物の心と身をたずさえた命がけの「旅」である。

繊細無比にして洒脱な性向の持主である小島くんは、豪傑なところもある。関西にいたたまれなくなった、或いは飽きたらなくなった彼の東京への脱出は、「風流漂泊」ともいえたのである。だが『ドレッサージ』は、よき「風流漂泊」したと思えない。どこかズレている。

ようやく時間をかけて創刊号を端から端まで眺め見終えた私を見て、「どうですか」とは、小島くんがきいたわけでない。そういう人である。私も、「う、うーん」とだけ答えて、その雑誌を閉じた。彼は、にやりと笑っただけで、「ようやく摑まったんですから、次号になにか書いて下さい」と言った。判った、と私は肯いた。

『ドレッサージ』は、映画、宣伝、ポップアート、写真、ファッション、デザイン、彼の好きな競馬、野球をふくむスポーツ、音楽、つまりサブカルチュア中心の新しいスノッブ精神を目指したマガジンであることは、あきらかである。これらのジャンルは、八〇年代に鼻白むほどにヒートアップし、ごった煮となって、空虚なメジャ空間を飾るにちがいない。私はそれらを愛していたが、双手をあげるわけにはいかない。

『ドレッサージ』は、世をあげてオールサブカルチュア化される時代にあって、それらに対抗するニューカウンターカルチュアたるには、なんとも心もとない内容に思えた。もちろん、そうは言わなかったが、原稿を引き受けるにあたり、「なんでもいいか」と一応彼に問うた。

「もちろんです。いつだって、なんでもいいでしたよ」と彼は答えた。

「じゃ、ファッション写真について書こう」「いいですね」「ヘルムート・ニュートンでもいいけど、有名すぎるので、ギイ・ブールダンにしようか」「いいですね」「彼の写真がのっているフレンチ・ボーグのバックナンバー、あったら貸してよ」「どうぞどうぞ、取り揃えておきます」。これで打ち合わせは、終った。

ちょうど、そのころ、二〇代の終りころから手がけはじめていた『絶対の宣伝　ナチス・プロパガンダ』全四巻のまとめに入っていた。七〇年代、ヨーロッパでは、ネオナチの台頭があり、ニュートンやブールダンの写真は、その風潮の仮面を偽悪的にかぶっているところがあって、しきりと氣になっていた。とうに写真評論は、やめていたが、ひさしぶりに書いてみてもよいな、と思ったのである。

ほんの少し前、神戸の古本屋で、『笑顔のファシズム』という本を発見し、といっても数年前に出た新刊が安値で売っていたものにすぎなかったが、ギイ・ブールダンの写真は、来るべき「笑顔のファシズム」の時代の腐臭を鋭く切り裂いているようにも思えていたので、彼を選ぶことにした。

創刊二号のため原稿を渡した時、『ドレッサージ』に破調を作るかもしれないが、わざと「ギャアッ」という題をつけた。

もう一つ、氣になったのは、『ドレッサージ』の文字の按配が、横組みに変わったことであった。『サブ』以来のよき相棒であるグラフィック・デザイナー片庭瑞穂のセンスに富んだ才腕によって、読みやすい、みごとな横組みの紙面になっているのだが、いくばくかの疑問を覚えた。

六〇年代、日本の雑誌界は、それまでの旧態依然たる縦組みを選んでいたが、デザイン界は横組みだった。広告であれパンフレットであれ、PR誌などでも、日本語にふさわしい縦組みを嫌って、デザイナーはやたらと目写りのよい横組みにしたがった。アルファベット病である。頁のはじからはじまで横組みだと、人間の読む限界をこえていたが、彼等は平気の平左で、日本出版界からは嫌われていた。ところが、両方の短所をよく知る小島素治は、『サブ』などで、ハイカラな縦組みを実践してみせたのである。

一九七三年のオイル・ショック後、遅まきながら、保守的であった日本の出版界も、グラフィック・デザイナーを登用するようになる。世の中は視覚の時代だ、乗り遅れるなというわけだ。『ぴあ』（一九七二）などの情報誌はともかく、デザイナーたちは、あれほどまでに嫌っていたのに、これまで通りの縦組みを踏襲（妥協）しながら、ようやく雑誌をグラフィックなものに工夫していった。

小島くんは、その変貌ぶりに縦組みでありながら、本質は横組みであるという偽善のようなものを感じていたのではないだろうか。それが、『ドレッサージ』の横組みへの挑戦となって、現れたようにも思えたが、ここでもズレを感じた。それは、新雑誌の内容が、横組みの成功にもかかわらず、両者相またず、ソフィスティケーションとして、浅いからである。スノブの自覚に欠けるスノビズム。「笑顔のファシズム」という爆風の前には、ただ不平を氣取るか、そのまま迎合するような、吹けば飛ぶようなスノッブ魂にみえたのである。どうした、スノッブの豪傑・小島素治よ！の気持ちであった。

私が『ドレッサージ』に原稿を書いたのは、この第二号だけで、八号まで続いていたとは、『QJ』編集部に示されるまで、考えてもみなかった。小島くんは私の思いを察知したからともいえるし、私の原稿が自分の雑誌に向かないと考えたからでもあるだろう。以来、原稿の依頼のみならず、雑誌も送ってこなかった。ただ、その五年がかりの八冊すべての号に「創刊」の名が附されている。号を増すごとに、うわべの洒脱なエスプリを残しつつ、内容は低調になっていくが、たえず「創刊」の意識を持続させていたことには、感動させられる。

小島くんが、ひさしぶりに私の前に姿を現したのは、嫌悪するのさえ、もったいなかった狂乱のバブルもすでにはじけている一九九一年の初頭である。指折って数えれば、一〇年以上も、二人は顔を合わせていなかったことになる。とうに神戸の部屋はたたんだが、その間、私といえば、あいかわらず書庫のある北海道と東京の間を往来していた。東京にいる時は、百戦百敗のマージャンに耽っていた。

とつぜん「小島です」と電話がかかってきて、御無沙汰を詫びたのち、「またまた雑誌をだします。書いてください」という。その声をきくと、一〇年も逢っていないとは、とうてい思えないような旧知の親和力のある風が吹いてきて、わが心もなごんだ。まだ同じ青山で仕事していますという。「バブルで、ひょっとすると狂ったんじゃないか」とまでは聞かなかった。ともかく逢いたいというので、神宮前の事務所に出かけた。部屋の印象は、さして変わっていなかったが、急に頭をさげて、「遅くなりましたが、原稿料をお支払いします」と言った。私は忘れていたが、彼は忘れていなかったことを知った。律儀な豪傑である。

「こんどは、『ギャロップ』という競馬の雑誌を出します」

「えっ、マージャンはしても、俺、競馬やらないよ」

「イヤイヤ、なに書いてくださっても、結構です。連載してください。スポンサーつきですので、大丈夫です」

私は、すぐに書きたいテーマがあれこれ浮かぶたちなので、「穴」については、どうだと言った。それも、競馬の「大穴」についてでなく、世界の時局をとらえて「穴」がらみの発想で書いていく。さしずめベルリンの壁の崩壊の「穴」については、どうだと、おそるおそる私は彼にきいた。

「きまりです。メンバーを揃えていますから、今晩は麻雀しましょう」

この日の彼は、上機嫌であった。さっそく神宮前の近くの雀荘で闘牌することになったのだが、この時はじめて、小島くんとは腐れ縁の仲に違いない物静かなグラフィック・デザイナーの片庭瑞穂氏と逢い、麻雀のお手合わせをした。あいかわらず私の負けだったが、先ほど貰ったばかりの原稿料がパーになるほどではなかった。

勝ち組の彼は、たえずビールを飲みながら牌を打ち、「マスター、お代わり」と叫ぶたび、うしろを振向く際の彼の幅広の大きな背中が、今でも思いだされる。

締切り近くに電話がかかってきて、まだできていないと答えると、ホテルをとります、閉じこめますという。費用がかかるぞ、大丈夫かなと思いつつ、スポンサーつきで、編集費が潤沢のようなので、まあいいかと素直に受けることにし、私のお氣にいりの千鳥ヶ淵のフェアモントホテルに部屋を二日間とってもらうことにした。

古い外人向けの小さな粋なホテルで、なによりも私が氣にいっていたのは、ベッドの真うしろが、文机になっていて、部屋の壁との距離があまりないのが、かえって原稿を書くのに「集中」し、都合がよかったからである（残念ながら今は、取り壊されてしまい、利用できない）。

「大穴シリーズ」と銘打った第一回目の連載は、「ベルリンの壁に穴」。第二回目は、第一次湾岸戦争で「フセインを裏切った穴」。第三回目は、雲仙の噴火口の穴をやるため、資料集めをしている最中に、こんどは大丈夫という『ギャロップ』も廃刊になった。四回目は、ハイテク戦争の発端となったフォークランド戦争を扱う予定であった。

私は大いに乗っていたので、廃刊は残念であった。まだ事は起きていなかったが、トンネルを掘って救出に成功したペルーの人質事件、阪神大震災、オウム事件（教祖の麻原彰晃は壁の中の穴に隠れているところを逮捕された）、貿易ビルに旅客機を突入させた「九・一一」のテロ、洞窟に向かってアメリカがピンポイント攻撃をしかけたアフガニスタン戦争、そして麻原と同じく穴の中から引きずり出されたフセインのイラク戦争。すべて穴がらみで、我が雑文世界を展開できたはずである。

この『ギャロップ』も、かならずしも新趣向の競馬雑誌として成功していると思えなかった。競馬ファンの層は広いが、競馬にからむ都会的なハイセンスを雑誌に求めていると思えなかったからだ。つまり対象が不明確である。競馬ファン以外のハイスノブの読者を引きずりこむしかない。それだけの魅力があるか。極端にいえば、小島素治の顔がよく見えない、「サブ」は「私」です、になり切っていず、「ドレッサージ」と同様にはやりのインタビューを記事に多用していたが、彼ならではの新機軸をだしていると思えなかった。うらむらくは対者とインタビュアとの間に白熱した火花が散っていない。

もっぱらインタビュアが聞き手であり、対者も大したことを語っていない。

廃刊の予感は、あるにはあった。たしか第二回の原稿を書くため、フェアモントホテルに宿泊していた時だと思うが、夕方、小島くんがやってきて、スポンサーの窓口になっているデザイナー出身の青年を引き合わされ、ラウンジでいっしょに酒を飲み、雑談した。原稿があるので深酒となるのを抑えたが、その青年は、なにか考えごとをしているようで、ひとつ雑談にも乗り切れないでいるようだったからだ。

なにか揉めているな、と私は直感的に思った。そのカンが正しかったことは、廃刊となる第三回目の取材中にはっきりした。途中で降りたスポンサーと裁判で係争すると小島くんは、息巻いていた。どのようなトラブルがおこったのか、よくわからなかった。金銭がらみであることまでは、わかるのみである。連載二回分の原稿料は、なかった。いつも覚悟していたので、さして腹も立たなかった。

よくよく考えてみれば、『ドレッサージ』といい、『ギャロップ』といい、そのタイトル名は、ともに競馬がらみである。私などのまったく知らないところで、東京に「風流漂泊」していた好漢小島素治は、賭博のともなう競馬という魅惑の「大穴」の中で、愚かなるものは皆楽しと歓喜呻吟していたのではあるまいか。

そして、バブルに浮かれた広告業界、企業が掘った大穴である。メジャ志向のコンセプト主義の虚ろな大穴に細心大胆の彼自身も呑みこまれていたのではないか。小島素治そのものが豊穣なる「コンセプト」なのにである。

その後、またも消息は絶えるが、阪神大震災が発生した時、神戸にいないはずの小島くんのことは、あまり心配もしなかったが、それより数年たったある日、彼から電話がかかってきた。元気な声だった。今は、神戸にいるという。なんだ東京をたたんだのか、と私はなじるように問うた。

「ハイ、女房とも離婚しました。ボチボチ、またやっています。また協力して下さい」

と彼は殊勝に答えた。

「今、神戸復興がらみの大きなプロジェクトを企んでいて、雑誌も出そうと思っています。一本、原稿料一万円均一でやります。それぞれ何を書いてくれても結構。この案、いいでしょう？　草森さん、一枚書いても一万円、百枚書いてくださっても一万円です」

どんな雑誌か想像もつかなかったが、内容は、はじまるまでのお楽しみ、と嬉しそうだった。『神戸新聞』の中平邦彦のことも氣になっていたので、それをきくと、無事で、一度お逢いしましたが、元氣そうでしたという。
おそらく、話がはずんで、一時間ほども、小島くんと長電話したであろう。また連絡しますと、電話が切れたまま、ずっと音沙汰なかった。昨年の暮れになって、とつぜん北沢夏音氏よりの手紙で、『サブ』について、いろいろインタビューしたいという申し出を受け、仰天するのである。嗚呼哀哉《アアアイヤ》。

最晩年、小島素治は、「跨ぐ」という言葉にこだわっていたという。「跨ぐ」は、英語でステップオーバ、もしくはアクロス。彼が編集した雑誌『ドレッサージ』『ギャロップ』感覚とも、からみが大いにありそうだが、その際、境界という言葉を深く意識していたという。その境界とは、跨いで乗り越えるべき障害のラインでもあるか。

サブカルチュアの特性であるジャンル越えのクロスオーバ、ボーダレス、さてはグロバル、国際性などとも重なるはずである。これらは「跨ぐ」氣もなく跨いでしまう電脳社会の符号でもあり、おそらく晩年には否定の氣分を抱いていたはずである。私にいわせれば、音楽のクロスオーバで、とうに幻滅を味わっていたはずなのだ。

彼の「ドレッサージ」的境界感覚は、彼のソフィスティケートで、かつ勇気あるスノブ魂とも交差し、異境のユートピアであるマージナルともかかわっているにちがいない。境界に対し、英語の「ボーダ」よりも「エッジ」と解釈していたとも自ら述べている。私なら、彼のいう「エッジ」に、あの日本刀の冷んやりとした抜き身の白い刃を想起する。

小島素治の言葉でいえば、「殺氣」である。その白刃の殺氣も知らず、跨ぐ氣もなく跨いでいては、踏みはずしの大穴に落ちるぞという自戒でもあったのかもしれぬが、むしろ真のサブカルチュア空間を創造していくための境界越え（際《きわ》ごえ）の心構えを示唆した、彼の遺言なのかもしれない。

「サブ」は「私」。小島素治、短くもあり長くもあった「風流漂泊」の旅を終える。嗚呼哀哉。ああ、哀しきかな。小島素治よ、わが妄想妄断を許せ。二〇〇四年四月二五日。

（『クイック・ジャパン』vol.53［二〇〇四年四月］・vol.54［同年六月］より再録）

小島素治
（1941-2003）
R.I.P.

撮影：寺館聰

Designers：YUKARI TAKEMURA　KUMIKO TAKIGAWA／Staff Photographers：KOICHI KAMIO　MITSUO YAMADA　YUMIO YANARU／Advertising Sales Director：MASATOSHI MAEDA　NOBUAKI CHIBA／Contributing Editor：KENJI OHTSUKA／Editorial Adviser：HIROYASU OHKAWA／発行：株式会社マディソンアベニュー 東京都千代田区富士見2–4–13エーコービル3F

COVER STORY「イヴ・サンマルタン」駒木舜／Axis「GALLOP INTERVIEW」中川安奈、鮎川誠、吉澤美香、溝口肇、イカンガー岩崎、荒戸源次郎、中村由利子、稲越功一／Bookmaker／Cert／Dressage「世紀末を踊り明かす幽霊たち」平沢彌一郎／Earnest「FRED ASTAIER ダンサーズ・イメージの人」伊藤勝男／Far turn「マーチンズ・フェリー（オハイオ）に秋が来て」ジェイムズ・ライト 訳：諏訪優／Gallop「LA LIAISON TENDRE 優しい関係」写真：長岡緑／Homestretch「都市速度」写真・文：小田切慎平／Impression／Jockey club／Kicks「HOPPEGARTEN1日200マイル駆ける馬」真野少／Leading「私の出会ったターフの天才たち」藤野広一郎／My fair lady「ママ…賭事って情熱よ」三浦徳子／Night cap「EDITOR'S PAGE」／Odds「DARK HORSES」高木和雄、「世界街頭広告図鑑」田之倉美雄／Photo finish／Quinella／Racegoer「TAKE ME TO THE GREEN 緑園のひと」／Show／Teaser／Upset「大穴シリーズ①ベルリンの壁に穴」草森紳一／View／Winner's circle／Yearling

『季刊ギャロップ』創刊号

91年5月25日発行／第1巻第1号／定価850円（本体825円）／縦280×横210／表紙イラスト：片庭瑞穂／発行人：舞田和憲／編集人：小島素治／Art Director：片庭瑞穂／Editors：彩草じん子　真野少　片山雅光　駒木舜　福田マリ　真野かがり／Designer in Chief：下畑剛／Designers：竹村由香里　滝川久美子／Staff Photographers：神尾幸一　山田光生／

Advertising Sales Director：前田昌利　石橋玲子／Contributing Editor：大塚憲二／Editorial Adviser：大川博靖／発行：株式会社マディソンアベニュー 東京都千代田区富士見2–2–12 ニュー太郎ビル3F

COVER STORY「ウィリー・シューメーカー」駒木舜／Axis「GALLOP INTERVIEW」冴木杏奈、都留教博、阿木津英、古今亭志ん朝、加山雄三／Bookmaker／Cert／Dressage「GALLOP RENDEZ-VOUS 対談：篠沢秀夫×駒木舜／Earnest「"SHOELESS" JOE JACKSON」伊藤勝男／Far turn／Gallop／Homestretch「都市速度」写真・文：小田切慎平／Impression「馬たちの調べ」彩草じん子／Jockey club「ザ・スタッド・クラブ」／Kicks"SPECIAL ISSUE OGURICAP"「本能的オグリキャップ論」文：福田マリ・写真：北原美子、「ハイセイコーにたてがみを」真野少、「ニュー・ロスト・ジェネレーションの競馬熱」豊﨑由美、「LAST RUN 偉大なる敗者の復活祭」文：片山雅光・写真＝デザイン：Lee F. John／Leading「灰色狼の英雄伝説」藤野広一郎／My fair lady「競馬場は何処へ行っても"アレグロ"の速さで動いている」糸川玲子／Night cap「EDITOR'S PAGE」／Odds「THE WORLD'S LONGEST ART GALLERY 地下を駆ける万華鏡SL」文：赤根文作・写真：彩草じん子／Photo finish／Quinella「トロットで踊り続けた男、ニック岡井」藤沢健二／Racegoer／Show／Teaser／Upset「大穴シリーズ②フセインを裏切った穴」草森紳一／View「À VOTRE GUISE!」写真：山本昌男／Winner's circle／Yearling

『ぶっく・れびゅう』，『SUB』，
『季刊ドレッサージ』，『季刊ギャロップ』
総目次

『ぶっく・れびゅう』第1号

70年4月18日印刷／70年4月27日発行／定価320円／縦241×横151／表紙：東芝音楽工業株式会社提供（ウェディング・アルバムより）／編集人：小島素治／発行人：奥村計隆／印刷所：はいづか印刷／発行所：日本書評センター／編集部：神戸市生田区山本通1丁目31マンション・ノブ／東京都渋谷区桜ヶ丘14–10渋谷コープ／発売元：渋谷大盛堂書店

『ぶっく・れびゅう』第2号

70年7月10日印刷／70年7月28日発行／定価320円／縦237×横152／表紙：鶴書房提供（ピーナッツ・ブックスより）／編集人：小島素治／発行人：奥村計隆／印刷所：はいづか印刷／発行所：日本書評センター／編集部：神戸市生田区山本通1丁目31マンション・ノブ／東京都渋谷区桜ヶ丘14–10渋谷コープ／発売元：渋谷大盛堂書店

サブ　季刊創刊号

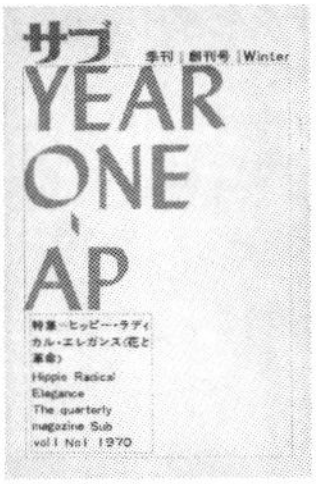

70年12月10日印刷／70年12月5日発行／定価360円／縦237×横151／表紙：無表記
編集人：小島素治／発行人：初田達彦／印刷所：上村印刷／発行所：サブ編集室／編集部：神戸市生田区山本通1–31マンション・ノブ4F／東京都渋谷区桜ヶ丘14–10渋谷コープ211号／編集スタッフ：栗田郁子　速水洋子

サブ　季刊2号

71年4月10日印刷／71年4月25日発行／定価390円／縦230×横149／表紙デザイン：横尾忠則／題字：沢田義一／編集人：小島素治／発行人：初田達彦／印刷所：はいづか印刷／発行所：サブ編集室／編集部：神戸市生田区山本通1–31マンション・ノブ4F／東京都渋谷区桜ヶ丘14–10渋谷コープ211号／編集スタッフ：栗田郁子　速水洋子　楊光耀

サブ　季刊3号

71年10月7日印刷／71年10月25日発行／定価390円／縦230×横151／表紙デザイン：淺井愼平／編集人：小島素治／発行人：初田達彦／印刷所：はいづか印刷／発行所：サブ編集室／編集部：神戸市生田区北野町四丁目87–2サッスン・アパート／東京都渋谷区桜ヶ丘14–10渋谷コープ211号／編集スタッフ：栗田郁子　速水洋子　楊光耀

サブ　季刊4号

72年5月20日印刷／72年6月20日発行／定価360円／縦179×横107／表紙デザイン：淺井愼平　片庭瑞穂／編集人：小島素治／発行人：灰塚輝造／印刷所：はいづか印刷／発行所：サブ編集室＋はいづかプランニング／編集部：神戸市生田区北野町四丁目87–2サッスン・アパート／東京都千代田区神田神保町1–22 トムの店2F

特集＝情報のカタログ　メッセージはメディアである
バングラディシュのコンサート…2
imagine　飯村隆彦…12
芸術家と社会との関係　ジョンとヨーコからの手紙　ジョン・レノン＋オノ・ヨーコ…26
森林の一枝――「情報」について――　森本哲郎…30
情報はプレーする　日向あき子…36
音楽は世界のことば（インタビュアー：寺山修司）…40
①S.ダリ ②ゴダール ③ルイ・マル ④ル・クレジオ ⑤アダモ
音と言葉　寺山修司インタビュー…50
WHAT ARE YOU DOING THIS WEEKEND?　淺井愼平／片庭瑞穂／湯村輝彦…60
THE GREENING OF AMERICA　PETER　MARIN…98
緑色革命評論集…102
ノウム　三島由紀夫の霊に捧げる――エディス・H・ピータースン／諏訪 優…122
映像への検閲者の位置に――いまや手塚治虫の漫画を抹殺する時　日本読書新聞…138
チャールズ・シュルツ…139
見えなくなってしまった万華鏡　松山 猛…140
黄色い潜水艦　イエロー・サブマリン・ストーリィ　監修・鳥居幹雄…146
グッド オールド ディズ シネマ スチール…166

サブ　季刊5号

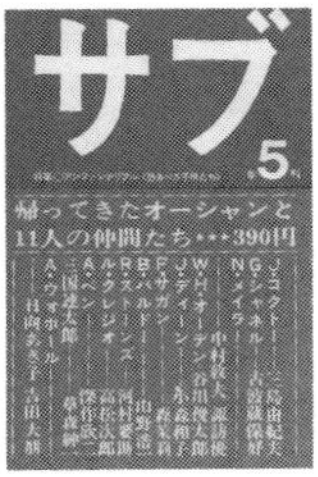

72年11月15日印刷／72年12月1日発行／定価390円／縦230×横151／表紙デザイン：淺井愼平　片庭瑞穂／編集人：小島素治／発行人：初田達彦／印刷所：はいづか印刷／発行所：サブ編集室／編集部：神戸市生田区北野町四丁目87–2サッスン・アパート／東京都千代田区神田神保町1–22 トムの店2F

特集＝アンファンテリブル　恐るべき子供たち
JEAN COCTEAU…3
軽金属の天使　三島由起夫…4
ANDY WARHOL　写真・吉田大朋…7
ゴッド・マザーの教え　日向あき子…18
GABRIELLE CHANEL…23
ココ・シャネル　古波蔵保好…24
NORMAN MAILER…29
想い出のアメリカ　中村敦夫×諏訪 優…30
FRANCOISE SAGAN…39
フランソワァズ・サガンといふ女　森 茉莉…40
W.H.AUDEN…43
ニューヨークの東二十八丁目十四番地で書いた詩　谷川俊太郎…44
連載・世紀末から世紀末へ　諏訪 優…47
連載・同人雑誌ヴァイキング小史（6）　富士正晴…59
ARTHUR PENN…65
表に黒いマークIIが止った　深作欣二…74
JAMES DEAN…77
ジェームス・ディーン　小森和子…84
三国連太郎…87
無惨の磁場――三國連太郎頌　草森紳一…88
BRIGITTE BARDOT…97
バルドーの死　山野浩一…104
THE ROLLING STONES…107
君のローリング・ストーンズ風ヘアーをビートルズ風に　河村要助…108
LE CLÉZIO…136
THE STORY　高松次郎…135

サブ　季刊6号

73年7月20日発行／定価1000円／縦418×横292／表紙デザイン：片庭瑞穂／編集人：小島素治／発行人：初田達彦／印刷所：はいづか印刷／発行所：サブ編集室／編集部：神戸市生田区

北野町四丁目87–2サッスン・アパート／東京都千代田区神田神保町1–22 トムの店2F

特集＝朝日のようにさわやかに
WESTCOAST'73
Don't Be That Way　吉田大朋…5
一九七三年／朝日の如くさわやかに　清水俊彦…6
Bye-Bye Blackbird　かまやつひろし…16
My Favorite Things　谷川俊太郎…32
The Shadow Of Your Smile　淺井愼平…39
千年ふたたび朝あらず　草森紳一…47
リメンバー　磯田光一…59
On The Sunny Side Of The Street　河村要助…64
My Blue Heaven　矢吹申彦…68
My Funny Valentine　湯村輝彦…72
Coffee Break: 28 Hours …76
世紀末から世紀末へ (2)　諏訪 優 …80
Sweet Georgia Brown　鋤田正義…83
霧の晴れ間に　諏訪 優…89
Baby, Won't You Please Come Home?　南里文雄…96
ミンガスの「直立猿人」　鍵谷幸信…110

『季刊ドレッサージ』創刊号(冬号)

77年12月15日発行／第1巻 第1号／定価500円／縦289×横220／表紙モデル：キャッシー　写真：淺井愼平　提供：株式会社キッコーマン醤油／編集兼発行人：小島素治／Associate Editor：MASATOSHI MAEDA／Senior Editors：MAKOTO HATTORI　CHIEKO MARUYAMA　KUMIKO OKAMOTO　KOSAKU SHIMIZU／Photographer：ICHIRO TSUTSUMI／Art Director：MIZUHO KATANIWA／印刷：はいづか印刷／サブ編集室：神戸市生田区北野町4–45–1イトウAP#11　東京編集室：東京都渋谷区神宮前3–2–19イイオハイツ#401

Active Adventure「ケンタッキーの星シアトル・スルー」写真：鋤田正義／Cover Story田村将宏／Dressage「1980年代へのイメージ」ミッキー・カーティス、横尾忠則、黒川玲、藤松繁一、森本哲郎、加納典明、石津謙介、浜野安宏／Eight by Ten「2001年スーダンの旅」宮川賢左衛門／Graffiti「海流の中の島々」淺井愼平／Joker「もっと色っぽくなれ、男たち」藤沢健二、「ヘルムート・ニュートンの世界」／Man and Woman「ヘミングウェイ」石崎欣一、山野浩一、「カレン・グラハム」志村雅久／Novel「デイモン・ラニアンの世界」加島祥造／Quality「エスカレーターの正しい乗り方」写真：堤一朗／Report「ファッション都市論 京都／大阪／神戸」リポーター：丸山千恵子／Scandal「セルジュ・ゲーンスブール・インタビュー」永滝達治／VTR「最新式友情論」松山猛、「アラン・ドロンわが敬愛する男たち」／Weather Report松山猛、諏訪優、石塚嘉一、越谷政義、岡本久美子

『季刊ドレッサージ』創刊2号(春号)

78年5月15日発行／第1巻 第2号／定価360円／縦289×横220／表紙コンセプト：淺井愼平　提供：Youth Planning Center,Inc.／編集兼発行人：小島素治／Associate Editor：MASATOSHI MAEDA／Senior Editors：YUTAKA HATTORI　CHIEKO MARUYAMA　KUMIKO OKAMOTO　KOSAKU SHIMIZU／Photographer：ICHIRO TSUTSUMI／Art Director：MIZUHO KATANIWA／印刷：はいづか印刷／サブ編集室：神戸市生田区北野町4–45–1 イトウAP#11 東京編集室：東京都渋谷区神宮前3–2–19 イイオハイツ#401

Active Adventure「ロンググッドバイをプレイ

バック」淺井愼平、「長いお別れ」双葉十三郎、小泉喜美子、稲葉明雄、黒川玲、伊藤勝男、稲田隆紀／Big Game「女王陛下の競走馬」石崎欣一／Dressage石井鎌一、クロード・モンタナ、いちだぱとら、小池一子／Eight by Ten「キャフェ・フランセーズ」松山猛／Graffiti「このインタビューの1時間だって、私には惜しいんです。」フランソワーズ・アルディ／New York New York序文：小池一子、「チューリップと煙突」諏訪優、「SCAVULLO」志村雅久、石塚嘉一、「イーストエンドの乞食」Edward Suzuki、「NEW YORK BUMS」渡辺かをる、「ニューヨークの女性」ルディー・和子、「my dear Holly Golightly」イラストレーション：片庭瑞穂／Publisher's Page「カヴァー・フォー・セール」／Quality「Sacha Paris」写真：堤一朗／Scandal「ジャニスを聴きながら」荒木一郎／VTR「ギイ・ブールダンの世界「ギャアッ!」」草森紳一／Weather Report森顯、藤沢健二、鈴木忍、石塚嘉一

『季刊ドレッサージ』創刊3号(冬号)

78年12月10日発行／第1巻第3号／定価400円／縦289×横220／表紙コンセプト：Mr. New York 提供：ESTÉE LAUDER／編集兼発行人：小島素治／Associate Editor：MAEDA masatoshi／Senior Editors：MARUYAMA chieko OKAMOTO kumiko SHIMIZU kosaku WATANABE jin／Photographer：TSUTSUMI ichiro／Art Director：KATANIWA mizuho／印刷：はいづか印刷／サブ編集室：神戸市生田区北野町4–45–1 イトウAP#11 東京編集室：東京都渋谷区神宮前3–2–19 イイオハイツ#401

Active Adventure「CIGARETTE」伊藤勝男／Big Game「世紀のマッチレース マールボロ・カップ」石崎欣一／Dressage御影雅良、ルチアーノ・フォルネリス／Eight by Ten「都市の風景をデザインする」スティーブ・ハイエット、24人のフォトグラファーにインタビュー／Graffiti「THE LADY IS A VAMP 女はヴァンプだ」ヘルムート・ニュートン／Quality「Karl Lagerfeled」写真：堤一朗／Scandal「Hullo Bowie. I am a boy.」藤沢健二、「昨年の話題はイーグルスのホテル・カリフォルニアだった。今年の夏はストップ・ザ・ワールドで決まった。」矢沢永吉／VTR「THE BEST OF DRESSAGE」文：小島素治・写真：和田茂・構成：いちだぱとら、村田東治／Weather Report山本信二、石塚嘉一、作山京子、近久ヒロコ

『季刊ドレッサージ』創刊4号

79年5月30日発行／第2巻第1号／定価400円／縦289×横220／表紙モデル：キャンディス・バーゲン 提供：Minolta Camera Sales Co.／編集兼発行人：小島素治／Associate Editor：MAEDA masatoshi／Senior Editors：MARUYAMA chieko OKAMOTO kumiko SHIMIZU kosaku WATANABE jin／Staff Photographer：TSUTSUMI ichiro／Art Director：KATANIWA mizuho／印刷：はいづか印刷／サブ編集室：神戸市生田区北野町4–45–1 イトウAP#11 東京編集室：東京都渋谷区神宮前3–2–19 イイオハイツ#401

Active Adventure"COMMERCIAL STAKES"「コマーシャル荒野の七人」アラン・ドロン、オーソン・ウェルズ、テリー・サバラス、デビッド・ジャンセン、ジュリアーノ・ジェンマ、ユル・ブリナー、ピーター・フォンダ　イラストレーション：片庭瑞穂、「CMは子供たちを撃つな。」市橋立彦、「「CMにチャンネルをあわせた日」の周辺」馬場啓一／Big Game「ベースボールほど素敵な商売はない」伊藤勝男／Dressageよ

しろう広石、矢作樹久磨／Eight by Ten「ファッション写真家、吉田大朋。現存。」／Man and Woman「私はオードリーが好き」豊島たづみ、「僕はオードリーが好きになれない」南佳孝／Review「スターダム・ブックス」渡邊仁、「二人のスコット」伊藤勝男／Scandal「ジャン・コクトーとのインタビュウ」藤沢健二／VTR「THE BEST OF DRESSAGE ／ SCOTCH WHISKY」文・写真：淺井愼平／Weather Report石崎欣一、柴田勝章、山口昌子、石塚嘉一

『季刊ドレッサージ』創刊5号

79年11月30日発行／第2巻第2号／定価400円／縦289×横220／表紙提供：aramisコスチューム：MIZUNO／編集兼発行人：小島素治／Associate Editor：MAEDA masatoshi／Senior Editors：WATANABE jin OKAMOTO kumiko SHIMIZU kosaku MAMIYA keiko／Staff Photographer：TSUTSUMI ichiro／Art Director：KATANIWA mizuho／印刷：はいづか印刷／サブ編集室：神戸市生田区北野町4–45–1 イトウAP#11 東京編集室：東京都渋谷区神宮前3–2–19 イイオハイツ#401

Active Adventure“THE SIXTIES”「マリリン・モンロー」来生えつこ、「ザ・ワールドシリーズ」伊藤勝男、「ベトナム戦争」倉田保雄、「ザ・ビートルズ」石坂敬一、「アレン・ギンズバーグ」諏訪優、「アンディ・ウォーホール」武藤直路、「デビッド・ベイリー」原田英子、「ジャニス・ジョップリン」荒木一郎 写真：Rolling Stone Press Book、北出博基／Big Game「ツール・ド・フランス」工藤隆一／Dressage川喜多和子、イタロ・アラルディ／Eight by Ten「ピーター・ナップ 1つのイマジネーション」／VTR「THE BEST OF DRESSAGE ／ PARFUM 香水」文：朝吹登水子・写真：宮崎皓一、堤一朗／Weather Report伊藤勝男、山口昌子、柴田勝章、石崎欣一、藤沢健二

『季刊ドレッサージ』創刊6号

80年6月20日発行／第3巻第1号／定価400円／縦289×横220／表紙写真：SARAH MOON 提供：RENOWN／編集兼発行人：小島素治／Associate Editor：MAEDA masatoshi／Senior Editors：WATANABE jin OKAMOTO kumiko SHIMIZU kosaku MAMIYA keiko／Staff Photographer：TSUTSUMI ichiro／Art Director：KATANIWA mizuho／印刷：はいづか印刷／サブ編集室：神戸市生田区北野町4–45–1 イトウAP#11 東京編集室：東京都渋谷区神宮前3–2–19 イイオハイツ#401

Active Adventure「MESSAGE PHOTOGRAPHY」写真：堤一朗・イラストレーション：大西重成／Big Game「天才騎手スティーブ・コーゼン」山崎カヲル／Dressage「WOMAN'S OWN」アレグラとジェニファー、朝倉摂、塩野七生、れい子・クルック、山口小夜子、吉田ルイ子／Editor's Page「M·A·R·V·E·L·O·U·S I LOVE NEW DRESSAGE」／Eight by Ten「SARAH MOON」／New Journalism「ある女流ジャーナリスト――シャナ・アレグザンダーのこと」常盤新平／ポパイ族教養講座「ウォークマン」文：伊藤勝男・イラストレーション：湯村輝彦／Scandal「スペシャルズ、プラスティックス、ヒカシュー」巻上公一×佐藤千賀子／VTR「CAFÉ／Weather Report柴田勝章、石崎欣一、山口昌子

『季刊ドレッサージ』創刊7号

80年11月20日発行／第3巻第2号／定価450円／縦289×横220 ／表紙モデル：GRETA GARBO　写真：ALEXANDER WALKER 提供：LIBROPORT ／編集兼発行人：小島素治／Associate Editor：MAEDA masatoshi ／ Senior Editors：WATANABE jin OKAMOTO kumiko SHIMIZU kosaku MAMIYA keiko ／ Staff Photographer：TSUTSUMI ichiro TERADATE satoshi ／ Art Director：KATANIWA mizuho ／印刷：はいづか印刷／サブ編集室：神戸市生田区北野町4–45–1 イトウAP#11 東京編集室：東京都渋谷区神宮前3–2–19 イイオハイツ#401

Active Adventure「WOMAN'S EYE」バーバラ・モーガン、ダイアン・アーバス、リセット・モデル、トニ・フリセル、ベレニス・アボット、ダイアン・キートン、ジュディ・デイター、コンスウェロ・カナガ、デボラ・タープビル「Assistant Fashion」写真：おおくぼひさこ、綿引裕子、細井真知子、吉田睦子／Dressageイブ・モンタン、麻生三和子、ジョルジォ・アルマーニ、大野ノコ／Editor's Page「M・A・R・V・E・L・O・U・S　I LOVE NEW DRESSAGE」／ Eight by Ten「DAVID HAMILTON」／ New Journalism「EDITORIAL MIND」吉田大朋×常盤新平 ／ Scandal「JEAN C. PIGOZZI」御影雅良／VTR「BEVERLY HILLS」写真：ROBERT PHILLIPS・文：ROGER BEARDWOOD ／ Weather Report山口昌子、青山南、石崎欣一、柴田勝章

『季刊ドレッサージ』創刊8号

81年10月27日発行／第4巻第1号／定価480円 ／縦289× 横220 ／表紙モデル：DEBBIE HARRY　提供：TOSHIBA EMI ／編集兼発行人：小島素治 ／ Editors：MAEDA masatoshi

WATANABE jin OKAMOTO kumiko MAMIYA keiko ／ Staff Photographer：TSUTSUMI ichiro ／ Assistant Photographer：TERADATE satoshi ／ Art Director：KATANIWA mizuho ／印刷：はいづか印刷／サブ編集室：神戸市生田区北野町4–45–1 イトウAP#11 スタディアム：東京都渋谷区神宮前3–2–19 イイオハイツ#401

Active Adventure「DANCIN'」細井真知子 ／ Dressage桃田有造、コシノヒロコ、大森一樹、麻生三和子、坂井直樹、青木冨貴子／Editor's Page「M・A・R・V・E・L・O・U・S　I LOVE NEW DRESSAGE」／ Eight by Ten「JEANLOUP SIEFF」日高敏／ Man and Woman「ALEX YANG」／ New Journalism「レナード・コーエン「WET」編集長にきく」／ポパイ族教養講座「ROCK'N ROLL SPIRIT 青春の番犬たち チャック・ベリー、ジョン・レノン、内田裕也」伊藤勝男／ Review「FLOWERS OF SPEECH」絵：麻生三和子、詩：石田天祐／Scandal「ERIK SATIE」島田璃里・藤沢健二／ VTR「THE BLUE GUITAR」諏訪優／ Weather Report青山南、寺村敏、山口昌子、柴田勝章

『季刊ギャロップ』創刊準備号

90年12月9日発行／第1巻第0号／定価850円（本体825円）／縦280×横210 ／表紙イラスト：片庭瑞穂／発行人：舞田和憲／編集人：小島素治 ／ Art Director：MIZUHO KATANIWA ／ Editors：JINKO AYAKUSA SHOU MANO　MASAMITSU KATAYAMA　SHUN KOMAKI　MARI FUKUDA　ATSUKO TANI ／ Designer in Chief：TSUYOSHI SHIMOHATA ／

謝辞

取材に協力してくださった以下の方々に深く感謝します。淺井愼平、稲越功一、井原昌三、岩本富子、上野恵子、岡村美紀、岡本仁、片塩二朗、片庭瑞穂、神尾幸一、木田茂之、木田渚珠子、木滑良久、草森紳一、後藤健夫、今野雄二、椎根和、柴山ご夫妻、豊嶋富夫、鳥居幹雄、鳥山直樹、寺舘聰、中野翠、中平邦彦、芳賀一洋、服部一史、原田英子、藤沢健二、本間健彦、前田昌利、牧野由里子、松島恒男、松山猛、宮崎皓一、宮崎のぶを、村上さなえ、矢鳴裕見雄、淀川美代子、油井昌由樹、レイコ・クルック、渡邊仁。

貴重な資料や情報を提供してくださった赤田祐一、佐野郷子、戸川昌士、中尾務、根本寿幸、福野輝郎、藤井海彦、前田和彦の各氏と、熱い感想や激励のお言葉をいただいた相澤正夫、青野利光、木原いづみ、根本武、細井秀雄、征木高司、松永タカコ、森永博志、山口隆、渡部幻の各氏にも御礼申し上げます（以上、五十音順）。そして『クイック・ジャパン』にてこの連載を企画し連載完結後も併走してくれた森山裕之、ご苦労をおかけした連載時のデザイナー・宗利淳一、本書の装丁を担当していただいた戸塚泰雄、企画を通しあらゆる労を惜しまず本書を完成に導いてくれた担当編集者・宮里潤の各氏に限りない感謝をおくるとともに、最初の著作となる本書を、ぼくの我儘な生きかたをゆるし見守ってくれた両親に捧げたい。

著者

本書は『クイック・ジャパン』vol.51（二〇〇三年十二月）〜vol.62（二〇〇五年十月）、vol.64（二〇〇六年二月）、vol.66（二〇〇六年六月）、vol.68（二〇〇六年十月）、vol.70（二〇〇七年二月）、vol.72（二〇〇七年六月）に連載された「Get back, SUB!　あるリトル・マガジンの魂に捧ぐ」を加筆・修正したものです。

図版　5P, 368P：『SUB』創刊号より／97P：『ぷっく・れびゅう』創刊号より／98-99P：『SUB』四号より／100P, 366-367P：『SUB』六号より／365P：『SUB』五号より

Get back, SUB!　あるリトル・マガジンの魂

二〇一一年十月二十日　初版第一刷発行

著　者　北沢夏音
発行人　浜本茂
印　刷　中央精版印刷株式会社
発行所　株式会社　本の雑誌社
〒164-0014
東京都中野区南台4-52-14　中野南台ビル
電話　03(3229)1071
振替　00150-3-50378

ISBN978-4-86011-222-6 C0095